DIFE

DOCT

ENTRE LOS

CARISMÁTICOS

Y LOS NO

CARISMÁTICOS

# DIFERENCIAS DOCTRINALES ENTRE LOS CARISMÁTICOS Y LOS NO CARISMÁTICOS

## JOHN MACARTHUR

**GRUPO NELSON**
Una división de Thomas Nelson Publishers
*Desde 1798*

NASHVILLE   MÉXICO DF.   RÍO DE JANEIRO

*A mi amigo Jacob Kusmich Dukhonchenko –defensor de la verdad, hombre de Dios, pastor fiel, líder de la iglesia en Ucrania, quien soportó medio siglo de opresión comunista, una década de prisión, y al mismo tiempo manteniéndose firme en la fe en nuestro Cristo– y quien ahora podría estar luchando su batalla más grande en una Rusia libre para preservar la sana doctrina y la pureza de la iglesia. La muralla del comunismo mantuvo confinada a la iglesia pero a la vez la protegió de la herejía. Ahora la muralla está derribada y él se enfrenta al desafío de construir una nueva muralla de protección contra el influjo de enseñanza falsa.*

Y no se embriaguen con vino, pues en esto hay desenfreno. Más bien, sean llenos del Espíritu, hablando entre ustedes con salmos, himnos y canciones espirituales; cantando y alabando al Señor en su corazón; dando gracias siempre por todo al Dios y Padre en el nombre de nuestro Señor Jesucristo; y sometiéndose unos a otros en el temor de Cristo.

Efesios 5:18-21

Pero el fruto del Espíritu es: amor, gozo, paz, paciencia, benignidad, bondad, fe, mansedumbre y dominio propio. Contra tales cosas no hay ley.

Gálatas 5:22-23

# Contenido

# Agradecimientos

Le agradezco mucho al personal de "Grace to You" por su apoyo durante este proyecto. Dave Enos hizo la mayoría de la edición preliminar, sugiriendo la división de los capítulos y la corrección de la versión 1978 de *The Charismatics* en preparación para esta edición actual. Allacin Morimizu leyó el manuscrito en varias etapas y preparó los índices. Phil Johnson pasó varias horas revisando el manuscrito final, combinando la materia nueva con la versión de 1978.

También, quiero dar las gracias a Len Goss, Stan Gundry y el personal editorial en Zondervan por su paciencia extrema y su flexibilidad con los plazos. Al fin y al cabo, asumieron la hazaña de preparar este libro para publicación en solo unas semanas.

# Introducción

Cuando la edición original de este libro[1] fue publicada por primera vez en 1978, yo no estaba preparado para la amplitud y variedad de respuestas que generaría. Por supuesto, yo esperaba alguna reacción, porque prácticamente cada libro que ha sido publicado sobre el tema ha producido desacuerdo. Los asuntos que trata parecen despertar las más profundas emociones de la gente. Tal vez no es posible hablar o escribir sobre el movimiento carismático sin inquietar a *alguien*.

Curiosamente, sin embargo, las expresiones de aceptación que recibí fueron las que me pillaron más desprevenido. Literalmente millares de personas me han escrito para agradecerme el haber aportado un tratamiento bíblico y doctrinal de la cuestión carismática. Entre ellos se contaban muchos pastores y otros líderes cristianos que estaban agradecidos por el abordamiento bíblico de un asunto que ellos temían tocar. Me asombró descubrir cuántos cristianos piensan que al movimiento carismático le falta apoyo bíblico, pero son renuentes a decirlo en voz alta.

En los años desde la publicación inicial del libro he obtenido una nueva comprensión de la razón de tanta confusión en cuanto a los dones carismáticos en la iglesia. Un poderoso factor de intimidación obra contra los que quieren tratar bíblicamente con el asunto. Evaluar la doctrina o la práctica carismáticas es visto comúnmente como inherentemente divisivo o desconsiderado. Los extremistas carismáticos pueden promover casi cualquier idea que se les ocurra en la televisión y la radio cristianas, pero los que intentan examinar críticamente tales enseñanzas a la luz de la Escritura, son silenciados.

Yo hablo por conocimiento de primera mano. Nuestro programa de radio: "Grace to You" (Gracia a vosotros), se escucha diariamente en una cadena de radio de más de doscientas estaciones. Casi todas ellas comparten nuestra perspectiva doctrinal y compromiso con la suficiencia absoluta de la Escritura. Sin embargo, la mayoría de ellas se resiste a transmitir series que traten con 1 Corintios 12-14, Hechos

2, Romanos 12, u otros pasajes que enfrenten la falta de equilibrio carismático. Muchas de ellas están comprometidas con filosofías que explícitamente prohíben cualquier enseñanza que pueda desafiar las creencias de sus participantes carismáticos.

Un ejecutivo de una cadena me escribió: "Reconsidere por favor su propósito de tratar el tema del movimiento carismático y otros temas controversiales en su emisión de radio. Aunque compartimos sus convicciones sobre esos asuntos, muchos de nuestro oyentes no. Esas personas son hermanos queridos en Cristo y creemos que no es útil a la causa del Señor atacar lo que ellos creen. Estamos obligados a mantener la paz entre los hermanos y la unidad en el cuerpo de Cristo. Gracias por ser sensible a estas inquietudes."

Esa clase de pensamiento sacrifica la verdad en favor de una paz superficial. Tal actitud se está extendiendo a la iglesia contemporánea. En realidad les ha dado a los extremistas carismáticos la libertad de proponer puntos de vista fantásticos mientras imponen un código de silencio sobre los que objetan. Los que sí hablan, inevitablemente son tildados de divisivos, de estridentes o de faltos de amor.[2] El legado de una posición así no es la unidad y la paz, sino la confusión y el desorden. Podemos ver las pruebas en los centenares de iglesias, juntas misioneras, escuelas y otras organizaciones cristianas que han permitido que la influencia carismática se infiltre y quede sin respuesta. Al final sacrifican completamente su posición no carismática o sufren el efecto devastador de una división.

Y así la confusión se extiende porque las voces que promulgan las enseñanzas excéntricas ahogan los débiles murmullos de los que desafían a los cristianos a examinar las Escrituras para ver si esas cosas son así (comp. Hech. 17:11).

No es desconsiderado analizar las diferencias doctrinales a la luz de la Escritura. No es necesariamente negativo expresar desacuerdo con la enseñanza de otro. De hecho tenemos la obligación moral de examinar lo que se proclama en el nombre de Jesús, y exponer y condenar la enseñanza falsa y la conducta antibíblica. El apóstol Pablo creía que a veces era necesario refutar a la gente por nombre en sus epístolas que debían ser leídas públicamente (Fil. 4:2, 3; 1 Tim. 1:20; 2 Tim. 2:17). Juan, el apóstol del amor, escribió una candente condena de Diótrefes, un líder de la iglesia que estaba ignorando la enseñanza del apóstol (3 Jn. 9, 10). Como muestra su segunda epístola, el criterio de Juan sobre el verdadero amor estaba completamente ligado a la verdad. De hecho, el amor separado de la verdad no es más que sentimentalismo hipócrita. Ese sentimentalismo se está extendiendo entre los evangélicos hoy en día.

El desafío bíblico no es evitar la verdad que es controversial, sino hablar la verdad en amor (Ef. 4:14), y yo me he esforzado por cumplirlo. Tengo muchos amigos carismáticos que aman sinceramente al Señor y aunque disentimos en algunos asuntos fundamentales, los considero hermanos preciosos. Me duele que algunos de ellos crean que mi crítica del movimiento carismático es hiriente, pero la Escritura es la regla con la que debe medirse toda enseñanza, y mi único deseo es encender la luz de la Palabra de Dios en un movimiento que ha tomado a la iglesia contemporánea por sorpresa.

Aunque algunos lectores se imaginaron que había ridiculización o sarcasmo en algunos de mis comentarios en la primera edición de este libro, les aseguro que mi propósito entonces, y ahora, no es el de burlarme. Un número de carismáticos consideró que yo tergiversaba su movimiento escogiendo las ilustraciones más grotescas y exóticas. La primera edición, por ejemplo, incluía esta:

> Recientemente vi en la televisión a una dama que contaba cómo su neumático reventado era sanado. No hace mucho recibí una carta de alguien del estado de Florida que había escuchado un testimonio maravilloso de una mujer que le había enseñado a su perro a alabar al Señor en un ladrido desconocido.
> Reconozco que los dos ejemplos son extravagantes. Tal vez es injusto caracterizar al movimiento carismático con ilustraciones como esas. Yo desearía que eso fuera verdad. Desearía que esos ejemplos fueran raros, pero no lo son. Y la razón por la que no lo son es que en las filas carismáticas ninguna experiencia tiene que pasar la prueba de la Escritura.[3]

Creo que la década pasada ha confirmado esa evaluación. Los ejemplos absurdos de la temeridad carismática se hacen más y más numerosos conforme los límites del movimiento se mueven sin control. Con todo, los carismáticos radicales han crecido sin parar en influencia y visibilidad.

*Ejemplo:* Jan Crouch, que con su esposo Paul dirige la Cadena Emisora Trinity (TBN), le dijo a una audiencia en Costa Rica: "¡Dios contestó las oraciones de dos niñas de doce años al resucitar a su pollito de entre los muertos!"[4] La señora Crouch ha relatado de nuevo esa historia en emisiones de TBN de costa a costa y alrededor del mundo.

*Ejemplo:* La revista *Carisma*, la revista estandarte del movimiento, presenta anuncios desplegados de una y dos páginas para el Rancho Rapha, un centro de sanidad carismático que trata a pacientes del cáncer con "cintas bíblicas subliminales". El título de una videocinta que uno puede comprar de Rapha por 29,95 dólares es "Usted no tiene que morir". El rancho es descrito como un lugar donde los pacientes de cáncer "vienen y son sanados". El aviso proclama los poderes sanadores de las cintas subliminales de Rapha "Terapia de la Palabra":

> ¡Centenares de informes de sanidad, salvación y liberación! En nuestra serie de Cintas de Terapia de la Palabra, la Palabra de Dios es leída en voz alta, de modo que no solamente es escuchada por su oído consciente, sino que penetra a su mente subconsciente conforme decenas de millares de pasajes de la Escritura son escuchados en apenas una hora. La lectura de la Palabra es acompañada de música bellamente ungida que crea una atmósfera de fe con la que (sic) usted puede recibir de Dios. Cada día llegan a nuestro ministerio asombrosos informes que reconocen sanidad, vidas cambiadas, salvación y milagros conforme las mentes son renovadas por la Palabra de Dios.[5]

*Ejemplo:* El evangelista Robert Tilton enviaba por correo una "moneda milagrosa" (en realidad una ficha metálica sin valor), prometiendo un "milagro financiero" a los que siguieran sus instrucciones y le enviaran "¡un cheque por el mejor donativo posible que pudieran dar!" Al pie del volante había un ominoso recordatorio escrito a mano: "Solo usted y Dios saben lo que es su mejor donativo posible." Un periódico secular llama al programa de televisión de Tilton: "Exito en la vida", "El imperio de más rápido crecimiento en la televisión cristiana".[6]

*Ejemplo:* Un asociado cercano mío asistió a una reunión de hombres de negocios carismáticos en Chicago, donde un sacerdote católico testificó que María le había dado el don de lenguas mientras él rezaba el rosario. Después, el pastor carismático que dirigía la reunión se puso de pie y dijo: "¡Qué asombroso testimonio! ¿No están contentos de que Dios no está limitado por nuestras ideas de lo que es doctrinalmente aceptable? Alguna gente tratará de desechar el testimonio de este hermano simplemente porque no encaja en su sistema doctrinal. ¡Pero no importa cómo uno es llenado por el Espíritu Santo, con tal que uno sepa que ha recibido el bautismo!" La audiencia, formada de centenares, rompió en un aplauso entusiasmado y sostenido. Nadie pareció cuestionar si el testimonio de ese hombre, tan obviamente en conflicto con la verdad bíblica, pudiera ser espúreo.

Ese incidente ejemplifica la tendencia carismática a probar la doctrina por la experiencia en vez de hacerlo al revés. Las celebridades carismáticas más visibles e influyentes apenas dan lugar a la autoridad bíblica. Los líderes carismáticos preocupados por la verdad bíblica, y estoy convencido de que hay muchos, debieran ser las voces más audibles para clamar contra los abusos. Desafortunadamente pocos lo hacen. Los que sí han denunciado el error han rendido un servicio invaluable,[7] pero han sido atacados por otros carismáticos. En efecto, han sido callados por gente que cita 1 Crónicas 16:22 ("¡No toquéis a mis ungidos, ni hagáis mal a mis profetas!")[8] como si ese versículo silenciara toda discusión doctrinal, y como si se supusiera que debemos asumir que todo el que pretende que es ungido de Dios está diciendo la verdad. Como resultado, los carismáticos como un todo han dejado de exponer y rechazar las influencias más obvias no bíblicas y hasta anticristianas en el movimiento.

En vez de eso, la mayoría de los carismáticos recurren a la defensa facilona de que virtualmente toda crítica contra su movimiento es injusta y falta de bondad. Los no carismáticos, intimidados por la acusación, son eficazmente silenciados. ¿Es de sorprender que tanta gente esté confundida?

Mientras que los no carismáticos se vuelven más temerosos de cuestionar los reclamos carismáticos, la influencia carismática se extiende virtualmente sin examen. Mediante los medios modernos de comunicación, especialmente de la televisión, el movimiento carismático ha cubierto el globo y se ha extendido a paso veloz. La enseñanza carismática ha ido más allá de Estados Unidos y Europa a las partes más remotas de América del Sur, de Oriente, de Africa, de India, del Pacífico Sur, de Europa Oriental y de la Unión Soviética, casi a todas partes donde el nombre de Cristo es conocido. Literalmente millones en todo el mundo creen que Dios está dando a la gente señales, prodigios y milagros en una escala sin precedentes desde los tiempos bíblicos. Esas pretensiones siguen multiplicándose a un ritmo tan prolífico que difícilmente pueden ser catalogadas, y mucho menos verificadas.

Son comunes los informes de encuentros fantásticos con Jesucristo y con el Espíritu Santo. Supuestamente son rutina los mensajes de Dios. Se alegan sanidades de todas clases. No es raro escuchar testimonios sorprendentes acerca de cómo Dios, en respuesta a la fe, ha corregido lesiones de la columna, alargado piernas y quitado tejidos cancerosos. Los animadores de programas de entrevistas, aparentemente omniscientes, disciernen qué milagros y sanidades de diversos tipos están ocurriendo durante su trasmisión. Alientan a los televidentes a llamar y "reclamar" sanidad.

Algunos de los milagros parecen casi ridículos: billetes de un dólar que se vuelven de veinte dólares, máquinas lavarropas y otros aparatos son "sanados", tanques de gasolina vacíos son llenados sobrenaturalmente y los demonios son echados de las máquinas vendedoras automáticas. Gente es "matada" en el Espíritu; otros alegan que han ido al cielo y vuelto. ¡Varios hasta alegan que han ido y vuelto del infierno!

Las experiencias asombrosas parecen estar al orden del día, conforme Dios, con gran hiperactividad, realiza una actuación sobrenatural igualada solamente por los seis días de la creación y por las plagas de Egipto.

Algunos llegan hasta el punto de negar la eficacia del evangelismo sin tales milagros. Argumentan que el mensaje del evangelio es debilitado o nulificado si no es acompañado por grandes señales y prodigios. Creen que algunas personas *necesitan* ver señales y prodigios antes de creer. Esa inclinación ha generado todo un nuevo movimiento, pomposamente llamado "la Tercera Ola del Espíritu Santo", también conocido como el movimiento de Señales y Prodigios (ver el capítulo 6). Esta variación reciente del antiguo tema carismático está atrayendo a muchos evangélicos y a otros de las denominaciones principales que antes desconfiaban de las influencias pentecostales y carismáticas.

Tanto carismáticos como los no carismáticos necesitan desesperadamente echar una mirada clara a los asuntos bíblicos en cuestión.

Algunos argumentan que los que están fuera del movimiento carismático no tienen derecho a evaluarlo. El bautista carismático, Howard Ervin escribió:

> El intento de interpretar las manifestaciones carismáticas del Espíritu Santo sin una experiencia carismática es tan fatuo como la aplicación de la "ética cristiana" aparte de una dinámica regeneradora... La comprensión de una verdad espiritual presupone una experiencia espiritual. El Espíritu Santo no revela secretos espirituales a los no comprometidos, y, con toda franqueza, la experiencia pentecostal es de compromiso total.[9]

J. Rodman Williams refleja el mismo punto de vista:

> Contra el trasfondo de participar del Espíritu Santo y los dones consecuentes del Espíritu Santo, la información, la instrucción y la enseñanza respecto a ellos se vuelve relevante. Aquí puede establecerse una tesis fundamental: *Cualquier información respecto a los dones del Espíritu, la carismata espiritual, presupone la participación en ellos.* Sin tal participación, cualquier cosa que se diga de los dones puede resultar solamente en confusión y error.[10]

Sin embargo, la experiencia no es la prueba de la verdad bíblica; más bien, la verdad bíblica, en último análisis, juzga la experiencia. De esto más que de cualquier otro asunto, trata este libro. También es el punto clave para contestar los reclamos del movimiento carismático.

Frederick Dale Bruner lo ha declarado claramente: "La prueba de cualquier cosa que se llame cristiana no es su significación, su éxito o su poder; sino que éstos hacen más imperativa la prueba. La pueba es la verdad."[11]

Se ha vuelto prácticamente imposible definir el movimiento carismático en términos doctrinales. En los años desde que apareció la primera edición de este libro, el movimiento se ha ampliado dramáticamente. En efecto, ha logrado lo que el movimiento ecuménico ha sido incapaz de hacer: una unidad externa que en términos generales es indiferente a cualquier interés doctrinal. El movimiento carismático ha abierto sus puertas a prácticamente cualquier denominación y secta que abrace alguna forma de los dones carismáticos.

También conocido como "neopentecostalismo", el movimiento carismático es heredero del pentecostalismo, que empezó alrededor de 1900. Hasta 1959 el pentecostalismo estaba contenido en denominaciones como Asambleas de Dios, Iglesias del Evangelio Cuadrangular y la Iglesia Pentecostal Unida. Pero en 1959 el pentecostalismo rebasó las líneas denominacionales cuando Dennis Bennett, rector de la Iglesia Episcopal San Marcos, en Van Nuys, California, experimentó lo que él cree era el bautismo del Espíritu Santo y el don de lenguas.[12] Después de eso, como lo expresó John Sherrill, las murallas se fueron derrumbando.[13] El movimiento carismático se extendió a los episcopales, a las denominaciones metodistas, presbiterianas, bautistas y luteranas. De allí ha crecido hasta alcanzar a católicos, liberales teológicos y hasta grupos marginales seudocristianos.

Por eso es difícil, si no imposible, definir el movimiento carismático por alguna doctrina o enseñanza de la que participen todos los miembros del movimiento. Más bien, lo que los carismáticos tienen en común es una *experiencia*, que ellos creen es el bautismo del Espíritu Santo. Muchos carismáticos definen el bautismo del Espíritu Santo como una postsalvación, una experiencia de segunda bendición que añade algo vital a lo que los cristianos reciben en la salvación. Creen que el bautismo del Espíritu va acompañado comúnmente por la evidencia de hablar en lenguas, o tal vez de otros dones carismáticos. Tal experiencia es considerada esencial por muchos cristianos que quieren conocer en su vida la plenitud de lo divino y el poder de lo milagroso.

Si usted es un cristiano que no ha experimentado algún fenómeno carismático sobrenatural tal vez se siente excluido. Puede estarse preguntando si Dios lo considera como un cristiano de segunda categoría. Si él sinceramente se preocupa por usted, ¿por qué no ha tenido un milagro especial o manifestación de algún don espectacular? ¿Por qué no ha ascendido a un nivel superior de bienaventuranza espiritual? ¿Por qué no ha escuchado a Jesús hablarle en una voz audible? ¿Por qué no se le ha aparecido físicamente? ¿Tienen de veras nuestros amigos carismáticos un andar más íntimo con Dios, un sentido más profundo del poder del Espíritu Santo, una experiencia más plena de alabanza, una motivación más fuerte para testificar y una devoción mayor al Señor Jesucristo? ¿Podría ser que nosotros los no carismáticos sencillamente no damos la medida?

Al hablar con cristianos que no han tenido experiencias carismáticas, a menudo percibo sentimientos de recelo, desaliento y hasta de alarma. Parece que el movimiento carismático ha separado la comunidad cristiana en "los que lo tienen" y "los que no lo tienen".

Aunque yo he dedicado mi vida a predicar la doctrina bíblica sana que se centra en la obra del Espíritu Santo en la vida de cada creyente, debo confesar que, según la definición carismática, yo estoy entre "los que no lo tienen". Y tengo que admitir que me he preguntado a mí mismo: *¿Es real toda esa gente que supuestamente está teniendo todas esas experiencias asombrosas? ¿Podría ser que me estoy perdiendo lo que Dios está haciendo? ¿Están alcanzando mis hermanos carismáticos un nivel superior en su andar con Dios?*

Sospecho que una ansiedad similar alcanza las mismas filas de los carismáticos. ¿Podría ser que algunos que asisten a esos compañerismos están tentados a exagerar, dramatizar y hasta a fabricar algunos milagros o experiencias especiales, por su necesidad de mantenerse al paso de los hermanos que parecen ser más espirituales?

Estoy seguro que ese es el caso. Lo veo suceder diariamente en la televisión cristiana, conforme los reclamos carismáticos se vuelven más y más fantásticos. Ocasionalmente se denuncia algún fraude. Un evangelista de la televisión, conocido nacionalmente, fue descubierto usando un receptor oculto en su oreja por el cual su esposa le transmitía información que supuestamente le era revelada a él por el Espíritu Santo. Otro sanador por fe menos conocido se desacreditó cuando se probó que había introducido gente sana en su audiencia, con muletas y sillas de ruedas para recibir supuestas "sanidades".

Peor aún, escándalos sexuales vergonzosos entre líderes carismáticos ostensiblemente "llenos del Espíritu" se volvieron epidémicos en la pasada década; resultando catastróficos para la causa de Cristo en todo el mundo, socavando el testimonio de todos los cristianos a los ojos del mundo. Tales escándalos son el legado de un movimiento que alega señales y prodigios espectaculares como la única verificación posible de verdadera espiritualidad. Para probar la autenticidad de sus reclamos algunos líderes carismáticos recurren a "milagros" fraudulentos o fabricados. La espiritualidad es considerada como un asunto externo; el carácter piadoso no es esencial a los que creen que los fenómenos sobrenaturales dan validez a sus reclamos de hablar por Dios. Tal sistema alimenta la doblez, el engaño, la charlatanería y el fraude. Entiéndanme por favor, no estoy diciendo que todos los líderes carismáticos son corruptos. Yo sé que no es así. Muchos de mis amigos carismáticos están genuinamente comprometidos con Cristo y son ejemplos de verdadera piedad. Tampoco estoy diciendo que su movimiento es el único que produce hipócritas. Pero sí estoy convencido de que la enseñanza fundamental del movimiento carismático crea un énfasis extremo sobre evidencias externas y por eso alienta reclamos falsos, falsos profetas y otras formas de fraude espiritual.[14] Donde tales cosas abundan hay lugar para el escándalo, y el movimiento carismático en la pasada década ciertamente se ha distinguido por una porción más que promedio de escándalo.

Doy gracias a Dios por los muchos carismáticos que sinceramente aman a nuestro Señor y que quieren obedecerlo. Pablo escribió: "De todas maneras Cristo es anunciado, sea por pretexto o sea de verdad, y en esto me alegro" (Fil. 1:18). Me regocijo de que en muchos ministerios carismáticos Cristo es predicado y gente es ganada para él. Pero eso no exime al movimiento o a las enseñanzas carismáticas de un escrutinio bíblico cuidadoso. La Escritura nos amonesta: "Examinadlo todo, retened lo bueno" (1 Tes. 5:21).

A primera vista este libro puede parecer demasiado académico por el gran número de notas al calce. Por favor, no lo haga a un lado por eso. Confío en que no encontrará el libro seco o abstracto. Pero sí creo que era importante, siempre que fuera posible, presentar las enseñanzas carismáticas en sus propias palabras y ser preciso al documentar todas las citas.

En casi cada caso he citado de material *publicado* más que de conversaciones personales, cartas y otras fuentes informales. Solamente en el capítulo 12, que trata del movimiento Palabra de Fe, he recopilado concienzudamente de cintas de enseñanza y de trasmisiones por televisión. Al hacerlo así reconozco que algunas cintas que he citado puede decirse que no las he citado de la mejor manera, pero habiendo investigado el movimiento, les aseguro que lo que he citado sí representa exactamente, y justamente a mi mejor capacidad, lo que los predicadores de Palabra de Fe están enseñando realmente.

Mi oración es que Dios use este libro para recordar a todos los cristianos, carismáticos y no carismáticos, de nuestra responsabilidad de examinar todo cuidadosamente a la luz de la Escritura, para dejar que la Palabra de Dios sea la prueba de nuestra experiencia y no al revés, a fin de que retengamos *solamente* lo que es bueno.

# 1

# ¿Es la experiencia una prueba válida de la verdad?

Una mujer me escribió, muy enojada: "Usted recurre a las traducciones griegas y a las palabras difíciles para explicar lo que el Espíritu Santo está haciendo hoy en la iglesia. Déjeme darle un consejo que podría salvarlo de la ira del Dios Todopoderoso: *Haga a un lado su Biblia y sus libros y deje de estudiar.* Pida al Espíritu Santo que venga sobre usted y le dé el don de lenguas. No tiene derecho a cuestionar algo que nunca ha experimentado."

Un radio oyente, después de escuchar mi enseñanza de 1 Corintios 12-14, escribió: "Gente como usted, y especialmente ministros del evangelio, que alegan que hablar en lenguas no es para hoy, están, en mi opinión y en la de todos los que sí hablan, contristando al Espíritu Santo y perdiendo una bendición de Dios. Para mí es tan ridículo como si una persona no salva tratara de persuadirlo a usted de que absolutamente no puede estar seguro de que irá al cielo... Si usted no lo ha experimentado, NO puede decirle a alguien que SI lo ha experimentado, que no existe."

Las dos cartas reflejan la tendencia a medir la verdad por la experiencia personal en vez de por la Escritura. Hay poca duda de que la mayoría de los carismáticos, si son honestos consigo mismos, debieran tener conocimiento de que la experiencia personal, y no la Escritura, es el fundamento de su sistema de creencias. Por más que algunos carismáticos quieran darle a la Biblia un alto lugar de auto-

25

ridad en sus vidas, las Escrituras a menudo quedan en segundo lugar después de la experiencia al definir lo que ellos creen. Como un escritor lo declara: "Las experiencias con Dios proveen una base para su fe."[1]

Eso es exactamente lo opuesto de lo que debiera ser. Nuestra fe debe proveer la base para nuestras experiencias. Una verdadera experiencia espiritual será el resultado de la sensibilización de la verdad en la mente humana; no ocurre en un vacío místico.

Los no carismáticos a menudo son acusados de oponerse a la emoción y a la experiencia. Permítanme declarar, tan claramente como sea posible, que yo creo que tanto la emoción como la experiencia son resultados esenciales de la fe genuina. Muchas de mis propias experiencias espirituales han sido eventos profundos, abrumadores, que cambian la vida. Por favor no piense ni por un momento que yo defendería una religión fría, inanimada, basada en un credo estéril o en algún ritual vacío.

En una experiencia espiritual auténtica, la emoción, los sentimientos y los sentidos a menudo se vuelven intensos y trascienden lo normal. Estos pueden incluir fuertes sentimientos de remordimiento por el pecado, un fuerte sentido de confianza que sobrepasa el dolor de una situación traumática, una paz que se sobrepone en medio de los problemas, el abrumador sentido de gozo relacionado con la confianza y con la esperanza en Dios, intenso dolor por los perdidos, la alborozada alabanza al comprender la gloria de Dios, o un celo exaltado por el ministerio. La experiencia espiritual es, por definición, una conciencia interna que incluye una fuerte emoción en respuesta a la verdad de la Palabra de Dios, amplificada por el Espíritu Santo y aplicada por él a nosotros personalmente.

Los carismáticos se equivocan porque tienden a edificar sus enseñanzas sobre la experiencia, en vez de entender que la experiencia auténtica ocurre en *respuesta* a la verdad. Demasiadas experiencias carismáticas son completamente apartadas del plan revelado de Dios y de la operación de Dios indicada en la Escritura, y en algunos casos contrarias a ellos. Cuando las experiencias se convierten en la base para las creencias de uno, casi no hay límite para las clases de enseñanzas falsas que pueden surgir.

Vemos esto en muchos libros y en programas de televisión carismáticos. Visiones, sueños, profecías, "palabras de conocimiento", mensajes privados de Dios y otras experiencias personales determinan lo que se enseña. Las Escrituras, cuando se llegan a usar, son empleadas típicamente como textos de prueba o torcidas para ajustarse a una opinión novedosa. A menudo pasajes de la Escritura son tan maltratados que se les hace decir lo que es la antítesis de lo que realmente enseñan. Kenneth Copeland, por ejemplo, alega que recibe muchas de sus interpretaciones novedosas por revelación directa. Enseñando sobre el relato del joven rico en Marcos 10, Copeland claramente estaba buscando apoyo para su propio concepto de que Dios quiere para su gente riqueza material. Las palabras de Jesús en el versículo 21 parecen bastante claras: "Una cosa te falta: Anda, vende todo lo que tienes y dalo a los pobres; y tendrás tesoro en el cielo. Y ven, sígueme." Copeland, sin embargo, alega que Dios le reveló que este versículo en realidad promete dividendos monetarios terrenales. Copeland dice: "Este fue el trato financiero más grande que al joven le hubieran ofrecido, pero se apartó de él porque no conocía el sistema de finanzas de Dios."[2]

Algunas veces un profeta de estilo propio desarrolla un juego completo de nuevas enseñanzas basadas todas en la experiencia, o en el puro capricho. El doctor Percy Collett, por ejemplo, un misionero médico carismático creó una extensa serie de mensajes detallados sobre el cielo, todos derivados de su experiencia personal extraordinaria. Collett dice que en 1982 él fue llevado al cielo por cinco días y medio. El dice que vio a Jesús, que está supervisando la construcción de las mansiones allí, y dice que pudo hablar cara a cara con el Espíritu Santo.

Un boletín, detallando el viaje del doctor Collett al cielo, empezó, increíblemente, con estas palabras:

> Aunque el cristianismo abunda en relatos de vislumbres de la "otra" dimensión de aquellos que han tenido experiencias "fuera del cuerpo", la del doctor Collett es diferente a esos. Obviamente él fue "llevado al tercer cielo", como Pablo. La diferencia fue que a Pablo no se le permitió declarar las cosas que vio y escuchó, mientras que al doctor Collett, casi dos mil años después, se le ordenó hacerlo.[3]

Collett ofrece videocintas que detallan su viaje al cielo y sus relatos son ciertamente peculiares: "Todo lo que Dios creó sobre la tierra lo encontramos en el cielo: caballos, gatos, perros. Todo lo que él creó sobre la tierra se halla en el cielo, como animales, sólo que éstos son perfectos. Por ejemplo, los perros no ladran... Uno no necesita fontanería. Uno puede ir a la Casa de Banquetes y comer todo lo que quiera y no se necesita plomería."[4]

Collett describe "el Departamento de Piedad, el lugar a donde van las almas de los niños abortados, y también algunos niños severamente retardados, y es aquí donde estas pequeñas almas son preparadas por un tiempo antes de ir ante el trono de Dios."[5] El dice que también vio el cuarto de archivo: "Una zona inmensa donde todas

las palabras 'ociosas' habladas por los cristianos están siendo rete-
nidas hasta que los cristianos den cuenta de ellas, o sean juzgados, en
cuyo tiempo serán vaciadas en el Mar del Olvido."[6] Collett describe
un "cuarto de túnicas", donde ángeles están cosiendo nuestras
túnicas; mansiones bajo construcción, un "elevador del Espíritu
Santo" y muchas otras visiones sorprendentes.[7] El añade un detalle
macabro: "Cuando viajaba de regreso a la tierra vi dos muchachas,
una morena y una pelirroja. Nos detuvimos a hablar con ellas —sus
cuerpos anímicos— en el camino de regreso. Les preguntamos qué
les había ocurrido y nos respondieron que habían muerto en un
accidente de automóvil en un autopista de California. Sus cuerpos
(físicos) estaban en una funeraria. Dijeron que su madre estaba
llorando por ellas, así que por favor, me pidieron que yo hablara con
ella."[8]

El doctor Collett piensa que tiene una prueba concluyente para
verificar su relato: "Como un año después fui a esa zona donde la
madre vivía y dí este testimonio. Una madre de entre la congregación
se levantó de un salto y dijo: ¡Esa es una descripción de mis hijas! Yo
le dije que no tuviera temor, que sus hijas estaban en un lugar
maravilloso. Ella respondió diciendo  que no volvería a llorar."[9]

Después que el doctor Collett dio una conferencia sobre el cielo a
su audiencia en Montgomery, Alabama, él ofreció contestar las
preguntas que le hicieran.  La primera pregunta fue algo que admito
nunca  antes había considerado: "Soy un vaquero. ¿Hay rodeos en el
cielo?"

Pero el doctor Collett estaba listo con una respuesta.  "Hay
caballos en el cielo, hermosos caballos. Todos están alabando a Dios.
No hay simplezas en el cielo.  No estoy diciendo que un rodeo sea una
simpleza, pero allí no hay actividades al estilo de Will Rogers."[10]

Los carismáticos no tienen manera de juzgar o detener testimonios como ese porque en su sistema la experiencia se *valida a sí
misma*.  En vez de cotejar tales experiencias con la Biblia para
validarlas, típicamente los carismáticos tratan de ajustar la Biblia a la
experiencia, o, a falta de eso, sencillamente ignoran la Biblia.
¿Cuántos carismáticos, enseñados a creer que Dios les está dando a
ellos o a sus líderes una revelación fresca, sencillamente ponen sus
Biblias permanentemente en la estantería?[11]

## Todo empezó con el bautismo del Espíritu

Una razón por que la experiencia es la piedra de toque para los
carismáticos es su énfasis indebido en el Espíritu Santo como una
experiencia posterior a la salvación (ver cap. 8).  Los carismáticos
creen generalmente que después que alguien se vuelve cristiano debe

buscar diligentemente el bautismo del Espíritu. Los que reciben este bautismo también experimentan varios fenómenos, tales como hablar en lenguas, euforia, visiones, y accesos emocionales de varias clases. Los que no han experimentado el bautismo y sus fenómenos acompañantes no son considerados llenos del Espíritu; es decir, son inmaduros, carnales, desobedientes, o bien, cristianos incompletos.

Esa clase de enseñanza abre las compuertas para creer que el cristianismo vital es una experiencia sensacional tras otra. Pone en acción una competencia para ver quién puede tener las experiencias más vívidas o espectaculares. Y por supuesto, los que tienen los testimonios más pasmosos son tenidos espiritualmente en más alta estima. Se hacen increíbles reclamos y casi siempre quedan sin contradecir.

Por ejemplo, el siguiente aviso salió en varios números de *The National Courier* (El Mensajero Nacional), un periódico carismático:

> Una fotografía genuina de nuestro Señor. Sí, yo creo que tengo una grabada en película. A mediados del verano yo desperté a las 3:30 de la mañana a la impresión de una fuerte voz: "Ve y fotografía mi amanecer." Al lado del río puse mi cámara y esperé el sol. Antes del amanecer me sentí muy cerca a Dios, en perfecta paz. En un negativo está la perfecta forma de una figura con los brazos levantados, bendiciendo, reflejada en el agua, exactamente opuesta a toda otra sombra. Yo creo que Dios me dio una imagen de sí mismo para compartirla.

Este aviso está firmado "Dudley Danielson, fotógrafo". Dudley daba su dirección y también decía que copias de 8 X 10 en perfectos colores naturales estaban disponibles por 9.95 dólares pagados por adelantado (tamaños mayores disponibles a petición). El indicaba que el retrato bendeciría a cualquiera que lo recibiera.

A Dudley no parece molestarle que la Biblia dice: "A Dios nadie le ha visto jamás" (Juan 1:18). Tampoco parece importarle que la Biblia dice: "Dios es espíritu" (Juan 4:24) y "Ningún hombre me verá y quedará vivo" (Exo. 33:20). Evidentemente lo que la Escritura dice no es asunto de tanto peso como "la impresión de una fuerte voz" y un sentido de paz y cercanía a Dios. Dudley cree que tiene una fotografía de Dios, y por 9,95 dólares está dispuesto a compartirla.

## El viaje final

Percy Collett no es el único carismático que cree que ha visto el cielo y ha vuelto para contarlo. Durante el verano de 1976, en "El Club 700", Marvin Ford contó de su experiencia de morir, ir al cielo, y luego regresar. Ford sostiene que la corbata que estaba usando ese día retuvo el aroma del cielo. El la guardó, para que cuando quisiera refrescar su memoria de esa experiencia, sencillamente oliera la corbata.

Robert Liardon es un joven líder carismático prometedor. El dice que hizo un extenso viaje al cielo cuando tenía ocho años de edad, supuestamente con Jesús como su guía de viaje. El recuerda:

> Mucha gente me ha preguntado cómo es Jesús. El mide entre 1,75 y 1,80 mts. de altura y tiene pelo castaño arenoso. No lo trae muy largo y tampoco muy corto. Es un hombre perfecto. Lo que usted se imagine como un hombre perfecto, eso es Jesús. Es perfecto en todo, en la manera que mira, que habla, en todo. Así es como lo recuerdo.
>
> .........
>
> Caminamos un poco más allá, y *esta es la parte más importante de mi historia.* Vi tres almacenes a 500 o 600 metros del salón del trono de Dios. Son muy largos y muy anchos... Entramos al primero. Cuando Jesús cerró tras sí la puerta, miré asombrado en derredor.
> En un lado del edificio había brazos, dedos y otras partes exteriores del cuerpo. Había piernas que colgaban de la pared, pero la escena se veía muy natural, nada rara. En el otro lado del edificio había anaqueles llenos de pulcros paquetitos de ojos: verdes, marrones, azules, etc.
> *Este edificio contenía todas las partes del cuerpo humano que la gente en la tierra necesita,* pero no han comprendido que esas bendiciones les están esperando en el cielo... Y son para santos y pecadores por igual.
> Jesús me dijo: *"Esas son las bendiciones no reclamadas. Este edificio no debería estar lleno. Cada día debiera ser vaciado. Ustedes debieran venir aquí en fe y conseguir las partes que necesiten para ustedes y para la gente con la que entrarán en contacto ese día."*[12]

Liardon describe muchas otras visiones increíbles que contempló en el cielo: el río de la vida, un estadio lleno de gente que él dice que era "la nube de testigos" de la que se habla en Hebreos 12:1 y un gabinete de medicinas con pastillas etiquetadas "PAZ" y "SOBREDOSIS DEL ESPIRITU SANTO".[13]

Esta es la extraordinaria descripción de Liardon de lo que ocurrió en el río de la vida:

> Jesús y yo visitamos un afluente del río de la vida. Este afluente era profundo hasta la rodilla y claro como el cristal. Nos quitamos los

zapatos y entramos. ¿Y saben la primera cosa que Jesús me hizo? ¡Me mojó! Yo me volví y lo salpiqué y tuvimos una pelea con el agua. Nos salpicamos uno al otro y nos reímos...

Eso significó mucho para mí, porque el Rey de Gloria, el Hijo de Dios, tomó tiempo para el pequeño Roberts de ocho años y lo salpicó en el río de la vida.

Cuando regrese al cielo voy a tratar de poner una marca histórica en ese sitio. Va a decir: "Este es el sitio donde Jesucristo se hizo, no solamente mi Señor y Salvador, sino mi amigo." Sí. El se volvió mi amigo. Ahora caminamos y hablamos juntos. Cuando oigo un buen chiste puedo correr a Jesús y escucharlo reírse de él. Y cuando él tiene uno bueno, me lo cuenta.[14]

Liardon también dice que cuando estaba en el cielo fue ordenado al ministerio por el mismo Jesús. "Caminamos un rato y nos quedamos quietos. Luego Jesús se volvió y tomó mis manos en una de las suyas. Puso su otra mano en mi cabeza y dijo: 'Roberts, te estoy llamando para un gran trabajo. Tú tendrás que correr como nadie más, predicar como nadie más, ser diferente de todos los demás... Ve, ve, ve, como nadie más ha ido. Ve y haz como yo he hecho.' "[15]

El viaje de Liardon al cielo sucedió supuestamente en 1973. El dice que, sin embargo, no le contó a nadie por ocho años. Afirma que Jesús se le apareció dos veces más. La segunda vez, Liardon cuenta que fue muy sagrada; no puede hablar de ella. La tercera vez, sin embargo, fue un poco más mundana:

La tercera vez que vi a Jesús fue cuando yo tenía como 11 años. Jesús atravesó la puerta del frente de mi casa mientras yo veía en la televisión "Laverne y Shirley". El entró y se sentó a mi lado en el sofá, miró el televisor y todo en este mundo natural se apagó. Yo no podía escuchar ni el teléfono ni el televisor; todo lo que escuchaba era a Jesús y todo lo que veía era su gloria.

Me miró y dijo: "Roberts, quiero que estudies las vidas de los generales de mi gran ejército a través de todo el tiempo. Conócelos como la palma de tu mano. Entérate por qué fueron un éxito. Entérate por qué fallaron. Y no querrás nada en ese campo."

Se levantó, atravesó de nuevo la puerta al salir, la TV se encendió de nuevo y yo seguí mirando "Laverne y Shirley".[16]

Liardon ha alcanzado ahora la edad adulta y es prominente en el circuito de oradores carismáticos. Aparecen casi cada mes grandes anuncios de su ministerio en la revista *Carisma*. No obstante, los relatos de Liardon del cielo son extravagantes hasta el punto de la tontería. Es inconcebible que alguien que vio a Jesús cara a cara pudiera regresar a mirar un episodio de "Laverne y Shirley".

Muchos cristianos inmediatamente harían a un lado las historias de Liardon como fantasiosas y absurdas, si no es que francamente blasfemas. Pero en el mundo carismático tales relatos no son dejados a una lado. Las multitudes escuchan relatos como esos y anhelan experiencias semejantes. Como resultado, las excursiones de ida y vuelta al cielo se han vuelto casi de buen gusto, la "ultima experiencia" para los que quieren algo inusitado, y muchos dicen que han hecho el viaje.[17] El 17 de abril de 1977 una cadena de televisión con base en la zona de Los Angeles presentó una entrevista con el doctor Richard Eby, que alegaba haber muerto, ido al cielo y regresado.

De acuerdo con el doctor Eby, él se cayó de un balcón, se golpeó la cabeza y quedó supuestamente muerto. El informa que experimentó el "paraíso". Sus ojos, anteriormente débiles, ya no necesitaron anteojos; ahora podía ver a un centenar de millas. Su cuerpo adquirió una maravillosa cualidad: podía moverse a cualquier parte a voluntad; era visible y sin embargo, transparente.

El doctor Eby dijo que había encontrado algunas flores, las cortó y se dio cuenta de que no tenían agua en sus tallos porque "Jesús es el agua viva".

El aroma del cielo era especialmente abrumador con el dulce sabor de los sacrificios, decía el doctor Eby. El dijo que el cerebro humano tiene doce nervios craneales y luego añadió que esos doce nervios representan a las doce tribus de Israel. Además, explicó que el nervio principal en el cráneo de Dios es el sentido del olfato. Eby llegó a decir que se dio cuenta de que todo el propósito de los sacrificios era enviar un dulce aroma al cielo para satisfacer el nervio craneal de Dios.

Mientras el doctor Eby continuaba, el conductor del programa decía: "¡Maravilloso! ¡Admirable! ¡Oh, esto es substancioso!"

¿Substancioso? Nada en las Escrituras indica que el doctor Eby o nadie más en el cielo tenga un cuerpo transparente que flota en medio del aire. El Cristo resucitado no tenía un cuerpo así. De hecho, de acuerdo con la Escritura, los creyentes no tendrán cuerpos en el cielo hasta después de la resurrección de nuestros cuerpos al regreso de Cristo.[18]

En cuanto al dulce aroma de los sacrificios, el doctor Eby revela un completo mal entendimiento del sistema sacrificial bíblico. El carácter distintivo de los sacrificios era la muerte del animal, no el olor de la carne quemada (comp. Heb. 9:22).

En relación a los doce nervios craneales que representan las doce tribus de Israel, sería igual de razonable decir que porque uno tiene dos ojos representan los dos testigos de Apocalipsis 11. Yo consulté con un doctor en medicina sobre los doce nervios craneales y encontré que realmente hay doce pares, que hacen veinticuatro. Tal vez, entonces, sería mejor decir que corresponden a los veinticuatro ancianos mencionados en Apocalipsis 4.

Semejante adulteración descuidada de la Palabra de Dios debiera afligir el corazón de los cristianos. Pero, ¿fue contradicho el doctor Eby durante su trasmisión sobre terrenos bíblicos? ¡No! Le dijeron que su información era "sustanciosa", queriendo decir con esto una verdad de alguna clase substancialmente más profunda. ¿Más profunda que qué? ¿Que la Escritura? Ciertamente no. El doctor Eby tuvo una experiencia, y dado que su enfoque carismático es dejar que la experiencia se valide a sí misma, nadie cuestionó sus reclamos. Sus ideas fueron escuchadas en millares, si no en millones de hogares, como representativas de "las maravillosas cosas que Dios está haciendo hoy en día".

## Dos enfoques básicos del cristianismo

Concedido, Percy Collett, Dudley Danielson, Marvin Ford, Robert Liardon, Aline Bakley y Richard Eby son todos ejemplos extravagantes pero *no* son raros. Sus testimonios son representativos de lo que uno escucha demasiado a menudo entre nuestros hermanos carismáticos. A medida que se informan experiencia tras experiencia en la prensa y en la radio y televisión religiosas, se desarrolla un patrón sutil pero preocupante. En vez de responder a una interpretación apropiada de la Palabra de Dios, el cristianismo está acumulando experiencias fantásticas y descabelladas. La Biblia es manipulada para ajustarse a tales experiencias o sencillamente es ignorada del todo. El resultado es el misticismo seudocristiano.

El misticismo es un sistema de creencia que pretende percibir la realidad espiritual aparte de los hechos objetivos y verificables. Busca la verdad mediante los sentimientos, la intuición y otros sentidos internos. La información objetiva es normalmente considerada de poca importancia, de modo que el misticismo deriva su autoridad de adentro. El sentimiento espontáneo se vuelve más significativo que el hecho objetivo. La intuición tiene más peso que la razón. Una conciencia interna supera a la realidad externa. Como veremos dentro de poco, el misticismo está en el corazón del existencialismo moderno, del humanismo y hasta de muchas formas de paganismo, muy notablemente en el hinduismo y en su aliado cercano, la filosofía de la Nueva Era.

Esta clase de misticismo está también en el corazón de la experiencia carismática. Ha quitado la verdad bíblica del movimiento y la ha reemplazado con una nueva norma: la experiencia personal. Y no nos equivoquemos, el efecto práctico de la enseñanza carismática es poner la experiencia de uno en un plano superior al de la comprensión apropiada de la Escritura. Por eso la mujer que cité al principio de este capítulo me aconsejó: *"Haga a un lado su Biblia y sus libros y deje de estudiar."* Sus *revelaciones* privadas y sus emociones personales significan más para ella que la verdad eterna de la Palabra inspirada de Dios.

Hay solamente dos enfoques básicos a la verdad bíblica. Uno es el histórico, enfoque objetivo, que hace hincapié en la acción de Dios hacia hombres y mujeres como se enseña en las Escrituras. El otro es el personal, el enfoque subjetivo, que hace hincapié en la experiencia humana de Dios. ¿Cómo debiéramos edificar nuestra teología? ¿Debemos ir a la Biblia o a la experiencia de millares de personas? Si vamos a las personas, tendremos tantos criterios como individuos hay. Y eso es lo que está pasando a través del movimiento carismático hoy en día.

La teología objetiva, histórica, es la teología de la Reforma. Es el evangelicalismo histórico. Es la ortodoxia histórica. Empezamos con la Escritura. Nuestros pensamientos, ideas o experiencias son validadas o invalidadas sobre la base de cómo se comparan con la Palabra.

Por otra parte, la perspectiva subjetiva es la metodología del Catolicismo Romano histórico. La intuición, la experiencia y el misticismo han jugado siempre un papel importante en la teología católica.[19] El criterio subjetivo también ha estado en el corazón del liberalismo y de la neoortodoxia (ver mis comentarios sobre esto en el capítulo 3). La verdad en esos sistemas es determinada por la intuición y la emoción. La verdad es lo que le pasa a usted.

El criterio subjetivo es también la metodología del Pentecostalismo histórico, que empezó a principios del siglo. Los historiadores carismáticos trazan los orígenes modernos del movimiento a un pequeño colegio bíblico en Topeka, Kansas, manejado por Charles Fox Parham. Parham era miembro del movimiento de santidad, que enseña que la santificación completa, un estado espiritual equivalente a la perfección impecable en esta vida, es obtenible por los cristianos mediante una "segunda bendición", una dramática experiencia de transformación posterior a la salvación. Parham era un defensor entusiasta de la sanidad por fe. Después de una experiencia en la que dice que fue sanado de "enfermedad del corazón en su peor forma", descartó todas sus medicinas, canceló su seguro y rehusó cualquier forma de tratamiento médico por el resto de su vida.[20]

Parham fundó el Colegio de Bethel en 1900 y la escuela se cerró un año después. Pero lo que sucedió en Bethel el 10 de enero de

1901 iba a tener ramificaciones por todo el cristianismo por el resto del siglo veinte.

El enfoque del Colegio de Bethel a las clases bíblicas era peculiar, empleando la "idea de 'referencias en cadena', que era popular en ese tiempo. Los temas principales eran estudiados siguiendo lecturas consecutivas del tema como aparecían en la Escritura".[21] En otras palabras, los temas eran estudiados usando una concordancia para trazar los términos clave. Nunca se estudiaba un libro completo de la Biblia como una unidad. De esta manera, ningún versículo era considerado como parte de un contexto más amplio. Doctrinas completas eran estudiadas examinando un índice de pasajes bíblicos, reunidos y aislados de sus contextos apropiados. La hermenéutica sana y la exégesis cuidadosa eran, por tanto, imposibles. Pero Parham tenía una agenda clara: "Cuando la escuela abrió los estudiantes empezaban estudiando los dogmas principales del movimiento de santidad."[22]

Vinson Synan, historiador carismático, escribió:

> Por algunos años Parham había estado interesado especialmente en los diferentes criterios sobre la cuestión de recibir el bautismo del Espíritu Santo. Por 1890 la mayoría de la gente del movimiento de santidad estaba equiparando el bautismo en el Espíritu Santo con la recepción de la experiencia de santificación. El fuego del Espíritu Santo, se enseñaba, limpiaba el corazón del pecado cogénito e investía de poder para testificar a otros y vivir una vida victoriosa. Sin embargo, desde los días de Juan Wesley, quien por primera vez hizo hincapié en la segunda bendición, no había habido una evidencia comúnmente aceptada de recibir tal bendición.
>
> Al presentar este problema a los estudiantes, Parham explicó que la gente del movimiento de santidad difería en su enseñanza de evidencias de recibir el bautismo. "Algunos", señaló él por ejemplo, "alegan bendiciones o demostraciones, tales como gritar o saltar". Al mismo tiempo, Parham por dos años había sido impresionado con la posibilidad de que la glosolalia (hablar en lenguas) pudiera ser restaurada en la forma de facilidad para las lenguas extranjeras concedida a misioneros que ya no tuvieran que tomar el tiempo para estudios normales de idiomas.[23]

El interés de Parham en esos asuntos determinó el currículo de su salón de clases. El reclutó a sus estudiantes y sus concordancias para ayudarle a resolver el acertijo.

> Durante los últimos días de 1900... Parham dio a sus estudiantes una asignación de trabajo inusitada. Puesto que él estaba comprometido para predicar en una iglesia en Kansas City todo el fin de semana, él instruyó a su clase:

"Los dones están en el Espíritu Santo, y con el bautismo del Espíritu Santo, los dones, como también las gracias, deben manifestarse. Ahora, estudiantes, mientras yo estoy ausente, vean si no hay alguna evidencia dada del bautismo de modo que no quede ninguna duda sobre el tema." Cuando regresó el 30 de diciembre, Parham encontró que el veredicto era unánime. El informe fue que: "Aunque hay diferentes cosas (que) ocurrieron cuando la bendición pentecostal cayó... la prueba indisputable en cada ocasión fue que ellos hablaron en otras lenguas." A la luz de esta conclusión, toda la escuela estuvo de acuerdo en buscar una restauración del poder pentecostal con la evidencia de hablar en lenguas.[24]

Y así fue que la primera persona de los tiempos modernos que buscó el bautismo del Espíritu Santo con evidencia de lenguas, y que supuestamente lo recibió fue una estudiante de Parham. El día de Año Nuevo de 1901 fue escogido como el día en que el cuerpo estudiantil procuraría el bautismo. Temprano en la mañana del primer día de este siglo, un pequeño grupo de estudiantes en Topeka comenzó su reunión de oración. Por horas nada sucedió. Pero entonces...

Más tarde durante el día, una estudiante de 30 años, llamada Agnes Ozman, vino a Parham y le pidió que le impusiera las manos de modo que ella pudiera recibir el Espíritu Santo con la señal apostólica de hablar en lenguas. Ella testificó: "Mientras él oraba e imponía (sic) manos (sobre) mi cabeza, yo empecé a hablar en lenguas, glorificando a Dios. Hablé varios idiomas, porque era manifiesto cuando uno (dialecto) era hablado. ¡Gloria a Dios!"[25]

Después de eso, otros informaron haber recibido el bautismo. La mayoría testificó que no podían parar de hablar en lenguas; cuando trataban de hablar inglés, les salían otras lenguas. Todos los que estaban allí creían que estaban pronunciando idiomas terrenales reconocibles. De hecho, Agnes Ozman decía que trató de registrar su experiencia en papel, pero que se encontró escribiendo en chino, aunque nunca había aprendido ese idioma.[26] ¿Fueron concienzudamente examinadas esas experiencias en el contexto total de la Escritura? ¿Fue usada una cuidadosa exégesis de los pasajes bíblicos acerca de las lenguas para interpretar cualquiera de las experiencias de los estudiantes? ¿Se dio alguna consideración al hecho de que esas experiencias pudieran ser fenómenos demoníacos? Por el contrario Synan registra: "Esta experiencia confirmó el testimonio y la enseñanza de Parham de que las lenguas eran verdaderamente la evidencia inicial del bautismo del Espíritu

Santo."[27] Ningún estudio bíblico adicional sobre el asunto fue considerado necesario. Y así nació el Pentecostalismo.

Sesenta años después fue lanzado el movimiento carismático con la experiencia de Dennis Bennett, rector de la Iglesia Episcopal San Marcos, en Van Nuys, California.[28] Los movimientos pentecostal y carismático de hoy están basados en la experiencia, en la emoción, en los fenómenos y en los sentimientos. Como Frederick Dale Bruner ha escrito:

> El Pentecostalismo desea, en suma, ser entendido como cristianismo experiencial, con su experiencia culminando en el bautismo del creyente en el Espíritu Santo...
>
> Es importante notar que no es la *doctrina*, es la *experiencia* del Espíritu Santo en la que los pentecostales declaran repetidamente que desean hacer hincapié.[29]

## ¿Era Pedro un carismático?

Es interesante especular si Pedro sería un carismático si viviera hoy. Después de todo, él habló en lenguas, sanó gente y profetizó. El también tuvo algunas experiencias fantásticas. El fue, por ejemplo, un testigo de la transfiguración de Cristo, que él recuerda en 2 Pedro 1:16-18.

Esa experiencia lo dejó atónito y sugiriendo algo acerca de levantar tres tabernáculos en el sitio, uno para Jesús, otro para Elías y otro para Moisés, porque era bueno que todos ellos estuvieran allí (Mat. 17:1-4). El estaba tan abrumado por la experiencia que, como de costumbre, dijo lo equivocado. Sin embargo, fue una experiencia increíble. Jesús hizo a un lado el velo de su carne y reveló su gloria, la gloria que manifestará en su segunda venida. Pedro, Jacobo y Juan tuvieron un vislumbre de la gloria de esa segunda venida. Esa era la "majestad" de la que Pedro hablaba en 2 Pedro 1:16.

Pero, ¿edificó Pedro su teología sobre experiencias como esa? Leamos en 2 Pedro 1:19-21:

> Tenemos también la palabra profética que es aun más firme. Hacéis bien en estar atentos a ella, como a una antorcha que alumbra en lugar oscuro, hasta que aclare el día y el lucero de la mañana se levante en vuestros corazones. Y hay que tener muy en cuenta, antes que nada, que ninguna profecía de la Escritura es de interpretación privada; porque jamás fue traída la profecía por voluntad humana; al contrario, los hombres hablaron de parte de Dios siendo inspirados por el Espíritu Santo.

Una mejor traducción del texto griego en el v. 19 sería: "Tenemos la palabra profética aun más segura." La versión Reina-Valera 1960 dice claramente: "Tenemos también la palabra profética más segura." ¿Más segura que qué? Que la experiencia. Pedro estaba diciendo, en efecto, que aunque la transfiguración era una experiencia maravillosa, la Escritura era una verificación más digna de su fe. Aunque él había visto nada menos que al Señor en su gloria, Pedro estaba seguro de que la Palabra de Dios registrada por hombres santos movidos por el Espíritu Santo, era un fundamento más sólido para lo que él creía.

El punto de Pedro era precisamente el asunto que muchos carismáticos dejan de entender: *toda experiencia debe ser probada por la palabra más segura de la Escritura.* Cuando buscamos la verdad acerca de la vida y la doctrina cristianas no podemos depender solamente de la experiencia de alguien. Debemos basar toda nuestra enseñanza en la Palabra de Dios revelada. El defecto mayor en el movimiento carismático es que apela a la experiencia más que a la Palabra de Dios para dictar lo que es verdad.

La mayoría de los carismáticos creen que el progreso en la vida cristiana es tener algo más, algo mejor, alguna experiencia electrificante. Un excarismático de mi congregación me dijo por qué se frustró cada vez más en el movimiento carismático: "Uno pasa el resto de la vida tratando de encontrar otra experiencia." La vida cristiana se vuelve una peregrinación de experiencia en experiencia, y si cada una no es más espectacular que la anterior, mucha gente empieza a preguntarse si algo anda mal.

Escuché decir a un hombre en la televisión que mientras conducía su auto, repentinamente miró y allí estaba Jesús sentado a su lado en forma física. El hombre dijo: "Era maravilloso. Yo conducía y sencillamente hablaba con Jesús y él estaba sentado a mi lado." Y luego dijo: "Si uno tiene suficiente fe, uno puede hablar con Jesús; ¡él se le aparecerá!"

La Biblia dice de Cristo: "*A él le amáis, sin haberle visto. En él creéis; y aunque no lo veáis ahora*, creyendo en él os alegráis con gozo inefable y glorioso" (1 Pedro 1:8, énfasis añadido). Obviamente Pedro no creía que fuera posible para sus lectores del primer siglo ver a Jesús, ni él pensaba que tales visiones fueran necesarias para la fe, la esperanza, el amor o el gozo. Sin embargo, más de un carismático ha concluido que uno puede experimentar la presencia física de Jesucristo si tiene suficiente fe.

No son únicamente carismáticos mal informados o inmaduros los que imaginan tales experiencias. Hace unos cuantos años almorcé con un pastor carismático muy bien conocido e influyente. Era también un autor muy leído y una figura en los medios de comunicación. Este hombre me dijo:

—Cuando me afeito en las mañanas Jesús entra al cuarto de baño y pone su brazo alrededor de mí y hablamos.

Hizo una pausa para medir mi reacción y luego agregó:

—Juan, ¿crees eso?

—No, no lo creo —contesté—. Pero lo que me preocupa más es pensar que tú lo crees.

¿Por qué? —preguntó—. ¿Por qué te es tan difícil aceptar la idea de que Jesús me visita de manera personal cada mañana?

*¿Se sigue afeitando?*, me pregunté. *¿O se derrumba en completo temor y temblando ante la presencia del Dios santo y glorificado?* Cuando Isaías vio al Señor en su trono, dijo: "¡Ay de mí, pues soy muerto!" (Isa. 6:5). Pedro lo vio y cayó de rodillas y dijo: "¡Apártate de mí, Señor, porque soy hombre pecador!" (Luc. 5:8). ¡Yo no creo que nadie pueda seguir afeitándose en la presencia del Señor resucitado!

La razón de que tantos carismáticos parezcan atraídos por supuestas visiones de Jesús y de viajes al cielo, es porque cometen el mismo error anticipado por Henry Frost en su libro *Sanidad Milagrosa*:

> Puede anticiparse con seguridad que, conforme aumenta la presente apostasía, que Cristo manifestará su deidad y señorío en creciente medida mediante señales milagrosas, incluyendo sanidades. No debemos decir, por tanto, que la palabra es suficiente.[30]

*¿Decir que la Escritura no es suficiente?* ¡Dios mismo dice que su Palabra es suficiente! (Sal. 19:7-14; 2 Tim. 3:15-17). ¿Quién es Henry Frost para alegar que no lo es?

Aunque la mayoría de los carismáticos no declararían su posición tan claramente como Frost, la verdad es que, en el corazón de su sistema de creencias está la negación de la suficiencia de la Escritura. Son culpables de la misma clase de pensamiento que Felipe en Juan 14:6-9. Jesús estaba con sus discípulos en la última cena y declaró: "Yo soy el camino, la verdad y la vida; nadie viene al Padre, sino por mí. Si me habéis conocido a mí, también conoceréis a mi Padre; y desde ahora le conocéis y le habéis visto."

Jesús estaba diciendo algo maravilloso en este momento. Había estado diciendo a sus discípulos que iba a dejarlos. Ahora los consuela diciéndoles que no se preocupen; ellos habían visto al Padre en él y conocían al Padre a través de él. Todo iba a estar bien.

Pero Felipe no estaba satisfecho. No era suficiente para él escuchar las palabras de Jesús. Aparentemente Felipe necesitaba tener algo más, una visión, un milagro, una señal, o algo, porque dijo:

"Señor, muéstranos al Padre, y nos basta" (Juan 14:8). En otras palabras: "Lo que has hecho y dicho no es suficiente. Tu promesa no es bastante. Pruébalo. Haz algo más para nosotros, danos una visión de Dios; danos una experiencia."

Jesus se entristeció evidentemente por la petición de Felipe, pues dijo con tristeza: "Tanto tiempo he estado con vosotros, Felipe, ¿y no me has conocido? El que me ha visto, ha visto al Padre" (14:9). El estaba diciendo: "Felipe, ¿no soy bastante? Me has visto a mí, has visto mis obras, has escuchado mis palabras, ¿y todavía necesitas tener más?"

Lo que Felipe dijo fue un insulto a Dios el Hijo. Tristemente, mucha gente hoy en día está repitiendo el insulto buscando algo más. Están insultado a Dios, que se ha revelado suficientemente en la Escritura.

Nadie debe buscar experiencias en preferencia a la Palabra de Dios. Toda experiencia debe ser calificada y validada por las Escrituras. Cualquier otra clase de experiencia es falsa. ¿Recuerda a los dos discípulos solitarios y quebrantados de corazón que caminaron con el Señor en el camino a Emaús (Luc. 24:13-35)? Al seguir, Jesús les abrió las Escrituras y empezando en Moisés y los profetas les enseñó las cosas concernientes a él. Más tarde ellos dijeron: "¿No ardía nuestro corazón en nosotros cuando nos hablaba en el camino y nos abría las Escrituras?" (24:32).

Esos discípulos tuvieron una experiencia; sus corazones ardían dentro de ellos. Pero primero el Señor les abrió las Escrituras. Una y otra vez las Escrituras hablan de gozo, bendición y experiencia (ver. Sal. 34:8; Mal. 3:10). Pero todas esas experiencias, si tienen alguna firmeza, es porque se conforman completamente al plan que Dios ha revelado en la Escritura, y vienen de estudiar y obedecer la Palabra de Dios, no por mirar algo más allá de lo que Dios nos ha revelado.

### ¿Confiaba Pablo en la experiencia?

¿Qué del apóstol Pablo? Como Pedro, él era un hombre muy dotado. Y ciertamente tuvo experiencias asombrosas, tales como su súbita conversión en el camino a Damasco. El vio una luz tan brillante que lo cegó. Escuchó una voz. Fue derribado a tierra. Instantáneamente fue cambiado de un perseguidor de cristianos a un esclavo del Señor Jesucristo (Hech. 9).

Pero cuando Pablo empezó a predicar y enseñar, ¿hizo de su experiencia el corazón de su mensaje? Hechos 17:2, 3 claramente declara que la apelación de Pablo era a las Escrituras: "Y de acuerdo con su costumbre, Pablo entró a reunirse con ellos, y por tres sába-dos discutió con ellos basándose en las Escrituras, explicando y demostrando que era necesario que el Cristo padeciese y resucitase de entre los muertos. El decía: 'Este Jesús, a quien yo os anuncio, es el Cristo'" (énfasis añadido).

Aun después de que Dios llevó a Pablo al tercer cielo (2 Cor. 12:1-4), a él no se le permitió decir las cosas que había visto. Obviamente Dios no creía que esa experiencia hiciera más impresión o diera más credibilidad al mensaje del evangelio que predicar sencillamente su verdad. Eso contrasta claramente con el enfoque contemporáneo del movimiento de señales y prodigios (ver el capítulo 6).

Ya al mero final de su vida Pablo seguía razonando sobre la base de la Palabra de Dios. Mientras estaba prisionero en Roma, "en gran número vinieron a él a donde se alojaba. Desde la mañana hasta el atardecer, les exponía y les daba testimonio del reino de Dios, persuadiéndoles acerca de Jesús, partiendo de la Ley de Moisés y de los Profetas" (Hech. 28:23).

Lamentablemente muchos carismáticos no siguen las pisadas de Pablo. En vez de eso, usan un camino muy transitado por teólogos liberales y neoortodoxos, por existencialistas, por humanistas y por paganos. No cabe duda de que la mayoría de los carismáticos lo hacen sin saber. Ellos dirían: "Creemos la Biblia. No queremos contradecir las Escrituras; queremos defender la Palabra de Dios." Pero los carismáticos son atrapados en una terrible tensión al tratar de asirse de la Biblia mientras que al mismo tiempo hacen de la experiencia su verdadera autoridad. Los criterios de los líderes y teólogos carismáticos muestran su conflicto.

Por ejemplo, Charles Farah trató de armonizar la tensión entre la Palabra de Dios y la experiencia. Dándose cuenta de que hay dos palabras griegas que se traducen como "palabra", él ideó la teoría de que *logos* es la Palabra objetiva, histórica, y que *rhema* es la Palabra personal y subjetiva. El problema con esa idea es que ni el significado griego ni el uso del Nuevo Testamento hacen tal distinción. El *logos*, dijo Farah, se vuelve rhema cuando te habla a ti. El *logos* es legal mientras que *rhema* es experiencial. Farah escribió: "El *logos* no siempre se vuelve *rhema*, Palabra de Dios para usted."[31] En otras palabras, el *logos* se vuelve *rhema* cuando le habla a uno. El logos histórico y objetivo, en el sistema de Farah, no tiene un impacto transformador hasta que se vuelve *rhema*, la propia palabra personal de uno de parte de Dios.

Eso suena peligrosamente cercano a lo que los teólogos neoortodoxos han estado diciendo por años: que la Biblia se vuelve Palabra de Dios solamente cuando le habla a uno. Pero la Palabra de Dios es Palabra de Dios sea que alguien experimente su poder o no.

La Biblia no depende de la experiencia de sus lectores para volverse Palabra de Dios inspirada. Pablo dijo que la Biblia podía en sí, y de sí misma dar a Timoteo la sabiduría que lleva a la salvación (2 Tim. 3:15). No necesitaba la experiencia de Timoteo que la validara. Pablo siguó diciendo: "Toda la Escritura es inspirada por Dios y es útil para la enseñanza, para la reprensión, para la corrección, para la instrucción en justicia" (2 Tim. 3:16). Pablo enseñó que las Escrituras ya son inspiradas y provechosas, no que serán inspiradas o provechosas, dependiendo de la experiencia del lector. Claramente, la Palabra de Dios es completamente suficiente.

## Agudos, pero sin dirección

En su mayoría, los carismáticos parecen sinceros. Muchos de ellos son como los judíos de los que Pablo dijo: "Yo les doy testimonio de que tienen celo por Dios, pero no de acuerdo con un conocimiento pleno" (Rom. 10:2). Los carismáticos tienen celo sin conocimiento; tienen entusiasmo sin iluminación. Como John Stott lo puso: "Son agudos (ávidos) pero sin dirección."[32]

Cuando los carismáticos vuelven la experiencia el criterio principal para la verdad, revelan lo que Stott llama "un anti-intelectualismo abiertamente declarado".[33] Están enfocando la vida cristiana sin sus mentes, sin pensar, sin usar su entendimiento. Ciertamente, algunos carismáticos alegan que Dios deliberadamente da a la gente pronunciamientos ininteligibles para pasar de lado, y así humillar, el orgulloso intelecto humano.

Pero la opinión de que Dios quiere suplantar o mortificar nuestras mentes racionales es patentemente no bíblica. Dios ha dicho:"Venid, pues, dice Jehovah; y razonemos juntos" (Isa. 1:18). Y, "Transformaos por la renovación de vuestro *entendimiento*" (Rom. 12:2, énfasis añadido). Dios quiere que nuestras mentes sean renovadas, no descartadas. El se ha revelado a sí mismo en una revelación racional que demanda el uso de la razón y un entendimiento de la verdad histórica y objetiva (comp. Ef. 3:18; 4:23; Fil. 4:8; Col. 3:10).

El todo de la revelación de Dios está engranado a la percepción, al pensamiento, al conocimiento y al entendimiento. Ese es el punto principal de Pablo en 1 Corintios 14, un pasaje clave en la cuestión carismática. El concluye ese gran capítulo con estas palabras: "Sin embargo, en la iglesia prefiero hablar cinco palabras con mi sentido, para que enseñe también a los demás, que diez mil palabras en una lengua" (14:19). Los que conocemos a Cristo debemos usar nuestra mente para captar la verdad de Dios. No somos enseñados para depender de nuestras emociones o para tratar de extrapolar la verdad de nuestras experiencias. Como James Orr escribió: "Una religión divorciada del pensamiento sincero y noble siempre ha tendido, a través de toda la historia de la iglesia, a volverse débil y no edificante."[34] Ciertamente, *reaccionamos* a la verdad con nuestras emociones, pero debemos primero captarla con nuestro entendimiento y someternos a ella con nuestra voluntad.

## Los orígenes de nuestra teología experiencial

El misticismo, o la idea de que la teología puede surgir de la experiencia personal, no es original de los carismáticos. Varias otras influencias clave, todas anticristianas, han contribuido a edificar el concepto de la teología experiencial: el existencialismo, el humanismo y el paganismo.

El *existencialismo* es un concepto filosófico que dice que la vida carece de significado y es absurda.[35] Enseña que debemos ser libres para hacer lo que queramos con tal que estemos dispuestos a asumir la responsabilidad de nuestras decisiones. El existencialismo está primeramente interesado en cómo se siente uno. No responde a ninguna autoridad; de hecho, se vuelve su propia autoridad. Los existencialistas creen que la verdad es todo lo que lo aprese, todo lo que lo ponga en marcha.

La teología experiencial que vemos en el movimiento carismático no es legado del cristianismo histórico. Es legado del existencialismo. Clark Pinnock ha escrito lo siguiente:

> La experiencia es una base muy endeble sobre la cual descansar el sistema cristiano. El mero hecho de que un evento psicológico haya tenido lugar en la mente de uno no puede establecer la veracidad del evangelio... La sensación religiosa por sí misma no puede probarse a sí misma... Por singular que pueda ser una experiencia, es capaz de un número de interpretaciones radicalmente diferentes. Puede ser solamente un encuentro con el propio subconsciente de uno. Los que colocan todo su énfasis en un proceso subjetivo para validar... eventualmente reducen el contenido de la revelación y la ajustan a su gusto. Aquello con lo que *yo* me topo se convierte en lo central, en vez de lo que *Dios* ha hecho y hablado. La razón por la que algunos teólogos favorecen el uso de drogas para avivar la percepción religiosa es patente. Siempre que la carreta existencial es puesta delante del caballo histórico, la teología se convierte en una síntesis de la superstición humana, y poner LSD en el vino de la comunión está bien.[36]

¿LSD en el vino de la comunión? ¿Por qué no? Si es una experiencia lo que buscamos, ¿por qué no hacerla en grande?

*Humanismo* es la filosofía que dice que la humanidad tiene

potencial ilimitado.[37] Dele a la gente bastante tiempo y educación y podrá resolver cualquier problema. El humanismo, hermanastro del existencialismo, alienta a todos a ser auténticos, a *ser* alguien. En esta era computacional donde tanta gente se siente un número sin un nombre verdadero, el humanismo es muy atractivo. Este es el día del foro del teléfono en vivo, del programa televisivo de entrevistas, y de trivialidad por hora. Todos quieren tener opinión y todos consiguen una oportunidad.

Como el existencialista, el humanista no reconoce autoridad final. Toda la verdad es relativa. Lo que es verdadero importa poco; la cuestión es: "¿Qué piensa *usted?*" No hay absolutos y todos hacen lo que es recto ante sus propios ojos (comp. Jue. 21:25).[38]

El *paganismo* es otra ilustración de la teología experiencial. La mayoría de las creencias y prácticas paganas tienen sus raíces en religiones de misterio originadas en Babel. En el tiempo de Cristo, la gente por todo el mundo grecorromano participaba en religiones de misterio que tenían multiplicidad de dioses, orgías sexuales, idolatría, mutilación, y tal vez sacrificios humanos. Los historiadores señalan que la gente que tomaba parte en tales prácticas paganas tenía experiencias de paz, gozo, felicidad y éxtasis.

El historiador S. Angus escribió: "Los piadosos en éxtasis podían sentirse elevados por arriba de sus limitaciones ordinarias para poseer la visión beatífica (Dios), o en entusiasmo creerse a sí mismos inspirados por Dios o llenos de Dios, fenómeno en algunos respectos semejante a las experiencias de los cristianos primitivos al derramamiento del Espíritu."[39]

Según Eugene H. Peterson, la teología experiencial era también el corazón de la adoración a Baal, la religión de los cananitas:

> El énfasis del baalismo estaba en la experiencia afín y subjetiva... La trascendencia de la deidad era superada en el éxtasis de la emoción...
>
> El baalismo es adoración reducida a la estatura espiritual del adorador. Sus cánones son que debe ser interesante, pertinente y emocionante...
>
> El Yaveísmo (el judaísmo del Antiguo Testamento) estableció una forma de adoración que estaba centrada en la proclamación de la palabra del Dios del pacto. Su apelación era a la voluntad. La inteligencia racional del hombre era despertada a la atención al ser llamado a responder como persona a la voluntad de Dios. En el yaveísmo algo se decía: palabras que llamaban al hombre a servir, a amar, a obedecer, a actuar responsablemente, a decidir...
>
> La diferencia entre la adoración de Baal y la adoración de Yahweh es la diferencia entre aproximarse a la voluntad del Dios del pacto que puede ser entendido y conocido y obedecido, y la

fuerza vital ciega en la naturaleza que sólo puede ser sentida, absorbida e imitada.[40]

Hoy, con su énfasis extremo en la experiencia, muchos en el movimiento carismático están cercanos a un tipo de neobaalismo. La experiencia puede ser una arma peligrosa en las manos de Satanás. El se deleita en lograr que los cristianos busquen experiencias y quiten el énfasis en la Palabra de Dios.

El cristianismo está en peligro. Estamos convirtiéndonos en víctimas del espíritu experiencial del día. El legado del misticismo, con su progenie filosófica y religiosa, el existencialismo, el humanismo y el paganismo, invadirán la iglesia si no estamos alertas. Como Pinnock dijo muy acertadamente: "Los nuevos teólogos abandonan la confianza en el contenido intelectual e histórico del mensaje cristiano, y ponen su confianza en una experiencia subjetiva centrada en el hombre que no se distingue de una molestia gástrica."[41] Las experiencias pueden ser producidas por fenómenos psicológicos, fisiológicos o demoníacos. La única prueba real para cualquier experiencia es ésta: ¿cuadra con la Palabra de Dios?

## La batalla por la Biblia se encarniza

El libro de Harold Lindsell, *La batalla por la Biblia*,[42] tuvo un nombre muy apropiado. La batalla por la Biblia se ha encarnizado por siglos y se ha caldeado especialmente en los últimos cien años. Desde principios de siglo y hasta los años veinte, los teólogos liberales y neoortodoxos montaron un ataque frontal sobre la autoridad bíblica, acusando a la Biblia abiertamente de error. Ahora un segundo ataque ha venido por la puerta trasera, y los que están atrapados en el cristianismo experiencial parecen estar dirigiendo el ataque, dando golpes a la Biblia al cuestionar su suficiencia. Y ese experiencialismo socava la autoridad de la revelación de Dios exactamente de la misma manera en que el liberalismo lo ha hecho por varias décadas.

Un artículo de Robert K. Johnson en *Christianity Today* (Cristianismo hoy) describe el reciente desvío en la teología evangélica:

> Los evangélicos están empezando a... explorar la posibilidad de una teología basada en la experiencia. Influidos por los que hacen hincapié en un enfoque carismático a la fe (por ej.: Michael Harper, Robert Munford, Dennis Bennett, David Wilkerson, Larry Christenson) o un enfoque de relación (por ej.: Bruce Larson, Keith Miller, Charlie Shedd, Wes Seeliger, Ralph Osborne), los evangélicos están empezando a construir sus teologías en torno a lo que significa para el hombre estar en la presencia de Dios (en vez de alrededor de la verdad objetiva de la Palabra de Dios).

... Lo que se intenta crecientemente hoy es una inversión de la *aproximación* (de los reformadores) a la fe cristiana. Los evangélicos están sugiriendo que la teología debe viajar del Espíritu a la Palabra, no de la Palabra al Espíritu, la norma de su herencia. Influidos por el mundo cristiano más amplio, los evangélicos que han adoptado o un enfoque relacional ("encarnacional") o un enfoque carismático ("neopentecostal") para su teología, están desafiando más y más a sus hermanos creyentes a repensar el evangelio desde el punto de vista de su propia experiencia con él. Su reclamo es que la teología tradicional evangélica es muy irrelevante o inadecuada.

.........

La receta para la salud que suena crecientemente desde dentro del evangelicalismo es esta: si la iglesia va a establecer una teología relevante y adecuada, debe empezar no con reflexión sobre la persona de Cristo, sino con reflexión en nuestra *experiencia* con él mediante el Espíritu Santo.[43]

En otras palabras, algunos evangélicos ahora contienden que la teología relevante debe empezar con la experiencia subjetiva, no con la revelación objetiva. Vista de esa manera, la teología es meramente una explicación de la experiencia. La verdad objetiva no tiene significado hasta que la experimentamos.

Esa clase de pensamiento es lo que llevó a Larry Christenson, bien conocido carismático luterano, a escribir: "Hay una buena teología bíblica para el bautismo con el Espíritu Santo. Pero el bautismo con el Espíritu Santo no es una teología para discutirse y analizarse. Es una experiencia en la que uno entra."[44]

Concedido, esa manera de contemplar la doctrina tiene algún atractivo. La ortodoxia seca, sin vida, es el resultado inevitable de aislar la verdad objetiva de la experiencia vibrante. Pero la respuesta a la ortodoxia muerta no es edificar una teología sobre la experiencia. La experiencia genuina debe surgir de una doctrina sana. Lo que hemos experimentado no debemos ponerlo de base de lo que creemos. Lo opuesto es verdad. Nuestras experiencias deben surgir de lo que creemos. Y continuamente debemos examinar y evaluar nuestras experiencias a la luz de la verdad objetiva de la preciosa Palabra de Dios. Cualquier otro enfoque lleva inevitablemente a la especulación y al error. Edificar una teología sobre la experiencia es edificar sobre la arena. Pero edificar una teología sobre la Palabra inspirada y revelada es edificar sobre la roca (comp. Mat. 7:24-27). Todo es cuestión de autoridad. ¿Qué tiene la autoridad en su vida? ¿Es su experiencia o es la Palabra de Dios? Jesús dijo: "Santifícalos en la verdad; tu palabra es verdad" (Juan 17:17). La madurez, la santificación y todas las experiencias legítimas dependen de la verdad de la Escritura. El verdadero crecimiento en gracia no puede obtenerse mediante una experiencia. Sin embargo, la ola experiencial arrolla y la doctrina y la teología son arrastradas a la puerta. En verdad esta tendencia amenaza a la siguiente generación. Pueden buscar la verdad sólo para encontrar que la conexión histórica no estará allí.

Los carismáticos tienden a disentir. Ellos ven los asuntos racionales, tales como la teología y la ortodoxia bíblica, como un impedimento para el testimonio de la iglesia. Michael Harper ha dicho: "El mundo espera una manifestación renovada de Cristo dentro de su cuerpo, la iglesia. Está cansado de... las especulaciones de los teólogos."[45]

J. Rodman Williams argumenta que debemos adaptar nuestra teología a la experiencia, en vez de insistir en que la experiencia sea evaluada por la teología: "Lo que he estado intentando enfatizar es que las implicaciones teológicas de este movimiento dinámico del Espíritu Santo no son de significado pequeño. En el mero centro está el conocimiento de que algo ha pasado."[46] Esa es la clave: *algo ha pasado*. No importa si se ajusta a la doctrina o a la teología especulativa. Algo ha pasado y debemos asumir que el Espíritu Santo lo hizo. Williams hasta admite: "Uno tiene dificultades para encontrar un lenguaje teológico adecuado o maneras de relacionarlo con las diversas doctrinas de la fe cristiana."[47]

Me temo que la iglesia contemporánea está perdiendo la batalla por la Biblia. Muy pocos cristianos hoy en día son como los de Berea, que "recibieron la palabra ávidamente, escudriñando cada día las Escrituras para verificar si estas cosas eran así" (Hech. 17:11). Debemos comprometernos a escudriñar las Escrituras y dejar que nuestra experiencia de la Palabra viva venga de allí, no de las emociones internas, de los fenómenos sobrenaturales o de otras evidencias potencialmente engañosas o indignas de confianza. Entonces nuestra experiencia traerá los más grandes y puros gozos y bendiciones imaginables, porque tendrá su raíz y su fundamento en la verdad divina.

# 2

# ¿Da Dios revelación todavía?

"Dios me dijo..." se ha convertido en el himno lema del movimiento carismático. Extrañas profecías privadas son proclamadas por toda clase de personas que evidentemente creen que Dios les habla a ellas. Seguramente que la más absurda es la profecía de amenaza de muerte de Oral Roberts. Roberts le dijo a su audiencia nacional en 1987 que Dios lo había amenazado con "llevárselo a casa" si no podía juntar ocho millones de dólares para la fecha dada por sus acreedores. El mundo nunca sabrá si esa amenaza se habría cumplido y cómo habría sido cumplida; Roberts recibió una suspensión de ejecución de último minuto en la forma de un gran cheque de parte del dueño de un galgódromo de Florida.

Aun así, dos años después, cuando fue obligado a cerrar su multimillonario centro médico, Ciudad de Fe, en Tulsa, Oklahoma, él le preguntó a Dios por qué. Roberts sostiene que Dios le dio una respuesta:

Dios le dijo a mi espíritu:
—Te hice construir la Ciudad de Fe lo bastante grande para llamar la atención de todo el mundo a la fusión de mis corrientes sanadoras de oración y medicina. No quise, sin embargo, que esta revelación se localizara en Tulsa. Y ha llegado el tiempo en que quiero que el concepto de fusionar mis corrientes sanadoras sea conocido de toda la gente y vaya a generaciones futuras.

Tan claramente en mi espíritu como siempre lo he escuchado, el Señor me dio una impresión.

—Tú y tus socios tenéis oración y medicina fusionados para todo el mundo, para la iglesia mundial y para todas las generaciones — dijo él—. Está hecho.

Entonces le pregunté:

—¿Es por eso que después de ocho años nos haces cerrar el hospital y después de once años la escuela de medicina?

El respondió:

—Sí, la misión ha sido cumplida de la misma manera que después de tres años de ministerio público mi Hijo dijo en la cruz: "Padre, todo está consumado."[1]

Podemos quedarnos boquiabiertos por el atrevimiento de Oral Roberts, pero él no es el único carismático que piensa que está recibiendo revelación privada de Dios. La mayoría de los carismáticos, en un tiempo u otro, piensan que Dios les habla en una manera específica, ya sea por una voz audible, una impresión interna, una visión, o sencillamente usándolos como un vehículo para escribir una canción, componer un poema o pronunciar una profecía.

Linda Fehl, fundadora del Rancho Rapha, vende una cinta con una canción llamada "El Espíritu Santo". Ella dice que la canción se la dio el Espíritu mientras era sanada de cáncer.[2] Un editor de una casa publicadora cristiana me dijo una vez que él recibe colaboraciones de carismáticos cada semana, alegando que Dios los inspiró a escribir su libro, artículo, canción o poema.[3] Mi amigo editor hizo notar que los manuscritos muy a menudo están pobremente escritos, llenos de mala gramática, plagados de información equivocada y de errores de lógica, o llenos de poemas que mutilan el idioma o pretenden rimar, pero que sencillamente no lo hacen.

Para que no piense que solamente los chiflados, los excéntricos o los ingenuos creyentes carismáticos son los que harían tales reclamos, escuche a Jack Heyford, conocido autor internacional, ministro de medios de comunicación y pastor de la Iglesia del Camino en Van Nuys, California. Hayford dijo al Compañerismo Pentecostal de América del Norte que Dios le había dicho que se aproxima una nueva era:

> Hayford... relató una visión en la que había visto a Jesús sentado en su trono a la mano derecha del Padre. En la visión de Hayford Jesús empezaba a inclinarse hacia adelante y a levantarse de su asiento. Mientras, la unción retenida en el dobladillo de su vestidura empezó a derramarse y cayó sobre la iglesia. Jesús dijo: "Estoy empezando a levantarme ahora en preparación para mi segunda venida. Los que se levanten conmigo participarán de esta doble porción de unción."[4]

Y Larry Lea, popular autor carismático y pastor escribió:

Recientemente, cuando estaba en Chicago preparándome para predicar, el Espíritu del Señor vino sobre mí. Habló a mi corazón: *"Voy a decirte ahora el nombre del hombre fuerte sobre esta nación."* Yo escuché atentamente.
*"El hombre espiritual fuerte que están enfrentando, el diabólico fuerte que tiene a tu nación bajo control, es el hombre fuerte de la codicia."* Ciertamente que no tenemos que buscar mucho para encontrar evidencia para respaldar esta palabra del Señor.[5]

Kenneth Hagin seguramente tiene la historia más inusitada de todas. El dice que cuando era más joven y todavía soltero, Dios lo dirigió a romper una relación con una mujer, revelándole que ella era moralmente impropia. ¿Cómo sucedió? De la manera menos convencional. Hagin alega que Dios lo transportó milagrosamente fuera del templo un domingo, justo en medio del sermón. ¡Lo peor de todo es que Hagin era el que estaba predicando el sermón!

¡Repentinamente me fui! Justo en medio de mi sermón, me encontré parado solo al lado de una calle en un pequeño pueblo a quince millas de distancia, y yo sabía que era el sábado en la noche. Estaba apoyado en un edificio y vi a una joven venir por la calle. Cuando llegó a donde yo estaba, un carro se acercó por la calle. El conductor se acercó a la acera, hizo sonar el claxon y ella se metió al coche. Se dio vuelta en otra dirección y salió del pueblo, y repentinamente, ¡yo estaba sentado en el asiento trasero!
*Salieron al campo y cometieron adulterio. Y yo los miraba.* Yo todavía estaba en la nube. De pronto escuché el sonido de mi voz y la nube se levantó. Estaba parado detrás de mi púlpito. No sabía qué decir, porque no sabía lo que había estado diciendo, de modo que solamente dije: "Inclinemos todos nuestras cabezas", y oramos. Miré mi reloj y... me había ido en la nube como por quince minutos.
Mientras estrechaba la mano a la gente cuando salía, esta joven se acercó. Le dije:
—Te extrañamos anoche.
Ella respondió:
—Sí, estuve en _____ (y el nombre del pequeño pueblo).
Yo dije: —Sí, ya sé.[6]

Sobre la base de esa experiencia cuestionable, Hagin determinó que la mujer era promiscua y asume hasta este día que ella era culpable de adulterio. El siguió ese informe con otro similar, en el que repentinamente fue transportado al auto donde otra joven supuestamente estaba metida en un compromiso moral.[7] Irónicamente, inmediatamente después de contar esas historias, él escribe: "Tienen que comprender, amigos, que hay una fina línea entre el fanatismo y la realidad. Mucha gente cae en el error buscando experiencias."[8] Hagin nunca ha hecho una mejor aplicación de sus anécdotas. ¿De veras transportaría Dios a Hagin milagrosamente a autos en los que pudiera contemplar actos de fornicación? ¿Le habló Dios a Oral Roberts? ¿Escribió una canción para Linda Fehl? ¿Vio realmente Jack Hayford levantarse a Cristo de su asiento al lado de Dios? ¿Era la profecía de Larry Lea realmente "palabra del Señor"? ¿Están todavía los cristianos recibiendo, por inspiración del Espíritu Santo, revelación directa de Dios? ¿Puede la gente hoy, al escribir canciones o libros, al predicar o enseñar, o al tomar decisiones, alegar legítimamente que están bajo inspiración divina?

Muchos carismáticos contestan un sonoro "¡Sí!" Por ejemplo, J. Rodman Williams escribió:

> La Biblia verdaderamente se ha convertido en un testigo asociado de la actividad actual de Dios... Si alguien hoy tal vez tiene una visión de Dios, de Cristo, es bueno saber que ya ha sucedido antes; si alguien tiene una revelación de Dios, saber que para los cristianos primitivos la revelación también sucedía en la comunidad; si uno dice un: "Así dijo el Señor", y se atreve a dirigirse a la comunidad en primera persona, aun a ir más allá de las palabras de la Escritura, que esto sucedía ya hace mucho. ¡Que extraño y notable es! Si uno habla la Palabra de Verdad en la comunión del Espíritu, no son sus propios pensamientos y reflexiones (por ej., sobre algunos temas actuales), ni simplemente alguna exposición de las Escrituras, porque el Espíritu trasciende las observaciones personales, por interesantes y profundas que puedan ser. El Espíritu como el Dios vivo, se mueve a través, y más allá, de los registros del testimonio pasado, por valiosos que tales registros sean como modelo para lo que pasa hoy en día.[9]

¿Qué está diciendo Williams? El está afirmando que la Biblia no es nuestra fuente final de la revelación de Dios, sino simplemente un "testigo" de la revelación adicional que Dios está dando hoy en día. Williams está declarando que los cristianos pueden añadirle a la Biblia, y que ellos pueden aceptar otras adiciones a la Escritura como normales y convencionales. El cree que la Biblia es un "modelo" para lo que el Espíritu Santo está haciendo hoy para inspirar a los creyentes.

Ese es un criterio relativista atemorizante, pero está creciendo en popularidad conforme el movimiento carismático se extiende. Edwin

N. Gross, notando esta mortal tendencia en la iglesia hoy en día, observa:

> Ha llegado la era de los modelos. Un modelo toma el lugar de la ley. Los modelos son percepciones humanas de la verdad. Son tentativos y por tanto sujetos a cambio conforme nueva información está disponible. Estos modelos están abiertos y son constantemente probados. Ningún científico se atreve ya a alegar que un modelo es la manera de explicar todos los fenómenos conocidos, por temor a que alguna información recientemente descubierta pruebe que el científico es un tonto apresurado. El mundo de la ciencia ha progresado del viejo enfoque (sistemas cerrados) al nuevo enfoque (sistemas abiertos)...
>
> Si la Biblia es un sistema de verdad cerrado, sin que se dé nueva revelación mediante profetas o apóstoles, entonces el "enfoque de modelo" es una herramienta errónea y peligrosa para la hermenéutica.
>
> No debiera haber confusión en este terreno. La enseñanza ortodoxa del cristianismo siempre ha afirmado que la revelación especial de Dios, salvadora para la raza humana está restringida a las Escrituras...
>
> Este es el asunto. Si la Biblia es completa, entonces representa un sistema de verdad cerrado. Si perpetúa una norma fija y absoluta de verdad, entonces las enseñanzas de la Escritura pueden ser verificadas y determinadas dogmáticamente. Si Dios todavía está concediendo nueva revelación, entonces la verdad de Dios todavía está siendo revelada progresivamente, y si este es el caso, nuestro deber debe ser escuchar fielmente a los profetas de hoy cuando descifran la verdad de Dios en representaciones nuevas y más claras que las que encontramos en la Escritura. Pocos cristianos consideran realmente las sutilezas de los "profetas" de hoy como una mejoría sobre las verdades santificadoras dadas en la Palabra. Yo no, ciertamente.[10]

Ni yo. La Escritura *es* un sistema cerrado de verdad, completo, suficiente y no debe añadírsele (Jud. 3; Apoc. 22:18, 19). Contiene toda la verdad espiritual que Dios se propuso revelar.

## ¿Qué significa inspiración?

Nuestra palabra *inspirada* viene de una raíz latina que significa "respirar dentro de". Desafortunadamente eso no comunica el verdadero significado del término griego "inspirado" que se usa en la Escritura. Realmente el concepto de respirar *dentro de* no se encuentra en 2 Timoteo 3:16 ("Toda la escritura es inspirada por Dios"). Interpretar este significado ha desviado a mucha gente del verdadero significado de *inspiración*. Han asumido que Dios sopló alguna clase de vida divina en las palabras de los que escribieron los documentos originales de la Escritura. Pero el término griego para inspiración es *theopneustos,* que significa "Dios respiró". Literalmente el versículo dice: "Toda Escritura es respirada por Dios", es decir, la Escritura no es las palabras de los hombres a las cuales Dios les sopló vida divina. ¡Es el mismo aliento de Dios! La Escritura es Dios mismo hablando.

Esa verdad es una que mucha gente parece tender a malinterpretar. La inspiración no significa que la Biblia *contiene* la revelación de Dios. No significa que gemas de verdad revelada están *ocultas* en la Escritura. No significa que el hombre escribió la verdad de Dios en sus propias palabras. No significa que Dios meramente ayudó a los escritores. Significa que las palabras de la Biblia son las palabras de Dios mismo. Cada palabra de la Escritura fue *expirada* por Dios.

En la zarza ardiente Dios dijo a Moisés: "Ve; y yo estaré con tu boca y te enseñaré lo que has de decir" (Exo. 4:12). Jeremías, el profeta llorón de Judá, recibió este encargo de Dios: "A todos a quienes yo te envíe tú irás, y todo lo que te mande dirás... He aquí, pongo mis palabras en tu boca" (Jer. 1:7, 9). Y Dios le dijo a Ezequiel: "Oh hijo de hombre, vé, acércate a la casa e Israel y háblales mis palabras... toma en tu corazón todas mis palabras que te diga, y escucha con tus oídos... y háblales" (Eze. 3:4, 10, 11).

Un versículo clave que describe la manera en que Dios habla a través de las Escrituras es 2 Pedro 1:21. Literalmente dice: "Ninguna profecía fue hecha por un acto de la voluntad humana, pero los hombres movidos por el Espíritu Santo hablaron de Dios." La palabra más importante aquí es "movidos", que habla de ser llevado completamente por el Espíritu Santo.

El teólogo Thomas A. Thomas recuerda que cuando muchacho él jugaba en los pequeños arroyos que descendían por las faldas de las montañas cercanas a su hogar.

Los muchachos jugábamos a lo que llamábamos "barquitos". Nuestro "barquito" era cualquier trocito de madera que poníamos en el agua y luego corríamos al lado de él y lo seguíamos mientras era arrastrado corriente abajo. Cuando el agua corría rápidamente sobre algunas rocas el palito se movía rápidamente también... En otras palabras, ese palito que me servía de "barquito" en mi niñez era acarreado completamente, llevado completamente, bajo el completo control y dirección del agua. Se movía conforme el agua se movía. Así es con referencia a los escritores de las Escrituras. Eran acarreados, llevados completamente bajo el control y dirección del Santo Espíritu de Dios. Escribieron como el Espíritu les dirigió que escribieran. Fueron llevados por él de tal modo que lo que escribieron fue exactamente lo que el Espíritu Santo tenía el propósito que escribieran. Lo que ellos escribieron fue, en un sentido muy real, no las palabras de ellos; fue la misma Palabra de Dios.[11]

## Conceptos modernos de inspiración

¿Cuál es entonces el enfoque contemporáneo a la Escritura? Algunos teólogos modernos quieren dejar lugar para la inspiración continuada o la revelación actualizada. Cuando menos uno, Dewey Beegle, cree que algunos de los himnos clásicos de la iglesia fueron inspirados de la misma manera que la Escritura. El ha escrito: "Algunos de los grandes himnos están prácticamente a la par con los Salmos, y uno puede estar seguro de que si Isaac Watts, Charles Wesley, Augustus Toplady y Reginald Heber hubieran vivido en el tiempo de David y Salomón, y hubieran sido *no más inspirados que lo que lo fueron en su propio tiempo,* algunos de sus himnos de alabanza a Dios hubieran encontrado lugar en el canon hebreo."[12]

Beegle se refiere en particular a la experiencia de George Matheson, un pastor escocés ciego que ministraba en el siglo diecinueve y que escribió "Oh amor que no me dejarás", durante un tiempo de angustia personal. La tarde de la boda de su hermana menor, a Matheson se le avivó la agonía que había sufrido veinte años antes cuando su prometida lo había rechazado porque se había dado cuenta de que él se estaba quedando ciego. Matheson escribió el himno en unos cuantos minutos, aunque él alegaba que no tenía sentido natural del ritmo. Según Matheson, él no cambió ni corrigió "Oh amor que no me dejarás"; vino "como un día de primavera de lo alto".

Beegle cree que la experiencia de George Matheson fue:

...la clase de inspiración de la que estaban hechos los Salmos. No hay diferencia en clase. Si hubiera alguna diferencia sería en grado. Cuando los escritores bíblicos sirvieron como canales de la revelación de Dios, necesitaron más ayuda divina, pero la inspiración no era distinta en clase de la que recibieron todos los mensajeros de Dios a través de la historia. Lo que distingue la Biblia es su registro de revelación especial, no una clase distintiva de inspiración.[13]

Beegle cree que el canon de la Escritura nunca ha sido cerrado.[14] El ha escrito: "La revelación e inspiración del Espíritu de Dios continúa... Por esta razón no hay base para considerar a los escritores y editores bíblicos como cualitativamente diferentes de los intérpretes postcanónicos."[15] El continúa:

Si la iglesia tuviera un sentido más dinámico de la inspiración de Dios en el siglo veinte, sería más eficaz en su testimonio y alcance. Está bien proteger la calidad de la Biblia, pero pensar solamente en términos de su inspiración como absolutamente diferente en clase a la inspiración de nuestro tiempo es un precio muy alto. Los cristianos de hoy necesitan tener el mismo sentido de ser motivados y enviados por Dios como lo hizo con lo escritores e intérpretes. En un sentido genuino, la dificultad de interpretar los registros de revelación de Dios para esta era compleja requiere tanto de la inspiración y sabiduría de Dios como durante el proceso de interpretación en los períodos bíblicos.[16]

En efecto, eso es precisamente lo que los carismáticos creen. La verdad, sin embargo, es que no hay manera de "proteger la calidad de la Biblia" si Dios está inspirando nueva revelación hoy. Si el canon todavía está abierto, y si Dios todavía está dando nuevas profecías, nuevas canciones y nuevas palabras de sabiduría, debiéramos sinceramente buscar compilar y estudiar esas revelaciones más recientes juntamente con la Escritura, y tal vez más diligentemente, puesto que hablan expresamente a nuestro tiempo y cultura.

Algunos carismáticos en realidad razonan de esa manera.[17] Pero es un error de la peor clase. El canon ya no está abierto. La Palabra de Dios, hecha del Antiguo y del Nuevo Testamento, es un milagro único. Vino a juntarse en un período de mil quinientos años. Más de cuarenta hombres de Dios, profetas y apóstoles, escribieron las palabras de Dios, cada jota y cada tilde, sin error y en perfecta armonía. Ningún himno es digno de ser comparado con la Escritura. Ninguna profecía o palabra de sabiduría moderna está siquiera en el mismo ámbito que la Palabra eterna de Dios. El cielo y la tierra pasarán; la Palabra de Dios permanecerá (Mat. 5:18).

## ¿Revelación progresiva?

Los carismáticos luchan por explicar cómo la supuesta revelación que ellos reciben mediante lenguas, profecías y visiones se ajusta a la Escritura. J. Rodman Williams, como hemos visto, alega que esos fenómenos carismáticos son sencillamente nuevas manifestaciones de lo que estaba pasando en tiempos bíblicos: "Es bueno saber... que si uno dice un 'Así dice el Señor' y se atreve a dirigirse al cuerpo en primera persona, *inclusive yendo más allá de las palabras de la Escritura, que esto sucedía hace mucho.*"[18] Su explicación de los dones espirituales equivale a un argumento por una revelación continua: "En el Espíritu el compañerismo presente es tanto la arena de la presencia vital de Dios como cualquier parte del relato bíblico. Ciertamente, a la luz de lo que podemos aprender de este testimonio pasado, y tomarlo a pecho, podemos esperar que ocurran *nuevas cosas en nuestro día y en los días que vendrán.*"[19] Williams procedió a describir simplemente cómo ocurre la nueva revelación. El puso gran énfasis en el "don de profecía":

> Dios habla en la profecía. ¡Es así de simple, profundo y soprendente! Lo que pasa en el cuerpo es que la Palabra puede ser hablada repentinamente por cualquiera de los presentes, y así, variadamente, los "Así dice el Señor" surgen en el cuerpo. Generalmente son en primera persona (aunque no siempre), como: "Yo estoy con vosotros para bendeciros...", y tienen el toque personal de un encuentro directo, un "Yo-tú". No vienen en lenguaje celestial, sino en la lengua nativa de la persona que habla y con sus inflexiones, cadencias y maneras acostumbradas. En realidad, el lenguaje puede hasta ser ordinario y gramaticalmente incorrecto; puede ser una mezcla de "Reina-Valera" y lenguaje moderno; puede tanto titubear como ser fluido, lo que en realidad no importa. Porque en profecía Dios usa lo que encuentra, y a través de instrumentos humanos frágiles el Espíritu habla la Palabra del Señor...
>
> Todo esto, repito, es muy sorprendente y asombroso. La mayoría de nosotros por supuesto estábamos familiarizados con la expresión profética como está registrada en la Biblia, y dispuestos a aceptarla como Palabra de Dios. Estábamos acostumbrados a los "Así dice el Señor" de Isaías o Jeremías, pero, ¡escuchar a Tomás o a María, en el siglo veinte, hablar en la misma manera...! Muchos de nosotros también nos habíamos convencido de que la profecía terminó con el período del Nuevo Testamento (a pesar de toda la evidencia en contrario del Nuevo Testamento), hasta que repentinamente, mediante el dinámico impulso del Espíritu Santo, la profecía cobra vida de nuevo. ¡Ahora nos preguntamos cómo hemos podido malinterpretar el Nuevo Testamento por tanto tiempo![20]

Eso es equivalente a decir que los ejemplos actuales de profecía carismática son revelación divina igual a la Escritura. Tal reclamo es perturbador, porque las posibilidades de fraude y error por los "profetas" actuales son obvias. Williams reconoció ese peligro y escribió:

> La profecía de ninguna manera debe tomarse a la ligera. Puesto que es verdaderamente el mensaje de Dios a su pueblo, cada palabra recibida debe tener una consideración seria y cuidadosa y hacerse aplicación dentro de la vida del cuerpo. También, por causa del peligro siempre presente de que se abuse de la profecía, la pretensión de tener palabra de Dios, hay necesidad de discernimiento espiritual.[21]

Aunque Williams admite el riesgo, en ninguna parte de su libro aclara cuánta "consideración cuidadosa" y "discernimiento espiritual" deben usarse para distinguir lo falso de lo verdadero.

Tal vez Williams comprendió más tarde los problemas que había levantado, porque él intentó aclarar su pensamiento en el *Logos Journal* (Diario Logos):

> Yo no pretendo de ninguna manera colocar la experiencia contemporánea al mismo nivel de autoridad de la Biblia. Más bien, afirmo vigorosamente la autoridad decisiva de la Escritura; por consiguiente, Dios no nos habla tan autoritativamente hoy como habló a los autores bíblicos. Pero *él sí continúa hablando* (él no paró al terminar el canon del Nuevo Testamento); sin embargo, él "se mueve a través de los registros de testigos pasados" y más allá, porque él es el Dios vivo que todavía habla y actúa entre su pueblo.[22]

Esa explicación no logra resolver el asunto. La distinción entre autoridad bíblica y revelación adicional parece ser artificial. ¿Cómo podrían algunas palabras de Dios ser menos autoritativas que otras?

El hecho es que el criterio de Williams no es diferente de la posición neoortodoxa expuesta por Dewey Beegle. Si el evangelicalismo permite que ese criterio gane terreno, la singularidad de la Escritura será sacrificada y será comprometida la base de todo lo que creemos. Eso es precisamente lo que está pasando hoy. Por causa de la creciente influencia de la enseñanza carismática gran parte de la iglesia puede abandonar equivocadamente su piedra angular: *Sola Scriptura,* el principio de que la Palabra de Dios es la única base para autoridad divina.

Una vez que una congregación ve la Escritura como menos que autoridad final, completa e infalible para la fe y la práctica, ha abierto las puertas al caos teológico. Cualquiera puede reclamar estar comunicando la revelación de Dios, y casi cualquier cosa puede ser admitida como verdad divinamente revelada. No nos equivoquemos, algunos de los líderes carismáticos más conocidos han abusado de la confianza de su gente alegando que están recibiendo nueva verdad de Dios, cuando lo que realmente enseñan son mentiras e invenciones.

Tal vez el ejemplo más descarado de eso es una profecía ampliamente publicada, emitida por Kenneth Copeland. El alega que Jesús le dio un mensaje "durante una campaña de tres días de victoria tenida en Dallas, Texas."[23] Juzgue por usted mismo si este puede ser un mensaje del Cristo de la Escritura:

> Es tiempo de que estas cosas pasen, dijo el Señor. Es tiempo de que aumente la actividad espiritual. Oh, sí, la actividad demoníaca

aumentará al mismo tiempo. Pero no dejen que eso les inquiete. No se turben cuando la gente les acuse de que ustedes piensen que son Dios. No se turben cuando la gente les acuse de una manera de vida fanática. No se turben cuando la gente les menosprecie y hable áspera y cruelmente de ustedes. Así hablaron de mí, y ¿no hablarán de esa manera de ustedes? Cuanto más seáis como yo, más van a pensar de vosotros de esa manera. Ellos me crucificaron por pensar que yo era Dios. Pero yo no declaré que era Dios; yo sólo dije que caminaba con él y que él estaba en mí. Eso es lo que ustedes están haciendo.[24]

La "profecía" de Copeland es claramente falsa. El verdadero Jesús, el Jesús del Nuevo Testamento, sí reclamó que era Dios; usando el nombre de Dios del pacto, él dijo a los líderes judíos: "De cierto, de cierto os digo que antes que Abraham existiera, Yo Soy" (Juan 8:58). El hizo tales reclamos repetidamente (Mar. 14:61-64; Juan 5:16-18; 10:30-33). El apóstol Juan escribió todo un Evangelio para acentuar y probar esos reclamos (comp. Juan 1:1, 14).

¿Es Copeland genuinamente un profeta, o es él uno de los que Pedro habló cuando advirtió: "Pero hubo falsos profetas entre el pueblo, como también entre vosotros habrá falsos maestros que introducirán encubiertamente herejías destructivas, llegando aun hasta negar al soberano Señor que los compró" (2 Ped. 2:1)? La respuesta obvia a esa pregunta es solamente velada por los que no están seguros si las "profecías" modernas pueden remplazar la Palabra de Dios.

No todas las profecías y visiones carismáticas están claramente en conflicto con la Escritura. Algunas son sencillamente frívolas. Larry Lea escribió:

Hace varios años uno de mis queridos amigos pastores dijo: "Larry, cuando estaba orando por ti el otro día, tuve una visión. Te vi con grandes orejas de 'ratón Mickey'. Todo lo demás de ti parecía normal, excepto esas orejas del tamaño de las de un elefante. Cuando le pedí al Señor que me dijera lo que significaba la visión, el Espíritu del Señor me respondió y me dijo: 'Larry Lea ha desarrollado su audición. El ha desarrollado sus oídos espirituales.'"[25]

Los carismáticos han abandonado la singularidad de la Escritura como la única Palabra de Dios y el resultado es un "haz lo que quieras" espiritual. Un anhelo de algo nuevo y esotérico ha remplazado la confianza en la Palabra de Dios del cristianismo histórico, y eso es una invitación para el engaño de Satanás. Los resultados inevitables son la confusión, el error y hasta el engaño satánico.

Melvin Hodges es un pastor carismático que ha admitido esta fuerte reserva acerca de las "nuevas" revelaciones:

Hoy alguna gente tiende a exagerar los dones de profecía y revelación fuera de su proporción. Han ocurrido casos en los que una iglesia ha permitido ser gobernada por dones de inspiración. Los diáconos han sido nombrados y pastores han sido quitados o instalados por profecía. El resultado ha sido el caos. La causa es obvia. Nunca se pretendió que la profecía usurpara el lugar de los ministerios de gobierno o de un don de palabra de sabiduría. Pablo nos enseña que el cuerpo no está formado por un miembro solo, sino por muchos, y si la profecía usurpa el papel de la palabra de sabiduría o de la palabra de conocimiento, todo el cuerpo es dominado por un ministerio, es decir, la profecía. En otras palabras, todo el cuerpo es gobernado por el miembro profético...

La idea de que la voz de la profecía es infalible ha confundido a mucha gente. Algunos han pensado que es un pecado cuestionar lo que consideran ser la voz del Espíritu. Sin embargo, en el ministerio de todos los dones hay una cooperación entre lo divino y lo humano.[26]

Nótese que Hodges habla de "los dones de profecía y revelación". Es evidente que él cree que Dios está dando nueva revelación hoy. Al mismo tiempo, él está muy consciente de que las llamadas declaraciones proféticas crean problemas en la iglesia. De principio a fin él evita cuidadosamente concluir que el "don de profecía" carismático es de alguna manera menos autoritativo que la Escritura. Sin embargo, todavía quiere advertir a los carismáticos del riesgo de tomar las profecías modernas muy en serio o poner mucho énfasis en ellas. Busca una forma de resolver la confusión, pero no hay manera. Cuando la "declaración profética" es equiparada en algún grado con la "revelación divina", el resultado es un embrollo sin esperanza. La Escritura pierde su singularidad, y todos los resultados dañinos que Hodges describe, van a ocurrir sin duda alguna.

No todos los carismáticos estarían de acuerdo en que el problema de los abusos proféticos es de énfasis exagerado. Algunos ponen la culpa en el mal uso ignorante del don. Su solución al problema es ofrecer preparación. Un grupo ha empezado una "Escuela de Profetas". Su invitación a los estudiantes dice, en parte:

Tal vez usted siente que ha sido llamado a ser un oráculo del Señor y ha tenido dificultades para explicar sus experiencias o para encontrar a alguien con el que puede relacionarse y del que puede aprender. La Escuela de Profetas tiene el propósito de ayudar a poner fundamento y claridad a las miríadas de sueños y visiones que son el sello distintivo de los ministerios proféticos y videntes, y de ayudar en la restauración del ministerio profético dentro del cuerpo de Cristo. Hay muchos que se han desilusionado y desencantado con el ministerio profético por causa de abusos y uso ignorante del don.  No tire al bebé con el agua del baño, porque si usted ha tenido  la amarga experiencia de la falsificación, sepa que hay una realidad para descubrir... Los abusos y tergiversaciones ocurren simplemente por la abominación de la ignorancia.  Venga y sea preparado en la Escuela de Profetas de manera que esté apropiadamente capacitado para llenar el destino que Dios ha escogido para usted.[27]

Eso me suena a un enfoque peculiar al problema de la falsa profecía.  ¿Puede una escuela enseñar a los profetas neófitos cómo usar su "don"?  ¿Puede la gente aprender a dar a sus sueños "fundamento y claridad"?  ¿Es la diferencia entre la profecía falsa y la verdadera simplemente un asunto de educación?

Pienso que no.  La falsa profecía difícilmente es un pecado pequeño.  Dios dijo a los israelitas: "Mi mano estará contra los profetas que ven vanidad y adivinan mentira.  Ellos no estarán en el consejo de mi pueblo.  No serán inscritos en el registro de la casa de Israel, ni volverán al suelo de Israel.  Y sabréis que yo soy el Señor Jehovah" (Eze. 13:9).

La ley prescribía un severo remedio para los falsos profetas:

Pero el profeta que se atreva a hablar en mi nombre una palabra que yo no le haya mandado hablar, o que hable en nombre de otros dioses, ese profeta morirá. Puedes decir en tu corazón: ¿Cómo discerniremos la palabra que Jehovah no ha hablado? Cuando un profeta hable en el nombre de Jehovah y no se cumpla ni acontezca lo que dijo, ésa es la palabra que Jehovah no ha hablado. Con soberbia la habló aquel profeta; no tengas temor de él (Deut. 18:20-22).

No se ofrecía una segunda oportunidad.  Un falso profeta, cualquiera que profetizara algo que *no* llegara a suceder, debía ser matado.  Afirmar que hablaba por el Señor era un asunto serio.

No obstante, algunos carismáticos creen que *cualquier* creyente que quiera puede obtener revelación de Dios.  El mismo número de *Charisma* (Carisma) que publicó el anterior anuncio también publicó otro elogiando un álbum casete que prometía enseñar a los creyentes "Cómo puede usted escuchar la voz de Dios".  El anuncio declara: "Es herencia de todo creyente escuchar la voz de Dios para cada necesidad y cada situación."  Jerry Hester, el orador de las cintas, presenta "Seminarios para escuchar", que dice él "lo instruyen a usted sobre cómo hablar con Dios en un nivel conversacional íntimo 24 horas al día".[28]

Evidentemente, si usted quiere *declarar* una revelación privada de Dios, puede ir a la Escuela de Profetas; si sólo quiere *recibir* revelación privada de Dios, puede ir a los seminarios para escuchar.

Todo eso tiene el desafortunado efecto de apartar a los cristianos de la Escritura, que es digna de confianza, y a enseñarles a buscar la verdad a través de medios subjetivos: conversación privada con Dios, profecías, sueños y visiones. Deprecia la Palabra de Dios eterna e inspirada y hace que la gente busque más allá de la Biblia formas de revelación de Dios más frescas y más íntimas. Es tal vez la tendencia más insana y destructiva del movimiento carismático, como René Pache indica:

> La excesiva preeminencia dada al Espíritu Santo en sus devociones, y su preocupación con los dones, éxtasis y "profecía" ha tendido a descuidar las Escrituras. ¿Por qué estar atado a un Libro del pasado cuando uno puede comunicarse cada día con el Dios vivo? Pero este es exactamente el punto peligroso. Fuera del control constante de la revelación escrita, pronto nos vemos sumergidos en la subjetividad; y el creyente, aunque tenga las mejores intenciones, puede hundirse rápidamente en desviaciones, iluminismo o exaltación. Que cada uno recuerde la prohibición de quitar o añadir nada de las Escrituras (Deut. 4:2; Apoc. 22:18, 19). Casi cada herejía y secta se ha originado en una supuesta revelación o una nueva experiencia por parte de su fundador, algo fuera del marco estrictamente bíblico.[29]

## El canon está cerrado

La verdad es que no hay una revelación más íntima y más fresca que la Escritura. Dios no necesita darnos revelación privada para ayudarnos en nuestro andar con él. "Toda la Escritura es inspirada por Dios y es útil para la enseñanza, para la reprensión, para la corrección, para la instrucción en justicia, a fin de que el hombre de Dios sea perfecto, *enteramente capacitado para toda buena obra*" (2 Tim. 3:16, 17, énfasis añadido). La Escritura es suficiente. Ofrece todo lo que necesitamos para toda buena obra.

Los cristianos en ambos lados de la cerca carismática deben comprender una verdad vital: *La revelación de Dios es completa para hoy.* El canon de la Escritura está cerrado. Cuando el apóstol Juan escribía las palabras finales del último libro del Nuevo Testamento, nos dejó esta advertencia: "Yo advierto a todo el que oye las palabras de la profecía de este libro: Si alguno añade a estas cosas, Dios le añadirá las plagas que están escritas en este libro; y si alguno quita de las palabras del libro de esta profecía, Dios le quitará su parte del árbol de la vida y de la santa ciudad, de los cuales se ha escrito en este libro" (Apoc. 22:18, 19). Entonces, el Espíritu Santo añadió una doxología y cerró el canon. Cuando el canon se cerró en el Antiguo Testamento después del tiempo de Esdras y Nehemías, siguieron cuatrocientos *años de silencio* en los que ningún profeta habló la revelación de Dios en ninguna forma. Ese silencio fue roto por Juan el Bautista cuando Dios habló una vez más antes de la era del Nuevo Testamento. Dios entonces usó a varios hombres para escribir los libros del Nuevo Testamento, y el último de esos libros fue Apocalipsis. Para el segundo siglo de nuestra era estaba siendo reconocido popularmente el canon exactamente como lo tenemos hoy. Los concilios de la iglesia en el siglo cuarto verificaron e hicieron oficial lo que la iglesia había afirmado universalmente, que los sesenta y seis libros en nuestras Biblias son las única y verdadera Escritura inspirada por Dios. El canon está completo.

De la misma manera que el cierre del canon del Antiguo Testamento fue seguido por el silencio, así el cierre del Nuevo Testamento fue seguido por la ausencia absoluta de nueva revelación en cualquier forma. Desde que el libro de Apocalipsis fue completado, ninguna profecía escrita o verbal ha sido reconocida universalmente por los cristianos como verdad divina de Dios.

## Cómo fue escogido y cerrado el canon bíblico

Judas 3 fue un pasaje crucial en la compleción de nuestras Biblias. Esta declaración, escrita por Judas antes que el Nuevo Testamento fuera completado, se anticipaba, no obstante, a la compleción de todo el canon: "Amados, mientras me esforzaba por escribiros acerca de nuestra común salvación, me ha sido necesario escribir para exhortaros a que contendáis eficazmente por la fe que fue entregada una vez a los santos" (Judas 3). En el texto griego el artículo definido que precede a "fe" señala a una y única fe: "*la fe.*" No hay otra. Pasajes tales como Gálatas 1:23 ("El que antes nos perseguía ahora proclama como buena nueva la fe que antes asolaba") y 1 Timoteo 4:1 ("En los últimos tiempos algunos se apartarán de la fe") indica que este uso objetivo de la expresión "la fe" era común en tiempos apostólicos. El erudito en griego, Henry Alford escribió que *la fe* es "objetiva aquí: la suma de lo que los cristianos creen".[30]

Fíjese también en la frase crucial "una vez (por todas)" en Judas 3. La palabra griega aquí es *hapax*, que se refiere a algo hecho para siempre, con resultados eternos, sin necesidad de repetición. Nada necesita ser añadido a *la fe* que ha sido entregada "una vez para siempre".

George Lawlor, que ha escrito una excelente obra sobre Judas, hizo el siguiente comentario:

> La fe cristiana es invariable, lo que no significa que los hombres y mujeres de cada generación no necesitan encontrarla, experimentarla y vivirla; pero sí significa que cada nueva doctrina que surge, aunque su legitimidad pueda ser defendida plausiblemente, es una doctrina falsa. Todos los reclamos para comunicar alguna revelación adicional a la que ha sido dada por Dios en este cuerpo de verdad son falsos reclamos y deben ser rechazados.[31]

En Judas 3 también es importante la palabra "entregada". En el griego es un participio aoristo pasivo, que en su contexto indica un acto completado en el pasado sin un elemento de continuación. En este caso la voz pasiva significa que la fe no fue descubierta por los hombres, *sino dada a los hombres por Dios.* ¿Cómo hizo él eso? A través de su Palabra, la Biblia.

Y así, a través de las Escrituras, Dios nos ha dado un cuerpo de enseñanza que es definitivo y completo. Nuestra fe cristiana descansa en una revelación histórica y objetiva. Eso excluye todas las profecías inspiradas, visiones y otras formas de revelación hasta que Dios hable de nuevo al regreso de Cristo (comp. Hech. 2:16-21; Apoc. 11:1-13).

Mientras tanto, la Escritura nos advierte de estar prevenidos contra los falsos profetas. Jesús dijo que en nuestro tiempo "se levantarán falsos cristos y falsos profetas, y darán grandes señales y maravillas de tal manera que engañarán, de ser posible, aun a los escogidos" (Mat. 24:24). Las señales y prodigios solos no son prueba de que una persona hable por Dios. Juan escribió: "Amados, no creáis a todo espíritu, sino probad los espíritus, si son de Dios. Porque muchos falsos profetas han salido al mundo" (1 Jn. 4:1).

Finalmente, la Escritura es la prueba de todo; es la norma cristiana. De hecho, la palabra *canon* significa "una regla, norma, o vara de medir". El canon de la Escritura es la vara de medir de la fe cristiana y está completa.

Por supuesto a través de la historia se han ofrecido libros espúreos como Escritura genuina. Por ejemplo, la Biblia Católica Romana incluye los apócrifos (escritos que fueron producidos al mismo tiempo que algunos escritos del Antiguo y Nuevo Testamentos, pero que fueron dejados fuera de la literatura canónica). La Iglesia Católica Romana acepta esos libros como Escritura, pero es claro que no lo son.[32] Contienen errores de historia, de geografía y de teología.

Aunque Jerónimo (345-419) estaba abiertamente en favor de excluir los libros apócrifos del canon, algunos de los patriarcas de la iglesia primitiva (muy principalmente Agustín) sí los aceptaron, aunque no necesariamente a la par con el Antiguo Testamento hebreo. Finalmente, en el siglo dieciséis los reformadores afirmaron *Sola Scriptura*, la verdad de que la Biblia sola es revelación autoritativa, y así le negaron a los apócrifos un lugar entre los escritos inspirados. La Iglesia Romana reaccionó contra los reformadores en el Concilio de Trento (1545-63) declarando que todos los apócrifos eran canónicos. Protestantes y católicos han mantenido esta disparidad hasta el tiempo presente.

El canon del Antiguo Testamento fue generalmente acordado por el pueblo de Dios desde el tiempo en que el último libro del Antiguo Testamento fue escrito. ¿Cómo sabía el pueblo judío cuáles libros eran inspirados? Escogieron los libros escritos por los que eran conocidos como voceros de Dios. Estudiaron cuidadosamente esos libros y no encontraron errores en historia, geografía o teología.

Los cristianos en la iglesia primitiva aplicaron pruebas similares para probar cuáles libros del Nuevo Testamento eran auténticos y cuáles no. Una prueba clave era la *autoridad apostólica*. Cada libro del Nuevo Testamento tenía que haber sido escrito por un apóstol o asociado cercano de ellos. Por ejemplo, Marcos, que no era un apóstol, fue compañero de Pedro. Lucas que tampoco fue apóstol, trabajó de cerca con Pablo.

Una segunda prueba usada por la iglesia primitiva era el *contenido*. Hechos 2:42 nos dice que la primera vez que la iglesia se reunió, se entregaron a la oración, a la comunión, al partimiento del pan y a la doctrina de los apóstoles. Más tarde, al considerar cuáles escritos debían ser tenidos como Escritura, se preguntaron: "¿Está de acuerdo con la doctrina apostólica?" Esta prueba era muy importante, por causa de todas las herejías que trataban de abrirse paso en la iglesia. Pero sus errores doctrinales eran fácilmente detectados porque contradecían la enseñanza de los apóstoles.

Una tercera prueba era *la respuesta de las iglesias*. Si el pueblo de Dios lo aceptaba, lo usaba para la adoración y lo hacía parte de sus vidas, y si a los cristianos se les enseñaba universalmente y ellos eran bendecidos por el libro, ese era otro sello de aprobación importante.

Para el año 404 de nuestra era se completó la versión de la Biblia conocida como la Vulgata Latina. Eran los mismos libros que todavía tenemos en nuestras Biblias modernas en castellano. Dios habló de una vez por todas y su Palabra ha sido preservada a través del tiempo.[33]

Desde el tiempo de los apóstoles hasta el presente, la verdadera iglesia siempre ha creído que la Biblia está completa. Dios ha dado su revelación y ahora la Escritura está terminada. Dios ha hablado. Lo que él nos dio es completo, eficaz, suficiente, sin error, infalible y autoritativo. Los intentos de añadirle a la Biblia y los reclamos de revelación posterior de Dios siempre han sido característicos de los herejes y de los sectistas, no del verdadero pueblo de Dios.

Aunque los carismáticos niegan que están tratando de añadir a la Escritura, sus conceptos sobre la pronunciación profética, los dones de profecía y revelación, hacen exactamente eso. Al añadir, aunque inconscientemente, a la revelación final de Dios, ellos socavan la singularidad y autoridad de la Biblia. La nueva revelación, los sueños y las visiones son considerados como ligados a la conciencia del creyente, como la carta a los Romanos o el Evangelio de Juan.

Algunos carismáticos dirían que la gente interpreta mal lo que ellos quieren decir por pronunciación profética y por nueva revelación. Ellos dirían que no hay ningún esfuerzo por cambiar la Escritura o por igualarla. Lo que está pasando, ellos asumen, es la aclaración de la Escritura como ellos la aplican o la dirigen al ambiente contemporáneo, así como la profecía de Agabo en Hechos 11:28.[34]

La línea entre aclarar la Escritura y añadirle es ciertamente muy fina. Pero la Escritura no se aclara escuchando a alguien que piensa que tiene el don de profecía. La Escritura se aclara cuando se estudia cuidadosa y diligentemente. (Ver el relato de Felipe y el eunuco etíope en Hechos 8:28-35.) No hay atajos para interpretar la Palabra de Dios correctamente (comp. Hech. 17:11; 2 Tim. 2:15).

Los cristianos no deben actuar apresurada e informalmente con los asuntos de inspiración y revelación. Para distinguir entre la voz de Dios y la voz humana es esencial una comprensión correcta de esas doctrinas. Como hemos visto, los hombres que pretenden hablar por Dios pero hablan sus propias opiniones, debieran ser ejecutados bajo la ley del Antiguo Testamento (Deut. 13:1-5). Los creyentes del Nuevo Testamento también son alentados a probar los espíritus y a juzgar todas las supuestas profecías, evitando a los falsos profetas y a los herejes (1 Jn. 4:1; 1 Cor. 14:29).

Siempre ha sido importante poder separar la Palabra de Dios de la que es falsa. Dios obró a través de un proceso histórico para establecer la autenticidad del canon, de modo que toda la iglesia pudiera tener una norma clara. Si ahora nosotros tiramos esa norma histórica y redefinimos la inspiración y la revelación, socavamos nuestra propia capacidad para recibir la verdad de Dios. Si trastornamos la singularidad de la Biblia, no tendremos manera de distinguir la voz de Dios de la de los hombres. Eventualmente, cualquiera podría decir cualquier cosa y alegar que es Palabra de Dios, y nadie tendría derecho de negarlo. Estamos peligrosamente cerca de esa situación ahora mismo.

El Espíritu Santo está trabajando poderosamente en la iglesia hoy, pero no en la manera que los carismáticos creen. El papel del Espíritu Santo es llenarnos de poder para predicar, enseñar, escribir, hablar, testificar, pensar, servir y vivir. El sí nos guía a la verdad y nos dirige a la voluntad de Dios para nuestras vidas. Pero lo hace *a través* de la Palabra de Dios, no aparte de ella. Referirse al ministerio de dirección e investimiento de poder del Espíritu Santo como inspiración y revelación es un error. Usar frases tales como "Dios me habló", o "Esta no fue idea mía; el Señor me la dio", o "Esas no son mis palabras, sino un mensaje que recibí del Señor", confunde el asunto de la dirección del Espíritu en las vidas de los creyentes de hoy.

Invitar a esa clase de confusión nos pone en las manos de un error que niega la singularidad y la absoluta autoridad de la Escritura. Los términos y conceptos de Efesios 5:18, 19 y 2 Pedro 1:21 no deben mezclarse. Ser lleno del Espíritu y hablar unos a otros con salmos e himnos no es lo mismo que ser movido por el Espíritu Santo a escribir Escritura inspirada.

# 3

# ¿Profetas, fanáticos o herejes?

Tal vez el aspecto más perturbador de la sed de nueva revelación del movimiento carismático es la manera imprudente e indiscriminada en que tantas profecías cuestionables son aclamadas como verdad de Dios.

## Los profetas de Kansas City

Un grupo de los llamados profetas de Kansas City demuestra cuán lejos ha llegado el abuso de la profecía en el movimiento carismático. Un reciente libro que promueve al grupo se convirtió de inmediato en un "best-seller".[1] Centenares, tal vez millares, de iglesias por todo el mundo están ahora siguiendo el modelo de ministerios proféticos de "los Profetas de la ciudad de Kansas City".

Estos hombres, todos asociados con una sola iglesia, antiguamente el "Compañerismo de Kansas City", ahora llamado "Metro Vineyard Fellowship" (Compañerismo de la Viña Metro), dicen que no les gusta ser clasificados como "profetas". Ellos prefieren llamarse "dotados proféticamente". En otras palabras, ellos no creen que tienen una autoridad de oficio como los profetas del Antiguo Testamento. Tampoco reclaman infalibilidad. Por el contrario, todos los profetas de Kansas City admiten que han profetizado falsamente.[2]

No obstante, las profecías que esos hombres comunican son

recibidas por millares como verdad revelada de Dios.  El pastor de Viña Metro, Mike Bickle, alienta activamente a su feligresía a abrazar la profecía moderna como un medio de Dios para revelar verdad nueva a la iglesia.

Uno de los más pintorescos videntes de la iglesia, Bob Jones, habla anualmente en el Día judío de la Expiación.  En la terminología de Jones, el Señor lo coloca a él "bajo la vara del pastor" y le da un mensaje pertinente para toda la iglesia por el año siguiente.[3]  En años recientes, Bickle y Jones han comunicado y explicado las profecías de la Vara del Pastor ante la congregación, alentando a la gente a actuar con las profecías como si fueran la Palabra de Dios.

La profecía de 1989 de la Vara del Pastor de Jones incluía una novedosa explicación sobre por qué tantas profecías modernas quedan sin cumplir.  Jones declaró:

> (Dios) dijo: "Si yo publico el cien por ciento de *rhema* ahora mismo, la responsabilidad sería impresionante y ustedes tendrían tantos juicios de Ananías y Safiras por allí que la gente no podría crecer; estarían muy asustados."  Pero él (Dios) dijo: "Si diera en el blanco, mataría en vez de asustar a la gente al arrepentimiento."...  Esto es lo que él me dijo, de modo que si yo anoto dos tercios, lo estoy haciendo muy bien.[4]

Bickle añadió: "En cuanto a los dos tercios, ustedes saben que cuando Bob lo dijo por primera vez yo pregunté: '¿Dos tercios?' El respondió: 'Bueno, tú sabes, eso es lo mejor que ha habido en la nación hasta ahora.  Ese es el nivel más alto que ha habido.'"[5]

En otras palabras, esos llamados profetas alegan que tienen palabra del Señor, pero las probabilidades son de una en tres, cuando menos, de que sea falsa.  No es de sorprender que sus profecías arrojen a tantos cristianos en una confusión sin esperanza.

A pesar de su pobre porcentaje, los profetas de Kansas City continúan cosechando espaldarazos.  A menudo son oradores en el ministerio de la conferencia internacional de John Wimber (ver el capítulo 6).[6]

En su prólogo a *Some Said It Thundered* (Algunos dijeron que tronó), el doctor John White anota:

> Las batallas por causa de los profetas han plagado la iglesia de tiempo en tiempo.  A principios del siglo pasado fue la controversia Irvingita en Londres, en la que el profeta principal tuvo que confesar después de años que había sido engañado.  Muchos de nosotros nos hemos dado cuenta de que escuchar a Dios no es cosa fácil.  De hecho, la iglesia ha tenido tantas malas experiencias con profetas que ahora reaccionamos muy rápida y temerosamente.

Podríamos estar en peligro de arrojar a un bebé vivo con el agua sucia de la bañera para nuestro horror.[7]

¿Pero hay realmente un niño vivo en el agua turbia de la revelación profética moderna? Esa es una pregunta que muchos carismáticos no parecen dispuestos a considerar. White, por supuesto, defiende a los profetas de Kansas City. Aunque él reconoce que han "cometido errores",[8] parece creer que la crítica sobre ellos es inherentemente satánica: "Satán teme esas palabras que salen frescas de los labios de Dios... Porque Satán teme tanto la Palabra nueva, él levantará controversia dondequiera que surja milagrosamente de los labios de un verdadero profeta o de los labios de un evangelista encendido por el Espíritu."[9]

Curiosamente, White cree que la controversia que rodea a los profetas de Kansas City es una fuerte evidencia de su genuinidad. En una sección equivocadamente titulada "Cuidado de los falsos profetas", White cita las advertencias de Jesús acerca de los falsos profetas en Mateo 7:15; 24:11 y Marcos 13:22, y luego dice: "Se nos advierte que va a suceder. La mayoría de los eruditos piensan que las palabras de Jesús se aplican particularmente a los últimos días. Pueden estar acercándose a nosotros ahora. ¿Cómo vamos a discernir lo falso de lo verdadero? Principalmente, *los verdaderos profetas serán impopulares.*"[10]

Permítanme decirlo tan claramente como sea posible: Ese es el peor punto de partida imaginable para una discusión sobre cómo discernir falsos profetas. Ciertamente los que hablan la verdad a menudo son impopulares, pero la notoriedad no es una prueba de autenticidad, y ni siquiera de fidelidad. Tanto Jesús como Juan el Bautista pasaron por etapas en su ministerio en que fueron enormemente populares.

La única prueba de un verdadero profeta es la veracidad de sus profecías: " '¿Cómo discerniremos la palabra que Jehovah no ha hablado?' Cuando un profeta hable en el nombre de Jehovah y no se cumpla ni acontezca lo que dijo, ésa es la palabra que Jehovah no ha hablado. Con soberbia la habló aquel profeta; no tengas temor de él" (Deut. 18:21, 22). ¿Cuál era la pena bajo la ley para tal profecía? "El profeta que se atreva a hablar en mi nombre una palabra que yo no le haya mandado hablar... *ese profeta morirá*" (Deut. 18:20, énfasis añadido).

Sorprendentemente, en una discusión sobre cómo discernir falsos profetas, ¡White *ni una vez habla de la exactitud o de la veracidad como prueba!* De hecho, explícitamente declara que él cree que esas no son pruebas válidas de las credenciales de un profeta.

Cree que las profecías mentirosas no descalifican necesariamente a una persona de hablar por Dios. Concluye su sección sobre discernir a los profetas con esto: "Los profetas son, por supuesto, seres humanos. *Como tales, pueden cometer errores y mentir.* No tienen que dejar de ser profetas por sus errores y fracasos."[11]

La declaración revela una ignorancia crasa de lo que la Escritura dice acerca de la profecía inspirada. El don profético del Nuevo Testamento (Rom. 12:6; 1 Cor. 12:10) primeramente tiene que ver con declaración, no con revelación. El profeta del Nuevo Testamento "habla a los hombres para edificación, exhortación y consolación" (1 Cor. 14:3). Es un predicador, no una fuente de revelación continua. Su tarea es de proclamar, no de predecir. Es decir, él proclama verdad ya revelada; generalmente no es un conducto de nueva revelación.

En la iglesia primitiva, antes que el Nuevo Testamento fuera terminado, ciertos profetas eran usados por Dios en ocasiones para exhortar a la iglesia con mensajes inspirados cuando el profeta hablaba. Eso era necesario para instruir a las iglesias sobre asuntos que todavía no habían sido cubiertos por la Escritura. Este aspecto revelatorio de la profecía era exclusivo de la era apóstolica.

La perspectiva carismática contemporánea que hace de cada profeta un instrumento de revelación divina abarata tanto la Escritura como la profecía. Al permitir que esos llamados profetas mezclen el error con mensajes supuestamente "frescos de los labios de Dios", los carismáticos han abierto las compuertas a la falsa enseñanza, a la confusión, al error, al fanatismo y al caos.

¿Cómo puede un mensaje genuinamente inspirado por Dios estar teñido de error o mentiras? La profecía inspirada tiene que estar al nivel de la Escritura. Es la misma Palabra de Dios. Toda revelación profética contiene un "Así dijo el Señor", si no explícitamente, entonces implícitamente. La profecía revelatoria no es la opinión o especulación del profeta. No es una mera impresión en su mente. No es una suposición o adivinación. No tiene nada que ver con adivinación. *Es una verdad del Señor* (comp. 1 Sam. 3:1, Jer. 37:17). Y puesto que el profeta se propone hablar por Dios, está sujeto a la norma más elevada de responsabilidad y es juzgado con la máxima severidad si profetiza falsamente (Deut. 3:1-5; 18:20-22).[12]

Es lógico razonar que puesto que un profeta que habla revelación es un vocero de las mismas palabras de Dios, cada revelación profética auténtica será tan verdadera, tan confiable y tan sin error como la Escritura misma. De otra manera, o hacemos a Dios mentiroso o tenemos que degradar el significado de revelación y aceptar un nivel secundario de inspiración. Tendríamos que idear una teoría en la que Dios de alguna manera capacite a los profetas contemporáneos para comunicar un mensaje que es palabra verdadera de él, pero no tan autoritativa como la Escritura. Eso es lo que algunos apologistas de la moderna profecía carismática han intentado hacer.

Bill Hamon, por ejemplo, encabeza una red de "ministerios proféticos". El escribe:

> Por supuesto, el ministerio profético no ha sido dado a la iglesia para reemplazar la Biblia. Cualesquiera nuevas "adiciones" a la Escritura dadas como mensajes proféticos y aceptados como infaliblemente inspirados serían engaños. En lugar de eso, el ministerio profético trae iluminación y especificaciones acerca de lo que ya ha sido escrito, personalizándolo para los creyentes.[13]

Entendamos que cuando Hamon y otros carismáticos hablan de profecía están refiriéndose a nueva revelación de Dios. Hamon cree que "todas las profecías personales son condicionales, ya sea que se hagan explícitas o no las condiciones".[14] Es decir, las profecías *"pueden* ser canceladas, alteradas, revertidas o disminuidas. Para que profecía de esta clase llegue a suceder requiere la participación apropiada y la cooperación del que recibe la palabra profética".[15] Así pues, en el sistema de Hamon, el hecho de que una profecía quede sin cumplir no es prueba de que fuera por principio falsa. Si las circunstancias cambian, o si al profeta mismo le falta fe, Dios puede cambiar la profecía, o hasta cancelarla.[16]

Hamon indudablemente negaría que él pone la moderna revelación profética al mismo nivel de la Escritura. Pero en la práctica se vuelve imposible mantener alguna distinción. Más tarde, en el mismo artículo, Hamon escribe:

> Registre, lea y medite en sus propias profecías. El apóstol Pablo le dijo a Timoteo: "No descuides el don que está en ti, que te ha sido dado por medio de profecía, con la imposición de las manos del concilio de ancianos. Dedícate a estas cosas; ocúpate en ellas, para que tu progreso sea manifiesto a todos" (1 Tim. 4:14, 15).[17]

Arrancando un versículo fuera de su contexto, Hamon en realidad alienta a la gente a darle a las profecías personales la clase de estudio reverente y reflexión que se reservan para la Escritura (comp. Jos. 1:8; Sal. 1:2). Aquí es precisamente donde los carismáticos que quieren afirmar la supremacía de la Escritura, y sin embargo aceptan la revelación privada, se meten en problemas. ¿Debo yo registrar y meditar en mis profecías? Si las ignoro, ¿es pecado? Si es así, he canonizado la revelación. Si no, las he vuelto superfluas. Hamon ha optado por canonizarlas.

El agrava el error al aconsejar a la gente que ignore la razón, la lógica y los sentidos, cuando intentan "dar testimonio con una exactitud de palabra profética en espíritu y en contenido".[18] Escribe al respecto:

> Algunas veces he escuchado a la gente decir: "Yo no testifico con esa profecía." Pero después de cuestionarlos he descubierto que lo que realmente querían decir es que la profecía no se ajustaba a su teología, a sus deseos personales o a sus metas, o que sus emociones reaccionaban negativamente hacia ella. No podían entender que no damos testimonio con el alma, las emociones o la voluntad.
>
> Nuestro razonamiento está en la mente, no en el espíritu. De manera que nuestras tradiciones, creencias y opiniones fuertes no son testimonio verdadero a la verdad profética. La reacción espiritual se origina en lo profundo de nuestro ser. Muchos cristianos describen el lugar físico de su sensación correspondiente como la zona abdominal superior.
>
> Un testigo negativo, con un mensaje de "no", "ten cuidado", o "algo no está bien", generalmente se manifiesta a sí mismo con una sensación nerviosa, excitado e inquieto. Hay una sensación profunda, casi ininteligible de que algo está mal. Este sentido sólo puede ser confiable cuando estamos más a tono con nuestro espíritu que con nuestros pensamientos. Si nuestro pensamiento está causando esas sensaciones, entonces podría ser una reacción anímica.
>
> Por otra parte, cuando el Espíritu de Dios está dando testimonio a nuestro espíritu que la palabra profética es correcta, es de Dios y está de acuerdo con su voluntad y propósito, entonces nuestro espíritu reacciona con el fruto del Espíritu Santo. Tenemos una paz y un gozo profundos e inexplicables, un sentimiento cálido y tierno, o hasta un sentido de que nuestro espíritu salta de excitación. Esa sensación nos hace saber que el Espíritu Santo está dando testimonio a nuestro espíritu de que todo está bien aunque nosotros podemos no entender todo lo que se está diciendo, o que nuestra alma puede no ser capaz de ajustarse inmediatamente a todos los pensamientos que se están presentando.[19]

En otras palabras, ignore su mente, olvide sus creencias, descarte su teología y su sentido común; la sensación en su zona abdominal superior le permitirá saber cuánto peso tiene realmente una profecía.

Eso es preocupante. Usted no encontrará ningún consejo como ese en la Escritura. La manera en que usted se sienta en la parte superior del abdomen no dice nada acerca de si una supuesta profecía es verdadera o no. ¡Usted puede estar sufriendo de una indigestión! ¿Cuánta gente, siguiendo esa clase de consejo, escucha hablar a alguien que se declara a sí mismo oráculo divino, y luego cambia la membresía de su iglesia o dona los ahorros de su vida al ministerio del profeta?

Esa clase de pensamiento permea el movimiento carismático. Al fin, muchas profecías son juzgadas sobre nada más que sensibilidad estomacal. Precisamente por eso el error y la confusión corren desenfrenados en congregaciones dirigidas por los que se llaman a sí mismos profetas.

Recibí una cinta de un mensaje por uno de estos profetas-pastores, James Ryle, pastor de la "Viña de Boulder Valley" en Colorado. Ryle describía en detalle algunos sueños suyos, que él tomaba por revelación profética de Dios. Según los sueños de Ryle, Dios está preparándose para ungir a músicos cristianos con la misma unción que les fue dada a los Beatles. El citaba una palabra del Señor: "Yo llamé a esos cuatro muchachos de Liverpool para mí mismo. Hubo un llamado de Dios en su vida; fueron dotados por mi mano; y fui yo quien los ungí, porque yo tenía un propósito, y el propósito era introducir en el avivamiento carismático por todo el mundo la música de avivamiento."

¿Qué pasó? De acuerdo con Ryle, Dios le dijo: "Los cuatro muchachos de Liverpool se desviaron y no sirvieron en mi ejército. Sólo sirvieron a sus propios propósitos y entregaron su don al lado contrario." Ryle afirma que Dios le dijo que en 1970 él retiró la unción y la había retenido en su mano desde entonces, pero estaba a punto de descargarla en la iglesia.[20] Ryle es joven, bien educado y articulado y ha predicado acerca de su profecía en numerosas iglesias. Las cintas de sus mensajes están circulando por todo el mundo, y evidentemente millares han recibido la profecía de Ryle como verdad solemne del Señor.

Permanece el hecho de que desde que el canon de la Escritura fue completado, *ningún avivamiento genuino o movimiento ortodoxo ha sido dirigido jamás por gente cuya autoridad está basada en cualquier manera en revelaciones privadas de Dios.* Muchos grupos han alegado recibir nueva revelación, pero todos ellos han sido fanáticos, heréticos, sectaristas o fraudulentos. Tanto los carismáticos como los no carismáticos necesitan considerar si hay un paralelo entre esos grupos y el movimiento carismático moderno.

## Montanismo

Montano era un hereje de Frigia del siglo segundo que creía que era un profeta enviado por Dios para reformar el cristianismo mediante el asceticismo, la práctica de la glosolalia y una revelación profética continua. El creía que estaba inspirado por el Espíritu Santo en toda su enseñanza. Dos llamadas profetisas, Priscila y Maximila, eran instrumentales en la extensión del montanismo. Eusebio, el padre de la iglesia, escribió: "(Montano) incitó a dos mujeres y las llenó con el espíritu bastardo de modo que ellas pronunciaran dichos dementes, absurdos e irresponsables."[21] Algunos historiadores han creído que eso significa que esas mujeres hablaban en lenguas.

Hipólito escribió de los montanistas:

> Han sido engañados por dos mujeres, llamadas Priscila y Maximila, que afirman que son profetisas y que declaran que entró a ellas el Paracleto... Ellos exaltan a esas mujeres encima de los apóstoles y de todo don de gracia, de modo que algunos llegan hasta decir que en ellas hay algo más que Cristo... Ellos introducen novedades en la forma de ayunos y fiestas, abstinencias y dietas de raíces, considerando a esas mujeres como su autoridad.[22]

El montanismo se extendió rápidamente por toda la iglesia primitiva y llegó a Roma en la segunda mitad del segundo siglo. Eusebio describió el nacimiento y rápido crecimiento del movimiento:

> Montano, dicen, se expuso primero él a los asaltos del adversario mediante su incontenible deseo de liderazgo. El era uno de los recién convertidos y llegó a ser poseído de un espíritu, y repentinamente empezó a delirar en una especie de trance extático, y a balbucear jerigonza, profetizando en una manera contraria a la costumbre de la iglesia legada por tradición desde los primeros tiempos.
> ...Algunos de los que oyeron sus pronunciamientos espúreos lo reprendieron como a uno poseído por el diablo... recordando la advertencia del Señor de mantenernos vigilantes contra la venida de falsos profetas. Sin embargo, otros se ilusionaron y se alborozaron un poco, pensando que estaban poseídos del Espíritu Santo y del don de profecía.[23]

Tertuliano, uno de los principales padres de la iglesia, se convirtió al montanismo en los últimos años de su vida y escribió la siguiente descripción de un servicio religioso montanista:

> Tenemos entre nosotros a una hermana que ha recibido dones de revelaciones, que ella experimenta en la iglesia durante los servicios del domingo, mediante visiones extáticas en el Espíritu... Y después que la gente se ha dispersado al fin del servicio, es su costumbre relatarnos lo que ha visto... "Entre otras cosas", dice ella, "se me ha mostrado un alma en forma corpórea, y parecía un

espíritu, pero no era una mera cosa exenta de cualidades, sino más bien algo que podía ser asido, suave y traslúcido y de color etéreo, una forma en todos los puntos human".[24]

¿Parece familiar? Tertuliano parece haber estado describiendo una iglesia carismática del siglo veinte.

Montano y sus seguidores alegaban recibir revelaciones de Dios que suplementaban la Palabra comunicada por Cristo y los apóstoles. Ellos creían que el Espíritu Santo les hablaba a través de las bocas de Montano y de las dos profetisas. Montano creía que estaba viviendo los últimos días inmediatamente antes del regreso de Cristo. El creía que el reino de Dios se establecería en su propia villa de Pepuza durante su vida y que él tendría un papel prominente en él. Esas y otras falsas profecías estaban entre las principales razones para que el resto de la iglesia considerara herético su movimiento.

Montano se oponía al formalismo en la iglesia y atrevidamente intimidaba a los cristianos reclamando que sus seguidores eran más espirituales que los que tenían solamente la "letra muerta" de la Escritura.

En muchos respectos los montanistas eran ortodoxos, pero el movimiento era cismático, pues creían que solamente ellos eran la verdadera iglesia. El resto de la iglesia calificaba al montanismo como una seria herejía que debía ser rechazada. Agustín escribió contra el movimiento, y el Concilio de Constantinopla decretó que el montanismo era equivalente al paganismo.[25]

El movimiento carismático contemporáneo es en cierta manera el heredero espiritual del montanismo. De hecho, no sería de ninguna manera incorrecto llamar al movimiento carismático de hoy neomontanismo. Cuando menos Larry Christenson, un importante escritor carismático, hasta clama que el movimiento montanista es parte de la tradición carismática histórica.[26]

## Catolicismo Romano

Vale la pena estudiar la similaridad entre el concepto carismático de revelación y las enseñanzas tradicionales de la Iglesia Católica Romana. Un buen lugar para principiar es con el concepto católico romano de tradición. Gabriel Moran, erudito católico romano da estas clasificaciones:

*Tradición dogmática*: Es la verdad revelada dada a conocer por Dios en la Escritura antes de la muerte del último apóstol. La tradición dogmática es llamada comúnmente "revelación primaria".

*Tradición disciplinaria*: Incluye aquellas prácticas y ritos litúrgicos de la iglesia en los tiempos apostólicos y postapostólicos que no son parte de la revelación divina en las Escrituras. A la tradición disciplinaria se le llama comunmente "revelación secundaria". [27]

"Tradición, entonces", dijo George Tavard, católico francés romano, "era el derramamiento de la Palabra fuera de la Sagrada Escritura. No era ni separada de los Escritos Sagrados ni idéntica. Su contenido era 'las otras escrituras' a través de las cuales la Palabra se daba a conocer." [28]

Otro católico romano con un criterio muy similar a lo que los carismáticos están diciendo hoy en día era Kasper Schatzgeyer (1463-1527). El pensaba: "Una 'revelación íntima del Espíritu Santo' es una posibilidad cotidiana. Una vez conocida más allá de la duda, es tan obligatoria como si hubiera salido de la misma boca de Cristo." [29]

Todo eso levanta una pregunta: "¿Dónde termina la Biblia?" Por causa de su interpretación de la palabra *tradición*, la enseñanza doctrinal católica romana está abierta al final. Siempre hay la posibilidad de añadirle algo que es igual a la autoridad de las Escrituras. El Concilio de Trento (1545-63), que fue convocado para solidificar la oposición católica a la Reforma Protestante, hizo esta declaración sumaria en relación con la igualdad de la Escritura y la tradición:

> El Santo, Ecuménico y General Sínodo de Trento... teniendo siempre ante sus ojos este objetivo, de que los errores puedan ser quitados y la pureza del evangelio sea preservada en la Iglesia, que fue prometido antes mediante los profetas en las Santas Escrituras, y que el Señor Jesucristo el Hijo de Dios publicó primero por su propia boca, y luego mandó que fuera predicado por sus apóstoles a toda criatura como una fuente de toda verdad salvadora y de disciplina y conducta; y percibiendo que esta verdad y esta disciplina están *contenidas en libros escritos y en tradiciones no escritas*, que fueron recibidas por los apóstoles de labios de Cristo mismo, o, por los mismos apóstoles, al dictado del Espíritu Santo, y fueron transmitidas y llegaron a nosotros; siguiendo el ejemplo de los Padres ortodoxos, *este Sínodo recibe y venera, con igual afecto y reverencia piadosos, todos los libros del Nuevo y del Antiguo Testamentos... junto con las dichas tradiciones...* como habiendo sido dadas de los labios de Cristo o por el dictado del Espíritu Santo y preservadas en sucesión ininterrumpida en la Iglesia Católica. [30]

De acuerdo con eso, Dios supuestamente ha estado dando revelación a la Iglesia Católica Romana desde la época del Nuevo Testamento. De las "tradiciones no escritas que... fueron transmitidas y llegaron a nosotros", hubo un corto paso hasta el concepto de la infalibilidad del papa, que de acuerdo con el dogma católico romano, es sucesor del apóstol Pedro. La teología católica romana enseña que cuando el papa habla *ex cáthedra* (como pastor y maestro de todos los cristianos), él lo hace con suprema autoridad apostólica y es infalible. Dos ejemplos de adiciones "infalibles" a la Escritura y a la tradición en tiempos recientes son estos:

> En una bula papal del 8 de diciembre de 1854, intitulada *Ineffabilis Deus* ("Dios Inefable"), Pío IX decretó que "la muy bendita Virgen María era, desde el primer momento de su concepción, por la singular gracia y privilegio del Dios todopoderoso y en vista de los méritos de Cristo Jesús, el Salvador de la raza humana, preservada inmune de toda mancha de pecado original, (que esto) es revelado por Dios y, por tanto, debe ser firme y constantemente creído por los fieles".[31]

> La última adición a la larga lista de creencias católicas romanas... vino el 1 de noviembre de 1950, con una pronunciación *ex cáthedra* del papa Pío XII desde la silla de San Pedro, que el cuerpo de María fue levantado de la tumba poco después de morir, que su cuerpo y su alma fueron reunidos, y que ella fue llevada arriba y entronada como Reina del Cielo. Y a este pronunciamiento fue añadida la usual advertencia de que "cualquiera que pueda de aquí en adelante dudar o negar esta doctrina está completamente apartado de la fe Católica y divina".[32]

Estos decretos tienen dos cosas importantes en común. Primera, son revelados fuera de la Escritura como parte de "tradición", revelación extrabíblica. Y segunda, los creyentes católicos romanos son amonestados a creerlos sin cuestionar, so pena de excomunión.

Puesto que la doctrina católica romana permite revelaciones adicionales iguales a la Escritura en autoridad, la iglesia puede abrazar error tras error conforme concibe enseñanzas que no se encuentran en la Palabra de Dios. Una vez que un grupo va más allá de la Escritura y permite cualquier otra fuente autoritativa de verdad, las puertas están muy abiertas y cualquier cosa puede pasar por ellas.

El catolicismo romano ha añadido a la Escritura tradiciones tales como penitencia, purgatorio, infalibilidad papal, oraciones por los muertos y un sistema sacramental completo. Ninguna de estas cosas tiene apoyo bíblico, pero todas son afirmadas por los fieles católicos romanos como verdad revelada de Dios a través de la Iglesia Católica.

¿Podría ser que los carismáticos ya están edificando tradiciones similares propias? Por ejemplo, en muchos círculos carismáticos, "muerto en el espíritu" es una expresión familiar. Los que son "muertos en el espíritu" son derribados inconscientes o en trance por un toque de alguien que supuestamente es el transmisor de poder divino. La práctica tiene más en común con el ocultismo que con nada bíblico (ver el capítulo 7). Hablé con un carismático que dijo: "Oh, sí, es vital ser matado en el Espíritu. De hecho, uno no puede pasar más de dos o tres semanas sin ser muerto en el Espíritu." Un antiguo carismático me dijo que no hay límites para eso. A menudo se vuelve un torneo ver quién puede ser "muerto" más a menudo.

Yo le pregunté a un amigo carismático:

—¿Por qué hacen esto?

Su respuesta fue:

—Porque esta es la manera en que el poder del Espíritu de Dios viene sobre uno.

—¿Según cuál Escritura? —le pregunté.

—Bueno, no hay ninguna Escritura —contestó.

¿Ninguna Escritura? ¿Entonces de dónde viene la autoridad para tal práctica? ¿Tradición pentecostal? La metodología carismática y la católica romana caminan mano a mano en este punto.

## Neoortodoxia

La teología neoortodoxa alega que la Escritura no es la Palabra de Dios objetiva, pero que tiene el potencial de hablar al corazón de las personas en un momento de significado cuando se abren a ella. De acuerdo con la neoortodoxia, Dios realmente nunca habló proposicionalmente en la Palabra; más bien, él habla personalmente en revelación privada cuando lo encontramos.

La neoortodoxia cree que la Biblia es un buen modelo y un testimonio dinámico, pero no es intrínsecamente la Palabra objetiva de Dios. La Palabra debe ser procurada en aplicación. Es decir, la Biblia no es la Palabra de Dios mientras está en el anaquel; se vuelve la Palabra de Dios solamente cuando habla al corazón humano. Eso puede sonar bien al principio, pero hay una falla fatal. Esta enseñanza relega la revelación de Dios enteramente a la arena de lo subjetivo. Abre la puerta para que cada individuo defina la verdad en su propia manera, haciendo de las emociones personales la regla final. Al final, es sencillamente otro intento de buscar la verdad revelada más allá de la Biblia. Como el movimiento carismático, busca que la experiencia humana encuentre esa verdad.

En su excelente texto *A General Introduction to the Bible* (Una introducción general a la Biblia), Norman Geisler y William Nix definen claramente el concepto neoortodoxo:

El concepto neoortodoxo es que la Biblia es un libro humano

falible. No obstante, es el instrumento de la revelación de Dios para nosotros, porque es un registro de la revelación de Dios en Cristo. La revelación, sin embargo, es personal; la Biblia no es una revelación verbalmente inspirada de Dios. Es apenas un medio humano errante a través del cual uno puede encontrar la revelación personal que es Cristo. En sí misma no es la Palabra de Dios; cuando mucho, la Biblia solamente se vuelve la Palabra de Dios al individuo cuando encuentra a Jesucristo a través de ella.[33]

La idea detrás de la neoortodoxia es que la Biblia es inspirada cuando crea una experiencia para uno. J. K. S. Reid declara que "Dios marcha magistralmente arriba y abajo de la Biblia, haciendo que su Palabra cobre vida en cualquier punto a través de todo su largo y ancho. Entonces, también se dice correctamente que la Biblia se vuelve la Palabra de Dios... La Biblia *se vuelve* Palabra de Dios por cita fija y firme".[34] Emil Brunner dice que el Espíritu de Dios está "aprisionado dentro de las cubiertas de la palabra escrita."[35] Es liberado en la experiencia humana.

La Biblia, dice la neoortodoxia, no es todo lo que hay. Dios todavía está dando revelación, todavía inspirando a otros de la misma manera en que inspiró a los escritores bíblicos. "Si la Biblia es ciertamente la 'Palabra de Dios', no es como la última palabra," dice C. H. Dodd, otro prominente teólogo que refleja la posición neoortodoxa.[36]

¿Que pasa cuando la inspiración de la Escritura depende de la experiencia subjetiva y cuando la Biblia misma no es la palabra final? ¡No hay autoridad bíblica! Todo lo demás que se ha escrito y dicho hoy tiene tanto potencial como Escritura para "inspirar" a la gente. De esta manera, virtualmente cualquier cosa se vuelve una fuente de "revelación" potencial.

¿Están diciendo los carismáticos algo similar a la neoortodoxia? Yo creo que muchos de ellos sí. Un artículo escrito hace varios años para la revista *Christian Life* (Vida Cristiana) por Charles Farah es un buen ejemplo. Farah escribió: "Conforme los cristianos se adentren más y más al mundo del Nuevo Testamento, confiarán menos y menos en la razón y la experiencia como maneras finales de saber, y más y más en el conocimiento neumático."[37] ¿Y cómo define Farah el "conocimiento neumático"? Dice que es "un conocimiento que está más allá de todo conocimiento, una percepción que está más allá de toda percepción, una certeza que está más allá de toda certeza, un entendimiento que está más allá de todo entendimiento".[38]

La declaración de Farah suena como misticismo puro. ¿Está él abogando por una versión siglo veinte del gnosticismo? El gnosticismo era una herejía del segundo siglo que también hablaba de "conocimiento neumático", refiriéndose a conocimiento espiritual secreto disponible solamente a la élite iluminada.

La respuesta de Martín Lutero a la Dieta de Worms es bien conocida:

> Aquí está, clara y sin adornos. A menos que yo sea convicto de error por el testimonio de las Escrituras o... por razonamiento manifiesto, quedo convicto por las Escrituras a las cuales he apelado, y mi conciencia es llevada cautiva por la Palabra de Dios, que no puedo y no me retractaré de nada... Sobre esto me sostengo. No puedo hacer otra cosa. Dios me ayude. Amén.[39]

Lutero apeló a la Palabra de Dios y a la razón. ¿Necesitamos realmente mirar más allá de eso en búsqueda de la verdad? ¿Podemos experimentar un "conocimiento más allá del conocimiento" en forma mística? Intentar definir la verdad de esa manera es poner la verdad más allá de la Palabra de Dios revelada. La Biblia nos da certeza. La Palabra de Dios nos da entendimiento (Sal. 119:130). ¿Quién puede ir más allá que eso? La Palabra escrita de Dios es suficiente para todas las necesidades espirituales (Sal. 19:7-14). ¡La revelación extrabíblica *siempre* lleva al error!

## Las sectas

El *Libro del Mormón* hace este reclamo:

> ¿No suponéis que yo conozco de estas cosas por mí mismo? He aquí, os testifico que yo sí sé que estas cosas de las que os he hablado son verdaderas. ¿Y cómo suponéis que yo sé de su seguridad? He aquí os digo que me han sido dadas a conocer por el Espíritu Santo de Dios... y este es el espíritu de revelación que está en mí.[40]

Los mormones también ponen otros dos libros a la par con la Escritura: *Doctrinas y Convenios* y *La Perla de Gran Precio*. De estas "revelaciones" posteriores salen error tras error respecto a Dios, la naturaleza humana y la persona y la obra de Cristo. El resultado es el caos teológico.

La Ciencia Cristiana es otra secta que basa sus enseñanzas sobre la verdad supuestamente dada por Dios en adición a la Escritura. El *Christian Science Journal* (El Periódico de la Ciencia Cristiana) declara: "Porque no es una filosofía humana sino una revelación divina, la razón basada en la divinidad y la lógica de la Ciencia Cristiana necesariamente la separan de todos los otros sistemas."[41] Llaman a Mary Baker Eddy "la reveladora de la verdad para esta era".[42]

La señora Eddy escribió: "Debiera ruborizarme de haber escrito de 'Ciencia y Salud con Clave en las Escrituras', como lo hice, como si fuera de origen humano, y yo fuera su autora, aparte de Dios. Pero como yo era solamente una escriba haciendo eco de las armonías del cielo en metafísica divina, no puedo ser excesivamente modesta en mi estimación del libro de texto de la Ciencia Cristiana."[43]

A pesar de que los errores de la Ciencia Cristiana respecto a Dios, a Cristo y a las Escrituras están bien documentadas en numerosos libros, la señora Eddy estaba convencida de que ella era usada por Dios para revelar su verdad para su día.

Tal vez los sectarios más visibles en nuestra nación son los Testigos de Jehová. Incansables en sus esfuerzos los testigos van de puerta en puerta esparciendo su doctrina de salvación por obras, que niega la gracia de Dios por medio de Cristo. Ellos alegan que Jesús fue un ser creado, no Dios el Hijo. ¿Y creen los Testigos que ellos tienen nueva revelación? ¡Ciertamente que sí! Ellos lo han dicho claramente en su revista *La Atalaya*: "La Atalaya es una revista sin igual en la tierra... Esto no es darles ningún crédito a los editores de la revista, sino al gran Autor de la Biblia con sus verdades y profecías, y quien ahora interpreta sus profecías."[44]

La Iglesia Mundial de Dios es otro grupo que enseña la salvación por obras y nueva revelación de Dios más allá de las Escrituras. Fue empezada por Herbert W. Armstrong, que también empezó el Colegio Ambassador, la revista *The Plain Truth* (La pura verdad) y los programas de radio y televisión "The World Tomorrow" (El Mundo Mañana). ¿Y cómo empezó Armstrong? Mediante una nueva revelación de la señora Armstrong, que tuvo una visión en la que un ángel le expuso todo el sistema. Ella se lo contó a su esposo y así nació una nueva secta.

Sun Myung Moon, el mesías autodesignado de Corea, alega que él es un mensajero divino de Dios. Moon dice que tiene la última verdad, no de la Escritura, ni de la literatura, y ni del cerebro de ninguna persona. Según Moon, si su *verdad* contradice a la Biblia (y sí la contradice), entonces la Biblia está equivocada.

## De Sola Scriptura a "algo más"

Virtualmente toda secta y enseñanza falsa engendrada empezó sobre la premisa de que su líder o líderes tenían acceso a nueva revelación. Casi todo maestro falso, desde el espiritualista Edgar Cayce hasta L. Ron Hubbard, fundador de la Cientología, ha pretendido revelación de Dios de alguna clase. Todos han abandonado el principio de *Sola Scriptura* y se han lanzado a una búsqueda peligrosa de algo más.

La aceptación de "profecía" moderna de los carismáticos representa una vuelta a un camino peligroso. La señal del camino puede decir "Algo más", pero el camino de la nueva revelación en realidad es una senda a algo menos. Está llena de desviaciones, callejones sin salida, baches gigantes... y muy poco más. Algunos carismáticos están perturbados por este problema. Stephen Strang, escribiendo en *Carisma* dice:

> Cuando se trata de algo como una profecía personal, creemos que el extremismo es más mortal que cuando se trata de asuntos menos volátiles. Eso es porque hay un elemento de control involucrado cuando un individuo es capaz de hablar por Dios a un grupo de individuos... No siempre es fácil decir cuándo una persona realmente está hablando por Dios o hablando carnalmente. O tal vez hasta hablando para el enemigo.
> Creemos que hay algunos que pretenden profetizar que realmente obtienen su inusitada capacidad para conocer el futuro, no del Espíritu Santo, sino de un espíritu de adivinación. Y hay algunos carismáticos que están tan ansiosos de conocer la voluntad de Dios, o de tener una palabra de Dios, o de ser separados en un servicio donde este don especial puede ser manifiesto, que son susceptibles a espíritus que no son de Dios.[45]

Strang ha identificado el problema central, pero no ofrece solución. ¿Cómo podemos saber si está hablando un verdadero profeta, o si el mensaje viene de un mal espíritu de adivinación, o de la imaginación de alguien? ¿Discernir la verdad es realmente algo tan subjetivo como una incomodidad en la parte superior del abdomen? ¿Dónde trazamos la línea sino en el punto de la Escritura?

Joseph Dillow dio su relato de cómo un carismático hermano en Cristo trató de influir en él en un momento crítico de su vida:

> Cuando yo era un nuevo cristiano conocí a un hombre al que llamaré Bill. Era dado a ver visiones y regularmente alegaba que había recibido revelación directa de Dios. El veía al Señor obrando en cada circunstancia concebible de la vida. Toda impresión interna era examinada como dirección del Señor. Un día me llamó a medianoche porque había tenido un mensaje del Señor que tenía que compartir conmigo. Bill estaba en sus cuarenta y vivía solo como a una hora en coche de mi casa, sin embargo, quería venir y comunicar el mensaje en persona. Me conmovió su interés, pero le dije que estaba bien conmigo si esperaba al día siguiente. El insistió, así que lo invité a venir. Cuando llegó estaba visiblemente agitado. En ese tiempo yo acababa de decidir ir al seminario. Bill estaba muy perturbado por esto ("La letra mata", decía, "mas el Espíritu vivifica"), y ahora él tenía un mensaje del Señor advirtién-

dome de no dar ese paso. El había estado leyendo Isaías y el Señor le dio una revelación especial que decía: "¡Si tú vas al seminario, tu esposa será comida por los leones y tú perderás tu salvación eterna!" Era más bien atemorizante, pero no lo creí. El vivía en un mundo de superstición que su teología de lenguas había albergado. La centralidad de la Palabra se había perdido en su vida. La última vez que supe de Bill ¡estaba en la cárcel porque "el Señor le había dicho" que tenía que desobedecer la autoridad establecida y no cumplir con una ordenanza de zonas de estacionamiento![46]

Bill es un ejemplo extremo de un enfoque cuestionable a la revelación. Los mormones, los Testigos de Jehová, y otros, también son ejemplos extremos. Ellos representan herejías que de ninguna manera estoy tratando de comparar con los cristianos carismáticos que aman al Señor Jesucristo y a las Escrituras. Pero cuando se trata de la zona vital de la revelación, los paralelos entre los reclamos carismáticos y las ideas de los extremistas están claramente allí. Y ese es mi punto: *Los peores extremos usualmente empiezan con ligeras desviaciones.*

El precio del misticismo y el subjetivismo carismáticos es muy alto. Todos son libres de hacer, decir y enseñar cualquier cosa que la profecía personal supuestamente les revele esa semana. La erudición y el estudio cuidadoso son hechos a un lado en favor de mensajes privados de Dios. Kenneth Hagin, por ejemplo, ha escrito: "Los teólogos en general no están seguros de quién escribió la carta a los Hebreos. A mí me parece que Pablo, y una vez, cuando Jesús se me apareció en visión, le pregunté, y él me dijo que Pablo la escribió. ¡Y yo creo que él lo hizo!"[47] No sigue ninguna discusión posterior del asunto. Las siguientes palabras de Hagin son: "Pablo está escribiendo aquí a los cristianos hebreos."[48]

La Escritura, por supuesto, no identifica al autor de la carta a los Hebreos. Hombres piadosos que han estudiado el libro cuidadosamente en busca de evidencia interna de su autoridad generalmente están de acuerdo en que el asunto no puede ser resuelto con ninguna prueba bíblica. Eso no le importa a Kenneth Hagin; él tiene su propia revelación privada sobre el asunto.

La singularidad y la autoridad central de la Palabra se ha perdido así, y los carismáticos han desarrollado una marca mística de cristianismo que eventualmente pudiera tener poco contenido o substancia bíblica.

El cristianismo evangélico ha estallado en años recientes. Pero nuestras iglesias están llenas de gente que está buscando más allá de las Escrituras ayuda y crecimiento. Vaya a cualquier librería cristiana promedio y encontrará que la mayoría abrumadora de libros se enfoca en emociones y experiencia en vez de en un estudio sólido de la Biblia, la doctrina o la teología. A mucha gente no le importa realmente lo que dice la Escritura; ellos están seguros de que la Biblia es demasiado simplista o muy ingenua. Además, esas personas realmente están muy ocupadas buscando ese "algo más" elusivo que esperan resolverá todos sus problemas.

La siguiente carta, escrita a un conocido mío por un joven en el movimiento carismático ilustra esta diferente actitud hacia la Escritura:

> La experiencia más grande de amor que yo he tenido fue al pie de la cruz, cuando la sangre de Jesucristo se derramó sobre mí. El me llenó con su Espíritu. El me llevó a través del velo a la ciudad de Jerusalén al lugar santísimo. Allí me miré en él y él en mí. Recibí el bautismo como por fuego y desde esto su amor mora en mí. Desde entonces tengo comunión diariamente.
>
> No siento la necesidad de estudiar las Escrituras, porque yo conozco a Jesús como él se ha revelado a sí mismo en mi interior; y mientras él more en mí, hay la Palabra.
>
> Voy a la Escritura, y la Escritura es vital y necesaria, pero no es central ni crucial, porque yo lo tengo a él, más bien, él me tiene a mí. Las Escrituras son una fuente secundaria.
>
> Por el bautismo del Espíritu Santo, la Palabra en mí (el mismo cuerpo espiritual de Jesucristo) es primaria. Digo esto como una experiencia viva de lo que él me ha dado para que diga.

Los Reformadores combatieron tales errores con el principio de *Sola Scriptura*. Los carismáticos han abandonado ese precepto crucial. Ahora la verdadera iglesia en el siglo veinte debe luchar por la supremacía y suficiencia de la Palabra de Dios. No nos atrevamos a rendirnos a una teología que da a la tradición o a la experiencia igual peso que a la Escritura. La singularidad de la revelación de Dios en la Biblia está en juego. El propio reclamo de la Biblia por sí misma está siendo desafiado. Es un error que los que aman la Palabra de Dios no pueden admitir.

No hay substituto para la Palabra de Dios. No hay "algo más". No busque energía para el andar espiritual en las vacías "profecías" de la imaginación de alguien. No busque dirección en el incierto consejo de emociones e intuición. No establezca su curso por la errónea señal de la exhortación de algún profeta autoengañado. Dios nos ha dado su Palabra, que es "útil para la enseñanza, para la represión, para la corrección, para la instrucción en justicia, a fin de que el hombre de Dios sea perfecto, enteramente capacitado para toda buena obra" (2 Tim. 3:16). Esa es toda la verdad que necesitamos para toda necesidad espiritual en la vida.

# 4

# ¿Cómo debiéramos interpretar la Biblia?

La *hermenéutica* es una palabra que los teólogos usan para hablar de la ciencia de la interpretación bíblica. Es un ladrillo de construcción crucial en toda la Biblia. De hecho, las principales corrientes de teología dentro del cristianismo profesante (evangelicalismo, liberalismo, neoortodoxia) difieren ampliamente debido a los métodos distintivos de hermenéutica que usan para encontrar sentido a lo que la Biblia dice.

Los pentecostales y los carismáticos tienden a basar mucha de su enseñanza en principios muy pobres de hermenéutica. Gordon D. Fee ha escrito:

> Los pentecostales, a pesar de algunos de sus excesos, son elogiados por captar de nuevo para la iglesia su brillo gozoso, su entusiasmo misionero y la vida en el Espíritu. Pero al mismo tiempo son conocidos por su mala hermenéutica... En primer lugar, su actitud hacia la Escritura regularmente ha incluido un desdén general por la exégesis científica y por la hermenéutica minuciosa. De hecho, la hermenéutica sencillamente no ha sido el fuerte pentecostal. La Escritura es la Palabra de Dios y debe ser obedecida. En lugar de hermenéutica científica desarrollaron una clase de hermenéutica pragmática, obedecer lo que debe ser tomado literalmente; espiritualiza, alegoriza, o devocionaliza lo demás...
>
> En segundo lugar, es justo e importante notar que en general la experiencia de los pentecostales ha precedido a su hermenéutica. En cierto sentido, el pentecostal practica la exégesis en su experiencia.[1]

Ese no es la evaluación de algunos hostiles al movimiento pentecostal y carismático. Gordon Fee es él mismo un pentecostal. Su valoración es exactamente correcta; él ha observado desde adentro del movimiento el mismo problema que muchos de nosotros hemos notado desde el exterior.

Observe el programa carismático de televisión y usted rápidamente verá la evidencia de lo que Fee está hablando. Yo observé con horror hace un par de años, cómo el invitado en una red carismática de televisión explicaba la "base bíblica" de su ministerio de "pensamiento de la posibilidad". "Mi ministerio está basado completamente en el versículo de mi vida, Mateo 19:26: 'Para Dios todo es posible.' Dios me dio ese versículo porque nací en 1926."

Obviamente intrigado por ese método de obtener un "versículo de la vida", el conductor del programa tomó una Biblia y emocionado empezó a hojearla. "Yo nací en 1934", dijo. "El versículo de mi vida sería Mateo 19:34. ¿Qué dice?" Luego descubrió que Mateo 19 tiene solamente treinta versículos. Impávido, saltó a Lucas 19 y leyó el versículo 34: "Y ellos dijeron: 'Porque el Señor lo necesita'."

Entusiasmado, él exclamó: "¡Oh, el Señor tiene necesidad de mí! ¡El Señor tiene necesidad de mí! ¡Qué hermoso versículo para la vida! Nunca antes había tenido un versículo para la vida, pero ahora el Señor me ha dado uno! ¡Gracias, Jesús! ¡Aleluya!" La audiencia del estudio empezó a aplaudir.

En ese momento, sin embargo, la esposa del conductor del programa, que también había pasado a Lucas 19, dijo: "¡Pero espera! No puedes usar éste. ¡Este versículo está hablando de un *burro*!"

Ese incidente dice mucho acerca de la manera tan curiosa en que algunos carismáticos enfocan la Escritura. Buscando "palabra del Señor", algunos juegan un juego de "ruleta bíblica", saltando al azar a través de la Biblia, buscando algo que parezca aplicable a cualesquier prueba o necesidad que estén enfrentando. Cuando encuentran un versículo, dicen: "El Señor me lo dio."

Esa no es manera de enfocar el estudio de la Biblia. Tal vez usted ha escuchado la historia familiar del hombre que, buscando dirección para una decisión importante, decidió cerrar los ojos, abrir su Biblia, pasar el dedo por la página y conseguir dirección de cualquier versículo que su dedo iluminara. Su primer intento lo llevó a Mateo 27:5: "(Judas) se fue y se ahorcó." Pensando que ese versículo realmente no era de mucha ayuda, determinó probar de nuevo. Esta vez su dedo se detuvo en Lucas 10:37, y las palabras de Jesús allí eran: "Ve y haz tú lo mismo." No dispuesto a rendirse, probó una vez más. Esta vez su dedo vino a parar en las palabras de Jesús en Juan 13:27: "Lo que estás haciendo, hazlo pronto."

Esa historia, que estoy seguro es apócrifa, enfatiza un asunto importante: buscar el significado de la Escritura más allá de su contexto histórico, gramatical y lógico es imprudente y hasta potencialmente peligroso. Es posible, por supuesto, comprobar casi cualquier idea o enseñanza con la Escritura si uno emplea versículos de prueba fuera de su significado propuesto. Esa es precisamente la manera en que muchas de las sectas usan la Escritura para reforzar sus falsas doctrinas.

La tarea de la hermenéutica es descubrir el significado del texto en su propio contexto; sacar significado de la Escritura en vez de leer las presuposiciones de uno en ella.

La importancia de una cuidadosa interpretación bíblica difícilmente puede exagerarse. Interpretar mal la Biblia, finalmente, no es mejor que no creer en ella. ¿Qué bien hace estar de acuerdo en que la Biblia es la revelación final y completa de Dios y luego interpretarla mal? El resultado es todavía el mismo: uno pierde la verdad de Dios. Interpretar la Escritura para hacerla decir lo que nunca fue su propósito decir es el camino seguro a la división, al error, a la herejía y a la apostasía.

Sin embargo, ¡cuán descuidadamente el evangelicalismo contemporáneo enfoca la interpretación bíblica! Tal vez usted ha estado en uno de esos "estudios bíblicos" donde todos andan alrededor del cuarto y comparten una opinión acerca del versículo en cuestión. "Bueno, para mí este versículo significa tal y tal." Al final lo que usted tiene es usualmente un charco de la ignorancia de todos, junto con varias interpretaciones potenciales del versículo, todas las cuales pueden estar equivocadas.

La verdad es que no importa lo que el versículo significa para mí, para usted, o para cualquiera otro. ¡Todo lo que importa es lo que el versículo *significa*! Verá usted, cada versículo tiene un significado intrínseco aparte de cualquiera de nosotros. Tiene ese verdadero significado lo hayamos considerado nosotros o no. La tarea del estudio bíblico es discernir el verdadero significado de la Escritura; entender lo que Dios está diciendo en el texto. Algunas veces el significado se hace evidente muy pronto; otras veces requiere una mirada más cercana al contexto. Yo admito que he encontrado algunos pasajes que sencillamente no puedo entender completamente. Pero el hecho permanece: cada jota y cada tilde de la Escritura lleva solamente el significado que pretendía el autor, y la tarea del intérprete es discernir cuál es.

*Tres errores que evitar*

Segunda Timoteo 2:15 nos habla acerca del estudio bíblico: "Procura con diligencia presentarte a Dios aprobado, como obrero que no tiene de qué avergonzarse, que traza bien la palabra de verdad." Claramente, manejar la Escritura incluye diligencia y cuidado. Debe ser tratada correctamente. Los que no lo hacen quedarán avergonzados.

Permítame sugerirle tres errores que hay que evitar:

*Absténgase de salirse con su propia interpretación a costa de una interpretación adecuada.* Es fácil para el pastor o maestro, y a menudo tentador, introducir un significado extraño en un texto para conseguir una respuesta deseada. Un buen ejemplo se encuentra en el Talmud (comentarios sobre las Escrituras judías). Un rabino está tratando de convencer a la gente de que el asunto principal en la vida es el interés por los seres humanos. El usa las piedras de la Torre de Babel en Génesis 11 para apoyar su discusión, diciendo que los constructores de la torre fueron frustrados porque habían puesto las cosas materiales primero y la gente a lo último. Conforme la torre fue aumentando de altura, le tomaba más horas a un acarreador de ladrillos llevar una carga de ladrillos a los albañiles que trabajaban en lo más alto. Si un hombre se caía de la torre cuando bajaba, nadie le ponía atención. Era solamente un obrero el que se había perdido. Pero si se caía cuando subía, lo lamentaban porque la carga de ladrillos también se perdía. Esa, decía el maestro, es la razón por la que Dios confundió las lenguas, porque no dieron prioridad a los seres humanos.

Eso no puede encontrarse en la Biblia. De hecho, esquiva la lección de este capítulo de Génesis. Aunque es cierto que la gente es más importante que los ladrillos, ese no es el punto de la Torre de Babel. El capítulo once de Génesis no dice nada acerca de la mayor importancia de la gente sobre los ladrillos. El punto es que *Dios* es más importante que los *ídolos*, y él juzga la idolatría. Babel era un juicio sobre el orgullo humano que estaba desafiando a Dios. Nunca es correcto salir con un buen mensaje ignorando la verdadera lección en un pasaje de la Escritura.

*Evite el estudio superficial.* El estudio bíblico correcto es una tarea difícil. Como ya hemos visto, discernir lo que Dios está diciéndonos a través de su palabra no puede hacerse yendo de un lado a otro rápidamente, buscando mensajes dondequiera que nuestros ojos se detengan. Entender la Biblia tampoco es un asunto de opinión personal ("Para *mí* significa...").

El manejo correcto y cuidadoso de la Palabra de Dios requiere diligencia. Si somos diligentes podemos llegar a una interpretación correcta de las verdades principales de la Escritura y a la confianza general de los pasajes particulares. Dios no ha escondido su verdad de nosotros. Pero el significado tampoco es instantáneamente claro.

A veces el verdadero significado de un pasaje se revela en la comprensión de la cultura a la cual fue dirigido. A veces se hace claro por un simple matiz en el lenguaje original. Por eso no podemos pasar esa manera de estudiar a lo loco que es tan popular en algunas iglesias hoy en día. Algunas diferencias de interpretación pueden no ser resueltas nunca en esta vida, pero eso no niega nuestra responsabilidad de estudiar cuidadosa y diligentemente.

Primera de Timoteo 5:17 dice que "doble honor" debe darse a los que en la iglesia "trabajan arduamente en la palabra y en la enseñanza". La razón porque Dios ha dado maestros a la iglesia es porque el entendimiento de su Palabra y la instrucción correcta de la gente en las Escrituras requiere gente que esté comprometida a una labor persistente y consciente en respuesta al llamamiento divino. Bernard Ramm escribió:

A menudo gente piadosa declara que puede conocer la Biblia completamente sin ayudas. Ellos introducen sus interpretaciones con un comentario como este: "Queridos amigos, no he leído libro de hombres. No he consultado comentarios hechos por el hombre. He ido directo a la Biblia para ver lo que tiene que decir por sí misma." Esto suena muy espiritual, y generalmente es secundado con *amenes* de la audiencia.

Pero, ¿es este el camino de sabiduría? ¿Algún hombre tiene el derecho o el conocimiento para pasar por alto todo el aprendizaje piadoso de la iglesia? Pensamos que no.

En primer lugar, aunque el reclamo de pasar por alto libros meramente humanos e ir directo a la Biblia misma suena devoto y espiritual, *es un egocentrismo velado.* Es una sutil afirmación de que un hombre puede conocer adecuadamente la Biblia sin la erudición incansable, piadosa y consagrada de hombres como Calvino, Lutero, Bunyan, Spurgeon, Mullins, Barclay, Escobar...

En segundo lugar, tal reclamo es la antigua confusión de la inspiración del Espíritu con la iluminación del Espíritu. La función del Espíritu no es comunicar *nueva* verdad o de instruir en *asuntos desconocidos,* sino de iluminar lo que está revelado en la Escritura. Suponga que seleccionamos una lista de palabras de Isaías y le preguntamos a un hombre que alega que puede pasar por alto la enseñanza piadosa de la erudición cristiana si él puede sacar de su propia alma o de su oración el significado de: Tiro, Sidón, Quitim, Sijor, Moab, Maher-salal-jos-baz, Calne, Carquemis, Hamat, Ayat, Migrón, Micmas, Geba, Anatot, Laquis, Nob y Galim. El se dará cuenta de que la única luz que puede encontrar sobre esas palabras está en un comentario o en un diccionario bíblico.[2]

Lo que Ramm estaba describiendo, esa falta de respeto para la obra de los teólogos y expositores dotados que han pasado años estudiando e interpretando la Escritura, tiende a ser característica de los carismáticos. ¿Por qué? ¿Es porque los carismáticos ponen más énfasis en dejar a la gente en la congregación decir cualquier cosa que piensa que el Espíritu les dijo acerca de un versículo bíblico? Hay una gran diferencia entre interpretaciones caprichosas y la enseñanza de hombres eruditos que tienen la destreza y las herramientas para explicar lo que quiere decir la Palabra de Dios. Desafortunadamente, los carismáticos parecen atraídos muy a menudo por lo primero.

Escuché una entrevista en la radio en la que a una mujer carismática, pastora, le preguntaron cómo ella "preparaba sus sermones". Ella contestó: "Yo no los preparo; ellos me descienden. Dios me los entrega." Sus palabras reflejan una actitud demasiado familiar en su movimiento. Muchos realmente creen que no es espiritual estudiar. "Después de todo", dicen algunos (tomando un versículo completamente fuera de contexto): "¿No dijo Jesús: 'Porque el Espíritu Santo os enseñará en aquella hora lo que se debe decir'?" (Luc. 12:12).

Deberíamos estar muy preocupados con este abordamiento tan espontáneo y a la ligera de la Escritura. Demasiada gente se para en los púlpitos hoy en día con poca o ninguna preparación y les dice a otros lo que Dios está diciendo y, generalmente, no es lo que Dios está diciendo de ninguna manera. Muchos de ellos inventan su teología al hablar.

*No espiritualice o alegorice a menos que el mismo texto lo pida.* Algunos usan la Escritura como una fábula para enseñar cualquier punto que quieren hacer aceptar. En vez de buscar el significado del material bíblico, lo convierten en alegoría para apoyar cualquier cosa que quieren enseñar.

Un ejemplo extremo de los peligros de alegorizar es el de la joven pareja que vino a uno de nuestros pastores asistentes para recibir consejo acerca de problemas matrimoniales. El empezó a hablar con ellos y después como de treinta minutos les preguntó:

—¿Por qué se casaron? ¡Ustedes son completamente diferentes!

—Oh —dijo el esposo—, fue por el sermón que el pastor predicó en nuestra iglesia.

—¿De qué trató?

—Bueno, él predicó acerca de Jericó.

—¡Jericó! ¿Qué tiene que ver con el matrimonio?

—Bueno, él dijo que el pueblo de Dios reclamó la ciudad, marchó alrededor de ella siete veces y las murallas cayeron. El dijo que si un joven creía que Dios le había dado cierta joven, él podía reclamarla, marchar alrededor de ella siete veces y las murallas del corazón de ella caerían. Así que yo hice eso y nos casamos.

—Eso no puede ser cierto —dijo nuestro pastor asistente. Ustedes están solamente bromeando, ¿no es verdad?

—No, es cierto, dijo el esposo. ¡Y hubo muchas otras parejas que se casaron por causa de ese mismo sermón!

Algunas personas creen que sus matrimonios se arreglaron en el cielo. Aquí estaba un matrimonio arreglado por una alegoría... ¡y una bien tonta! Esa clase de mala intepretación ha estado practicándose desde los primeros días de la iglesia y continúa hoy, especialmente en el movimiento carismático. Un predicador carismático bien conocido, con el que he platicado a menudo, preparó una serie de sermones sobre el libro de Nehemías. Al enseñar, casi todo en el libro representaba algo diferente o significaba algo simbólico. Entre sus puntos estaban estos:

Las murallas de Jerusalén estaban en ruinas, y eso significa que las murallas de la personalidad humana están derrumbadas. Nehemías representa al Espíritu Santo, que viene a reconstruir las murallas de la personalidad humana. Cuando Nehemías pasó al estanque del rey (Neh. 2:14), él dijo que esto significaba el bautismo del Espíritu Santo; y de allí en adelante  procedió a enseñar de la importancia de hablar en lenguas.

El libro de Nehemías no tiene nada que ver con las murallas de la personalidad humana, ni con el bautismo del Espíritu, ni con hablar en lenguas; pero cuando un predicador interpreta esa clase de aplicación en la historia, alguna gente piensa que es enseñanza bíblica maravillosa. Yo no estoy de acuerdo. Yo creo que es regatonería. Hace decir a la Biblia  lo que queremos en lugar de lo que Dios está diciéndonos (comp. 2 Cor. 2:17).

Para un enfoque correcto de interpretación de las Escrituras, tenemos el modelo dado por Jesús mismo en el camino a Emaús, justo después de su resurrección. Al caminar con dos de sus discípulos, él les enseñó: "Y comenzando desde Moisés y todos los Profetas, les interpretaba en todas las Escrituras lo que decían de él" (Luc. 24:27). La palabra griega usada aquí para "interpretaba" es *hermeneuo*, de la que tenemos nosotros la palabra *hermenéutica*. Cuando Jesús enseñaba las Escrituras, él las interpretaba apropiadamente y en orden. El usaba *hermeneuo*, hermenéutica. Jesús es el modelo perfecto de un  maestro que usa métodos correctos de interpretación. Hacerlo de manera diferente adultera la Palabra de Dios.

## Cinco principios de interpretación bíblica correcta

Esas sugestiones son buenas en sentido general, pero no le darán mucha ayuda para interpretar apropiadamente pasajes bíblicos específicos. Por eso cualquier clase sobre hermenéutica bíblica bien enseñada debe incluir los siguientes cinco principios:

*El principio literal.* Cuando hablamos de interpretar la Escritura literalmente, no estamos hablando de un literalismo esclavizante y rígido. La interpretación literal significa que entendemos la Escritura en su sentido normal, incluyendo figuras de lenguaje como parábolas, hipérboles, símiles, metáforas y simbolismo. La Escritura debe leerse de manera natural. En años pasados los teólogos hablaban del *usus loquendi,* que significa que las palabras de la Escritura deben ser interpretadas de la misma manera en que las palabras se entienden en el uso diario ordinario. Dios nos ha comunicado su Palabra mediante lenguaje humano, y hay toda razón para asumir que lo ha hecho en la manera más obvia y simple posible. Sus palabras deben entenderse tal como interpretaríamos el lenguaje de un discurso normal. Aunque hay lenguaje figurativo y simbolismo ocasionalmente en la Escritura, esas cosas son muy evidentes en los lugares en que son empleadas. Lo primero que un intérprete cuidadoso busca es el significado literal, no alguna interpretación mística, más profunda, escondida, secreta o espiritualizada.

Algunos pasajes apocalípticos, como los de Zacarías, Daniel, Ezequiel, Isaías o Apocalipsis, contienen figuras obvias y símbolos que deben ser estudiados cuidadosamente para ver la verdad literal que están comunicando. Esa clase de lenguaje simbólico, sin embargo, no es la norma en la Escritura y es notable cuando se emplea. Algunas veces el simbolismo es difícil de interpretar, pero estudiando el ambiente histórico uno puede discernir generalmente un significado claro. Hasta el lenguaje figurativo comunica verdades claras y literales. La Escritura no es la clase de rompecabezas que alguna gente parece querer hacerla.

Las parábolas son otra forma de lenguaje figurativo que algunas veces se usa en la Escritura. Las parábolas son historias que ilustran una verdad espiritual, pero cuyos detalles pueden no ser realmente históricos. Los detalles, gente, eventos, tiempos y lugares, pueden ser hipotéticos, metafóricos o sencillamente sin identificar. Pero las verdades espirituales ilustradas por parábolas siempre son literales y reales.

Los que han abandonado la interpretación literal en favor de una interpretación mística o alegórica hacen a un lado toda esperanza de lograr exactitud y coherencia. En lugar de eso tienen un haz-lo-que-quieras, donde sólo la imaginación gobierna. Cuando niegan el significado literal, no están sirviendo a la Escritura al tratar de entenderla, sino haciéndola su esclava moldeándola para que diga lo que ellos quieren que diga.

Algunos rabinos en el período intertestamentario interpretaban la Escritura por numerología. Es decir, usaban el equivalente numérico de cada letra en el alfabeto hebreo para espigar significados místicos de las palabras. Esta clase de interpretación llevaba a algunas explicaciones extravagantes de ciertos pasajes. Por ejemplo, en el alfabeto hebreo el valor numérico de las letras en el nombre de Abraham suma 318. ¡Esto se suponía que quería decir que Abraham tenía 318 sirvientes! Es fácil ver que cuando violamos el propósito sencillo del lenguaje, *cualquier* interpretación es posible.

*El principio histórico.* Como hemos notado, uno de los pasos cruciales para comprender lo que un texto significa es tener algún entendimiento del ambiente cultural, geográfico y político en el cual el pasaje fue escrito. Si uno entiende el contexto histórico, el pasaje a menudo prácticamente se interpretará a sí mismo.

Si vamos a cualquier libro de la Biblia, tenemos que entender la historia involucrada. Si es una epístola a una de las iglesias, ¿cuáles son algunas de las características de la ciudad en la que vivían esos creyentes? ¿Cuáles eran las condiciones políticas y culturales de su tiempo? ¿Quién gobernaba en cada lugar? ¿Qué presiones sociales estaban implicadas y hasta qué grado? ¿Cuáles eran las tensiones, problemas y crisis de la comunidad? ¿Cómo era realmente la cultura de ese tiempo? ¿Cuáles eran las costumbres de la gente?

Por ejemplo, es prácticamente imposible que tenga sentido para el lector moderno la amonestación de Pedro en 1 Pedro 1:13: "Ceñid los lomos de vuestro entendimiento" (RV 1960). Pero cuando uno comprende que los soldados en tiempos del Nuevo Testamento usaban largas túnicas sueltas y que tenían que atárselas alrededor de la cintura para no tropezar con ellas al ir a la batalla, el significado de Pedro se vuelve claro inmediatamente. El está diciendo: "Preparen sus mentes para la batalla. Arreglen cualquier cosa que les estorbe o les detenga."

Para contestar las preguntas culturales e históricas podemos usar diccionarios y manuales bíblicos, comentarios, libros de historia y libros acerca de costumbres bíblicas. Ellos nos capacitan para reconstruir el ambiente de un pasaje bíblico, y del contexto histórico usualmente fluirá un significado claro.

*El principio gramatical.* A menudo la construcción sintáctica de una pasaje es la clave para su significado. Algunas veces, por ejemplo, el significado de una oración puede depender de algo tan simple como una preposición. Obviamente importa mucho si un pasaje dice "por causa de", "por", "en" (dentro), "por medio", o "con". En algunos casos la palabra griega original puede ser traducida por dos o más palabras castellanas. Es importante conocer si la palabra que aparece en la Biblia en nuestro idioma tiene traducciones alternativas. También, si una oración se refiere a "esto" o "ello", es importante conocer el antecedente del pronombre.

La gramática puede no ser nuestro tema favorito —y ciertamente no es el mío— pero necesitamos captar lo básico cuando interpretamos el lenguaje de la Escritura. Tenemos que seguir la secuencia de las palabras y frases para saber precisamente lo que la Palabra de Dios dice. De esto puede depender un entendimiento exacto del pasaje.

La gente algunas veces me pregunta: "¿Qué es lo primero que usted hace cuando prepara un mensaje?" Yo les digo que estudio el texto bíblico en el lenguaje original, griego o hebreo. Me fijo en el orden apropiado de las palabras y oraciones. Paso por la estructura de la oración y por la gramática. Quiero saber exactamente lo que se dijo.

Esto puede hacerlo cualquiera que esté dispuesto a invertir un poco de tiempo y de esfuerzo. Aun si uno no conoce el griego o el hebreo, puede usar una traducción interlinear que muestra el texto griego o hebreo con las palabras correspondientes en español sobre el lenguaje original. Lo mínimo sería consultar con un buen comentario bíblico. Tome notas de esos escritores y oradores que parecen poner atención a la gramática, y cuídese de esos que no. Aprenda a hacer estudio bíblico inductivo rompiendo los versículos en español en frases, mostrando substantivos, verbos, modificadores y otras partes del idioma para ver su significado más claramente.[3]

*El principio de la síntesis.* Los reformadores usaban la expresión *scriptura scripturam interpretatur,* o "La Escritura interpreta a la Escritura". Con esto querían decir que los pasajes obscuros de la Escritura debían ser entendidos a la luz de los más claros. Si la Biblia es la Palabra de Dios, debe ser consecuente con ella misma. Ninguna parte de la Biblia puede contradecir a otra. Un autor divino, el Espíritu Santo, inspiró toda la Biblia, de modo que tiene una unidad maravillosa, sobrenatural. El principio de la síntesis pone a la Escritura junto a la Escritura para llegar a un significado claro y consecuente. Si nos atenemos a la interpretación de un pasaje que no cuadra con algo en otro pasaje, uno de los pasajes está siendo interpretado incorrectamente, o posiblemente los dos. El Espíritu Santo no disiente consigo mismo. Y los pasajes con significados obvios deben interpretar a los más misteriosos. Uno nunca debe construir una doctrina sobre un pasaje obscuro o sobre un texto que no es claro.[4]

Cuando enseño un pasaje de la Escritura, a menudo dirijo a la congregación a diferentes partes de la Biblia para mostrarles cómo el pasaje bajo estudio cabe dentro del contexto total de la Escritura. En su excelente libro *God Has Spoken* (Dios ha hablado), J. I. Packer dice:

> La Biblia parece una orquesta sinfónica, con el Espíritu Santo como su Toscanini; cada instrumentista ha sido persuadido voluntaria, espontánea y creativamente, a tocar sus notas tal como el gran director deseaba, aunque ninguno de ellos podía escuchar la música como un todo... El punto de cada parte solamente se vuelve completamente claro cuando lo vemos en relación a todo el resto.[5]

Pedro decía lo mismo cuando escribió: "Acerca de esta salvación han inquirido e investigado diligentemente los profetas que profetizaron de la gracia que fue destinada para vosotros. Ellos escudriñaban para ver qué persona y qué tiempo indicaba el Espíritu de Cristo que estaba con ellos" (1 Ped. 1:10, 11). Ni los escritores bíblicos sabían siempre el significado completo de lo que escribían. Hoy, debido a que el Nuevo Testamento está completo, podemos ver cómo la Biblia se conecta en un todo glorioso y comprensible.

*El principio práctico.* La pregunta final que siempre debemos hacer es: "¿Y qué? ¿Qué tiene todo esto que ver conmigo?" 2 Timoteo 3:16 dice: "Toda la Escritura es inspirada por Dios y es útil." Toda ella se aplica a nuestras vidas en una manera u otra. Es beneficiosa para "la enseñanza, para la corrección, para la instrucción en justicia".

La *enseñanza* es la verdad básica divina, el principio que enseña cualquier pasaje. Abarca el principio por el cual vivimos. Por ejemplo, la Biblia contiene ciertas doctrinas respecto al matrimonio y la familia. Debemos aplicar esa enseñanza a nuestras vidas. *Corrección* es la manera en que la Escritura desenmascara nuestro pecado, revela nuestra culpa escondida y saca nuestras cosas ocultas a la plena luz del día. Cuando aplicamos la enseñanza, el primer paso es dejar que la Escritura nos reprenda. La reprensión lleva a la *corrección*, que incluye apartarse del pecado por el que fuimos reprendidos. Luego viene la *instrucción en justicia*, el trazo del sentido nuevo y justo en respuesta a la doctrina verdadera. Esa es la obra práctica de la Palabra de Dios.

## Una cosa más es necesaria

Por valiosos que sean los cinco principios de interpretación, son inútiles sin la iluminación del Espíritu Santo. En 1 Corintios 2 Pablo escribió:

> Y nosotros no hemos recibido el espíritu de este mundo, sino el Espíritu que procede de Dios, para que conozcamos las cosas que Dios nos ha dado gratuitamente... Pero el hombre natural no acepta las cosas que son del Espíritu de Dios, porque le son locura; y no las puede comprender, porque se han de discernir espiritualmente (2:12, 14).

Pablo estaba describiendo el ministerio de *iluminación* del Espíritu Santo. Solamente el Espíritu Santo puede mostrarnos la verdad espiritual. Cualquiera puede escuchar los hechos, estudiar la enseñanza de otras personas y obtener algo de entendimiento intelectual del significado de la Escritura. Pero fuera del Espíritu Santo, la Biblia no podrá en absoluto penetrar y transformar el corazón humano. Con el Espíritu de Dios viene la iluminación, el verdadero entendimiento de lo que ha sido escrito. Cada creyente tiene el Espíritu Santo, el que inspiró a los escritores de las Escrituras, y sin cuyo ministerio iluminador la verdad de la Escritura no podría penetrar nuestros corazones y nuestras mentes.

A menudo cuando leo un libro llego a una sección que no entiendo. Muchas veces he deseado tener al autor allí mismo para preguntarle lo que quiso decir. Pero el cristiano siempre tiene disponible al Autor de la Biblia. El Espíritu Santo vive dentro de nosotros y puede ayudarnos a entender la Palabra de Dios.

De nuevo, sin embargo, el ministerio iluminador del Espíritu Santo no puede remplazar el estudio concienzudo. Los dos obran juntos. Debemos mantener en mente que Dios mismo requiere que seamos diligentes (2 Tim. 3:16). Cuando exploramos la Escritura cuidadosa y concienzudamente, el Espíritu Santo usa cualquier herramienta que podamos adquirir, cualquier sabiduría piadosa a la que nos expongamos, como medios para iluminar nuestros corazones. Clark Pinnock lo expuso bien cuando dijo que apelar a la Escritura sin la completa dependencia del Espíritu Santo es presunción. Y esperar que el Espíritu Santo nos enseñe sin la Escritura es "fanatismo sub-cristiano".[6]

Todo cristiano debiera guardarse cuidadosamente de la mala interpretación de 1 Juan 2:27: "La unción que habéis recibido de él permanece en vosotros, y no tenéis necesidad de que alguien os enseñe. Pero, como la misma unción os enseña acerca de todas las cosas, y es verdadera y no falsa, así como os enseñó, permaneced en él."

¿Qué dice ese versículo? ¿Está diciéndonos que no necesitamos ningún maestro ni guía para aprender la sabiduría de Dios? Eso sería inconsecuente con Efesios 4:11, 12, que dice que Dios nos dio "pastores y maestros, a fin de capacitar a los santos para la obra del ministerio, para la edificación del cuerpo de Cristo".

El Espíritu Santo ha dado a muchos el don de la enseñanza (Rom. 12:6, 7) y ha llamado a todos los creyentes a enseñarse unos a otros (2 Tim. 2:2). En vez de contradecir esas instrucciones dadas por el Espíritu, Juan estaba hablando aquí de herejes, anticristos que desviaban a la gente. Este pasaje no da permiso general para que todos hagan lo que quieran con la Biblia. Más bien, está reafirmándonos que podemos saber la diferencia entre herejía y verdad respecto al evangelio de Cristo (comp. 1 Jn. 2:22) porque poseemos el Espíritu Santo. Esta no es una garantía absoluta de interpretación correcta para cada versículo en la Biblia.

Muchas personas sinceras usan mal 1 Juan 2:27 para justificar su falta de estudio y de aprendizaje, y luego proceden a malinterpetar la Escritura cuando sencillamente abren sus Biblias y "dejan que el Espíritu Santo les diga lo que significa". Esa actitud ha llevado a muchos al error, y es precisamente esa clase de error para el cual el movimiento carismático se ha vuelto un campo fértil.

## Cuatro textos que los carismáticos comúnmente interpretan mal

Es difícil saber qué vino primero: la teología carismática o las malas interpretaciones de la Escritura que la apoyan. Miraremos cuatro ejemplos importantes del enfoque sin dirección a la interpretación bíblica de los carismáticos.

*Mateo 12:22-31.* ¿Qué es el pecado contra el Espíritu Santo? Charles y Frances Hunter, un equipo ministerial carismático de esposo y esposa, muy bien conocido, ha escrito varios libros y habla constantemente a favor de la experiencia carismática.

Aunque los Hunter no son eruditos ni teólogos se comunican fácilmente con la persona promedio y su influencia se siente ampliamente dondequiera que dan su interpretación de la Escritura. En la introducción a su libro *Why Should "I" Speak in Tongues?* (¿Por qué debería "yo" hablar en lenguas?), los Hunter comparan a cualquiera que cuestiona las lenguas u otros aspectos del movimiento carismático con los fariseos que criticaban a Jesús y le atribuyen su obra a Satanás.[7] Los Hunter también implican que los críticos del movimiento carismático pueden estar peligrosamente cercanos a cometer el pecado imperdonable de blasfemia contra el Espíritu

Santo.[8] ¿Tienen razón los Hunter? ¿Es el desafío al movimiento carismático igual a la blasfemia contra el Espíritu Santo? Cuando alguien niega que las lenguas son para hoy, o que el bautismo del Espíritu es una experiencia posterior a la salvación, ¿ha cometido esa persona un pecado imperdonable? El pasaje al que se refieren los Hunter es Mateo 12:22-31. Un hombre poseído por el demonio, nacido ciego y mudo, fue traído a Jesús y él sanó al hombre. El versículo 24 relata: "Pero al oírlo, los fariseos dijeron: 'Este no echa fuera los demonios sino por Beelzebul, el príncipe de los demonios.'" Beelzebul, el señor de las moscas, era una deidad filistea. Se creía que era el príncipe de los espíritus malignos, y su nombre se convirtió en otro nombre para Satanás; así que lo que los fariseos estaban diciendo era que Jesús echaba fuera demonios por el poder de Satanás.

De acuerdo con los cinco principios de interpretación dados antes, lo primero que hay que hacer es mirar el sentido literal del pasaje. Los fariseos estaban diciendo literalmente que Cristo recibía su poder de Satanás. Eso es basante sencillo, así que podemos pasar al principio histórico.

El ministerio público de Jesús ya duraba más de dos años. Durante ese tiempo él había realizado numerosos milagros que probaban a los fariseos y a todo Israel que él es Dios. Pero los fariseos alegaban que Cristo hacía lo que hacía por el poder satánico.

Usando el principio de síntesis revisamos las otras partes de la Biblia y encontramos que, a su bautismo por Juan (Mat. 3), Jesús recibió el poder del Espíritu Santo: "Y cuando Jesús fue bautizado, en seguida subió del agua, y he aquí los cielos le fueron abiertos, y vio al Espíritu de Dios que descendía como paloma y venía sobre él" (Mat. 3:16).

Jesús no había realizado milagros antes de ese tiempo. No fue hasta que empezó su ministerio, hasta que el Padre lo autenticó y el Espíritu Santo vino sobre él a su bautismo, que él empezó a probar quién era él realmente. Y Jesús siempre atribuía su poder al Espíritu. Como Isaías lo predijo, el Espíritu vino sobre él y él predicó e hizo maravillas (Isa. 61:1, 2). Sin embargo, los fariseos concluyeron exactamente lo opuesto, que su poder era satánico.

Jesús contestó a su acusación diciendo en esencia: Si yo echo fuera a Satanás usando el poder de Satanás, ¿qué piensan que Satanás se hace a sí mismo? (Mat. 12:25, 26). Obviamente el diablo estaría destruyendo su propio reino, lo que no tendría sentido de ninguna manera. Los fariseos tenían tal odio por Cristo que su lógica era torcida. En lugar de ser racionales, estaban siendo ridículos. Ahora consideremos Mateo 12:31, 32, donde Jesús dice:

Por esto os digo que todo pecado y blasfemia será perdonado a los hombres, pero la blasfemia contra el Espíritu Santo no será perdonada. Y a cualquiera que diga palabra contra el Hijo del Hombre le será perdonado; pero a cualquiera que hable contra el Espíritu Santo no le será perdonado, ni en este mundo, ni en el venidero.

Uno podría hablar contra la humanidad de Jesús, la manera en que se veía, en que hablaba o en que actuaba, pero si uno alegaba que sus obras milagrosas, hechas por el Espíritu Santo para probar la deidad de Cristo, realmente eran hechas por Satanás, esa persona estaba en un estado de rechazamiento sin remedio. El o ella no podría ser salvado. Eso es lo que Jesús decía. Si esos fariseos habían visto y escuchado todo lo que Jesús había dicho y hecho, y sin embargo, todavía estaban convencidos de que era satánico, no tenían remedio. Ellos habían concluido lo opuesto de lo que era claramente cierto y lo habían hecho con completo conocimiento.

¿Qué nos dice esto a nosotros? ¿Cuál es la aplicación para hoy? En primer lugar, este era un evento histórico único que ocurrió cuando Cristo estaba físicamente en la tierra. Eso no es actualmente cierto. Así que en un sentido primario, ahora no hay aplicación. Tal vez la habrá en "el mundo venidero" (el reino milenario), cuando Cristo esté de nuevo en la tierra.

¿Hay una aplicación secundaria? ¿Estaba Jesús diciendo que si cuestionamos las lenguas u otras prácticas en el movimiento carismático hoy, estamos cometiendo blasfemia contra el Espíritu Santo? Ni el contexto ni el ambiente histórico apoyan ese criterio. Jesús dijo: "Todo pecado y blasfemia será perdonado a los hombres." La enseñanza general que puede aplicarse a todas las edades es que a la gente no regenerada se le puede perdonar todo si está dispuesta a arrepentirse y venir a Cristo. Pero la blasfemia continua y sin arrepentimiento contra el Espíritu Santo, definida como conocer los actos de Jesús y todavía atribuirle sus obras a Satán, no puede ser perdonado.

Según Juan 16:7-11, el Espíritu Santo señala a Jesucristo, convenciendo al mundo de pecado, de justicia y de juicio. Antes, Juan había escrito que todos necesitan "nacer de nuevo" del Espíritu (3:1-8). Es el Espíritu Santo el agente regenerador de la Trinidad, y tarde o temprano una persona debe responder al Espíritu Santo para responder a Cristo para salvación. Si una persona en vez de eso determina rechazar y despreciar la obra de convencimiento del Espíritu Santo, no hay manera de que esa persona llegue a ser cristiana.

El pecado contra el Espíritu Santo fue en primer lugar un evento histórico. En segundo lugar, puede ser aplicado a cualquiera que rechace la obra del Espíritu Santo al presentar las credenciales divinas de Cristo. Nunca puede ser usado en referencia a desafiar la enseñanza carismática.

*Hebreos 13:8.* Muchos carismáticos usan Hebreos 13:8 como un texto de prueba para su enseñanza. Lleva una emocionante promesa conocida y aprendida de memoria por muchos cristianos: "¡Jesucristo es el mismo ayer, hoy y por los siglos!" Charles y Frances Hunter razonan que "si (Jesús) bautizó con la evidencia de hablar en lenguas ayer, entonces seguramente está haciendo lo mismo hoy y continuará haciéndolo mañana".[9]

Los Hunter están diciendo que lo que pasó "ayer", durante el ministerio terrenal de Jesús y en la era apostólica, está sucediendo en el presente. La revelación está ocurriendo ahora; las lenguas siguen; las sanidades continúan; los milagros todavía suceden. La interpretación carismática de Hebreos 13:8 es prácticamente normativa en todos sus escritos. Muchas iglesias pentecostales tienen el versículo en grandes letras al frente de sus auditorios.

El asunto es, ¿resiste la interpretación pentecostal y carismática de Hebreos 13:8 una revisión de acuerdo con principios correctos de hermenéutica? El significado literal del versículo es sencillo. Jesucristo es el mismo, no cambia, ayer, hoy y para siempre. Si los carismáticos están hablando de la esencia de Cristo, entonces tienen razón. En términos de manifestación histórica, sin embargo, necesitan pensar desde el principio en su posición.

¿Por qué "ayer" debiera ir solamente hasta el ministerio terrenal de Jesús? ¿Qué acerca de los tiempos del Antiguo Testamento? Jesús no estaba aquí en un cuerpo humano, pero estaba aquí como el Angel del Señor (ver, por ejemplo, Gen. 16:1-13; Exo. 3:2-4; Jue. 16:12, 14; 13:21, 22; Zac. 1:12, 13; 3:1, 2). ¿Qué acerca de los tiempos previos al Antiguo Testamento? Jesús era la segunda persona de la Trinidad en el cielo (ver. Sal. 2:7; Heb. 10:5). Jesús no era "el mismo" en forma durante todos esos períodos. Ni estaban pasando las mismas cosas. No hay indicación de lenguas durante el ministerio terrenal de Jesús o durante los tiempos del Antiguo Testamento. Obviamente las lenguas no eran parte del ministerio de Jesús en el "ayer" antes de Hechos 2.

Y en cuanto a "por los siglos", ninguno de los dones es para siempre. Primera de Corintios 13:8-10 claramente dice que los dones de profecía, lenguas y conocimiento no durarán para siempre. La interpretación carismática de Hebreos 13:8 no se sostiene cuando es probada por principios de hermenéutica recta. Los carismáticos fuerzan dentro del versículo un significado que no está allí para justificar su argumento de que las lenguas, milagros y sanidades suceden hoy en día como durante el primer siglo.

*Marcos 16:17, 18.* Otro versículo clave de prueba para pentecostales y carismáticos es Marcos 16:17, 18: "Estas señales seguirán a los que creen: En mi nombre echarán fuera demonios, hablarán nuevas lenguas, tomarán serpientes en las manos, y si llegan a beber cosa venenosa, no les dañará. Sobre los enfermos pondrán sus manos, y sanarán."

En su panfleto "Nuestro mensaje evangélico", el pentecostal Oscar Vouga citó ese pasaje y luego escribió esto: "Mediante la fe en el nombre de Jesús, los diablos son echados fuera hoy día, y muchos están siendo liberados de los poderes de las tinieblas y llevados al reino de Dios. A la predicación del evangelio, cuando es predicado con fe y con la unción del Espíritu Santo y poder, le siguen señales."[10]

El problema obvio con la interpretación de Vouga es que él no trata con todo lo mencionado en el texto. El guarda silencio especialmente respecto a tomar serpientes con las manos y a beber veneno.

En su libro *Why Should "I" Speak In Tongues?* (Por qué debería "yo" hablar en lenguas?), Charles y Frances Hunter desecharon el asunto de las serpientes y el veneno de una manera festiva pero inadecuada. Aseguraron a sus lectores que no estaban interesados en manejar serpientes y que ellos no creían que Dios tuviera el propósito de que los cristianos fueran por allí poniendo sus manos en canastas de serpientes de cascabel para ver si mordían. Se referían a Pablo (Hech. 28:3-5), que levantó una serpiente por accidente. Pablo no se jactó de su habilidad para manejar serpientes con seguridad, dijeron los Hunter; él sencillamente arrojó la serpiente al fuego y alabó a Dios por protegerlo. Lo que los Hunter implicaron fue que la protección de serpientes venenosas solamente ocurre cuando una persona es mordida por accidente.

Los Hunter siguieron con el mismo concepto del "accidente" en relación con beber veneno. La gente no debería beber veneno solamente para probar que es inmune, pero creen que Dios tiene una cubierta protectora lista para los cristianos si la necesitan. Ellos escribieron: "Ustedes se dan cuenta de que la Biblia dice 'SI' nosotros (accidentalmente) bebemos algo venenoso, no nos hará daño. ¡Aleluya! ¡La mejor póliza de seguro que conocemos"[11]

El problema con la interpretación de los Hunter es que no hay mención de "accidentalmente" en Marcos 16:17, 18. Las otras señales dadas en el pasaje no tienen nada que ver con accidentes. Tal vez pensaron que la idea de ser mordidos por una serpiente o de beber veneno accidentalmente ayudaría a aclarar y evitaría que sus lectores entraran en algunos de los grupos marginales carismáticos que realmente practican manejar las serpientes para probar su espiritualidad. Pero insertar la palabra "accidentalmente" en este versículo no funciona tampoco, aunque uno pudiera hacerlo así. Cuando yo era joven bebí algo de veneno y tuvieron que lavarme el estómago. Gente cristiana ha muerto tras beber veneno accidentalmente. Genuinos cristianos también han muerto accidentalmente por haber recibido una medicina equivocada (que es lo mismo que ser envenenado). Y cristianos algunas veces mueren después de ser mordidos por serpientes. De hecho, hasta gente en los grupos carismáticos que manejan serpientes algunas veces mueren de sus mordeduras. Leemos noticias en los diarios de tales accidentes cuando menos una o dos veces al año.[12]

No, la inyección que los Hunter hacen de la palabra "accidentalmente" en Marcos 16:17, 18 no se sostiene. Tal vez ellos comprenden esto, porque luego proceden a hablar de Satanás, "serpiente" más grande de todas. Ellos aseguran a sus lectores que el bautismo del Espíritu Santo les dará el poder para manejar a Satanás.[13] Al recurrir a esas interpretaciones del texto bíblico, los Hunter han usado alegoría para comparar a Satanás con las serpientes en este pasaje. Esa es la misma clase de interpretación teológica que los liberales usan para despojar a pasajes bíblicos de su significado milagroso literal. ¡Estoy seguro de que los Hunter no tienen ese propósito!

Una razón clave del porqué el enfoque alegórico no funciona aquí es porque no puede ser aplicado consistentemente en todo el pasaje. Marcos 16:17, 18 nos dice que los creyentes en Cristo podrán hacer cinco cosas: echar fuera demonios, hablar en nuevas lenguas, manejar serpientes, beber veneno sin sufrir daño y sanar a los enfermos. Si las serpientes representan a Satanás, ¿qué representan los otros cuatro? ¿Podemos explicarlo también en forma alegórica? ¿En qué manera? Como vimos antes, la alegorización es una de las maneras más fáciles de caer en error cuando interpretamos la Escritura.

¿Qué podemos entonces decir con certeza de Marcos 16:17, 18? Ante todo debemos notar que hay mucho debate acerca de si los versículos 9-20 son siquiera parte del texto original del evangelio de Marcos.[14] Pero asumamos que los versículos son un reflejo legítimo de los manuscritos originales inspirados. Al aplicar el principio de interpretación histórica, la primera pregunta que debemos hacer es, "¿Han podido realizar las cinco señales hasta el presente los cristianos de todos los tiempos?" Obviamente muchos creyentes, carismáticos y no carismáticos, están enfermos. Muchos de ellos están muriendo de cáncer, problemas del riñón, enfermedades cardíacas y otras dolencias. Muchos cristianos han muerto de mordeduras de serpientes y de envenenamiento.

En este punto, una protesta común de los carismáticos es que el cristiano se supone que debe someterse al señorío de Cristo y pedirle, hasta rogarle, esos maravillosos dones. Usando el principio gramatical debemos preguntar: "¿Dónde dice eso en el texto?" La única condición que el texto menciona es "creer". No dice: "Creer en forma extra fuerte." No dice: "Sométase, busque, pida o ruegue". Más aún, el contexto "los que creen" (16:17) es una expresión que se refiere a todos los cristianos, no solamente a los que están en algún plano espiritual más elevado. El versículo anterior dice: "El que cree y es bautizado será salvo." No hay razón en el contexto para concluir que "los que creen" en el versículo 17 significa algo diferente a todos los cristianos.

Muy pronto se hace aparente que esas promesas no han sido cumplidas en la vida de cada cristiano todo el tiempo. ¿Qué significan entonces? Aplicando los principios histórico y sintético vemos que esas señales fueron verdaderas para un cierto grupo: la comunidad apostólica. Y ciertamente, los apóstoles sí hicieron esas cosas, como el libro de Hechos lo informa claramente en varios lugares. Todos esos signos maravillosos (excepto el beber veneno) pueden ser verificados escriturariamente como sucedidos durante la era apostólica, pero no después. Es incorrecto declarar que esas señales deben ser la norma para todos los creyentes hoy (2 Cor. 12:12; Heb. 2:2-4).

Además, es cruel hacer que los cristianos crean que los que no se alivian no tienen suficiente fe o que no son bastante espirituales para reclamar las señales citadas en Marcos 16. Todo el asunto se suma a un tremendo síndrome de culpa, y está basado en una mala interpretación de la Escritura. O todas las cinco señales son válidas para todos hoy, o ninguna lo es. Fueron dadas como una unidad para que los apóstoles confirmaran el mensaje evangélico y a sus primeros mensajeros.

*Primera de Pedro 2:24.* Los carismáticos usan a menudo 1 Pedro 2:24 para apoyar su fuerte énfasis en el don de sanidad: "El mismo llevó nuestros pecados en su cuerpo sobre el madero a fin de que nosotros, habiendo muerto para los pecados, vivamos para la justicia. Por sus heridas habéis sido sanados."

El principio gramatical de intepretación se puede aplicar directamente en este versículo. ¿Qué sigifica ser "sanado" en el contexto de

1 Pedro 2:24? No hay mención de sanidad física en este versículo, o en los versículos inmediatamente cercanos. El versículo dice que cuando Cristo murió en la cruz llevó nuestros pecados en su propio cuerpo, no nuestras *enfermedades*. Primera Pedro 2:24 dice que debemos vivir para la justicia, no para la salud, y esa es una diferencia importante.

Otra prueba gramatical es que el versículo dice: "Por sus heridas *habéis sido sanados*" (énfasis añadido). El tiempo pasado señala justo a la cruz, donde el alma de la humanidad, enferma de pecado, fue sanada. El versículo no dice: "Por sus heridas seréis continuamente curados de vuestras dolencias físicas."

El principio sintético también es útil para mostrar por qué la interpretación carismática de 1 Pedro 2:24 está equivocada. Al revisar otras partes de la Escritura, nos damos cuenta de que nuestras almas han sido redimidas pero nuestros cuerpos todavía no han alcanzado un estado de gloria. Romanos 8:23 dice: "Nosotros, que tenemos las primicias del Espíritu, gemimos dentro de nosotros mismos, aguardando la adopción como hijos, la redención de nuestro cuerpo." El versículo nos dice que todavía vivimos en un cuerpo afectado por la caída. Todavía estamos sujetos a la enfermedad y a otras dolencias. El Espíritu nos ayuda a superar nuestras enfermedades; por ejemplo, él pide por nosotros cuando no sabemos cómo orar como debiéramos (Rom. 8:26). Pero no hay garantía de liberación de la enfermedad en esta vida.

También es importante notar que "por sus heridas habéis sido sanados" viene de Isaías 53:5. ¿Hablaba Isaías de sanidad física? Un estudio del libro de Isaías muestra que el profeta estaba hablando de la sanidad *espiritual* que Israel necesitaba desesperadamente. Isaías 1:4-6 dice en efecto a Israel: "Desde la planta del pie hasta la cabeza no hay en ella parte sana, sino heridas, golpes y llagas recientes. No han sido curadas, ni vendadas, ni suavizadas con aceite." Cuando Isaías 53 habla del siervo sufriente por cuyas heridas Israel será sanado, está hablando de sanidad espiritual, no física. Y cuando la Escritura dice: "El llevó nuestras enfermedades", no hay violación del principio literal al reconocer que se refiere a la enfermedad de nuestras almas.

Mateo 8:17 alude al hecho de que en un sentido Cristo llevó nuestras enfermedades por la simpatía de su corazón, mientras que Hebreos 4:15 revela que Cristo verdaderamente puede simpatizar con nosotros por causa de su propia sujeción a la tentación. El no quita nuestras enfermedades, pero simpatiza con el dolor que tenemos por ellas.[15] Finalmente, la expiación curará nuestras enfermedades cuando haya acabado su obra final de glorificar nuestros cuerpos. Así que sí *hay* sanidad en la expiación, pero solamente en su aspecto final de gloria eternal en el cielo (comp. Apoc. 21:4).

## Trazando derecho

En 2 Timoteo 2:15 Pablo mandó a Timoteo trazar bien la palabra de verdad. El texto griego literalmente significa "cortar derecho". Dado que Pablo era un fabricante de tiendas, puede haber estado usando una expresión vinculada con su oficio. Cuando un fabricante de tiendas trabajaba usaba ciertas plantillas. En esos días las tiendas se hacían de pieles de animales con diseños de parches. Cada pedazo tenía que ser cortado y unido apropiadamente.

Pablo simplemente estaba diciendo: "Si no cortan bien los pedazos, el conjunto no saldrá debidamente." Es lo mismo con la Escritura. A menos que uno interprete correctamente todas las diferentes partes, el mensaje total no saldrá correctamente. En estudio bíblico y en interpretación, el cristiano debe cortar derecho, ser preciso, sincero y exacto.

Esos cuatro pasajes frecuentemente mal tratados no son ejemplos aislados; tales malas interpretaciones son muy comunes en la predicación y la enseñanza carismática. Demasiados carismáticos están deseando interpretar la Escritura en la manera que mejor les cuadre a sus propósitos.

Donde eso es tolerado, la falsa enseñanza, la confusión y el error están destinados a florecer. No nos atrevamos a manejar la Palabra de Dios en una manera descuidada o desaliñada. Hay muchas cosas en juego.

# 5

# ¿Hace Dios milagros hoy?

¿Qué es un milagro? ¿Es un milagro cuando oramos que Dios satisfaga una necesidad financiera y el cartero trae un cheque precisamente en el día que se necesita el dinero? ¿Es un milagro cuando un espacio para estacionar el auto queda libre cerca de la entrada del centro comercial justo cuando uno lo necesita? ¿Es un milagro cuando una madre siente que algo está mal en el cuarto contiguo e investiga justo a tiempo para impedir que su niño introduzca un clipe para papel en un tomacorriente? ¿Es un milagro cuando algo impulsa a una joven a pensar en una amiga a la que no ha visto en mucho tiempo, y luego le telefonea y se da cuenta de que ha llamado justo en el momento en que su amiga necesitaba aliento?

A menudo llamamos a tales eventos milagros, pero más apropiadamente deben ser llamados *actos de la providencia.*[1] Ellos revelan a Dios obrando en nuestras vidas cotidianas y a menudo vienen como respuestas a nuestra oración, pero no son la clase de señales y prodigios sobrenaturales que la Escritura clasifica como *milagros* (comp. Hech. 2:22).

## ¿Qué son milagros?

Un *milagro* es un evento extraordinario obrado por Dios mediante un agente humano, un evento que no puede ser explicado por fuerzas naturales. Los milagros siempre tienen el propósito de refrendar el instrumento humano que Dios ha escogido para declarar una revelación específica a los que atestiguan el milagro. En términos técnicos:

Un milagro es un evento de naturaleza tan extraordinaria en sí mismo y tan coincidente con la profecía o mandamiento de un maestro o líder religioso, que garantiza completamente la convicción, por parte de los que lo atestiguan, de que Dios lo ha obrado con el propósito de certificar que este maestro o líder ha sido comisionado por él.[2]

Los milagros en la Escritura son también llamados "señales y prodigios" (Exo. 7:3; Deut. 6:22; 34:11; Neh. 9:10; Sal. 135:9; Jer. 32:21; Dan. 6:27; Juan 4:48; Hech. 2:43; Rom. 15:19; 2 Cor. 12:12; Heb. 2:4). Incluyen fuerzas sobrenaturales, sobrehumanas, asociadas específicamente con los mensajeros de Dios y no son meramente sucesos extraños, coincidencias, eventos sensacionales, o anomalías naturales.

Los milagros, por su definición son una subcategoría de lo sobrenatural. La creación, el diluvio, las maravillas naturales y los cataclismos muestran a Dios claramente en acción, interviniendo sobrenaturalmente en asuntos humanos, juzgando a gente rebelde, y bendiciendo a los que son fieles. Tales cosas no son milagros por la definición que hemos dado.

Fenómenos inexplicables y misteriosos no son verdaderos milagros. La sociedad hoy en día está obsesionada con lo sobrenatural, al punto de que la gente está deseosa de interpretar casi cualquier fenómeno raro como una maravilla sobrenatural. Más y más escuchamos de eventos extravagantes e inusitados que popularmente son mal interpretados como milagros. En 1977, por ejemplo, los periódicos por todo el país presentaron el relato de María Rubio, de Lake Arthur, Nuevo México, que estaba cociendo tortillas en su cocina cuando se dio cuenta de que una de ellas parecía tener la semejanza de un rostro grabado en las marcas del cocimiento. Ella concluyó que era Jesús y hasta construyó una tosco altar para la tortilla. Millares de gentes visitaron el altar de Jesús de la Santa Tortilla y concluyeron que realmente era un milagro de tiempos modernos. "Yo no sé por qué esto me pasó a mí", dijo la señora Rubio, "pero Dios ha venido a mi vida por medio de esta tortilla."[3]

En 1980, en Deptford, Nueva Jersey, Bud Ward, el fotógrafo del departamento de bomberos, conducía su coche con su esposa cuando accidentalmente dio una vuelta equivocada. Dándose cuenta de las llamas en un gallinero abandonado detrás de un restaurante de pizzas, se acercó al parque de estacionamiento y empezó a tomar fotografías. Cuando recibió las diapositivas reveladas, su hija de nueve años notó lo que parecía ser una imagen de Cristo en una de las fotografías. La noticia de su descubrimiento se extendió y pronto la gente de todo Nueva Jersey estaba hablando de Jesús de la Pizza del pueblo de

Deptford. Varias personas se arrodillaron y oraron bajo la imagen proyectada de la diapositiva y otras pidieron que la imagen fuera proyectada en sus pechos. Centenares creyeron que era un verdadero milagro.[4]

Tales apariciones son a menudo publicadas como milagros. En agosto de 1986, en Fostoria, Ohio, la imagen de Jesús parecía aparecer cada noche en las sombras y en las marcas de herrumbre en un lado de un tanque de almacenamiento de aceite de soya. Los vendedores ambulantes vendieron millares de camisetas deportivas y tazas para café con el grabado "Yo vi la visión" a los que vinieron a ver el "milagro".[5]

Cerca de un año después, Arlene Gardner, de Estill Springs, Tennessee, se dio cuenta de que cuando sus vecinos encendían la luz del porche, la imagen de un rostro aparecía en el brillo que se reflejaba en su congeladora. Ella creía que era el rostro de Jesús, aunque varios observadores dijeron que se parecía más a Willie Nelson. Arlene y su esposo estaban tan convencidos de que era un verdadero milagro que dejaron su iglesia cuando el pastor expresó escepticismo.[6]

Evidentemente tal escepticismo es una comodidad rara estos días, especialmente en los círculos católicos y carismáticos. El hambre que la gente tiene de fenómenos misteriosos y asombrosos está a un nivel no superado en la historia de la iglesia. Ansiosas de contemplar milagros, muchas personas parecen dispuestas a creer que casi cualquier cosa inusitada es un prodigio genuino y celestial. Eso presenta un tremendo peligro para la iglesia, porque la Escritura nos dice que los milagros falsos, extremadamente creíbles, serán una herramienta principal de Satanás en los últimos tiempos. Como Jesús dijo: "Porque se levantarán falsos cristos y falsos profetas, y darán grandes señales y maravillas de tal manera que engañarán, de ser posible, aun a los escogidos." Luego añadió, como si supiera que muchos ignorarían la advertencia: "¡Mirad! Os lo he dicho de antemano" (Mat. 24:24, 25). Seguramente a la luz de esas palabras de nuestro Señor, se asegura algún escepticismo sano por parte de los cristianos.

Por favor, entiéndanme, no soy escéptico por naturaleza. De ninguna manera soy uno de los que C. S. Lewis llamaba "naturalistas", gente que asume que los milagros no pueden suceder.[7] Yo creo en milagros. Creo que cada milagro registrado en la Biblia sucedió literal y exactamente como la Biblia lo describe. Creo, por ejemplo, que Moisés y los israelitas realmente caminaron por en medio del mar Rojo partido y no se enlodaron sus pies (Exo. 14:21, 22, 29). Creo que Elías realmente resucitó de los muertos al joven hijo de la viuda (1 Rey. 17:21-23) y que el fuego que él pidió que descendiera realmente era fuego celestial, un genuino milagro (2 Rey. 1:10, 12). Creo con absoluta convicción que Eliseo hizo flotar en el agua una hacha de hierro (2 Rey. 6:6).

Más aún, creo que todas las sanidades, milagros, señales y prodigios atribuídos a Jesús en los cuatro Evangelios sucedieron precisamente como los evangelistas los describieron. Creo que los apóstoles literalmente realizaron todos los milagros que indica la Escritura.

## ¿Qué acerca de los milagros modernos?

Creo también que Dios siempre está obrando en un nivel sobrenatural. El interviene sobrenaturalmente en la naturaleza y en los asuntos humanos aun hoy. Creo que Dios puede sanar a la gente sin remedios naturales o médicos. Creo que *todas* las cosas son posibles con Dios (Mat. 19:26). Su poder no ha disminuido en lo mínimo desde los días de la iglesia primitiva. ¡Ciertamente la salvación es siempre un acto sobrenatural de Dios!

No creo, sin embargo, que Dios usa a hombres y mujeres como agentes humanos para obrar milagros en la misma manera que usó a Moisés, Elías o a Jesús. Estoy convencido de que los milagros, las señales y los prodigios reclamados hoy día en el movimiento carismático no tienen nada en común con los milagros apostólicos. Y estoy persuadido por la Escritura y por la historia que nada como el don de milagros del Nuevo Testamento (ver el capítulo 9 para una discusión del don de milagros) está en operación hoy en día. El Espíritu Santo no ha dado a ningún cristiano de tiempos modernos dones milagrosos comparables a los que dio a los apóstoles.

No obstante, los carismáticos están haciendo algunos reclamos extraordinarios. Algunos creen que Dios está resucitando los muertos. Oral Roberts, por ejemplo, hablando a la Conferencia del Ministerio Bíblico Carismático en 1987, dijo: "Yo no puedo contarles de (todos) los muertos que he resucitado. He tenido que detener un sermón, regresar y resucitar una persona muerta."[8] Nada menos que una autoridad como C. Peter Wagner, profesor de crecimiento de la iglesia en la Escuela de Misiones Mundiales del Seminario Fuller, cree que tales cosas sí suceden: "Yo, también, ahora creo que los muertos literalmente están siendo resucitados en el mundo hoy. Tan pronto como digo eso, alguien pregunta si yo creo que es 'normativo'. Yo dudo que sea normativo en toda situación local, pero probablemente es normativo en términos del cuerpo universal de Cristo. Aunque es un acontecimiento extremadamente raro, no me sorprendería que estuviera sucediendo varias veces al año."[9] John Wimber pone en lista la resurrección de muertos como uno de los elementos básicos del ministerio de sanidad.[10]

Seguramente es significativo, entonces, que *no pueda ser verificado ningún caso moderno de resurreción de muertos.* ¿Qué acerca del reclamo de Oral Roberts? Desafiado a dar nombres y direcciones de personas que él había resucitado, Roberts no pudo hacerlo.[11] Más tarde, él recordó sólo un incidente, hacía más de veinte años antes, cuando él supuestamente resucitó a un niño enfrente de diez mil testigos:

> Durante un servicio de sanidad, recordó, una madre en la audiencia saltó y gritó: "Mi niño está muerto." Roberts dijo que él oró sobre el niño y "saltó, saltó en mi mano". ... Roberts admite que ni el niño ni otros que él dijo que habían vuelto a la vida habían sido declarados clínicamente muertos. "Yo entiendo", él se protegió, "que hay una diferencia entre una persona muerta y sin respirar y (una persona) que está clínicamente muerta."[12]

¿Qué vamos a hacer con eso? Es muy diferente a Jesús levantando a Lázaro, que había estado cuatro días en la tumba. Si, como el doctor Wagner supone, "los muertos literalmente están siendo resucitados... varias veces al año", ¿no sería razonable esperar que cuando menos uno de esos milagros pudiera ser verificado?

La verdad es que los que alegan milagros hoy en día no pueden comprobar sus reclamos. A diferencia de los milagros en el Nuevo Testamento, que eran usualmente hecho con multitudes de incrédulos mirando, los milagros modernos típicamente suceden, o en privado, o en reuniones religiosas. Los tipos de milagros reclamados tampoco son nada como los milagros del Nuevo Testamento. Jesús y los apóstoles instantánea y completamente sanaban a la gente nacida ciega, a un paralítico, a un hombre con la mano seca; todos milagros obvios, indiscutibles. ¡Ni los enemigos de Jesús desafiaban la realidad de sus milagros! Más aún, los milagros del Nuevo Testamento eran inmediatos, completos y permanentes. Nuestro Señor y sus discípulos nunca hicieron un milagro lenta o incompletamente.[13]

En contraste, la mayoría de los milagros modernos son casi siempre parciales, graduales, o temporales. Los únicos milagros "instantáneos" son sanidades que parecen incluir formas de enfermedades sicosomáticas. Las personas con incapacidades visibles, raramente, si acaso, son ayudadas por los modernos sanadores por fe. Recientemente miré a un televangelista entrevistar a un hombre al que supuestamente él había sanado de cojera. El hombre dijo que estaba libre de su silla de ruedas por primera vez en varios años. ¡Ahora, sin embargo, él estaba caminando con muletas y todavía tenía pesadas abrazaderas en sus piernas! Ningún obrador de milagros moderno reclama la clase de éxito inequívoco visto en los ministerios de Cristo y sus apóstoles.

## ¿Qué pasó con la era de los milagros?

El finado David du Plessis, conocido por pentecostales y carismáticos como "Señor Pentecostal", creía que la era de los milagros nunca había terminado. El escribió: "La primera iglesia fue creación del Espíritu Santo y él no ha cambiado; pero en cada generación él quiere repetir lo que hizo en la primera iglesia cristiana a través de los primeros líderes y miembros."[14] Du Plessis estaba diciendo que los milagros y acontecimientos descritos en el libro de Hechos debieran ser normativos a través de la historia de la iglesia. Su criterio refleja el pensamiento de la mayoría de los pentecostales y carismáticos.

Como señaló Frederick Dale Bruner: "Los pentecostales frecuentemente se refieren a su movimiento como un sucesor digno y tal vez hasta superior al de la Reforma del siglo dieciséis y al avivamiento evangélico inglés del siglo dieciocho, y casi siempre como una reproducción fiel del movimiento apostólico del primer siglo."[15]

Pentecostales y carismáticos por igual creen que la metodología del Espíritu Santo nunca ha cambiado; pero ellos creen que la iglesia primitiva sí cambió, volviéndose formal y ritualista. Cuando eso sucedió, la iglesia perdió el poder del Espíritu Santo. Ese poder finalmente está siendo recuperado, ellos creen, después de casi dos mil años. Du Plessis escribió:

> En manera milagrosa, casi simultáneamente en muchos países al principio de este siglo, el Espíritu Santo se movió sobre los que estaban orando por un avivamiento. Esto sucedió en los Estados Unidos, en Europa, Asia y Africa, en cada continente y casi en cada país del mundo. El avivamiento pentecostal llegó a ser conocido como el Movimiento Pentecostal.[16]

Muchos pentecostales y carismáticos hablan de la restauración del "poder del Espíritu Santo del Nuevo Testamento" a través de su movimiento. Lo que los apóstoles hicieron en el primer siglo, ellos dicen, los creyentes cristianos lo están haciendo hoy.

¿Es cierto eso? Si es así, ¿por qué las revelaciones modernas, las visiones, las lenguas, las sanidades y los milagros difieren tan dramáticamente de los realizados por los apóstoles? ¿Y qué pasó a los milagros, sanidades, señales y prodigios en los diecinueve siglos desde que los apóstoles desaparecieron de la escena? ¿Estuvo inactivo el

Espíritu Santo durante ese tiempo? ¿O fue su poder manifestado por todos esos años sólo entre grupos marginales y fanáticos? ¿Pueden los creyentes de hoy realmente esperar realizar la misma clase de milagros, sanidades y resurrección de los muertos vistos en la iglesia primitiva?

Al contestar esas preguntas, es crucial entender cuándo y por qué ocurrían milagros en la Escritura.

## ¿Cuándo ha usado Dios milagros, y por qué?

La mayoría de los milagros bíblicos ocurrieron en tres períodos de historia bíblica relativamente breves: en los días de Moisés y Josué, durante los ministerios de Elías y Eliseo, y en el tiempo de Cristo y los apóstoles.[17] Ninguno de esos períodos duró mucho más que cien años. Cada uno de ellos contempló una proliferación de milagros no escuchada en otras eras. Aun durante esos tres períodos, sin embargo, los milagros no estaban exactamente a la orden del día. Los milagros que ocurrían incluían a hombres que eran mensajeros extraordinarios de Dios: Moisés y Josué, Elías y Eliseo, Jesús y los apóstoles.

Fuera de esos tres intervalos, los únicos eventos sobrenaturales registrados en la Escritura eran incidentes aislados. En los días de Isaías, por ejemplo, el Señor derrotó sobrenaturalmente al ejército de Senaquerib (2 Rey. 19:35, 36), luego sanó a Ezequías e hizo retroceder la sombra del sol (20:1-11). En los días de Daniel, Dios guardó a Sadrac, Mesac y Abed-nego en el horno (Dan. 3:20-26). En su mayor parte, sin embargo, eventos sobrenaturales como esos no caracterizaron los tratos de Dios con su pueblo.

Vale la pena notar que los teólogos carismáticos recientemente han argumentado que la idea de las tres eras milagrosas carece completamente de base. Jack Deere, por ejemplo, es un ex profesor del Seminario Teológico de Dallas, ahora con el personal de la Viña Anaheim de John Wimber (ver el capítulo 6). Deere dice que él solía enseñar el concepto de las tres eras, pero que ahora cree que no puede ser comprobado bíblicamente. Deere dice que cambió de opinión cuando alguien lo desafió sobre el asunto y él no pudo sostener su punto de vista. Dice que él encontró que hay milagros por toda la Escritura. Los que cita incluyen la creación, el diluvio, Babel, el llamamiento de Abraham y varios otros eventos sobrenaturales y juicios divinos. Deere piensa que tales eventos prueban que las señales y prodigios son cruciales para el programa de Dios en cada edad.[18]

La mayoría de los eventos que Deere cita, sin embargo, son actos sobrenaturales de Dios sin ningún agente humano. Ninguno de ellos es de la clase de milagros que Deere está tratando de defender. Cataclismos mundiales, espectáculos en los cielos y eventos apocalípticos no son lo mismo que milagros apostólicos. El argumento de Deere no puede reconocer la diferencia. El quiere poner en lista todo acto sobrenatural de Dios como apoyo para un ministerio apostólico de milagros en marcha.[19]

La realidad es que, aunque hubo tres eras de milagros, las primeras dos no fueron como la tercera. La era de Cristo y de los apóstoles fue única. Nada en toda la historia de la redención se acerca siquiera a ella en el volumen masivo de milagros que ocurrieron. Muchos enfermos fueron, en efecto, sanados en Palestina. Los demonios fueron aplastados diariamente y los muertos fueron levantados. La racha y la extensión de esta era de milagros va mucho más allá que las otras dos. No hubo nada como esto en todos los tiempos de predicación profética y de ministerio de escritura en el Nuevo Testamento. Cuando la verdad del Nuevo Pacto vino y la Escritura del Nuevo Testamento con él, todo junto en un breve medio siglo, Dios desencadenó señales validatorias como nunca antes. Nunca había habido un tiempo como éste y no hay razón para asumir que lo habrá de nuevo.

Aunque lo sobrenatural fluye continuamente a través de todo el Antiguo Testamento, los milagros que incluyen un agente humano son extremadamente raros. Notablemente escasas son las sanidades y la liberación de demonios. Esa es una razón por la que el ministerio de sanidad de Jesús era tan maravilloso entre los judíos. Ni siquiera sus grandes profetas habían desplegado la clase de poder que él y sus discípulos poseyeron, una capacidad para sanar a cualquiera y a todos (Luc. 14:40; Hech. 5:16).

Una mirada al registro del Antiguo Testamento revela que fuera de los que hemos nombrado, Moisés, Josué, Elías y Eliseo, el único individuo que rutinariamente realizaba proezas sobrenaturales era Sansón. En cuanto a obradores de milagros, Sansón era una excepción en casi cada categoría. El no enseñó ninguna gran verdad; de hecho, él no era ni un predicador ni un maestro. El era infiel e inmoral. Su único papel parece haber sido la preservación de Israel y su poder le fue dado específicamente para esa tarea. Nadie en la historia registrada manifestó poder físico como el suyo.

Sansón difícilmente es un modelo del testimonio milagroso que los carismáticos dicen que quieren tener. No obstante, parecería mucho más probable que Dios levantara otro Sansón que repetir la era apostólica.

Dios puede, por supuesto, intervenir sobrenaturalmente él mismo en la corriente de la historia, cuando lo desee. Pero él escogió limitarse principalmente a los tres períodos de milagros bíblicos, con muy raros despliegues sobrenaturales entre ellos. El resto del tiempo Dios obra a través de la providencia. Al menos tres características de los milagros en la Escritura nos ayudan a entender por qué Dios ha obrado de la manera que lo ha hecho.

*Los milagros introducían nuevas eras de revelación.* Los tres períodos de milagros fueron tiempos cuando Dios dio su revelación escrita, la Escritura, en cantidades substanciales. Los que hacían los milagros eran esencialmente los mismos que anunciaban una era de revelación. Moisés escribió los primeros cinco libros de la Escritura. Elías y Eliseo introdujeron la era profética. Los apóstoles escribieron casi todo el Nuevo Testamento. Hasta los prodigios sobrenaturales que sucedieron en otros tiempos estaban asociados con hombres que fueron usados por Dios para escribir la Escritura. La sanidad de Ezequías incluyó a Isaías, y los tres hombres en el horno eran compañeros del profeta Daniel.

Moisés realizó muchos milagros en un intento por convencer a faraón para dejar ir al pueblo. Los milagros parecían acompañar a los israelitas en su viaje fuera de Egipto y a través del desierto. Entonces, cuando la Palabra escrita de Dios vino inicialmente a Moisés, durante la dación de los mandamientos en el monte Sinaí, el encuentro de Moisés con Dios fue acompañado de señales tan dramáticas: fuego, humo, una trompeta, una voz de trueno, que hasta Moisés mismo estaba temeroso (Heb. 12:18-21).

Así empezó el primer gran período de revelación. Moisés escribió todo el Pentateuco y Josué, el sucesor de Moisés, nos dejó el libro que lleva su nombre. Otros libros fueron añadidos intermitentemente después del tiempo de Moisés y Josué. Por ejemplo, Samuel probablemente escribió Jueces y 1 y 2 Samuel. David escribió la mayoría de los Salmos y Salomón escribió la mayoría de la literatura de sabiduría. Pero esos libros no fueron acompañados por el gran derramamiento de milagros que había distinguido los días de Moisés y Josué.

El segundo grupo mayor de eventos milagrosos acompañó una nueva era de revelación bíblica, la era de los profetas del Antiguo Testamento. Después del reinado de Salomón, la nación de Israel se dividió en el reino del norte (Israel) y el reino del sur (Judá). El reino del norte rápidamente se deterioró por causa de la idolatría, llegando a un bajo punto durante el reinado del rey Acab. En ese tiempo Dios levantó a Elías y a Eliseo. Durante sus vidas el oficio profético fue establecido por muchos milagros dramáticos. Los profetas siguientes escribieron todos los libros, de Isaías a Malaquías.

Como hemos visto, un período de cerca de cuatrocientos años de silencio revelatorio ocurrió justo antes del tiempo de Cristo. Durante los días finales de la era del Antiguo Testamento, nadie profetizó ni se registraron milagros. Luego llegó el principio de la era del Nuevo Testamento y el tercer período de milagros. Durante este tiempo, de los años 33 a 96 d. de J.C., Dios dio todo el Nuevo Testamento.

*Los milagros validaban a los mensajeros de la revelación.* Todos los milagros servían a un importante propósito. No eran simplemente exhibicionismo divino; probaban y validaban el reclamo de los profetas de que ellos hablaban por Dios. Por ejemplo, los milagros de Moisés confirmaron primero a Faraón y luego a los israelitas, que Moisés hablaba por Dios. La evidencia milagrosa subrayaba así la gravedad de la ley escrita. Los milagros eran afirmación a todos de que Dios estaba hablando.

Moisés y Josué, Elías y Eliseo, y Cristo y los apóstoles, todos tenían la habilidad de hacer frecuentes señales y prodigios. Estos tenían el propósito de convencer al pueblo de que Dios estaba con esos hombres y de que estaba hablando a través de ellos.

En 1 Reyes 17, Elías acababa de resucitar al hijo de la viuda. El bajó al muchacho del aposento alto, se lo entregó a su madre, y dijo: "¡Mira, tu hijo está vivo!" (17:23). ¿Cuál fue la respuesta de la viuda? "¡Ahora reconozco que tú eres un hombre de Dios y que la palabra de Jehovah es verdad en tu boca!" (17:24).

En Juan 10, Jesús estaba teniendo una confrontación con los líderes religiosos judíos, que lo desafiaban: "—¿Hasta cuándo nos tendrás en suspenso? Si tú eres el Cristo, dínoslo abiertamente." Jesús contestó: "—Os lo he dicho, y no creéis. Las obras que yo hago en nombre de mi Padre, éstas dan testimonio de mí" (10:24, 25). Claramente los milagros de Jesús servían para un propósito: lo validaban a él y a su mensaje.

En su sermón de Pentecostés, Pedro dijo a la multitud que Jesús era un hombre acreditado por Dios con milagros, prodigios y señales, que Dios realizaba por medio de él entre ellos (Hech. 2:22). La misma clase de poder pertenecía a los apóstoles. En el primer viaje misionero de Pablo, él y Bernabé ministraron en Iconio. "Hablando con valentía, confiados en el Señor, quien daba testimonio a la palabra de su gracia concediendo se hiciesen señales y prodigios por medio de las manos de ellos" (Hech. 14:3).

No todo creyente tiene poder para hacer milagros. Victor Bugden observa correctamente:

¡Cuán a menudo la gente habla descuidadamente de la iglesia en Hechos como una iglesia obradora de maravillas! Sin embargo, sería más adecuado hablar de una iglesia con apóstoles obradores de maravillas. Los apóstoles son los prominentes en la explosión inicial de hablar en otras lenguas. Es su vocero el que explica esto a la multitud y predica un poderoso sermón evangelístico. Al final del relato de Pentecostés se nos dice que: "Caía temor sobre toda persona, pues se hacían muchos milagros y señales por medio de los apóstoles" (Hech. 2:43).
Otras escrituras confirman esto: "Por las manos de los apóstoles se hacían muchos milagros y prodigios entre el pueblo" (Hech. 5:12). "Entonces toda la asamblea guardó silencio. Y escuchaban a Bernabé y a Pablo, mientras contaban cuántas señales y maravillas Dios había hecho por medio de ellos entre los gentiles" (Hech. 15:12)... "Las señales de apóstol han sido realizadas entre vosotros con toda paciencia, con señales, prodigios y hechos poderosos" (2 Cor. 12:12).[20]

Mediante milagros Dios repetidamente validó a los mensajeros de su nueva revelación, en el tiempo de Moisés y Josué, en el tiempo de Elías y Eliseo, y en tiempos del Nuevo Testamento de Jesús y los apóstoles.

*Los milagros llamaban la atención a la nueva revelación.* Dios usó los milagros para llamar la atención de la gente a la cual el mensaje iba dirigido, de modo que ellos pudieran saber de seguro que era el divino Señor el que hablaba. Luego él podía decirles lo que quería que hicieran. Así pues, los milagros tienen un propósito instructivo que va más allá del efecto inmediato del milagro mismo.

Por ejemplo, los milagros que Moisés hizo en Egipto tenían el propósito de iluminar a dos grupos de gente: a los israelitas y a los egipcios. En Exodo 7 leemos de los primeros milagros de Moisés, y fue entonces que los israelitas empezaron a creer en el poder de su Dios. Faraón, sin embargo, fue un caso difícil. No fue sino hasta la décima y más terrible plaga de todas, el ángel de la muerte pasando por Egipto para tomar los primogénitos en cada casa de Egipto, que faraón finalmente dejó ir a los israelitas.

Los milagros de Elías y Eliseo también fueron eficaces para convencer a los creyentes y también a los incrédulos de que lo que esos hombres hablaban era la Palabra de Dios. Una ilustración gráfica de esto se encuentra en 1 Reyes 18, cuando Elías derrotó a los cuatrocientos profetas de Baal ante una gran multitud de israelitas. La Escritura dice: "Al verlo toda la gente, se postraron sobre sus rostros y dijeron:

—¡Jehovah es Dios! ¡Jehovah es Dios!

Entonces Elías les dijo:

—¡Prended a los profetas de Baal! ¡Que no escape ninguno de ellos!

Los prendieron, y Elías los hizo descender al arroyo de Quisón, y allí los degolló" (18:39-40).

En el Nuevo Testamento, los milagros y señales fueron usados de nuevo para confirmar a los creyentes y convencer a los incrédulos. Ese es el tema del Evangelio de Juan, que fue escrito "para que creáis que Jesús es el Cristo, el Hijo de Dios, y para que creyendo tengáis vida en su nombre" (Juan 20:31). Los milagros y señales de Jesús fueron registrados de manera que la gente incrédula pudiera creer. Lo mismo es cierto en cuanto a los milagros apostólicos (comp. Hech. 5:12-14).

## ¿Son necesarios los milagros hoy?

Cuando el Antiguo y el Nuevo Testamentos se completaron, la revelación de Dios se terminó (comp. Heb. 1:1, 2). Mediante muchas señales, prodigios y milagros Dios validó este libro. ¿Hay necesidad posterior de milagros para probar la revelación de Dios? ¿Puede alguien con fe "reclamar" un milagro, como algunos enseñan? ¿Hace Dios milagros a la orden? Y, ¿los fenómenos aclamados hoy como señales, prodigios y sanidades, tienen algún parecido con los milagros obrados por Cristo y los apóstoles?

La respuesta a todas estas preguntas es no. Nada en la Escritura indica que los milagros de la era apostólica tuvieran el propósito de ser continuados en eras subsiguientes. La Biblia tampoco exhorta a los creyentes a buscar ninguna manifestación milagrosa del Espíritu Santo. En todas las epístolas del Nuevo Testamento, hay solamente cinco mandamientos relacionados con los creyentes y el Espíritu Santo:

"Andemos en el Espíritu" (Gál. 5:25).
"No entristezcáis al Espíritu Santo de Dios" (Ef. 4:30).
"Más bien, sed llenos del Espíritu" (Ef. 5:18).
"No apaguéis el Espíritu" (1 Tes. 5:19).
"Orando en el Espíritu Santo" (Judas 20).

No hay mandamiento en el Nuevo Testamento de buscar milagros.

Los carismáticos creen que los dones de milagros espectaculares fueron dados para la edificación de los creyentes. ¿Apoya la Palabra de Dios tal conclusión? No. De hecho, la verdad es lo contrario. Respecto a las lenguas Pablo escribió en 1 Corintios 14:22: "Las lenguas son señal, no para los creyentes, sino para los no creyentes." Nunca fue el propósito que las lenguas edificaran a los creyentes, sino que convencieran a los judíos incrédulos de la veracidad del evangelio, como sucedió en Pentecostés en Hechos capítulo 2. (Para una discusión más extensa de este punto, vea el capítulo 10.)

Las lenguas, las sanidades y los milagros sirvieron como señales para validar una era de nueva revelación. Cuando la era de la revelación llegó a su final, las señales también cesaron. El teólogo B. B. Warfield escribió:

> Los milagros no aparecen en las páginas de la Escritura al azar, aquí, allá, y en cualquier parte indiferentemente, sin razón específica.  Pertenecen a los períodos de revelación, y aparecen solamente cuando Dios está hablando a su pueblo a través de mensajeros acreditados que declaran sus propósitos de gracia.  Su abundante despliegue en la iglesia apostólica es la marca de la riqueza de la era apostólica en revelación; y cuando este período de revelación se cerró, el período de obrar milagros había pasado también, como una mera cosa común... Dios el Espíritu Santo la ha hecho su obra subsecuente, no para introducir revelaciones nuevas e innecesarias en el mundo, sino para difundir esta revelación completa a través del mundo y para traer a la raza humana al conocimiento salvador de ella.
>
> Como lo expresa figuradamente Abraham Kuyper (*Enciclopedia de teología sagrada*, E. T. 1898, pág. 368; comp. págs. 355 sigs.), no ha sido la manera de Dios comunicar a cada hombre una provisión separada de conocimiento divino propio, para satisfacer sus necesidades separadas; sino que más bien él ha extendido una mesa común para todos, e invita a todos a venir y participar de las riquezas de la gran fiesta.  El ha dado al mundo una revelación orgánicamente completa, adaptada para todos, suficiente para todos, provista para todos, y a partir de esta revelación completa él requiere que cada uno tome su substancia espiritual completa.  Por eso el obrar de milagros, que no es sino la señal del poder revelador de Dios, no puede esperarse que continúe, y de hecho no continúa, después que ha sido completada la revelación a la que acompañaba.[21]

En el séptimo capítulo de Hechos, cuando Esteban predicaba su famoso sermón, él habló acerca de Moisés, que obraba "prodigios y señales en Egipto, en el mar Rojo y en el desierto... y el que recibió palabras de vida para darnos" (7:36-38). Note que la Palabra de Dios traza el paralelo entre las señales y sus "palabras de vida" de Moisés, como revelación directa de Dios. Haya sido Moisés, Elías y Eliseo, o Cristo y los apóstoles, Dios siempre hizo evidente, por medio de señales y prodigios, cuando sus mensajeros estaban llevando nueva revelación.

Hebreos 2:3, 4 confirma que la validación de los profetas era el principal propósito de los milagros bíblicos: "¿Cómo escaparemos nosotros si descuidamos una salvación tan grande? Esta salvación, que al principio fue declarada por el Señor, nos fue confirmada por medio de los que oyeron, dando Dios testimonio juntamente con ellos con señales, maravillas, diversos hechos poderosos y dones repartidos por el Espíritu Santo según su voluntad." De nuevo vemos las Escrituras atestiguando que las señales, prodigios, milagros y dones milagrosos eran la confirmación de Dios del mensaje de Cristo y sus apóstoles ("los que oyeron").

Las palabras "fue confirmada" están en el tiempo pasado, una reflexión exacta del texto griego. Aquí hay una palabra bíblica clara de que los milagros, prodigios y dones de señales fueron dados solamente a los apóstoles de la primera generación para confirmar que eran mensajeros de una nueva revelación.

## ¿Promete Dios milagros para todos?

Muchos creyentes carismáticos insisten en que Dios quiere hacer milagros para todo creyente. A menudo dicen: "Dios tiene un milagro especial justo para ti." "¿Se supone que los cristianos busquen su propio milagro particular? Si uno estudia los milagros hechos por Jesús, encontrará que ninguno de ellos fue hecho privadamente.

Aunque Jesús sanó las dolencias de la gente y curó sus sufrimientos físicos, esos eran beneficios secundarios. Su propósito mayor era validar sus reclamos mesiánicos (comp. Juan 20:30, 31). De igual manera, aunque los apóstoles también sanaban gente, su propósito principal era validar nueva revelación, y una nueva revelación nunca es un asunto privado.

Los que son crédulos de los reclamos de los milagros modernos, especialmente los que son más celosos defensores de las señales y prodigios contemporáneos, a menudo parecen renuentes a tratar con la posibilidad, o más bien con la probabilidad, de que esas maravillas puedan ser realmente validación de una variedad diabólica de "revelación". Victor Budgen ve este peligro claramente:

> El diablo quiere substituir la Palabra de Dios por la suya. Algunas veces vemos claramente que Satanás está haciendo esto, porque todo parece tan obvio. La mayoría de los cristianos reconocen el engaño. Moisés David, de los Niños de Dios reclamaba: "Yo fui profetizado muchas veces por muchos profetas de Dios, como habiendo sido lleno con el Espíritu Santo desde el vientre de mi madre, y muchas grandes cosas se predijeron que haría... que sería como Moisés, Jeremías, Ezequiel, Daniel y hasta como David."

(Citado en la revista Crusade, abril 1973, pág. 5). Los cristianos rechazan este reclamo, especialmente a la luz de las enseñanzas heréticas del grupo. Un pequeño libro sobre el surgimiento de Sun Myung Moon y los moonies cuenta que: "Entre algunos cristianos pentecostales en la iglesia subterránea en Pyonyang, se había profetizado recientemente de un mesías coreano. Así que el populacho local era un campo fértil para esta idea." (J. Isamu Yamamoto, *The Moon Doctrine*, Intervarsity, U.S.A., 1980, pág. 4.) Sin embargo, por extraños que puedan parecer esos grupos, no debe olvidarse que hay esos hoy que se comparan con profetas bíblicos, que creen en nuevas "revelaciones" y que están produciendo un clima donde todas clases de falsas enseñanzas pueden ser aceptadas fácilmente... Un escritor sobre este tema siempre puede ser acusado de tomar ejemplos extremos, pero muchos movimientos palpablemente falsos atrajeron al principio primero a genuinos cristianos. Muchos enredados temporalmente en la secta de Jonestown, con sus sanidades, revelaciones y final suicidio masivo, parecen haber sido cristianos sinceros y genuinos que fueron engañados y apartados por el maligno. Un firme amarre bíblico y la creencia de que Dios ha provisto una Palabra final y totalmente suficiente en la Escritura sola, es la única protección verdadera y guía segura que Dios ha provisto contra el engaño.[22]

Ciertamente, los cristianos que buscan señales milagrosas se están exponiendo al engaño satánico. Las epístolas de Pablo en ninguna parte mandan a los creyentes buscar la manifestación del Espíritu en señales y prodigios. El simplemente dijo que andemos en el Espíritu (Gál. 5:25), o, poniéndolo de otra manera, "La palabra de Cristo habite abundantemente en vosotros" (Col. 3:16). En otras palabras, los creyentes deben obedecer la Palabra en el poder del Espíritu.

El libro de Apocalipsis está lleno de visiones, prodigios y señales. Sería un lugar perfecto para que el escritor alentara a los creyentes a buscar tales manifestaciones milagrosas, pero ¿que dice? "Bienaventurado el que *lee* y los que *oyen* las palabras de esta profecía, y *guardan* las cosas escritas en ella" (Apoc. 1:3, énfasis añadido).

¿Que significa que Dios se propuso fortalecer nuestra fe? "La fe es por el oír, y el oír por la palabra de Cristo" (Rom. 10:17). Si queremos esperanza, si queremos un ancla, si queremos algo que nos lleve por la vida, no es un milagro lo que necesitamos. Necesitamos las Escrituras. Romanos 15:4 dice: "Pues lo que fue escrito anteriormente fue escrito para nuestra enseñanza, a fin de que por la perseverancia y la exhortación de las Escrituras tengamos esperanza."

## ¿Qué hacía únicos a los apóstoles?

Algunos carismáticos realmente creen que los fenómenos que estamos viendo hoy prueban que Dios *está* dando nueva revelación, validada por nuevos milagros, por mediación de la agencia de apóstoles modernos. Toda esa opinión ignora el papel y función bíblicos de los apóstoles. Eran hombres especiales para un papel particular en una era singular. Los apóstoles eran el fundamento para el desarrollo de la iglesia (Ef. 2:20). Ese fundamento está siendo sobreedificado; no puede ser puesto de nuevo. No puede haber apóstoles modernos.

Además, como hemos visto, los milagros eran exclusivos de los apóstoles y de los que trabajaban más íntimamente con ellos. El cristiano promedio no tenía capacidad para realizar señales y prodigios. Pablo dijo en su segunda epístola a los corintios:

> ¡Me he hecho necio! ¡Vosotros me obligasteis! Pues más bien, yo debería ser recomendado por vosotros; porque en nada he sido menos que los apóstoles eminentes, aunque nada soy. Las señales de apóstol han sido realizadas entre vosotros con toda paciencia, con señales, con prodigios y hechos poderosos (12:11, 12).

Pablo estaba defendiendo su apostolado ante los corintios, algunos de los cuales evidentemente dudaban de su autoridad apostólica. Si hacer milagros hubiera sido la experiencia común de cristianos ordinarios, sería tonto que Pablo tratara de probar su apostolado citando los milagros que había hecho. Es obvio, por el contrario, que aun durante la era apostólica los cristianos no podían hacer señales, prodigios y obras poderosas. Precisamente porque esas cosas eran exclusivas de los apóstoles, Pablo podía usar su experiencia con señales y prodigios como prueba de su autoridad.

Los apóstoles tenían poder milagroso como mensajeros de la Palabra de Dios, y ese mismo poder algunas veces era dado a aquellos que eran comisionados por ellos, como Esteban y Felipe (ver Hechos 6). Pero el poder nunca iba más allá. De hecho, desde el día que la iglesia nació en Pentecostés, no ocurrió ni un solo milagro en todo el registro del Nuevo Testamento excepto en presencia de un apóstol o de uno comisionado directamente por un apóstol.

Uno nunca lee en el Nuevo Testamento de milagros que ocurrieran al azar entre los creyentes cristianos. Ni siquiera la dispensación milagrosa del Espíritu Santo a los samaritanos (Hech. 8), a los gentiles

(Hech. 10), y a los seguidores de Juan el Bautista en Efeso (Hech. 19) ocurrió hasta que los apóstoles estuvieron allí (ver Hech. 8; 10; 19). La Escritura repetidamente aclara que los apóstoles eran únicos. Sin embargo, los carismáticos están decididos a resucitar los dones apostólicos y las señales. Algunos hasta creen que ciertos hombres pueden reclamar legítimamente el oficio apostólico hoy en día. Earl Paulk, por ejemplo, enseña que ciertos individuos "ungidos" han sido llamados a ser apóstoles.[23]  Jack Deere no está seguro si el ministerio apostólico está funcionando hoy, pero él dijo en un seminario en Sydney que él está convencido de que el poder apostólico está *llegando*, y que la nueva era apostólica será más grande que la primera.[24]

La idea de que el oficio apostólico puede ser funcional hoy en día es ciertamente consistente con la enseñanza carismática rudimentaria. Por eso Budgen escribe apropiadamente: "Cualquier sometido genuinamente a la creencia de que todos los dones están disponibles hoy, si son consecuentes, creen que Dios concede apóstoles en la iglesia hoy en día."[25]

Pero el asunto de la autoridad apostólica ha causado algunas luchas dentro del movimiento carismático, y es comprensible. Cuando gente que alega autoridad apostólica pronuncia profecías erróneas, cuando clama "palabras de sabiduría" que resultan ser falsas, y cuando promete sanidades que nunca se materializan, tales reclamos de autoridad apostólica resultan sospechosos.

No obstante, algunos líderes carismáticos insisten en que son herederos de la autoridad apostólica  y están ansiosos de poner su autoridad en práctica.  Ese deseo a menudo lleva a abusos aterradores.  Tal vez el episodio más notorio se desarrolló en la década de 1970, y surgió de un grupo de líderes carismáticos con base en Fort Lauderdale.  Conocido como el movimiento "Pastoreador" o "Discipulado", este grupo, influido por la enseñanza de Ern Baxter, Don Basham, Bob Mumford, Derek Prince y Charles Simpson, concluyó que la Escritura demanda absoluta sumisión al líder espiritual.  Prediciblemente, muchos líderes usaron esa enseñanza para mantener una influencia cruel y tiránica sobre su gente.  Ellos insistían en  que su gente les sometiera a ellos cada decisión, hasta cuestiones de matrimonio, finanzas personales y la elección de carrera.  Hombres sin escrúpulos, haciéndose pasar como líderes espirituales, se aprovecharon de la credulidad de su gente.  Muchos obtuvieron dominio como de una secta sobre la vida de su gente.  Por ahora la mayoría de los líderes carismáticos ha intentado distanciarse de la terminología y prácticas de los peores extremistas.  Las enseñanzas cardinales del movimiento todavía viven, aunque disfrazadas con nombres tales como "vida eclesiástica" y "vida del pacto".[26] Contraste esa clase de liderazgo autoritario con el estilo de los apóstoles:

> La autoridad era usada de una manera benigna. Los apóstoles no echaban su peso alrededor, ni vociferaban órdenes estentóreas ni llamaban la atención a sí mismos. Pablo parecía casi renuente o turbado de ejercer sus poderes. En su segunda carta a los corintios esto se nota en su capítulo final cuando dice: "Por tanto, os escribo esto estando ausente, para que estando presente no use de dureza conforme a la autoridad que el Señor me ha dado para edificación y no para destrucción" (2 Cor. 13:10).[27]

Se pueden dar seis razones bíblicas en cuanto a por qué el oficio apostólico no es para hoy:

*La iglesia fue fundada sobre los apóstoles.* Como hemos notado brevemente antes, el oficio apostólico era fundamental. Escribiendo a los creyentes efesios Pablo dijo que la iglesia estaba edificada "sobre el fundamento de los apóstoles y de los profetas, siendo Jesucristo mismo la piedra angular" (Ef. 2:20). Aunque el punto puede ser argumentado, algunos eruditos del griego creen que la mejor traducción del texto sería "apóstoles/profetas". Ambas palabras hablan de la misma gente; "apóstoles" se refiere a su oficio y "profetas" a su función.[28]

Sea que ese criterio esté correcto o no, el versículo claramente enseña que los apóstoles fueron designados para ser el fundamento de la iglesia. Es decir, su papel era dar base, apoyo, dirección, para proveer el apuntalamiento para una iglesia inexperta. Ellos eran los fundadores de la iglesia. Ese papel era cumplido por ellos y, por definición, nunca puede ser repetido.

*Los apóstoles fueron testigos de la resurrección.* Cuando Pablo estaba probando su apostolado ante la iglesia de Corinto, escribió: "¿No soy apóstol? ¿Acaso no he visto a Jesús nuestro Señor?" (1 Cor. 9:1). En 1 Corintios 15:7, 8 Pablo registra que el Cristo resucitado fue visto por Jacobo, luego por todos los apóstoles, y finalmente por Pablo mismo.

Algunos carismáticos hoy en día alegan haber visto al Señor resucitado (ver capítulo 1). Tales reclamos nunca pueden ser verificados, pero en el caso de las apariciones bíblicas de nuestro Señor resucitado, es claro que él apareció sólo unas cuantas veces, generalmente a grupos de gente, tal como al de los discípulos en el aposento alto. Esas apariciones cesaron con su ascensión. La *única* excepción (comp. 1 Cor. 15:8) fue su aparición a Pablo, quien vio a Cristo en el camino a Damasco (Hech. 9:1-9). Aun entonces, Pablo estaba acompañado por otros que vieron la luz brillante y eran conscientes de que había quedado ciego en una experiencia sobrenatural innegable. Esa fue una única aparición postascención de Cristo. Después le apareció a Pablo en otras dos ocasiones (Hech. 18:9; 23:11). No hay evidencia confiable de que le hubiera aparecido a nadie más desde el final de la era apostólica.

*Los apóstoles fueron escogidos personalmente por Jesucristo.* Mateo 10:1-4 describe claramente el nombramiento de los doce apóstoles. Lucas 6:12-16 describe el mismo evento. Judas después traicionó al Señor y se quitó la vida. Fue reemplazado por Matías en un acto especial de echar suertes dirigido por los mismos apóstoles. Ellos creían que Cristo controlaría providencialmente el acto y también la elección (comp. Prov. 16:33). Pablo tuvo su propia experiencia singular con el Señor en el camino a Damasco.

Jesús puede haber hablado hebreo o arameo cuando escogió a sus apóstoles (los eruditos disienten en ese punto). Pero si él habló en hebreo, pudo haber usado la palabra *saliah* para "apóstol". En hebreo un *saliah* es el delegado del hombre que representa, un substituto, un representante que se presenta con completa autoridad para actuar en favor de su amo. Los apóstoles fueron designados por Jesús para representarlo en esta manera.

Es cierto que en otra parte en el Nuevo Testamento, otros son llamados "apóstoles", como en 2 Corintios 8:23, pero son llamados "apóstoles de la iglesia", un término no técnico con un significado general. (RVA traduce "mensajeros de la iglesia".) Una cosa es ser un apóstol del Señor, enviado personalmente por él, y una muy diferente ser un apóstol de la iglesia, enviado por el cuerpo de creyentes.[29] Igualmente, tampoco se registra en la Escritura ningún milagro hecho por ninguno de los apóstoles de la iglesia.

Pablo dejó muy claro a los gálatas qué clase de apóstol era *él*: "No de parte de hombres ni por medio de hombre, sino por medio de Jesucristo y de Dios Padre, quien lo resucitó de entre los muertos" (Gál. 1:1).

Los doce originales (con Matías después reemplazando a Judas), más Pablo, tenían una comisión no transferible de revelar la doctrina y fundar la iglesia. Cuando las epístolas pastorales establecieron los principios para el liderato duradero de la iglesia, ellos hablaron de ancianos y diáconos. Nunca mencionaron apóstoles.

*Los apóstoles fueron validados por señales milagrosas.* Pedro sanó al cojo a la puerta del templo (Hech. 3:3-11). El también sanó a muchos más (5:15, 16), y resucitó a Dorcas de entre los muertos (9:36-42). Pablo volvió a Eutico a la vida después que éste se cayó y perdió la vida (Hech. 20:6-12). Pablo también fue mordido por una serpiente venenosa sin sufrir daño (28:1-6). Como se ha señalado antes, ninguno de tales milagros fue jamás realizado, ni siquiera en la era apostólica, por nadie que no fuera de los apóstoles y de los comisionados por ellos.

*Los apóstoles tenían absoluta autoridad.* Los apóstoles tenían mucha más autoridad que los otros profetas, cuyas declaraciones tenían que ser juzgadas en cuanto a su exactitud y autenticidad (ver, por ejemplo, 1 Cor. 14:29-33). Cuando los apóstoles hablaban, no había discusión. Ellos ya eran reconocidos como agentes revelatorios de Dios. En su breve carta de advertencia a la iglesia, Judas dijo: "Pero vosotros, amados, acordaos de las palabras que antes han sido dichas por los apóstoles de nuestro Señor Jesucristo" (Judas 17).

*Los apóstoles tienen un lugar de honor único y eterno.* Apocalipsis 21 describe la Nueva Jerusalén. Parte de la descripción dice: "El muro de la ciudad tenía doce fundamentos, y sobre ellos los doce nombres de los apóstoles del Cordero" (v. 14). Los nombres de los doce apóstoles están sellados para siempre en el muro de la Nueva Jerusalén en el cielo. (Los teólogos pueden argumentar si el décimo segundo lugar iría a Pablo, a Matías o posiblemente a los dos.) Sus nombres son únicos; su oficio es único; su ministerio es único; los milagros que ellos hicieron son únicos. Los apóstoles incuestionablemente fueron una casta especial; no tuvieron sucesores. La era de los apóstoles y lo que ellos hicieron está para siempre en el pasado.

Para el segundo siglo los apóstoles se habían ido y las cosas habían cambiado. Alva McClain escribió: "Cuando la iglesia aparece en el segundo siglo, la situación en cuanto a lo milagroso está tan cambiada que parece que estamos en otro mundo."[30]

En su *Manual de la historia de la iglesia*, Samuel Green escribió:

> Cuando emergemos en el segundo siglo, estamos, en sumo grado, en un mundo cambiado. La autoridad apostólica ya no vive en la comunidad cristiana; los milagros apostólicos han pasado... No podemos dudar de que hubo un propósito divino en marcar así la era de inspiración y de milagros, con un límite tan amplio y definido, de los tiempos siguientes.[31]

La era apostólica fue única y terminó. La historia lo dice, Jesús lo dice, la teología lo dice, y el mismo Nuevo Testamento repetidamente lo atestigua.

### ¿Ha disminuido el poder de Dios?

En Hechos 5:16, a principios de la era apostólica cuando la iglesia apenas estaba empezando, leemos que multitudes eran sanadas por los apóstoles. Veinticinco años después Pablo, el más grande de todos los apóstoles, no podía ser librado de su propia espina penosa (ver 2 Cor. 12:7-10). Aunque él en un tiempo parece haber tenido la capacidad de sanar a otros a voluntad (Hech. 28:8), cuando Pablo se acercaba al fin de su vida no mostraba evidencia de tal don. El aconsejó a Timoteo tomar un poco de vino para su estómago, una manera común de tratar las enfermedades en ese día (1 Tim. 5:23). Después, al mismo fin de su carrera, Pablo dejó a un hermano amado enfermo en Mileto (2 Tim. 4:20). Seguramente él lo hubiera sanado si hubiera podido.

En las primeras páginas de Hechos, Jerusalén estaba llena de milagros. Después del martirio de Esteban, sin embargo, no se registran más milagros en esa ciudad. Algo estaba cambiando.

Los milagros de la era apostólica no debían ser la norma para las generaciones sucesivas de cristianos. No tenemos un mandamiento para buscar o realizar milagros. Sí tenemos un mandato, sin embargo, de estudiar y obedecer la Palabra de Dios, que puede hacernos sabios y maduros. Y sí tenemos un mandato de vivir por fe, no por vista (2 Cor. 5:7).

Juan 14:12 registra esta promesa de nuestro Señor: "De cierto, de cierto os digo que el que cree en mí, él también hará las obras que yo hago. Y mayores que éstas hará, porque yo voy al Padre." Al escuchar a algunos abogados contemporáneos del ministerio de señales y prodigios, uno pensaría que esta promesa sobrepasó la era apostólica y está siendo cumplida en sus reuniones.

"Mayores obras" no significa milagros más espectaculares; nada en el contexto de Juan 14 habla de señales y prodigios sobrenaturales. ¿Qué mayor obra que resucitar muertos? Juan 5:20, 21 indica que es dar vida espiritual a los pecadores. Por supuesto, las obras de los apóstoles eran mayores en extensión, no en calidad, que las de Jesús. Ellos llevaron el evangelio a los fines del mundo conocido en su día. Pero mucho de eso fue realizado después de que los milagros empezaron a salir de la escena.

Algunos carismáticos alegan que si concedemos que la era de los milagros ha pasado, damos cabida a un concepto deficiente de Dios. Jerry Horner, profesor asociado de literatura bíblica en la Universidad

Oral Roberts, dijo: "¿Quién en el mundo querría a un Dios que ha perdido todo su vigor? ¿Podría Dios hacer una cosa en un siglo pero no en otro siglo?... ¿Ha perdido Dios todo su poder?"[32]

El carismático Russell Bixler concluye que cualquiera que niega la normalidad de los milagros estilo apostólico hoy en día tiene "una fe que no da lugar a Jesucristo, que es el mismo ayer, hoy y por los siglos. Están muy cómodos con un Dios distante que no ha hecho nada significativo en 2.000 años."[33]

¿Ha perdido Dios su vigor? ¿No ha hecho nada significativo en dos mil años? Ese no es el caso. En todo nuestro derredor vemos evidencia de la obra maravillosa de Dios; en el nuevo nacimiento transformador en las vidas de millones que confían en Cristo por todo el mundo; en respuestas diarias a la oración; en el emparejamiento providencial de gente y recursos para traer gloria a él; en el moldeamiento de su iglesia, que ha sobrevivido persecución implacable y diversos asaltos internos a través de los siglos y continúa haciéndolo hoy.

Pero Dios no colocó voceros con poder para hacer milagros en la iglesia de hoy. Usted puede estar seguro de que si lo hubiera hecho, no se parecerían a los obradores de milagros carismáticos como los que vemos en la televisión o en el circuito de reuniones en tiendas de campañas. ¿Por qué habría Dios de validar teología mala? ¿Por qué habría él de dar poder milagroso a gente que enseña herejías? Sin embargo, cada movimiento hoy día que subraya los milagros como un tema central está teñido de teología impostora, de doctrina confusa e inconsecuente, de franca herejía o de una combinación de todas. En el siguiente capítulo examinaremos en detalle los más grandes e influyentes movimientos que abrazan la teología de señales y prodigios.

Efesios 3:20 da una promesa para nuestra era: Nuestro Señor "es poderoso para hacer todas las cosas mucho más abundantemente de lo que pedimos o pensamos, según el poder que actúa en nosotros". Lo que Dios hace en nostros y a través de nosotros hoy no es lo que hizo en la era apostólica. El tenía un propósito especial para los apóstoles y sus milagros, y ese propósito fue cumplido. El también tiene un propósito especial para nosotros y será maravilloso, porque él es Dios y lo que él hace es siempre maravilloso.

# 6

# ¿Qué hay detrás de la "Tercera Ola" y qué está pasando?

Cuando uno de sus discípulos le preguntó a John Wimber cómo se preparaba para orar por sanidades milagrosas, contestó: "Me bebo una Coca cola dietética."[1] Según el discípulo, esa no fue una respuesta frívola; solamente una respuesta normal de alguien que vive en el ámbito de lo milagroso.[2]

Wimber es el líder y figura paternal del más nuevo e importante ramal del movimiento carismático, conocido como "La Tercera Ola del Espíritu Santo", también llamado el movimiento de Señales y Prodigios. Esta última marea carismática parece haber barrido el globo en la pasada década. ¿Estamos ante lo verdadero, o es sólo un substituto sintético?

El término *Tercera Ola* fue acuñado por C. Peter Wagner, profesor de crecimiento de la iglesia de la Escuela de Misiones Mundiales del Seminario Teológico Fuller, autor de varios libros sobre el crecimiento de la iglesia, y proponente principal de la metodología de la Tercera Ola.[3] Según Wagner: "La primera ola fue el movimiento pentecostal, la segunda el movimiento carismático, y ahora la tercera ola se les está uniendo."[4]

Aunque reconoce la genealogía espiritual de la Tercera Ola, Wagner rechaza, no obstante, las etiquetas *carismático* y *pentecostal*.

La Tercera Ola es un nuevo movimiento del Espíritu Santo entre los evangélicos que, por una razón u otra, han preferido no identificarse ni con los pentecostales ni con los carismáticos. Sus raíces van un poco más allá, pero yo lo veo principalmente como un movimiento que empezó en los ochenta con su tiempo de cosecha en los últimos años del siglo veinte... Yo veo la Tercera Ola como diferente, pero al mismo tiempo muy similar a la primera y segunda. Tienen que ser similares porque es el mismo Espíritu de Dios que está haciendo la obra... La diferencia mayor está en el entendimiento del significado del bautismo en el Espíritu Santo y el papel de las lenguas como validación de esto. Yo mismo, por ejemplo, preferiría que la gente no me llamara carismático. Yo no me considero un carismático. Sencillamente soy un evangélico congregacionalista que está abierto al Espíritu Santo obrando a través de mí y de mi iglesia en cualquier manera que él quiera.[5]

Wagner más tarde reconoce que él rehúsa la clasificación de *carismático* realmente no por causa de ninguna diferencia doctrinal, sino principalmente por el estigma que lleva el nombre:

No permitimos que el Compañerismo 120 (la clase de escuela dominical de Wagner) sea llamado "carismático", ni acepto personalmente la clasificación. No tengo nada sino admiración y elogio para el movimiento carismático y para los carismáticos. Es sólo que prefiero no ser uno... En este punto la razón para nuestra preferencia semántica es ampliamente social. Nos guste o no, muchos evangélicos de las principales denominaciones han desarrollado actitudes fuertemente negativas hacia el movimiento carismático en los últimos veinte años. Mucho de esto ha sido causado por excesos con los cuales la mayoría de los carismáticos no querrían ser identificados. Pero la actitud, desafortunadamente, se ha extendido hasta cubrir todo el movimiento. Muchos de esos evangélicos, sin embargo, no son negativos hacia el movimiento del Espíritu Santo. Esta es una razón por la que creo que él viene en una Tercera Ola, diferente de las dos olas anteriores de pentecostales y carismáticos, que continúan fuertemente.[6]

¿No es completamente exacto, entonces, ver a la Tercera Ola como parte del movimiento carismático más grande? Aunque es cierto que muchos que se identifican con la Tercera Ola evitan el vocabulario usual carismático cuando escriben o hablan del bautismo del Espíritu, pocos maestros de la Tercera Ola, si los hay, tratan esto como algo más que una diferencia en terminología.[7] La diferenciación de Wagner entre el movimiento carismático y la Tercera Ola por tanto, parece poco más que una diferencia semántica.[8]

Ciertamente la mayor parte de la enseñanza y predicación de la

Tercera Ola repite la doctrina carismática típica.[9] En su corazón hay una obsesión por experiencias sensacionales y una preocupación con los dones apostólicos: lenguas, sanidades, revelación profética, palabras de sabiduría y visiones. Como los pentecostales y carismáticos, los adherentes de la Tercera Ola procuran agresivamente experiencias extáticas, fenómenos místicos, poderes milagrosos y prodigios sobrenaturales, aunque tienden a disminuir el énfasis en los medios tradicionales de crecimiento espiritual: oración, estudio bíblico, enseñanza de la Palabra, perseverancia en la obediencia y el compañerismo de otros creyentes.

Además, la Tercera Ola no ha logrado evitar los "excesos" de los movimientos pentecostal y carismático, como Wagner implica. Por el contrario, los grupos de la Tercera Ola han abierto sus brazos a algunos de los peores errores y a los más problemáticos extremistas de esos movimientos anteriores. Los Profetas de la Ciudad de Kansas son un ejemplo a la mano (ver el capítulo 3). Los libros de Wimber están llenos de ejemplos similares de los países del tercer mundo.[10] Chuck Smith, pastor de la Capilla el Calvario (Calvary Chapel) de Costa Mesa (con la que Wimber estuvo asociado un tiempo), le dijo a un investigador que él cree que "John Wimber ha absorbido en su enseñanza cada enseñanza aberrante desarrollada por los pentecostales".[11] Seguramente esa declaración no está lejos de la verdad.

Algunos hombres del personal de nuestra iglesia visitaron recientemente la Viña de Wimber en Anaheim. La tarde que estuvieron allí ellos contemplaron un virtual pandemónium. Wimber trató de que todos hablaran en lenguas al mismo tiempo. Las mujeres se convulsionaban en el suelo, un hombre yacía de espaldas en estado catatónico y, en derredor, centenares de personas bailaban, corrían, gritaban y se paraban sobre las sillas.

A pesar de toda la clara  evidencia en contrario, los apologistas de la Tercera Ola han tenido un éxito asombroso al convencer de que su movimiento es un fenómeno no carismático. Las iglesias y denominaciones sin malicia han abierto sus puertas, y sus púlpitos, a los maestros de la Tercera Ola, muchos de los cuales ostentan credenciales académicas muy impresionantes. La Tercera Ola se está extendiendo destructivamente ahora, dejando a su paso caos y confusión.

El esfuerzo por ofrecer la Tercera Ola como no carismática se ajusta a un patrón de promoción astuta y de cortinas de humo semánticas que  llenan la enseñanza de la Tercera Ola. De hecho, prácticamente cada característica de la Tercera Ola al ser examinada resulta cuestionable. Examinaremos cuatro de ellas:

## ¿Señales y prodigios?

Los devotos de la Tercera Ola creen que las señales y prodigios fantásticos demuestran la autenticidad de su movimiento. Los fenómenos milagrosos son el mismo corazón del credo de la Tercera Ola. Los seguidores de la Tercera Ola están persuadidos de que los milagros, las visiones, las lenguas, las profecías y las sanidades son suplementos *esenciales* del evangelio. Ellos consideran al cristianismo sin esas cosas como impotente y adulterado por la mentalidad occidental materialista.[12]

Las señales y prodigios son la clave para el evangelismo de la Tercera Ola. Algunos adherentes de la Tercera Ola hasta dicen que los incrédulos *deben* experimentar lo milagroso para llegar a la fe completa. Ellos creen que la mera predicación del mensaje del evangelio nunca alcanzará el mundo para Cristo. La mayoría de la gente no creerá sin ver milagros, dicen ellos, y los que lo hagan serán convertidos inadecuadamente y por tanto raquíticos en su crecimiento espiritual.[13]

Wimber cita la confrontación de Elías con los profetas de Baal en el monte Carmelo como un ejemplo clásico de un "encuentro de poderes", en el que el poder de Dios venció el poder del mal.[14] Semejantes señales y prodigios, dicen los defensores de la Tercera Ola, son los medios principales que debiéramos estar usando para extender el evangelio.

A los modernos obradores de milagros todavía les falta hacer descender fuego del cielo, pero los aficionados de la Tercera Ola cuentan de señales y prodigios fantásticos que están sucediendo dentro del movimiento. Wimber, por ejemplo, informó de un incidente en el que el dedo del pie de una mujer, que le había sido cortado, supuestamente le volvió a crecer.[15] El cuenta de otra mujer en Australia cuyo paladar hendido se cerró milagrosamente después de que Dios le dio a él "palabra de sabiduría" de que ella sería sanada.[16] Wagner cuenta de un informe de Carlos Annacondia, de Argentina, un sanador por fe, el que le dijo a Wagner que:

> Dos manifestaciones particulares del Espíritu Santo parecen impresionar a los incrédulos más que otra cosa en sus cruzadas: caer en el poder del Espíritu y rellenar dientes. De una manera bastante regular, los dientes cariados son rellenados y nuevos dientes crecen donde no había ninguno antes. Resulta muy interesante, según Annacondia, que casi siempre son los dientes de la mayoría de los incrédulos lo que son rellenados; muy pocos de creyentes.[17]

Como hemos visto, tanto Wagner como Wimber están convencidos de que mucha gente muerta está siendo resucitada (ver el capítulo 5).

Francamente yo encuentro descabellados todos esos relatos. Es difícil resistir la conclusión de que son completas invenciones o cuentos chinos que se han ido añadiendo a los relatos. En cada caso, las personas a las que los milagros supuestamente les ocurrieron permanecen anónimas. En los dos casos reportados por Wimber, el sostiene que algunos médicos vieron los eventos. Sin embargo, él no ofrece pruebas.

Si los obradores de milagros de la Tercer Ola creen sinceramente que sus obras poderosas son supuestas señales para los incrédulos, ¿por qué no publicar la prueba de que esos eventos realmente tuvieron lugar? Fenómenos tales como remplazo de dedos y de miembros, sanidad de defectos de nacimiento, odontología sobrenatural y la resurrección de muertos debieran ser fáciles de probar, especialmente si hubo médicos presentes. La validación independiente de tales prodigios produciría titulares internacionales. Eso ciertamente ayudaría a producir la clase de respuesta que los de la Tercera Ola dicen que están esperando ver algún día.[18]

Pero un patrón empieza a surgir de la literatura de la Tercera Ola: los milagros verdaderamente espectaculares parecen incluir a gente sin nombre. Los milagros de la gente real tienden a ser difíciles de probar: curas que incluyen dolores de espalda, "sanidades internas", alivio de la migraña, liberación emocional, zumbido de los oídos, y así por el estilo. Las únicas anécdotas que incluyen a gente realmente conocida describen ocasiones cuando la sanidad *no* ocurrió.

Un ejemplo original es el relato de Wagner de su amigo Tom Brewster, un parapléjico que creía en la sanidad. Brewster estaba tan esperanzado de que Dios lo sanaría, que hasta distribuyó una "Declaración de expectación" a sus amigos, una expresión de su fe de que algún día caminaría. Esa fe nunca vaciló, dice Wagner, aunque hacía casi treinta años desde que un accidente al zambullirse lo dejó confinado a una silla de ruedas. Pero el milagro nunca llegó. Brewster murió después de una operación de la vejiga.[19]

Es difícil leer ese relato sin darse cuenta de cuán marcadamente contrasta con los muchos supuestos milagros que Wagner, Wimber y otros autores de la Tercera Ola relatan. Los milagros más dramáticos vienen con detalles fragmentados y casi siempre anónimos. Raramente ni siquiera incluyen a personas que hayan conocido los que informan de los milagros. Algunas veces se citan relatos de testigos que dieron fe, pero nunca se presentan pruebas. La mayoría de las visiones de OVNIS vienen con evidencia más convincente.

Un grupo de cinco médicos cristianos asistió a una reciente conferencia dirigida por John Wimber en Sidney, Australia. Estos hombres tenían la esperanza de establecer la verdad de los reclamos de Wimber de que había sanidades milagrosas en sus reuniones. Uno de ellos, el doctor Philip Selden informó:

> El hecho de que John Wimber supiera que estábamos presentes y observando pudo haber servido para que "atenuara" lo reclamos que entendemos que había hecho en conferencias anteriores... El mismo señor Wimber se refirió a espaldas enfermas, e indicó que esa gente podía esperar alivio del dolor, pero ningún cambio que pudiera ser documentado por un médico. El admitió que nunca había visto una vértebra degenerada que hubiera sido restaurada a su forma normal...
>
> Como lo sospeché, la mayoría de las condiciones por las que se oró caían en las categorías de sicosomáticas, triviales o difíciles de documentar médicamente:
>
> Problema con un dedo grande del pie,
> desórdenes nerviosos,
> problemas de respiración,
> esterilidad,
> piernas de tamaño desigual (mis favoritas, yo no puedo medir
>     piernas con exactitud)
> espaldas y cuellos enfermos, etc.[20]

El doctor concluyó: "A este nivel no nos dimos cuenta de ninguna sanidad orgánica que pudiera ser probada."[21]

¿Qué explicación se da de la gente que no es sanada? Wimber al principio parecía inequívoco sobre este punto:

> Hay muchas razones por las que la gente no es sanada cuando se ora por ello. La mayoría de esas razones incluye alguna forma de pecado e incredulidad.
> * Algunos no tienen fe en Dios para sanidad (Stg. 5:15).
> * El pecado personal no confesado crea una barrera para la gracia de Dios (Stg. 5:16).
> * La desunión persistente y extendida, el pecado y la incredulidad en los cuerpos de creyentes (iglesias) y en las familias inhiben la sanidad en miembros individuales del cuerpo (1 Cor. 11:30).
> * Por causa de diagnósticos incorrectos o incompletos de lo que está causando sus problemas, la gente no sabe cómo orar correctamente.
> * Alguna gente da por supuesto que Dios siempre sana instantáneamente, y cuando no sucede así, dejan de orar.[22]

Raramente, sin embargo, Wimber declara más tarde: "Nunca culpo a la persona enferma de falta de fe si la sanidad no viene."[23]

Tal vez Wimber no ha pensado completamente en su teología de la sanidad. Evidentemente él rechaza el principio bíblico de que los dolores físicos pueden ser parte del plan soberano de Dios para los creyentes (ver el capítulo 9). Pero él se esfuerza por explicar por qué tantos no son sanados. "Yo tengo un grupo continuamente creciente de gente descontenta que ha venido por sanidad y no la recibe", ha admitido Wimber.[24]

La realidad es que la Tercera Ola, con todo su énfasis en señales y prodigios, no ha producido nada verificable que califique en el sentido del Nuevo Testamento como una señal o prodigio auténtico. Los milagros de Jesús deben ser, después de todo, la norma por la cual hagamos tal evaluación. Nadie, ni antes ni desde entonces, ha realizado tantas señales y prodigios como él hizo durante su ministerio terrenal (Juan 20:30; 21:25). Sus milagros eran extraordinariamente diferentes de los producidos por el movimiento moderno de Señales y Prodigios. No parece que fueron enfermedades sicosomáticas; todos eran visibles y verificables. Eran, en suma, verdaderas señales y prodigios.

¿Qué otra cosa aprendemos de los milagros del ministerio de nuestro Señor? Principalmente que los milagros no producen verdadera fe en un corazón incrédulo. "La fe es por el oír, y el oír por la palabra de Cristo" (Rom. 10:17, énfasis añadido).

A pesar de todos los milagros de Jesús: resucitar a los muertos, sanar a los enfermos, dar vista a los ciegos y su autoridad sobre los demonios, Israel lo rechazó y lo crucificó. Y al tiempo de su muerte parece que él tenía solamente alrededor de 120 seguidores consagrados (Hech. 1:15).

Los Evangelios contienen numerosos ejemplos de gente que contempló las señales y prodigios de Jesús y, sin embargo, permaneció en incredulidad. El reprendió a las ciudades donde había realizado la mayoría de sus milagros, Corazín, Betsaida y Capernaúm, porque no se habían arrepentido (Mat. 11:20-24). Juan 2:23 nos dice que "muchos creyeron en su nombre al observar las señales que hacía", sin embargo, Jesús no los consideraba verdaderos creyentes (2:24). Juan 6:2 registra que una gran multitud lo seguía "porque veían las señales que hacía en los enfermos". Juan 6:66 nos dice que muchos de esta misma multitud "volvieron atrás, y ya no andaban con él" después de escucharle enseñanza que no podían aceptar. En Juan 11, Jesús resucitó a Lázaro de entre los muertos, un milagro tremendo que ni sus enemigos podían negar (11:47). Pero lejos de creer en Jesús empezaron a maquinar su muerte (11:53). Juan 12:37 lo resume todo: "Pero a pesar de haber hecho tantas señales delante de ellos, no creían en él."

Las cosas no fueron diferentes en la iglesia primitiva. En el capítulo tercero de Hechos, Pedro y Juan sanaron al hombre que había sido cojo de nacimiento. De nuevo, los líderes religiosos judíos no negaron que había ocurrido un milagro (Hech. 4:16). Sin embargo, su respuesta estuvo lejos de ser una fe salvadora: ordenaron a los apóstoles dejar de hablar en el nombre de Jesús (4:18). Examine el registro de señales y prodigios del Antiguo Testamento. Tampoco produjeron fe salvadora. El corazón de faraón se endureció a pesar de señales y prodigios poderosos que Dios hizo por medio de Moisés. Y la generación entera de israelitas, que también contemplaron esos milagros y muchos otros, murieron en el desierto por causa de su incredulidad.

A pesar de todos los milagros realizados por los profetas, Israel y Judá no se arrepintieron y finalmente fueron llevados a la cautividad. El mismo relato que Wimber cita como justificación bíblica para "encuentros de poder", la confrontación de Elías con los profetas de Baal, es un ejemplo. El avivamiento que produjo fue de corta duración. En unos cuantos días Elías estaba escondiéndose por temor a perder la vida (2 Rey. 19:4-8), y la adoración a Baal continuó hasta que Dios juzgó a Israel finalmente.

La asunción subyacente que dirige a todo el movimiento de la Tercera Ola está equivocado. Milagros, señales y prodigios son impotentes para producir fe o avivamiento genuino. Además, el ministerio de encuentro de poder pasa por alto todo el punto de nuestro testimonio. No hemos sido comisionados para enfrentar a Satanás con poder milagroso. Hemos sido comisionados para enfrentar las mentiras satánicas con la verdad divina.

Esto no significa que las señales y los prodigios carecieran de importancia. Como hemos visto, tenían un propósito distinto: demostraban que los que los realizaban eran verdaderos mensajeros de Dios (Heb. 2:4). Y a menudo atraían la atención de la gente de modo que el mensaje del evangelio podía ser proclamado (comp. Hech. 8:6; 14:8-18). Sin embargo, ellos no generaban fe salvadora.

### ¿Evangelismo de poder?

Esto lleva a una segunda promesa falsa hecha por la Tercera Ola: El "evangelismo de poder" que ellos promueven, que dudosamente es evangelismo. La metodología de la Tercera Ola embota seriamente la fuerza del evangelio. Muchos seguidores de la Tercera Ola son hasta culpables de omitir o corromper malamente el mensaje salvador.

Comprendo que esta es una acusación muy seria, pero surge de abundante evidencia. Los libros y testimonios de la Tercera Ola están llenos de anécdotas de gente que supuestamente se volvió cristiana sobre la base de algún milagro que contemplaron, sin mencionar que el evangelio les hubiera sido proclamado.[25] Tal vez el evangelio sí *fue* proclamado, pero los testimonios de la Tercera Ola rara vez lo dicen. Recurrir a relatos como ese disminuyen la importancia del mensaje del evangelio y hasta lo hacen parecer superfluo. Todo el movimiento está lleno de esta tendencia.

*Power Evangelism* (Evangelismo de poder) de Wimber, el principal libro de texto de evangelismo del movimiento, omite cualquier referencia a la cruz de Cristo o a la doctrina de la expiación. Wimber, seriamente criticado por tal deficiencia, ha publicado un nuevo texto que dedica trece páginas (de más de doscientas) a la cruz, a la muerte de Cristo, a la justificación y a la regeneración y asuntos relacionados.[26] Sin embargo, la soteriología (la doctrina de la salvación) y un mensaje exacto del evangelio difícilmente pueden ser considerados acometidas importantes del movimiento, a pesar de su fuerte énfasis sobre cómo evangelizar apropiadamente. Con toda esa bulla de señales y prodigios, el *contenido* del mensaje del evangelio ha sido de poco interés para los de la Tercera Ola.

Mark Thompson registró sus impresiones de la reunión evangelística en la conferencia de Sidney:

> El equipo afirmó su interés por el evangelismo. John Wimber se esmeraba por negar que él quería distraer a la gente de su tarea. Y después de todo, ¿no habían planeado una "concentración evangelística y de sanidad" en el terreno de espectáculos de Sidney para el jueves en la noche?
>
> Sin embargo, dos cosas socavaron el interés declarado. En primer lugar, la cruz de Jesús recibió solamente una breve mención en todas las reuniones generales y talleres a los que asistí durante la conferencia...
>
> En segundo lugar, y esto es más serio todavía, no hubo evangelio en la llamada reunión evangelística. La cruz de Jesús no fue central; la expiación no fue explicada, y la necesidad humana y la provisión de redención no fueron tratados ni siquiera de pasada. Creyendo él mismo estar siguiendo el ejemplo de Jesús y los apóstoles, John Wimber llamó a los que necesitaban ser sanados, mencionando a los que tuvieran problemas de espalda, piernas cortas, dolor de cuello y toda una multitud de enfermedades. A la gente se le pidió pararse y miembros del equipo fueron enviados a orar por ellos mientras en la plataforma John Wimber demandaba que viniera el Espíritu. Después de unos cuantos minutos de silencio se escucharon varios gritos y sollozos de la gente. Un poco después el señor Wimber declaró que la gente había sido sanada y que Dios lo había hecho como contraseña, una señal para los que no creían. En breve se les pidió basar su decisión en lo que habían visto, o mejor dicho, en la interpretación del señor Wimber de lo que

habían visto. *El sacrificio de Cristo por el pecado del mundo no recibió ni una mención.*
Yo me quedé preguntándome a qué fe se habría convertido la gente esa noche. No se parecía al cristianismo del Nuevo Testamento, excepto en el nombre.[27]

La misma estrategia evangelística de la Tercera Ola socava el mensaje del evangelio. El énfasis está en señales y prodigios, no en predicar la Palabra de Dios. Por eso Wagner puede maravillarse de los increíbles resultados en Argentina del evangelista Omar Cabrera: "La gente a menudo será salva y sanada en las reuniones de Cabrera antes que él empiece a predicar."[28] ¿Cómo puede alguien ser salvo antes de escuchar el evangelio? Wagner no hace ningún intento por explicar de lo que está hablando.

Algunos de la Tercera Ola dan la impresión de que los milagros son más efectivos que el mensaje del evangelio para provocar una respuesta de fe dentro del corazón humano. Wagner, por ejemplo, ha escrito:

El cristianismo... empezó con 120 en el aposento alto como por el año 33 a. de J.C. En tres siglos se había convertido en la religión predominante del Imperio Romano.
¿Qué causó esto?
...La respuesta es engañosamente sencilla. Aunque el cristianismo estaba siendo presentado a los incrédulos tanto en palabra como en obras, fueron las obras las que excedieron en mucho a la palabra en eficacia evangelística.[29]

Más tarde Wagner cita al anglicano Michael Harper: *"Los milagros ayudan a creer a la gente."*[30]
Aquí está, entonces, la idea clave del "evangelismo de poder": los milagros impulsan la fe salvadora. No sólo eso, los milagros son *más* efectivos que la predicación a ese respecto. Wimber cree que los que sencillamente predican el mensaje del evangelio se quedan cortos del verdadero evangelismo. El da a su enfoque el nombre de "evangelismo programático".[31] Lo que se necesita en cambio, dice él, es "evangelismo de poder":

Por evangelismo de poder quiero decir una presentación del evangelio que es racional pero que también trasciende lo racional. La explicación del evangelio viene con una demostración del poder de Dios mediante señales y prodigios. El evangelismo de poder es una presentación del evangelio espontánea, inspirada por el Espíritu y llena de poder. El evangelismo de poder es evangelismo precedido y afirmado por demostraciones sobrenaturales de la presencia de Dios.

Por esos encuentros sobrenaturales la gente experimenta la presencia y el poder de Dios. Comúnmente esto toma la forma de palabras de ciencia... sanidad, profecía y liberaciones de malos espíritus. En el evangelismo de poder, la resistencia al evangelio es vencida por la demostración del poder de Dios en eventos sobrenaturales, y la receptividad a los reclamos de Cristo es usualmente muy alta.[32]

Hay dos falacias escondidas en esa filosofía. Las dos resultan absolutamente ineficaces para ganar gente a una fe genuina en Cristo. Primero, cuando los milagros modernos se vuelven la base para una invitación evangelística, el verdadero mensaje del evangelio —la expiación de Cristo por nuestros pecados y su consecuente derecho a demandar señorío sobre nuestras vidas (Rom. 14:9)— se vuelve un asunto incidental. El Jesús histórico y bíblico es echado a un lado en favor de un Jesús místico y etéreo. El foco de la fe se vuelve las señales y prodigios, no el Salvador mismo.

Los que ponen su confianza en los milagros modernos no son salvados por esa fe, no importa cuán sinceramente invoquen el nombre de Cristo. El objeto de la fe salvadora genuina es el Señor Jesucristo, no los milagros de nadie. Gálatas 2:16 confirma esto: "Pero sabiendo que ningún hombre es justificado por las obras de la ley, sino por medio de la *fe en Jesucristo, hemos creído nosotros también en Cristo Jesús,* para que seamos justificados por la *fe en Cristo,* y no por las obras de la ley. Porque por las obras de la ley nadie será justificado" (énfasis añadido). Ningún evangelista puede llamar legítimamente a alguien a la fe en Cristo hasta que haya aclarado la base bíblica y los asuntos históricos del evangelio, esos que Pablo dijo que eran "de primera importancia": "Que Cristo murió por nuestros pecados, conforme a las Escrituras; que fue sepultado y que resucitó al tercer día, conforme a las Escrituras" (1 Cor. 15:3, 4). Pablo hizo una meta de predicar "a Cristo crucificado" (1 Cor. 1:23). Ese debe ser el enfoque central de cualquier proclamación del evangelio. Un mensaje que lo excluye no puede pretender ser evangelístico.

En segundo lugar, "el evangelismo de poder" es patentemente no bíblico. Como se ha señalado: "La fe es por el oír, y el oír por la palabra de Cristo" (Rom. 10:17). El evangelio, no las señales y prodigios, es el "poder de Dios para salvación" (Rom. 1:16). Jesús dijo que los que rechazan la Escritura no creerán ni aunque contemplen una resurrección: "Si no escuchan a Moisés y a los Profetas, tampoco se persuadirán si alguno se levanta de entre los muertos" (Luc. 16:31).

A pesar de las muchos señales y prodigios que él realizó, Jesús no practicó el "evangelismo de poder". El reprendió repetidamente a los que demandaban señales (Mat. 12:38, 39; 16:1-4; Mar. 8:11, 12; Luc. 11: 16, 29; 23:8, 9; Juan 4:48). El énfasis del ministerio de Jesús no eran los milagros, sino la predicación. A menudo él predicaba sin hacer señales y prodigios (comp. Mat. 13:1-52; 18:1-35; Juan 7:14-44).

Marcos 1:29-34 registra que Jesús hizo muchas sanidades milagrosas en Galilea. El versículo 37 nos dice que Pedro y los otros le encontraron a la mañana siguiente y le dijeron entusiasmados: "Todos te buscan." Ellos querían a Jesús para que realizara más señales y prodigios. Jesús, sin embargo, respondió: "Vamos a otra parte, a los pueblos vecinos, para que predique también allí; *porque para esto he venido*" (v. 38, énfasis añadido). Para Jesús, predicar la Palabra era más importante que realizar señales y prodigios. La Tercera Ola defiende un enfoque diferente, levantando una fachada de experiencia sobrenatural sin el fundamento de una apelación al arrepentimiento. Esto no es evangelismo bíblico.

## ¿Una orientación bíblica?

Aunque su movimiento descansa fuertemente en la experiencia, los líderes de la Tercera Ola parecen ansiosos de asegurar a los evangélicos de las principales denominaciones que su orientación es fundamentalmente bíblica. Como se señaló, el más reciente libro de Wimber, *Power Points* (Puntos de poder), parece ser un intento de responder a las muchas críticas de que a la Tercera Ola le faltan amarras bíblicas. Aquí, al fin, Wimber incluye una sección que trata algunos asuntos básicos doctrinales que se relacionan con la Escritura. El afirma su aceptación de la Palabra de Dios como inspirada verbalmente, sin error, y la autoridad suprema para la verdad espiritual en relación con la doctrina y conducta cristianas.[33]

En la práctica, sin embargo, Wimber y otros líderes de la Tercera Ola revelan que su orientación es más pragmática que bíblica. Aunque son muy rápidos para asegurar a los críticos interesados que su movimiento es completamente bíblico, los hechos revelan que esto es sencillamente una evidencia más de que la Tercera Ola no produce aquello que promete.

Si como parece, los líderes de la Tercera Ola envían en ocasiones señales confusas, muy bien puede ser que están confusos acerca de lo que realmente creen. La enseñanza de la Tercera Ola, por ejemplo, niega de plano la suficiencia de la Escritura. Decir que Dios está dando a la iglesia nueva revelación hoy en día es negar en efecto que la Biblia es completa y suficiente. Los líderes de la Tercera Ola, sin embargo, parecen no entender el asunto.

Jack Deere, por ejemplo, es el asistente de John Wimber en La Viña del Compañerismo Cristiano en Anaheim. El trasfondo de Deere como ex profesor de Antiguo Testamento en un seminario evangélico importante sugiere que él es uno de los líderes más calificados teológicamente en el movimiento de la Tercera Ola. Deere me aseguró recientemente en una reunión privada que él cree en, y siempre ha afirmado, la suficiencia de la Escritura. Sin embargo, en la Conferencia 1990 de la Guerra Espiritual en Sidney, él distribuyó sus notas impresas que incluían una sección titulada: "Una doctrina ilustrada sobre demonios", que decía:

> Para cumplir los más altos propósitos de Dios para nuestras vidas, debemos poder escuchar su voz, tanto en la Palabra escrita como en la nueva Palabra hablada desde el cielo... Satán entiende la importancia estratégica de que los cristianos escuchen la voz de Dios, de modo que ha lanzado varios ataques contra nosotros en ese terreno... Ultimamente esta doctrina (la suficiencia de la Escritura) es demoníaca, aunque teólogos cristianos han sido usados para perfeccionarla.[34]

No necesitamos "la Palabra hablada frescamente desde el cielo", porque "la palabra de nuestro Dios permanece para siempre" (Isa. 40:8), "la fe que fue entregada una vez a los santos" (Judas 3). En ella encontramos "las cosas que pertenecen a la vida y a la piedad" (2 Ped. 1:3). Es perfecta y completa, y contiene todos los recursos que necesitamos para vivir la vida cristiana (Sal. 19:7-11).[35] Ningún sistema que niega verdad tan básica puede en justicia reclamar ser bíblico.

La sed por una nueva revelación que caracteriza a la Tercera Ola realmente impone sobre el movimiento un bajo criterio de la suficiencia de la Escritura. Al representar experiencias extrabíblicas como esenciales para recibir la bendición completa de Dios, los proponentes de la Tercera Ola han diseñado un sistema que nunca puede ser verdaderamente bíblico, sino que siempre será ampliamente subjetivo y pragmático.

Wimber reconoce su inclinación fuertemente pragmática. El dice que fue influido mientras estuvo en el Seminario Fuller: "El doctor Donald McGavran, conocido mundialmente por su enorme contribución al tema del crecimiento de la iglesia, inspiró en mí un gran pragmatismo. Yo sabía que después de estar bajo su influencia ya nunca estaría satisfecho con la vida de la iglesia como la había conocido."[36]

Ciertamente el pragmatismo desbocado del movimiento de crecimiento de la iglesia, emanado de Fuller, ha marcado el tono para la Tercera Ola. El movimiento de crecimiento de iglesias estudia todas las iglesias que crecen, sean doctrinalmente sanas o no, y tiende a abrazar cualquier característica que parezca contribuir al crecimiento, a menudo sin considerar si la metodología que defienden es bíblica. Eso es *utilitarismo*, la filosofía que dice que las acciones son correctas porque son útiles. Un autor describe la perspectiva utilitaria de Peter Wagner:

> Wagner no hace afirmaciones negativas de nadie. El ha hecho una carrera de encontrar lo que es bueno en las iglesias que crecen y afirmarlo, sin hacer muchas preguntas críticas. Esto le capacita para sostener como modelos de vida eclesiástica no sólo la Viña de Wimber, sino la Catedral de Cristal de Schuller, a toda la denominación Bautista del Sur, y a casi cualquier otra iglesia que está creciendo.[37]

Wagner es cándido acerca de su perspectiva pragmática:

> Me enorgullece estar entre los que abogan por el evangelismo de poder como una herramienta importante para cumplir la gran comisión en nuestro día. Una de las razones por la que estoy tan entusiasmado es porque está funcionando. El evangelismo más eficiente en el mundo de hoy está acompañado de manifestaciones de poder sobrenatural.[38]

Walter Chantry nota: "Parece que el dar demasiada atención a las estadísticas de crecimiento de la iglesia ha apartado al evangelismo de poder de la misma teología que las multitudes necesitan."[39]

Por una parte, los de la Tercera Ola alegan que ellos son bíblicos y por la otra admiten que son pragmáticos. ¿Pueden ser verdad las dos cosas? Seguramente que no. El pragmatista está interesado principalmente con lo *que parece funcionar*. El pensador bíblico está interesado solamente en *lo que la Biblia dice*. Estos enfoques están generalmente en conflicto fundamental. Y en la Tercera Ola, cuando lo que está funcionando está en conflicto con la norma bíblica, la afirmación siempre va al argumento pragmático. En esta forma la experiencia determina tanto la agenda práctica como la teológica del movimiento.

Wimber dice: "He hablado con muchos teólogos evangélicos que han sufrido cambios significativos en su teología por causa de una experiencia. Siempre somos influidos por nuestras experiencias y necesitamos la humildad para admitirlo... Algunas verdades en las Escrituras no pueden ser entendidas hasta que hemos tenido ciertas experiencias."[40] Sin embargo, los verdaderos biblistas no cambian su teología a menos que sean confrontados con un entendimiento más preciso de las Escrituras.

Wimber trata de sintetizar esa verdad en su sistema: "Dios usa nuestras experiencias para mostrarnos más completamente lo que enseña en la Escritura, muchas veces derribando o alterando elementos de *nuestra* teología y nuestra visión del mundo."[41] El problema que Wimber no puede reconocer es que la experiencia puede ser falsa, mientras que la Palabra de Dios no. El propósito de una perspectiva bíblica es sujetar nuestras experiencias a la luz de la Escritura, de modo que la Palabra de Dios moldee nuestro entendimiento. Si probamos la Escritura por la experiencia, caeremos ciertamente en error.

A pesar de su deseo expreso de ser bíblicos, los de la Tercera Ola han permitido que su hermenéutica centrada en la experiencia combinada con una devoción utilitaria a cualquier cosa que parezca funcionar, los aparte mucho de la teología bíblica. Por ejemplo, John Wimber abraza la enseñanza católica romana sobre la eficacia de las reliquias. En un seminario de sanidad patrocinado por La Viña en 1981, Wimber dijo: "Ha sido una experiencia más bien común en la iglesia católica, por más de mil doscientos años, que la gente sea sanada como resultado de tocar las reliquias de los santos. Nosotros los protestantes tenemos dificultad con eso, pero los sanadores no debiéramos tenerla, porque no hay nada teológicamente fuera de línea con eso. Porque todo lo que estamos haciendo es darles un punto de contacto para su fe."[42] Wimber también ha inventado algunas novedades curiosas acerca de la demonología:

> Hay muchos demonios que no tienen cuerpo. Tener cuerpo (para un demonio) es como tener un auto. Quieren tener un automóvil para trasladarse. Si no tienen cuerpo son demonios de segunda clase. No estoy bromeando. Así es la cosa. Y entonces (para ellos) tener un cuerpo es lo más grande. Por eso no quieren deshacerse de él.[43]

Eso es fantástico, no bíblico, pero funciona en la Tercera Ola, porque para ser llamada *bíblica* una enseñanza no necesita ser derivada de la Escritura. Simplemente debe evitar conflictos obvios con pasajes escriturarios familiares.

En ocasiones ni siquiera esa pauta es observada. La enseñanza de Wimber con relación a la persona de Jesucristo es cuando menos descuidada, y blasfema cuando más, pero en cualquier caso, contradictoria de la Escritura. En su seminario de sanidad grabado en cinta, Wimber dice: "¿No le han enseñado a usted que Jesús sabe todas las cosas? Hay muchas veces en los Evangelios cuando Jesús no sabía y tenía que hacer preguntas."[44] Esa declaración niega la omnisciencia de Cristo. Igualmente espantosa es esta: "Jesús ministraba sobre la fe de otros. Jesús con frecuencia navegaba en la ola de la fe de otros. Creo que había ocasiones cuando Jesús tenía poca o ninguna fe para la sanidad del individuo. Yo creo que hubo ocasiones cuando le fluía más fe que otras."[45]

Ese cuadro de Jesús luchando con falta de fe es totalmente contrario a la manera en que los Evangelios describen a Jesús. De su propia imaginación y experiencia Wimber ha esparcido el criterio de un Jesús que tiene más en común con John Wimber que con el Jesús del Nuevo Testamento.

Wimber declara que ocurren varios fenómenos físicos cuando el poder del Espíritu Santo viene a una persona. Entre estos están el sacudirse y temblar, caerse (ser "matado en el Espíritu"), un estado eufórico que se parece a la borrachera, saltar, contracción de las manos poniéndoseles como garras, contorsiones faciales, rigidez corporal, temblor, agitación de los párpados, respiración pesada, sensación de calor, sudoración y una sensación de un peso en el pecho.[46] Por supuesto, la Biblia en ninguna parte asocia esas sensaciones con la obra del Espíritu en la vida de una persona. Parecen más fenómenos de lo oculto o experiencias autoinducidas que el fruto del Espíritu (comp. Gál. 5:22, 23).

Aunque los líderes de la Tercera Ola quieren convencer a los cristianos fuera de su movimiento que ellos están profundamente sometidos a la Escritura como la norma final de fe y de práctica, ellos comúnmente edifican sus enseñanzas sobre experiencias y después se preocupan por encontrar apoyo bíblico para respaldarlas. Ken Sarles, profesor asociado de teología del Seminario El Maestro, señala acertadamente: "Los dos principales libros de Wimber, *Power Evangelism* (Evangelismo de poder) y *Power Healing* (Sanidad de Poder), están llenos de historias, anécdotas e ilustraciones. En ocasiones las historias mismas se vuelven la base de su enseñanza. Hay numerosas referencias de la Escritura, pero invariablemente son explicadas con ilustraciones."[47] Innegablemente, la mayoría de la literatura de la Tercera Ola sufre de esta tendencia. Los libros que promueven el movimiento descansan fuertemente en la narración en primera persona. Algunas veces las referencias bíblicas están entretejidas, pero muy rara vez, si acaso, son la piedra angular de la enseñanza de la Tercera Ola. Los pasajes de la Escritura raramente son tratados dentro de su propio contexto. En lugar de eso, las historias y los versículos bíblicos aislados son usados donde es posible como textos de prueba y para propósitos ilustrativos.

*Encuentros de poder*, editado por Kevin Springer, muestra esta tendencia de principio a fin. Es una colección de testimonios de gente que fue empujada al movimiento por experiencias dramáticas y místicas. Ninguna de las personas descritas en el libro entró a la Tercera Ola porque el estudio de la Escritura la hubiera convencido de que el movimiento era una obra de Dios; todas ellas fueron arrastradas por una experiencia o por una serie de experiencias.

Mike Flynn, por ejemplo, un rector episcopal, describe su experiencia durante un servicio de capilla en el seminario:

> Yo había decidido renunciar. No estoy seguro exactamente a cuánto o a qué iba a renunciar —seguramente al seminario, tal vez a mi matrimonio, probablemente a la religión— porque nunca tuve la oportunidad de averiguarlo, porque cuando fui a la barandilla del altar para tomar la comunión, sucedió algo espontáneo, no esperado y alarmante, cuando el sacerdote puso el pan en mi mano. Repentinamente algo como corriente eléctrica empezó a pasar por mi cuerpo.
>
> No tuve mucho tiempo para reflexionarlo porque conforme se acercaba el otro sacerdote llevando la copa, la sensación aumentó dramáticamente. Cuando estaba dando la copa a la persona enseguida de mí, casi era insoportable y extremadamente alarmante. La única razón por la que no salté y corrí fue por timidez. Al acercar él la copa a mis labios todo llegó a su clímax: Yo sentí como si un Vesubio de varias clases estuviera brotando de la coronilla de mi cabeza; estaba seguro de que yo estaba emitiendo una luz blanca brillante y de que todos me miraban alelados; mi interior estaba alborotado con esa sensación eléctrica.[48]

Flynn dice que no entendió la experiencia y aunque la procuró repetidamente después de eso, finalmente se rindió, "puso la experiencia en un rincón", y se volvió cínico, contra lo establecido, y moralmente decadente.[49]

Frustrado, Flynn buscó la renovación. "Yo recuerdo haber dicho algo como: 'Está bien, si se necesita ser un idiota emocional para conseguir esa relación con Dios, entonces así sea.'" Repentinamente él recordó su experiencia en la barandilla del altar: "Y mientras recordaba la experiencia, ¡todo sucedió de nuevo! Yo sabía, y sabía que sabía, que mi vida había cambiado. Fue el 22 de agosto de 1972."[50]

Pero, después de unos seis meses, esa experiencia se agotó también. Finalmente, Flynn fue a ver a una mujer que oró por él.

> Parada detrás de la silla en la que yo estaba sentado, me previno de que ella temblaba cuando oraba y que yo no debía molestarme por eso. Así que puso sus manos en mi cabeza y guardó silencio por un rato. Luego ella oró que el Señor me diera la unción para sanar de

los recuerdos (sanidad interior, como la llaman hoy). Yo estaba muy seguro de que no quería una unción para eso, pero fui lo suficientemente cortés para no decírselo. Conduje el coche a casa pensando que la sesión había sido un fracaso total.

Pero un par de semanas después una mujer vino a mi oficina, se sentó y me habló de sus serios problemas matrimoniales, producto del abuso de parte de su esposo. Ella necesitaba la sanidad de las emociones dañadas. Después de una breve discusión mental con Dios, consentí en orar por ella. Pero comprendí con sobresalto que yo no tenía el más ligero concepto de *cómo* hacerlo. Yo había estado practicando visualmente la presencia de Cristo, viendo a Jesús en un trono, donde quiera que yo iba. Así que vi a Jesús. Se levantó de su trono, se arrodilló al lado de la mujer, puso su brazo alrededor de sus hombros y con su mano izquierda entró directo a su corazón y sacó lo que parecía gelatina negra. El la puso en su propio corazón donde se contrajo hasta que se evaporó. Luego alcanzó de nuevo su propio corazón y sacó una esfera de gelatina blanca, que insertó cuidadosamente en el corazón de la mujer, donde había estado la obscuridad. Finalmente se volvió a mí y me dijo: "Haz eso." Yo me sentí más bien tonto, pero describí en alta voz en oración lo que había visto a Jesús hacer, y la mujer fue gloriosa e inmediatamente sanada.[51]

Sanidad interior, visualización, sensación de calor y electricidad; esas cosas son el vocabulario de la Nueva Era y de las prácticas ocultas y no tienen nada que ver con el cristianismo bíblico. De hecho, a través de todo su testimonio, Flynn hace solamente una referencia a la Escritura, varias veces cita Juan 15:5: "Separados de mí, nada podéis hacer."

Casi al fin de su testimonio, Flynn hace una notable admisión: "Yo no sé cómo la palabra de conocimiento obra en uno, pero en mí es casi siempre apenas un golpecito a través de mi ojo interior. Me gusta decir que el Espíritu habla en un 'murm', que es la mitad de murmullo. A un nivel emocional se *siente* como que estoy mintiendo cuando pronuncio una palabra de conocimiento."[52] Obviamente el mismo Flynn no está completamente convencido de que son mensajes de Dios. Mi juicio sería que si él *siente* que está mintiendo, probablemente lo está haciendo. Su actitud, sin embargo, parece bastante descarada. El refiere una clase sobre señales y prodigios que enseñó una vez en el Seminario Fuller: "Al fin de la enseñanza hice descender al Espíritu. Cuando Lloyd Harris, mi adjunto, y yo entrábamos en el carro después del evento, yo bromeé: 'Bueno, yo creo que he mentido como veinticinco veces esta noche.' Lloyd se rió, sabiendo lo que yo quería decir, porque yo había pronunciado palabras de conocimiento como veinticinco veces."[53]

¿Puede alguien argumentar seriamente que una actitud tan irreverente es coherente en alguna manera con la verdad bíblica? La crónica de Wimber de su propio peregrinar espiritual muestra un patrón claro de depender fuertemente de la experiencia a costa de la Escritura. Cada crisis en su vida, cada cambio importante en su pensamiento, fue movido no por la Palabra de Dios, sino por una experiencia mística. Su apertura a los dones carismáticos ocurrió después de que su esposa tuvo un "descongelamiento de la personalidad". El escribe: "Una noche, por un sueño, ella fue llena del Espíritu Santo... ¡Despertó hablando en lenguas!"[54] Una serie de experiencias similares, incluyendo sanidades, visiones, sueños, mensajes de Dios y eventos milagrosos, han formado la base para todo lo que John Wimber enseña hoy.

Wagner llegó a sus criterios en una manera similar. El escribe: "¿Qué trajo el cambio? ¿Cómo di una vuelta de 180 grados? El proceso tomó como quince años. Primero, a finales de los años sesenta, *yo tuve una experiencia inolvidable.*"[55] Cuando Wagner da su repaso de esos quince años decisivos, cada momento de decisión que él nombra está relacionado con una persona o experiencia que influyó en él. Ninguna de las razones que él da para su "cambio de criterio" surgió de su estudio personal de la Escritura.

Wagner cuenta que su amigo Edward Murphy, vicepresidente de *Overseas Crusades* (Cruzadas al extranjero), en un tiempo creyó "que en el momento en que el Espíritu Santo entra a la vida de un cristiano, los malos espíritus, si los tenía, son expulsados automáticamente".[56] Murphy ya no sostiene ese criterio, informa Wagner. "Su experiencia misionera... lo obligó a cambiar de opinión."[57]

Formar la teología personal de esa manera es excesivamente peligroso. La autoridad final en asuntos espirituales llega a ser la experiencia subjetiva de uno, no la Palabra objetiva de Dios. La Biblia es derribada del lugar que le corresponde como la única guía para fe y práctica en la vida cristiana, y es relegada al papel secundario de conformarse a la experiencia de uno. Y cuando una experiencia no puede ser encontrada en la Escritura, o cuando contradice alguna verdad bíblica, la Biblia sencillamente es ignorada o reinterpretada. Elevar la experiencia sobre la Escritura es arrojarse uno a la deriva en un mar de subjetividad mística.

Un informe del Instituto Cristiano de Investigación sobre el movimiento de la Viña de Wimber concluyó correctamente: "Aunque hay mucha enseñanza en La Viña sobre ciertos asuntos prácticos... parece haber poco énfasis sobre enseñar la Biblia por sí."[58] El informe continúa:

Mientras que la enseñanza de la Biblia no se enfatiza bastante, el papel de la experiencia en la vida cristiana parece ser sobreenfatizado de alguna manera. La gente en La Viña frecuentemente parece estar dispuesta a permitir que sus experiencias espirituales se validen a sí mismas. Parecen estar dispuestos a asumir que cualquier cosa que suceda entre ellos es de Dios. Eso no es decir que sus líderes no intentan mostrar que sus experiencias son escriturarias, pero esa experiencia muy a menudo es su punto de partida.[59]

Claramente la Tercera Ola es descendiente de un fiero pragmatismo casado con una sed insaciable de experiencias dramáticas y espectaculares. A pesar de todos los reclamos en contrario, su orientación fundamental no es bíblica.

## ¿Una herencia evangélica?

Al escuchar los reclamos de los líderes de la Tercera Ola uno podría concluir que su movimiento está compuesto esencialmente de evangélicos conservadores que permanecen sometidos fuertemente a la teología tradicional. Los hechos sencillamente no muestran esto.

Mucho de la Tercera Ola es difícil de clasificar doctrinalmente. Las declaraciones de fe y los credos sencillamente no son señal inequívoca de la Tercera Ola. La Viña de Wimber es típica:

> Otro aspecto perturbador del ministerio de La Viña es su falta de alguna declaración de fe escrita. Dado que los miembros de La Viña vienen de una variedad de trasfondos denominacionales, el liderazgo ha evitado establecer normas doctrinales fuertes. Esta falta de énfasis de doctrina es consistente también con el liderato de John Wimber y Bob Fulton (pastor de La Viña en Yorba Linda, California), cuyos trasfondos teológicos incluyen asociación con los cuáqueros, que típicamente hacen hincapié en la experiencia interna de Dios y que minimizan la necesidad de expresiones doctrinales del entendimiento de Dios de uno.[60]

No obstante, los de la Tercera Ola quieren situar su movimiento en la corriente principal del cristianismo evangélico histórico. Los testimonios típicos de los de la Tercera Ola hacen hincapié en las raíces conservadoras y hasta fundamentalistas. Wagner, por ejemplo, dice: "Mi trasfondo es el del dispensacionalismo evangélico de la Biblia de Scofield."[61] El está convencido de que la Tercera Ola es "un nuevo movimiento del Espíritu Santo entre los *evangélicos*".[62]

De nuevo, los hechos cuestionan tales criterios. El movimiento de la Tercera Ola es ampliamente ecuménico y hasta sincrético. La verdad es que la capa evangélica de la Tercera Ola es una imagen cuidadosamente elaborada, otro elemento crucial de la hábil campaña de promoción que está tratando de introducir el movimiento entre evangélicos no carismáticos. En *Power Points* (Puntos de Poder), Wimber reconoce la precaución extrema que se ejerció para mantener el contenido doctrinal del libro dentro de los parámetros del cristianismo evangélico histórico: "Este proyecto se llevó un año más de lo que anticipábamos. Se debió en parte a nuestro interés por arraigar nuestros comentarios acerca del crecimiento espiritual en una teología histórica y ortodoxa."[63]

Pero, ¿está la "teología histórica y ortodoxa" realmente en el corazón de la enseñanza de la Tercera Ola? No.

Wimber se siente tan cómodo con el dogma católico romano como con el cristianismo evangélico. Como hemos notado, Wimber defiende los reclamos católicos de sanidad por medio de reliquias. El aboga por la reunificación de protestantes y católicos. Un ex asociado dice: "Durante una conferencia de pastores de La Viña, (él) llegó hasta a 'disculparse' con la iglesia católica por todos los protestantes."[64] En su seminario sobre plantación de iglesias, Wimber declaró: "El papa... a propósito, está muy interesado en el movimiento carismático y él mismo es un evangélico nacido de nuevo. Si ustedes han leído cualquiera de sus textos respecto a la salvación, sabrán que él está predicando el evangelio tan claro como cualquiera que lo predica en el mundo hoy día."[65]

Un apéndice en el libro *Power Evangelism* (Evangelismo de Poder) de Wimber procura establecer que las señales y prodigios han aparecido en toda la historia de la iglesia. Wimber cita un catálogo escogido de individuos y movimientos, tanto ortodoxos como herejes, como evidencia. Incluidos entre ellos está Hilarión (un hermitaño del siglo cuarto), Agustín, el Papa Gregorio I (El Grande), Francisco de Asís (fundador de la orden Franciscana), los Valdenses (que se opusieron al Papa y fueron perseguidos por los Dominicos), Vicente Ferrer (que era él mismo un Dominico), Martín Lutero, Ignacio de Loyola, Juan Wesley y los Jansenistas (una secta católica).[66] En un librito publicado por La Viña, Wimber añade a los Tembladores (una secta que demandaba el celibato), a Edward Irving (líder desacreditado de la secta Irvingita en la Inglaterra del siglo diecinueve), y ¡los supuestos milagros y sanidades obrados por una aparición de la virgen María en Lourdes, Francia![67]

Wagner da crédito al concepto de "pensar en posibilidades", de Robert Schuller, por introducirlo a toda una nueva dimensión de experiencia cristiana. "Schuller ha ayudado a mucha gente a empezar a creer en Dios para grandes cosas", escribe.[68] El está igualmente cómodo respaldando las ideas de la "cuarta dimensión" del pastor coreano doctor Paul Yonggi Cho, que tienen sus raíces en el budismo y en las enseñanzas ocultistas.[69]

El deseo de Wagner de abrazar y sintetizar criterios en conflicto se revela en sus propias palabras:

> Recientemente tomé parte en un simposio donde seis diferentes líderes cristianos comunicaron el significado de la espiritualidad. Me sorprendió encontrar cuán divergentes eran sus opiniones, aunque esa divergencia debiera haber sido predecible en alguna manera, puesto que los líderes venían de diferentes trasfondos denominacionales. Después, me encontré a mí mismo pensando que probablemente ninguno de ellos estaba "equivocado", sino que cada uno, a su manera, tenía razón.[70]

Eso resume el enfoque a la verdad de la Tercera Ola, donde todos tienen razón: el catolicismo tiene razón, la alta iglesia del anglicanismo tiene razón, la baja iglesia del anglicanismo tiene razón, los tembladores tienen razón, los cuáqueros tienen razón y el cristianismo evangélico tiene razón, también.[71]

La enseñanza de la Tercea Ola, sin embargo, más que rápidamente abandona el cristianismo evangélico conservador porque los de la Tercera Ola han concluido que el poder de Dios está faltando en la teología evangélica. En su prefacio a *Signs, Wonders and the Kindgdom of God* (Señales, prodigios y el reino de Dios), de Don Williams, John Wimber resume la perspectiva típica de la Tercera Ola:

> La teología fundamentalista del siglo veinte, inicialmente una reafirmación valiosa de la fe ante la teología liberal, gradualmente asumió el estilo no solamente de la reacción contra los liberales sino contra el movimiento pentecostal. Al hacerlo así, no sólo se volvió más reaccionaria, sino tiró junto con el agua al niño del poder de Dios, negando todo el tiempo que lo estaba haciendo. Y la reacción en este punto fue menos un reflejo de verdad bíblica que de temores inconscientes cegándonos a algunas cosas que la Escritura estaba diciendo.[72]

¿Qué puede librar a alguien de esos temores cegadores e inconscientes? No la verdad, sino la experiencia: "Esto es lo que le ha pasado a Don Williams. Al presentar su libro, él describe las experiencias que lo arrancaron de la camisa de fuerza de la teología reaccionaria —una teología que lo había atado y emasculado— y que lo dejó libre por un poder soberano."[73] Uno se pregunta, sin embargo, si Williams alguna vez estuvo comprometido con la "teología fundamental" de alguna manera. Evidentemente su "teología reaccionaria" ni siquiera incluyó la seguridad de que lo sobrenatural es real. Williams describe su pensamiento antes de unirse a la Tercera Ola: "¿Era posible que el diablo fuera un verdadero enemigo, después de todo? ¿Podría haber un poder de Dios que librara y transformara la vida en esencia?"[74]

Esas no son las meditaciones de alguien comprometido con la "teología fundamentalista". Evidentemente la teología de Williams no le permitió estar seguro de que la conversión a Cristo transforma la vida en su esencia. Tal vez su problema no era la rígida teología reaccionaria después de todo, sino servicio de dientes para afuera a un credo en el que no creía completamente.

Eso, precisamente, es el común denominador en virtualmente cada testimonio publicado por la Tercera Ola. Casi todos los de la Tercera Ola hablan de la teología como inherentemente divorciada de la experiencia, enseñanza académica de camisa de fuerza, religiosidad vacía, ortodoxia muerta. El mismo Wimber nota los trasfondos similares de los presentados en *Power Encounters* (Encuentros de Poder), el libro de Springer: "Casi todos ellos se identifican a sí mismos como evangélicos... (pero) reconocen una gran brecha entre lo que les habían enseñado acerca de Dios y su experiencia... (Entonces) todos ellos tuvieron un encuentro con Dios, dramático en la mayoría de los casos, que los tomó por sorpresa."[75]

Los testimonios en el libro cuentan historias de hombres y mujeres cuya teología *era* vacía, limitante, reaccionaria, y en algunos casos, una farsa total. Esas personas se adhirieron intelectualmente a una verdad que no se abrió camino a sus experiencias. Ahora están buscando experiencias y queriendo edificar un nuevo sistema de verdad sobre ellas.

Peor aún, habiendo fracasado en  encontrar realidad en la verdad que habían abrazado solamente con sus mentes, ahora rehúsan creer que *alguien* pueda tener experiencias genuinas que cambian la vida en respuesta a las mismas verdades que ellos encontraron "vacías" y "limitantes". Ellos creen que los que insisten en la sana doctrina están meramente denunciando la posibilidad de *cualquier* experiencia o encuentro legítimo con Dios. Habiendo fracasado en enfrentarse con el poder de Dios en respuesta a la verdad bíblica objetiva, han concluido que el *verdadero* poder de Dios  se manifiesta en todas partes, mediante experiencias milagrosas, sensacionales y místicas. Y así, aunque alegan un compromiso con la teología evangélica, la ridiculizan como impotente e inherentemente defectuosa.

Hasta la conversión sin lo milagroso está coja, dicen ellos. La gente que responde al evangelio sin ver señales y prodigios "no encuentra el poder de Dios; por tanto, no se mueve frecuentemente hacia una fe madura. Debido a que hay algo inadecuado en su experiencia de conversión, más tarde el crecimiento de muchos se retrasa".[76] Además de la completa arrogancia de la perspectiva, el peligro que presenta es grande. Virtualmente todo lo que el Nuevo Testamento dice de señales y prodigios en los últimos días son advertencias contra falsos maestros que usarán los milagros para engañar. Jesús dijo: "Porque se levantarán falsos cristos y falsos profetas, y darán grandes señales y maravillas de tal manera que engañarán, de ser posible, aun a los escogidos. ¡Mirad! Os lo he dicho de antemano" (Mat. 24:24, 25; comp. 7:22, 23; 2 Tes. 2:3, 8, 9).

No seáis barridos por la Tercera Ola. Recordad que la única prueba verdadera de si una persona o movimiento es de Dios no son señales y prodigios, sino enseñanza que se conforme a la verdad de la Palabra de Dios. Y la más alta expresión del poder de Dios en el mundo hoy no es alguna señal o prodigio espectacular, sino la tranquila piedad de una vida controlada por el Espíritu.

# 7

# ¿Cómo operan los dones espirituales?

Benny Hinn mata a la gente en el Espíritu. Cuando Benny siente que "la unción" viene sobre su mano, él toca a sus seguidores en la frente o simplemente pasa su brazo ante ellos y caen desmayados. Hinn, pastor del Centro Cristiano de Orlando, tiene una trasmisión televisiva de alcance nacional en la que mata gente en el Espíritu casi cada semana. Hinn ocasionalmente "libera la unción" sobre todo el auditorio, haciendo que la mayoría de la multitud caiga hacia atrás.

¿Es la capacidad de Benny Hinn un don espiritual singular, o él sencillamente está usando las técnicas del mesmerismo (hipnotismo) y el poder de la sugestión? Seguramente a la luz de advertencias como Mateo 7:21-23; 24:24; Marcos 13:22 y 2 Tesalonicenses 2:7-9, no debemos asumir automáticamente que todo el que despliega señales y prodigios tiene poder de Dios para hacerlo. Las imitaciones y engaños satánicos son una amenaza muy real para la iglesia. Una cosa es cierta: lo que Benny Hinn hace no es nada como los dones espirituales que la Escritura describe.

La práctica carismática de matar gente en el Espíritu se ha vuelto tan común que muchos carismáticos pueden sorprenderse al enterarse de que la Escritura guarda absoluto silencio acerca de tal don. No hay registro de que ningún apóstol o líder en la iglesia primitiva tuviera la capacidad de dejar a la gente inconsciente en una catalepsia llena del Espíritu. Sin embargo, la práctica tipifica la obsesión del movimiento carismático con los dones paranormales que se despliegan en público y con gran conmoción.

## Los dones espirituales y la mente humana

Desde los primeros días del pentecostalismo, la búsqueda de manifestaciones aún más insólitas y espectaculares de los dones espirituales, ha soboteado la racionalidad en el movimiento. Como se ha visto en este libro, los informes de fenómenos místicos inexplicables y hasta poco admisibles, son abundantes en las tradiciones carismática y pentecostal. Parece que ningún cuento es demasiado fantástico para ganar seguidores ansiosos.[1] Muchos parecen creer que el poder de Dios *sólo* puede desplegarse en maneras que sean sobrenaturales, misteriosas o absurdas. Como resultado, algunos carismáticos desdeñan la lógica, la razón y el sentido común en su ansiedad por admitir tales informes.

Peor aún, todo el movimiento ha absorbido el criterio erróneo de que cualquier cosa que sea verdaderamente espiritual debe trascender o pasar por alto los sentidos racionales de la gente. Los dones espirituales supuestamente operan suspendiendo las facultades de la razón humana. Uno podría pensar que la evidencia más fuerte del poder del Espíritu es cuando alguien cae en estupor. Y así la ciencia del movimiento carismático está lleno de relatos de conducta que parece trances, ataques, mensajes subliminales, hipnosis, animación suspendida, frenesí, histeria y hasta demencia. A menudo esas cosas son citadas como prueba de que Dios está obrando en el movimiento.

Kenneth Hagin, por ejemplo, alega que una noche mientras estaba predicando, una nube de gloria lo envolvió y el perdió el rastro de donde estaba y de lo que estaba diciendo. "No supe una palabra de lo que había dicho por quince minutos. Había estado en la nube de gloria. Cuando me encontré caminando alrededor del altar, me sentí tan avergonzado que la cara se me puso roja y yo corrí a la plataforma, me puse detrás del púlpito, dije: 'Amén, oremos', e hice la invitación."[2]

"Algunas veces cuando estoy predicando", escribe Hagin, "el Espíritu de Dios viene sobre mí, atrae mi atención y no puedo decir ni una palabra en inglés".[3] Enseguida procede a contar un incidente cuando estaba ministrando con Fred Price, y fue golpeado con lo que él cree era una "unción" durante el servicio de la iglesia. Hagin dice que fue incapaz de comunicarse en inglés por horas.[4]

En un tono semejante Hagin relata esta historia:

La hermana María Woodworth-Etter era una evangelista durante los primeros días del movimiento pentecostal en este país. Yo leí el relato del periódico respecto a lo que pasó en San Luis, en una ocasión antes de 1920. Ella tenía setenta y tantos años y predicaba en una tienda que estaba llena, cuando justo en medio de su sermón, con su mano levantada para ilustrar un punto y con la boca abierta, el poder de Dios vino sobre ella.

Ella se congeló en esa posición y quedó como una estatua por tres días y tres noches. Piensen en eso: Todo su cuerpo estaba bajo el control del Espíritu de Dios. No tuvo funciones corporales en los tres días y noches que permaneció allí.

Según el relato del periódico, se ha estimado que más de 150.000 personas vinieron a verla en ese período de tres días. La tercera noche el Espíritu de Dios la liberó. Ella pensó que era la misma noche y el mismo sermón y siguió predicando en el mismo lugar de su sermón.[5]

Es difícil de comprender por qué alguien asumiría que tal conducta manifiesta el poder de Dios. Nada remotamente como eso se encuentra en la Escritura, a menos que uno cuente a la esposa de Lot. Y para no ser superado, Hagin trata de eclipsar el relato con algunas anécdotas similares de su propia experiencia.

Una noche una muchacha de dieciséis años fue llena del Espíritu, habló en lenguas, entró en un espíritu de intercesión y luego, con sus manos levantadas, se quedó en un lugar ocho horas y cuarenta minutos. Nunca parpadeó y nunca cambió su peso de un pie a otro pie.

Era enero y ella estaba parada lejos de la estufa. Su madre, preocupada de que pudiera pescar un resfriado, preguntó si estaría bien moverla cerca de la estufa, que estaba en el centro de la habitación.

"No sé", dije. Yo nunca había visto algo como eso.

El pastor, que pesaba 121 kilos, dijo: "Hermano Hagin, usted la agarra de uno de sus codos y yo del otro, y así la llevaremos más cerca del calor."

Pero no pudo ser movida. Era como si estuviera clavada al piso.[6]

Hagin continúa:

Otra noche, cuando hicimos el llamamiento al altar, yo sentí que el poder de Dios estaba sobre una de las mujeres. Ella empezó a exhortar a la gente a ser salva. Yo dije: "Hermana, siga adelante y obedezca a Dios."

Con los ojos cerrados ella subió al altar y empezó a caminar de un extremo al otro, exhortando a los pecadores a ser salvos. Ella caminaba justo hasta la orilla del altar, y uno pensaría que iría a caerse, pero cada vez se daba vuelta. Las personas empezaron a venir al altar. Los ojos de ella estaban cerrados, pero cada vez que alguien venía, su espíritu lo sabía y ella daba saltitos de gozo. Enseguida seguía exhortando. Cuando la veinteava persona hubo venido —cada pecador fue salvado esa noche—, Dios es mi testigo, mi esposa es mi testigo, y cada persona en ese edificio es mi testigo, ella empezó a bailar en la orilla del altar. ¡Ella se quedó bailando en el aire! Sus pies no tocaban el piso. Todos lo vieron. Yo podría haberla alcanzado y tocado. Luego se dio vuelta y volvió a bailar en el altar, de un extremo a otro, se detuvo, abrió los ojos y se bajó.[7]

Francamente, eso suena más como una escena de una mala película de horror que un verdadero milagro. Levitación, estados alterados, pies clavados al piso, esos son los instrumentos de lo oculto, no dones espirituales genuinos.[8]

No he escogido ejemplos aislados o atípicos. Y no son solamente evangelistas provincianos y anticuados los que informan de tales espectáculos. Virtualmente cada segmento importante del movimiento carismático publica historias como esas. Inclusive el movimiento de la Tercera Ola, a pesar de sus fuertes lazos con la comunidad académica, exhibe un sesgo definido hacia señales y prodigios en el cual el intelecto humano es echado a un lado. Carol Wimber describe la "experiencia de derramamiento" que lanzó a la iglesia de su esposo en el evangelismo de poder. Fue un domingo en la tarde, el Día de la Madre de 1981, y un joven al que John Wimber había invitado a predicar dio su testimonio. Al fin de su mensaje el orador huésped invitó a los menores de veinticinco años de edad a venir al frente:

> Ninguno de nosotros tenía una idea de lo que iba a pasar después. Cuando vinieron al frente el orador dijo: "Ya hace años que el Espíritu Santo está contristado por la iglesia, pero ya lo está superando. Ven, Espíritu Santo."
> Y él vino.
> La mayoría de esos jóvenes habían crecido alrededor de nuestro hogar y los conocíamos bien, nosotros teníamos cuatro hijos entre las edades de dieciocho y veinticuatro años. Un individuo, Tim, empezó a saltar. Sus brazos se movían con rapidez y él se cayó, pero una de sus manos golpeó accidentalmente el pedestal de un micrófono y lo arrastró en su caída. El estaba enredado en el cable, con el micrófono cercano a su boca. Entonces empezó a hablar en lenguas, de modo que el sonido se escuchó por todo el gimnasio (para entonces nos estábamos reuniendo en una escuela de enseñanza media superior). Nunca nos habíamos considerado carismáticos y ciertamente nunca habíamos hecho hincapié en el don de lenguas. Habíamos visto antes a unas cuantas personas temblar y caerse, y habíamos visto muchas sanidades, pero esto era diferente. La mayoría de la gente joven estaba sacudiéndose y cayéndose. En un momento dado parecía la escena de un campo de batalla: cuerpos por todas partes, personas llorando, gimiendo y hablando en lenguas, muchos gritando y comportándose ruido-

samente. Y allí estaba Tim en medio de todo, balbuceando en el
micrófono.[9]

¿Puede esa clase de caos ser aceptada como prueba de que Dios
está obrando? El mismo John Wimber parecía inseguro al principio.
"El pasó la noche leyendo la Escritura y los relatos históricos de
avivamiento", informa la señora Wimber. "El temía hacer cualquier
cosa que no estuviera reseñada explícitamente en la Biblia."[10] Un
temor sano, pero Carol Wimber dice que el estudio de toda la noche
de su esposo "no le dio respuestas concluyentes".

> Para las cinco de la mañana John estaba desesperado. Clamaba a
> Dios: "Señor, si eres tú, por favor, dímelo." Un momento después
> sonó el teléfono y un pastor, amigo nuestro de Denver, Colorado,
> estaba en la línea. "John", dijo, "lamento llamarte tan temprano,
> pero tengo algo realmente extraño que decirte. No sé lo que
> significa, pero Dios quiere que te diga:'Soy yo, John.'"
> Eso era todo lo que John necesitaba. No tuvo que entender el
> temblor o por qué todo había pasado como pasó; todo lo que él
> necesitó saber fue que Espíritu Santo (sic) lo hizo.[11]

Qué lástima. Si John Wimber hubiera continuado leyendo la
Escritura podría haber visto que el apóstol Pablo reprobó a los
corintios por permitir una escena semejante a la conmoción que tuvo
lugar en la iglesia de Wimber: "De manera que, si toda la iglesia se
reúne en un lugar y todos hablan en lenguas, y entran indoctos o no
creyentes, ¿no dirán que estáis locos?... Pero hágase todo decente-
mente y con orden" (1 Cor. 14:23, 40). Por supuesto la Palabra de
Dios es la única prueba confiable de tales cosas y parece claro que una
lectura honesta de la Escritura le hubiera dado a Wimber la respuesta
escueta que él estaba buscando. Sin embargo, él en lugar de eso,
tomó el consejo de una llamada telefónica inesperada. Esa llamada,
por supuesto, pudo haber sido un engaño satánico. Pero él decidió
que no necesitaba que tuviera sentido lo que estaba pasando en su
iglesia; no necesitaba reconciliarlo con la Escritura; no necesitaba entenderlo. El tenía una señal mística y eso era bastante para él. El hizo
a un lado sus temores de fenómenos extrabíblicos, decidiendo después
de una noche de estudio que la Escritura no tenía respuestas defini-
tivas para él, optando en lugar de eso aceptar una señal mística como
conclusiva.

## ¿Dones espirituales o desastres espirituales?

Esta tendencia carismática de suspender el intelecto y dejar que el misticismo corra sin freno es la esencia de aquello contra lo que Pablo escribió en 1 Corintios 14. Allí, condenando el mal uso del don de lenguas, el apóstol argumentó que todo el ministerio de los dones espirituales en la iglesia debería ser dirigido a las mentes: "Sin embargo, en la iglesia prefiero hablar cinco palabras con mi sentido, para que enseñe también a los demás, que diez mil palabras en una lengua" (14:19). El principio se aplica a todos los dones espirituales: "Puesto que anheláis los dones espirituales, procurad abundar en ellos para la edificación de la iglesia" (14:12).[12] "Porque Dios no es Dios de desorden" (14:33).

Sin embargo, la confusión y el desorden dominan en muchas reuniones carismáticas contemporáneas típicas. Norvel Hayes describe un incidente cuando él supuestamente sanó a un hombre de sordera:

> El hombre cayó hacia adelante, boca abajo en el piso. Uno pensaría que se había roto la dentadura, pero no fue así.
>
> Entonces él saltó y cayó de nuevo. Ese impacto pudiera haberle roto la nariz, pero no lo hizo.
>
> De nuevo saltó y cayó. Esta vez se quedó allí bien quieto como por sesenta segundos. Entonces su boca se abrió y un pequeño chillido como de un ratón, empezó a salir. Se hizo más fuerte, sonando como una gran rata, y finalmente sonó como el grito de una hiena. En un rato el hombre sacudió la cabeza y se levantó del piso. Actuaba como si le hubieran dado un golpe en la cabeza con un palo, pero ambos oídos habían hecho un chasquido y el nudo en su estómago se había deshecho.
>
> ...(La gente) saltó de sus asientos y empezó a correr hacia mí, diciendo: "¡Ora por mí!"
>
> Al lograr salir y empezar a orar, fue como si el viento de Dios hubiera venido a mis manos. La gente yacía por todo alrededor en el suelo, incluyendo a los pastores denominacionales. Dios los bautizó en el Espíritu Santo; y al momento en que golpearon el suelo, empezaron a hablar en lenguas.[13]

Hagin cuenta una serie de historias increíbles acerca de sanidades inusitadas que él ha obrado cuando "unciones particulares" se han manifestado en su ministerio:

> Varias veces la unción ha venido a mí para hacer cosas poco comunes mientras oro por los enfermos. Algunas veces pasan cinco o seis años entre esas ocasiones.
>
> La primera vez que me pasó fue en 1950. Yo estaba

predicando en Oklahoma. Una mujer vino al frente por oración. Ella dijo que tenía 72 años, pero parecía que estaba a punto de dar a luz a un bebé. Por supuesto, ella tenía un tumor.

**\*\*\*\*\*\*\*\*\*\*\*\*\*\*\*\***

Empecé a imponerle las manos y a orar cuando la palabra del Señor vino a mí, diciendo:
—Golpéala en el estómago con tu puño.
Dentro de mí yo dije:
—Señor, vas a meterme en problemas, yendo por ahí ¡golpeando mujeres en el estómago con el puño! Creo que no quiero hacerlo.
—Bueno, si vas a ponerte a discutirlo, la unción te dejará, se elevará de ti así como un pájaro alejándose después de haberse posado en tu hombro.
Me dejó.
Cuando me dejó yo pensé: *Bueno, voy a seguir y ministrar con la imposición de manos.* Le impuse las manos nuevamente y la unción vino de nuevo y la Palabra del Señor vino de nuevo: "Golpéala en el estómago con el puño."
Decidí que debía detenerme y explicar eso a la multitud antes de empezar a hacerlo. Así que les dije lo que el Señor dijo y la golpeé en el estómago con mi puño. Y Dios y centenares de personas son mis testigos de que el estómago se bajó como cuando uno pincha un globo.[14]

Hagin cuenta de otro hombre del que se le dijo que lo golpeara en la cabeza y de una joven universitaria a la que golpeó en el riñón.[15] Tales tácticas seguramente son peligrosas, especialmente con gentes ancianas y enfermas, sin embargo, muchos otros carismáticos que escuchan los relatos de Hagin tratan indudablemente de copiar sus métodos.

Una anciana de ochenta y cinco años que había pasado al frente para un toque sanador de Benny Hinn, murió después que alguien muerto en el Espíritu cayó sobre ella, fracturándole la cadera. La familia de aquella mujer presentó una demanda de cinco millones de dólares contra Hinn por el incidente.[16]

El caos carismático no es generalmente fatal, físicamente hablando,[17] pero el movimiento está plagado de desastres *espirituales*. Recibí una carta de un hombre cristiano cuya esposa llegó a relacionarse con una asamblea carismática fanática. El me escribió pidiendo consejo, con el corazón quebrantado. "Ella se asoció con un grupo de mujeres carismáticas y la convencieron de que yo no era salvo puesto que no hablo en lenguas, etc., como ellas le enseñaron a hacerlo... Finalmente ella me dejó y presentó demanda de divorcio hace dos meses. Pronto será definitivo."

Unos padres preocupados escribieron a nuestra iglesia pidiendo consejo. Su hija estaba asistiendo a un curso sobre dones espirituales en una iglesia de la Tercera Ola, grande y bien conocida. Su madre escribió:

> En diciembre de 1989 (ella) empezó a hablar en lenguas. Poco después empezó a ver ángeles. Un ángel en armadura siempre se para fuera de la puerta frontal de su casa y otro se para dentro de su sala de estar. Tiene grandes alas. Ella dijo que le pidió a Dios mandarle ángeles para protegerla mientras su esposo estaba en viaje de negocios.
>
> Unos cuantos meses después empezó a ver demonios también. Un demonio semejante a un mono se sentó en la cabeza de su esposo y se mofó de ella. También ve otros viajando encima de los coches o parados en los tejados y algunos en batalla con los ángeles. Ella a veces ve obscuridad en torno a personas. Ella cree que ver esto es un don de Dios...
>
> Cuando le dije que probara los espíritus se enojó... Dijo que el Señor dijo: "Sí, soy yo, el Señor." ¡Yo creo que *todos* ellos son demonios! Yo le dije que leyera la Biblia y ella dijo que ella solamente lee los números de la Escritura que el Espíritu Santo pone en su mente.
>
> Nosotros la visitamos... y asistimos a una de sus reuniones (de grupo). Vino un profeta... de Kansas City. El dijo algo acerca del pasado, presente y futuro de casi todos en el cuarto, algunas cosas eran increíblemente ciertas y otras cosas no han pasado todavía. (Nuestras hija) ahora quiere desarrollar este don en sí misma y ahora puede algunas veces ver el pecado de una persona escrito en su frente. Entonces ella expulsa un demonio.
>
> Desde que le dije que probara los espíritus como la Biblia nos dice... ella ya no me cuenta lo que ve. Siento que hay una muralla entre nosotros.

Como muchos carismáticos, esa joven ha llegado a creer que sus experiencias hacen que salga sobrando el estudio bíblico y el discernimiento espiritual. Ella se ofende por el consejo bíblico de su madre y lo rechaza (comp. 1 Jn. 4:1: "Amados, no creáis a todo espíritu, sino probad los espíritus, si son de Dios. Porque muchos falsos profetas han salido al mundo"). ¿Por qué iba a escuchar la súplica de su madre cuando su madre no puede ver siquiera seres del mundo espiritual? ¿Por qué, ciertamente, debiera recibir instrucción de *cualquiera* cuya única fuente de verdad revelada es la Escritura? Esta joven cree que ella tiene una relación superior con el Espíritu Santo y la única Escritura que ella necesita es el versículo aislado ocasional que él supuestamente trae a mente. Mientras tanto, se está comunicando con los espíritus y viendo toda clase de ellos. Sabe que algunos son demoníacos y no ve necesidad de probar los otros. Está tratando de desarrollar poderes extrasensoriales. Si alguna vez hubo una fórmula para el desastre espiritual, la joven la ha encontrado.

El movimiento carismático nutre la catástrofe espiritual precisamente porque desalienta a la gente a discernir la verdad por el uso de la Escritura y la sana razón. En vez de eso, la verdad es obtenida subjetivamente, por lo general mediante señales, prodigios y otros medios místicos. Kenneth Hagin explica su criterio para juzgar entre los dones espirituales verdaderos y los falsos:

> Cuando *Dios* se mueve, todos serán bendecidos.
> Si algo es de la *carne*, todos tendrán una sensación de enfermedad.
> Y si algo es del *diablo,* parece como que el pelo del cuello se pone de puntas.
> Esa es una manera en que todos pueden juzgar, ya sea que tengan algún discernimiento espiritual o no.[18]

*¿Sea que tengan algún discernimiento espiritual o no?* Allí hay, tan explícitamente como puede ser expresada, una declaración de un maestro carismático importante que define exactamente lo que está mal con el misticismo carismático. El discernimiento espiritual es considerado innecesario. Según Kenneth Hagin, uno puede juzgar entre lo que es verdadero, carnal o demoníaco, por un proceso que en realidad es solamente un sistema simplificado de retroalimentación.

Una y otra vez los carismáticos escuchan el mismo mensaje: Frene su mente; ignore la razón; escuche sus *emociones*.[19] Esa clase de misticismo extremo, como hemos visto, contradice todo lo que la Escritura enseña acerca del verdadero discernimiento espiritual.

Los dones espirituales no se supone que produzcan un caos insensato y un pandemónium en las iglesias. Ni son meramente para exhibición. Son concedidos para edificar el cuerpo, no al individuo que los tiene (1 Cor. 14:4, 5, 17, 26). Cuando uno ve a alguien usando su don egoístamente o como una exhibición, cayendo en un ofuscamiento espiritual, o poniendo a otra gente en estado de inconsciencia, puede estar seguro de que cualquier cosa que esté haciendo, no está usando un don espiritual legítimo.

No se equivoque, muchos dones falsificados están pasando por verdaderos hoy en día, y el resultado no ha sido la edificación de la iglesia, sino el desmembramiento del cuerpo.

## Los dones en la iglesia de Corinto

Demos una mirada de cerca a lo que el apóstol Pablo tuvo que decir en 1 Corintios acerca del mal uso de los dones espirituales. El abuso de los dones era casi un problema tan grande en Corinto como lo es en el movimiento carismático moderno. Pablo, que había fundado la iglesia en Corinto durante su segundo viaje misionero (Hech. 18), estaba particularmente interesado en la salud y la vida espirituales de los corintios. El había pasado dieciocho meses en Corinto edificando la iglesia y protegiéndola de enemigos de fuera y de dentro.

Cuando Pablo se fue, otros pastores vinieron a ministrar a la iglesia en Corinto. Algunos de ellos ganaron distinción y otros, notoriedad. Tristemente, a unos cuantos años de la partida de Pablo, se desarrollaron varios problemas morales y espirituales en la iglesia de Corinto. La situación era tan seria que la primera carta de Pablo a los corintios trataba exclusivamente de los problemas. Divisiones, culto a la personalidad, faccioness, cuestiones morales y otros males estaban afligiendo a la iglesia. La carnalidad sobrepasaba la espiritualidad. La perversión sexual, la fornicación, el incesto y el adulterio eran tolerados, y la mundanalidad y el materialismo habían sobrevenido. Los miembros de la iglesia se demandaban unos a otros en los tribunales. Una facción hasta estaba promoviendo la rebelión contra la autoridad apostólica. La iglesia había fracasado completamente en disciplinar a un miembro que había caído en pecado grosero. Los conflictos maritales se agravaban y el papel de los solteros era malinterpretado. Se abusaba de la libertad, se practicaba la idolatría, el egoísmo corría sin control, el orgullo se extendía y hasta se había introducido la adoración a los demonios. La gente estaba abusando de los papeles que Dios tenía para los hombres y las mujeres, vulgarizando la cena del Señor y violando la fiesta del amor. A través de todo, como uno bien podría esperar de tal ambiente, los dones espirituales eran pervertidos y mal usados.

Esta era una iglesia corrupta. Los corintios se las habían arreglado para arrastrar a la iglesia un número de vicios y falacias de su antigua existencia pagana. Su problema no era que les *faltaban* dones espirituales. En 1 Corintios 1:7 Pablo les dijo: "Hasta no faltaros ningún don." El problema corintio era *cómo* debían funcionar los dones y cómo discernir los verdaderos dones de los artificiales y hasta de los demoníacos. Esto era especialmente cierto en cuanto al don de lenguas.

Por eso, un segmento importante de 1 Corintios 12-14 discute el asunto de los dones espirituales. Los corintios sostenían muchas interpretaciones equivocadas acerca del Espíritu Santo. Como los carismáticos hoy, tendían a equiparar su obra con la actividad extática, involuntaria o misteriosa. Alguien en la asamblea corintia se ponía de pie para hacer una declaración en otra lengua, o tal vez una profecía o interpretación. Cuanto más descabellada y agitada la persona, más piadosa y espiritual se suponía que era.

## Paganismo en Corinto

El deseo de ser visto y reverenciado por otros como "espiritual" era la explicación de que el don de lenguas fuera explotado y pervertido a tal grado. Ciertos creyentes usaban el lenguaje extático como si fuera el verdadero don de lenguas. Lo que ellos estaban haciendo no podía ser identificado con ninguna facultad humana normal, así que era interpretada como proveniente de Dios.

No es difícil ver cómo eso podía pasar. Desde el mismo principio, cuando Pablo predicó por primera vez el evangelio entre los corintios, el Espíritu Santo había estado haciendo cosas sorprendentes en medio de ellos. Los corintios sabían que el Espíritu Santo estaba en acción. Pero los problemas comenzaron cuando empezaron a confundir la obra del Espíritu Santo con las prácticas místicas que habían conocido en sus religiones paganas. Aparte de un núcleo de judíos en Corinto que había sido parte de la iglesia fundadora, la mayoría de los corintios había sido salvada del paganismo.

En Corinto el paganismo era mayúsculo. La ciudad era parte de una cultura griega que estaba enamorada de la filosofía. A los corintios les encantaba discutir sobre diferentes filósofos y hasta los adoraban. Ese es el origen de las divisiones y facciones de las que Pablo habla en 1 Corintios 1:11, 12.

Pero tal vez Corinto era mejor conocida por su inmoralidad sexual. El nombre de la ciudad se convirtió en un verbo. "Corintizar" significaba irse a la cama con una prostituta. Corinto era conocida por todo el mundo por sus perversiones y extremos sexuales. Según el comentarista bíblico William Barclay:

> Sobre el istmo se alzaba la colina de la Acróplis, y en ella se levantaba el gran templo de Afrodita, la diosa del amor. A ese templo estaban vinculadas un millar de sacerdotisas que eran prostitutas sagradas, y en las tardes descendían de la Acrópolis y ejercían su comercio en las calles de Corinto, hasta que se volvió un proverbio griego: "No todos los hombres pueden viajar a Corinto."[20]

Desafortunadamente, la misma baja moralidad se había colado en la iglesia de Corinto. En 1 Corintios 5 Pablo tuvo que reprender a la iglesia porque uno de sus miembros estaba viviendo pecaminosamente con la esposa de su padre. Los matrimonios tenían bastantes problemas y por esa razón Pablo pasó tanto tiempo discutiendo el matrimonio en el capítulo 7.

## La influencia de las religiones de misterio

El trasfondo de los creyentes corintios obraba contra ellos en cada recodo. Una de las mayores amenazas era la influencia continua de las religiones de misterios paganas que ellos habían practicado anteriormente. Por más de mil años esas religiones habían dominado esa parte del mundo.

Las religiones de misterio han tomado muchas formas y se remontan a millares de años. Muchas de las enseñanzas y supersticiones que abrazan son comunes a cada variedad. Claramente todas ellas están ligadas por enseñanzas comunes. Muchas evidencias indican que todas pueden rastrearse hasta un solo origen: Babilonia.[21] Todo sistema falso de adoración tiene sus raíces en las religiones de misterio de Babilonia, porque todas las religiones falsas empezaron en la Torre de Babel. Babel representaba la primera religión falsa sofisticada y organizada (comp. Gén. 11:1-9). Nimrod, nieto de Cam y biznieto de Noé, fue el apóstata que dirigió la construcción de la torre (10:9, 10). Parte de todo el plan era el establecimiento de un sistema falso de religión, una falsificación de la verdadera adoración a Dios. Todo sistema falso de religión desde ese tiempo tiene lazos filosóficos y doctrinales con esa apostasía original de la Torre de Babel. ¿Por qué? Porque cuando Dios juzgó al pueblo que construyó la torre, él los esparció por todo el mundo. Ellos llevaron consigo la semilla de la religión falsa que había empezado en Babel. Donde quiera que se establecían, practicaban alguna forma de la falsa religión de Babel. La adaptaban, la alteraban y le añadían, pero cada religión falsa subsecuente es descendiente de Babel. La herejía babilónica está viva todavía hoy en día, y según Apocalipsis 17:5, dominará el período de tribulación al fin de los tiempos. Allí el apóstol Juan describe una mujer blasfema vestida de púrpura y escarlata como Babilonia, la madre de las rameras, con la que los reyes de la tierra han cometido fornicación, la que está llena de nombres de blasfemia.

Obviamente en un centro de comercio sofisticado como Corinto, conocían y practicaban cada variedad de religiones de misterio. Como todavía las falsas religiones de hoy en día, esas sectas tenían ritos sofisticados y rituales que incluían regeneración bautismal, sacrificios por el pecado, banquetes y ayuno. Los creyentes en las religiones de misterio también practicaban la automutilación y las flagelaciones. Creían en peregrinaciones, en confesiones públicas, en ofrendas, en abluciones religiosas y en cumplir penitencias para pagar por los pecados.

Pero tal vez nada era más característico de las religiones de misterio que lo que ellos llamaban éxtasis. Los creyentes en las religiones de misterio procuraban cultivar una comunión mágica y sensual con lo divino. Ellos hacían casi cualquier cosa por entrar en un trance semiinconsciente, alucinatorio, hipnótico u orgiástico, en el cual creían que estaban sensualmente en contacto con la deidad. Algunos usaban vino para ayudarse en la experiencia eufórica, como Pablo implicaba en Efesios 5:18. Ya fuera por embriagamiento literal o por alborozo emocional, cuando los adoradores caían en un estado de euforia, era como si hubieran sido drogados. Ellos asumían que estaban en unión con Dios.

Según S. Angus, un tiempo profesor de Nuevo Testamento y de teología histórica en el Colegio de San Andrés en Sidney, el éxtasis experimentado por los adoradores de las religiones de misterio los llevaba a "una condición mística inefable, en la que las funciones normales de la personalidad quedaban en estado latente y las fuerzas morales que forman el carácter cesaban virtualmente o se relajaban, mientras que se acentuaban las emocionales e intuitivas".[22] En otras palabras, el adorador entraba en un estado en el que su mente se ponía en neutral y sus emociones tomaban el control. El intelecto y la conciencia daban lugar a la pasión, al sentimiento y a la emoción. Esto era éxtasis, una condición embriagante de euforia. Angus además informaba:

> (El éxtasis) podría haber sido inducido por la vigilia y el ayuno, por la tensa expectación religiosa, por las danzas arrebatadas, por el estímulo físico, por la contemplación de objetos sagrados, por el efecto de la música estimulante, por la inhalación de gases, por la contagiosidad de avivamiento (tal como sucedió en la iglesia de Corinto), por alucinación, por sugestión, y por todos los otros medios que pertenecen al aparato de los misterios... (Un antiguo escritor) habla de hombres "saliendo de sí mismos para estar completamente establecidos en el divino y para ser arrebatados".[23]

Conforme el adorador en las religiones de misterio experimentaba tal éxtasis, era elevado sobre el nivel de su experiencia ordinaria a un sentido anormal de conciencia. Experimentaba una alborozada condición en la cual creía que su cuerpo dejaba de ser un obstáculo para su alma.

Según Angus, el éxtasis podía "fluctuar del delirio no moral al de la conciencia de unicidad con el invisible y la disolución de la individualidad dolorosa que marca la mística de las edades".[24] En otras palabras, el éxtasis podía emancipar al alma del confinamiento del cuerpo y capacitar a la persona para comunicarse con el mundo espiritual. Creaba una extraordinaria sensación de animación. En ese estado una persona supuestamente tenía capacidad para ver y entender cosas que sólo los ojos del espíritu podían mirar.[25]

Testimonios de creyentes pentecostales y carismáticos describen exactamente las mismas clases de experiencias. Los carismáticos que experimentan varios estados de euforia atribuyen su experiencia a ciertos dones del Espíritu Santo, particularmente a las lenguas. El testimonio común es: "Se siente uno muy bien. ¡Nunca me había sentido así antes! Debe *ser* de Dios." Pero, ¿una buena sensación significa que la experiencia es de Dios? No necesariamente, como vamos a ver por la experiencia de los corintios.

## De visita en la Primera Iglesia de Corinto

Hay poca duda de que varias prácticas, rituales, actitudes y otros remanentes de las religiones de misterio se habían infiltrado en la iglesia de Corinto. Exactamente, ¿qué hubiera significado ir a las reuniones de la iglesia allí?

Imagínese que visita la ciudad en el primer siglo, y que usted y su familia quieren asistir a la Primera Iglesia de Corinto. Llega a tiempo y entra para encontrar que la gente rica ya ha estado allí por una hora y están terminando su fiesta de amor (comp. 1 Cor. 11:17-22). No queda nada para ustedes, y usted se da cuenta de que muchos pobres que apenas están llegando, no tendrán tampoco nada para comer.

No solamente usted se da cuenta de que la gente rica es glotona cuando enguye el último bocado de comida, sino que algunos de ellos también están completamente borrachos. Y así hay dos grupos: los pobres que se sientan en un lado del salón completamente sobrios y con el estómago gruñendo de hambre, y la gente más rica en el otro lado, llenos de comida y embriagados con mucho vino. Por causa de su división hay discusiones y malos sentimientos.

Alguien anuncia que es tiempo de la cena del Señor, pero esto también se vuelve una burla. Los que no han tenido nada de comer ni de beber se vuelven ahora glotones. Después van al servicio de adoración y allí se encuentran mucha gente parada, gritando y hablando al mismo tiempo. Algunos están hablando en éxtasis mientras que otros están tratando de pronunciar profecías e interpretar lo que se ha dicho.

Eso es cercano a lo que era un domingo típico en la iglesia de Corinto. Ahora usted entiende por qué Pablo dijo en 1 Corintios 11:17: "No os reunís para lo mejor, sino para lo peor." Todo su servicio de adoración era frenético, incoherente, caótico. Pablo escribió con palabras fuertes para tratar de enderezarlo todo y dedicó bastante tiempo sobre el uso apropiado del don de lenguas. El problema con el que Pablo trató en Corinto es el mismo problema que todavía aflige al movimiento carismático hoy en día: ¿Cómo distinguir los dones falsos de los genuinos? La mayoría de los carismáticos admitirá que cuando alguien se pone de pie y hace una declaración divina, ellos saben una de dos cosas: o es de Dios o no lo es.[26] ¿Cómo puede saber la diferencia? En primer lugar, el verdadero don de lenguas era la capacidad para hablar en idiomas extranjeros conocidos (ver el capítulo 10). Nada en el Nuevo Testamento sugiere que el don de lenguas fuera habla extática. Y Dios no daría un don que es el mismo usado por Satanás para mantener a la gente en las garras de las falsas religiones.

Corinto estaba lleno de sacerdotes y sacerdotisas paganos, de adivinos y de hechiceros. La gente en diversos estados de éxtasis alegaba poder e inspiración divinos. Y debido a que la iglesia de Corinto se había vuelto carnal, seguía colándose mucha actividad pagana. Una razón por la que podía entrar tan fácilmente era que los creyentes corintios esperaban que el Espíritu Santo obrara sólo en maneras visibles, audibles y tangibles. Ellos creían que el derramamiento del Espíritu prometido en Joel 2:28 estaba empezando a ser cumplido y buscaban fenómenos sobrenaturales.

Los creyentes corintios sabían que Jesús había dicho a los discípulos que el Espíritu vendría y seguirían cosas maravillosas. Indudablemente, Pablo ya les había dicho de los sorprendentes acontecimientos de Pentecostés, los primeros días de la iglesia, de su propia experiencia de conversión en el camino a Damasco, y de las maravillosas señales en su primer y segundo viajes misioneros.

Satanás se aprovechó de su entusiasmo por la obra maravillosa del Espíritu Santo. Primera a los Corintios es una de las primeras cartas del Nuevo Testamento. Allí había ya angustiosos problemas. No le tomó mucho tiempo a Satanás enturbiar las aguas cuando cristianos bien intencionados caían en la carnalidad, el error y las prácticas falsas. Y mucho de eso se hizo bajo la presunción de que todo lo místico que estaba pasando tenía que ser del Espíritu.

## Entusiasmados con los dones falsos

Las iglesias carismáticas y pentecostales de hoy están luchando con muchas de las mismas aflicciones que la iglesia de Corinto. La nuestra es una sociedad pagana cuya influencia en la iglesia es fuerte. Los excesos carnales y la inmoralidad se han colado a la iglesia, y algunos de los ejemplos más lamentables de inmoralidad y corrupción han emergido de los más altos niveles de liderazgo carismático. Hay extraños paralelos en las actitudes de los carismáticos modernos y el pensamiento que debe haber prevalecido en la iglesia de Corinto.

Yo hablé con un hombre que es líder en el movimiento pentecostal moderno y me dijo:

—Usted no puede negar mi experiencia.

Le respondí, diciendo:

—Bueno, déjeme preguntarle esto. Cuando una experiencia ocurre, ¿sabe siempre, sin duda, que es de Dios? Sea honesto.

El contestó:

—No.

—¿Podría ser de Satanás? —le pregunté.

El contestó renuentemente:

—Sí.

—¿Entonces cómo puede saber la diferencia?

Mi amigo carismático no tuvo respuesta.

Allí es exactamente donde estaban los corintios. No sabían lo que era de Dios y lo que no era. La obra del Espíritu se confundía con los éxtasis paganos. Ellos necesitaban ayuda.

Pablo les respondió diciendo: "Pero no quiero que ignoréis, hermanos, acerca de los dones espirituales" (1 Cor. 12:1). ¿Por qué Pablo quería estar seguro de que los corintios no fueran ignorantes de los dones espirituales? Porque sin el uso apropiado de sus dones, la iglesia no podía ser santa ni madura.

Puesto que la iglesia no puede funcionar bien sin dones espirituales, Satanás trata de falsificarlos siempre que es posible. El también hace todo lo que puede para producir malos entendimientos y conceptos erróneos acerca de los dones espirituales para causar confusión y caos. Pasó en Corinto y está pasando hoy en día.

La gente se está dejando arrastrar en una manera similar a lo que Pablo describe en 1 Corintios 12:2: "Sabéis que cuando erais gentiles, ibais como erais arrastrados, tras los ídolos mudos." Pablo se refería al paganismo del que los cristianos corintios habían sido convertidos. Eran "arrastrados", es decir, eran hechos víctimas de un sistema falso. El verbo griego es *apago*, usado en las Escrituras para describir el apartar a una persona, como a un prisionero (comp. Mat. 26:57; Juan 19:16).

Para parafrasear 1 Corintios 12:2, Pablo estaba diciendo a los corintios que cuando adoraban como paganos, estaban siendo apartados por demonios en el éxtasis de sus religiones de misterio. Ahora estaban introduciendo esos mismos modelos en la iglesia y permitiendo que los demonios invadieran su adoración a Cristo. Eran incapaces de distinguir entre lo que era de buena fe y lo que era fingido, entre lo que era divino y lo que era demoníaco. Estaban tan ansiosos de abrazar lo sobrenatural que habían dejado de distinguir entre lo que era de Dios y lo que era de Satanás, y el resultado era un caos impío. En muchos casos estaban confundiendo literalmente los actos de Satanás con la obra del Espíritu Santo.

Como paganos, estaban acostumbrados a ser arrastrados en actividades de clases orgiásticas, insensatas y extáticas, pero eso no se supone que sea verdad ahora. La persona verdaderamente espiritual no es arrastrada a trances, éxtasis y frenesíes emocionales. Cuando una persona está fuera de control nunca es por causa del Espíritu Santo. Los que alegan haber sido muertos en el Espíritu pueden ciertamente haber sido "muertos", pero no por el Espíritu Santo.

En ninguna parte de la Escritura vemos verdaderos dones del Espíritu operando cuando alguien está fuera de control o bajo alguna clase de ataque sobrenatural. En ninguna parte el Nuevo Testamento enseña que el Espíritu de Dios hace que los cristianos entren en trance, desmayo o caigan en conducta frenética. Por el contrario: "El fruto del Espíritu es... dominio propio" (Gál. 5:22, 23). "Por eso, con la mente preparada para actuar y siendo sobrios, poned vuestra esperanza completamente en la gracia que os es traída en la revelación de Jesucristo" (1 Ped. 1:13).

Tenemos una indicación de cuán grotescas se habían vuelto las cosas en la asamblea corintia en 1 Corintios 12:3: "Por eso os hago saber que nadie, hablando por el Espíritu de Dios, dice: 'Anatema sea Jesús.' Tampoco nadie puede decir 'Jesús es el Señor', sino por el Espíritu Santo." Esa es una declaración sorprendente. Aparentemente algunos creyentes profesos estaban poniéndose de pie en la asamblea de los corintios, supuestamente manifestando los dones del Espíritu, y ¡maldiciendo a Jesús!

Obviamente, si alguien dice: "Anatema sea Jesús", no es de Dios. Increíblemente los corintios no estaban seguros de eso. ¿Por qué? ¿Podría ser que estuvieran juzgando la genuinidad de los dones espirituales sobre la base de los fenómenos en lugar de por el contenido? ¿Podría ser que, cuanto más extática y eufórica fuera la reunión de adoración, más les parecía a sus ojos que era del Espíritu Santo? Cualquiera que fuera el punto, los corintios evidentemente habían alcanzado un bajo punto en el que eran incapaces de distinguir entre lo que era del Espíritu y lo que era de Satanás.

Hay muchas explicaciones de cómo tal cosa pudo haber pasado. Tal vez la más probable tiene que ver con la herejía que ya estaba en acción por toda la iglesia del Nuevo Testamento (ver 1 Jn. 2:22; 4:2, 3). Era una herejía que negaba la deidad de Jesús y su suficiencia para salvar. En el siglo segundo floreció completamente como gnosticismo.[27] Note que el texto dice: "Jesús (no Cristo) sea anatema." Es posible que en la asamblea corintia ciertas gentes ya estuvieran aceptando la herejía que separaba el Espíritu de Cristo del Jesús humano. Eso más tarde se convirtió en una enseñanza principal de los gnósticos. Ellos creían que cuando Jesús fue bautizado, el Espíritu Cristo descendió sobre él. Justo antes de su muerte, sin embargo, el Espíritu Cristo supuestamente dejó a Jesús y él murió como un criminal condenado.[28]

Esa es la clase de error que pudiera haber causado también la confusión de los corintios sobre la resurrección. Evidentemente algunos de los corintios hasta estaban inseguros de si Jesús se había levantado corporalmente de entre los muertos. Para atacar esa venenosa confusión, Pablo escribió: "Y si Cristo no ha resucitado, vana es nuestra predicación; vana también es vuestra fe" (1 Cor. 15:14).

Cualquier asunto doctrinal específico que fuera el que estuviera en peligro, la profundidad de la confusión espiritual en Corinto ciertamente revelaba que muchos de los fenómenos extáticos y milagrosos en medio de ellos no eran verdaderos dones espirituales.

## Solamente lo valioso es falsificado

De hecho, parece obvio que si la gente en la asamblea de Corinto estaba llamando a Jesús anatema, los dones que ellos alegaban haber recibido del Espíritu Santo eran una falsificación. Mi padre tenía un dicho: "Nadie falsifica lo que no es valioso." Uno nunca escucha acerca de papel crudo falsificado. La gente no falsifica basura, pero sí falsifica dinero, diamantes y joyería. Los falsificadores copian lo que es valioso porque ese es el único punto en la falsificación. Satanás estaba ocupado en la iglesia de Corinto imitando dones espirituales y está ocupado haciendo lo mismo hoy en día.

¿Quién puede negar que el movimiento carismático como un todo está sufriendo exactamente de los mismos problemas que Pablo encontró en la iglesia corintia? Muchos carismáticos aman since-ramente al Señor y a las Escrituras, pero son parte de un sistema que tiene en su centro la semilla de los mismos errores que estaban arruinando a la iglesia corintia.

Los no carismáticos que entienden estos asuntos no pueden consentir calladamente por el bien de un acuerdo externo. El apóstol Pablo era osado al reprender a los corintios por abusar de los dones espirituales. El sabía que el cuerpo de Cristo sufriría mientras los dones del Espíritu Santo estuvieran siendo falsificados y corrompidos. Satanás estaba confundiendo a la gente en cuanto a los dones espirituales en el tiempo de Pablo y todavía lo está haciendo hoy. La tragedia de aceptar lo falsificado es que invalidamos lo genuino.

Debemos ver la diferencia. La iglesia puede ser edificada solamente cuando los dones espirituales son usados apropiadamente, cuando la Escritura es entendida y enseñada correctamente, y cuando los creyentes están caminando en el Espíritu con autocontrol, comprometidos a obedecer la Palabra de Dios.

# 8

# ¿Qué estaba pasando en la iglesia primitiva?

La experiencia, como lo hemos notado repetidamente, es el fundamento sobre el que está edificado gran parte del sistema de creencias carismático. La experiencia es también la autoridad que los carismáticos citan más frecuentemente para validar sus enseñanzas. Su enfoque a la verdad, centrado en la experiencia, hasta influye la manera en que los carismáticos manejan la Escritura. El libro de Hechos, un diario de las experiencias de los apóstoles, es a donde generalmente se vuelven en busca de apoyo bíblico para lo que creen.

Los Hechos es una narración histórica, en contraste con las epístolas, que son didácticas. Los Hechos es una crónica de las primeras experiencias de la iglesia; las epístolas contienen instrucción para los creyentes desde el principio hasta el fin de la edad de la iglesia. Históricamente, los cristianos sometidos a una perspectiva bíblica han reconocido la diferencia. Es decir, los teólogos evangélicos han sacado el corazón de su doctrina de los pasajes bíblicos escritos expresamente para enseñar a la iglesia. Han entendido los Hechos como un registro histórico inspirado del período apostólico, no necesariamente considerando cada evento o fenómeno registrado allí como normativo para toda edad eclesiástica.

Los carismáticos, sin embargo, anhelando las *experiencias* descritas en Hechos, han ensamblado un sistema doctrinal que considera los eventos extraordinarios de la era primitiva apostólica como sellos de marca de la obra del Espíritu Santo, contraseñas del poder espiritual que deben ser esperadas rutinariamente por los cristianos de todos los tiempos.

171

Ese error de interpretación, más que serio, socava la comprensión de los carismáticos en cuanto a la Escritura y enturbia varios asuntos bíblicos clave, cruciales para el recto entendimiento de la controversia carismática. Gordon Fee, él mismo un carismático, comentó sobre las dificultades hermenéuticas planteadas por la manera en que los carismáticos típicamente interpretan el libro de Hechos:

> Si la iglesia primitiva es normativa, ¿*cuál* expresión de ella es normativa? ¿Jerusalén? ¿Antioquía? ¿Filipos? ¿Corinto? Es decir, ¿por qué no todas las iglesias venden sus posesiones y tienen todas las cosas en común? O además, ¿es del todo legítimo tomar declaraciones descriptivas como normativas? Si es así, ¿cómo distingue uno las que son de las que no son? Por ejemplo, ¿debemos seguir el patrón de Hechos 1:26 y escoger los líderes echando suertes? ¿Cuál es exactamente el papel que juega el precedente histórico en la doctrina cristiana o en el entendimiento de la experiencia cristiana? [1]

Pero nunca se pretendió que el libro de Hechos fuera una base primaria de doctrina cristiana. Registra solamente los primeros días de la era de la iglesia y muestra a la iglesia en transición del antiguo pacto al nuevo. Las sanidades apostólicas, los milagros, las señales y los prodigios, evidentes en Hechos, no eran comunes, ni siquiera en esos días. Eran eventos excepcionales, cada uno con un propósito específico, siempre asociados con el ministerio de los apóstoles, y su frecuencia puede ser vista disminuyendo dramáticamente, del principio de Hechos al fin.

Escrito por Lucas el médico, Hechos cubre un período crucial que empezó con el principio de la iglesia en Pentecostés y terminó unos treinta años después con Pablo en la prisión, después de su tercer viaje misionero. Las transiciones se ven de principio a fin en el libro de Hechos. Los cambios ocurren en casi cada capítulo. El pacto antiguo se desvanece y el pacto nuevo entra en toda su plenitud. El mismo Pablo fue atrapado en los cambios. Aunque él era un apóstol de la nueva era, todavía tenía lazos con la antigua, como lo indica el que haya tomado votos judíos (ver Hech. 18:18 y 21:26).

En Hechos nos movemos de la sinagoga a la iglesia y de la ley a la gracia. La iglesia es transformada de un grupo de judíos creyentes a un cuerpo formado de judíos y gentiles unidos en Cristo. Los creyentes al principio de Hechos estaban relacionados con Dios bajo el antiguo pacto; al fin, todos los creyentes estaban en Cristo, viviendo bajo el nuevo pacto, habitados por el Espíritu Santo en una relación nueva y singular.

Los Hechos, por tanto, cubre un tiempo extraordinario en la historia. Las transiciones que registra no deben ser repetidas. Y así, las únicas enseñanzas en el libro de Hechos que pueden ser llamadas normativas para la iglesia son las que explícitamente son confirmadas en cualquier otra parte de la Escritura.

## La doctrina carismática de subsecuencia

Hechos 2:4 es la piedra de toque carismática, que contiene lo que muchos pentecostales y carismáticos consideran como la verdad central del Nuevo Testamento: "Todos fueron llenos del Espíritu Santo y comenzaron a hablar en distintas lenguas, como el Espíritu les daba que hablasen."

La mayoría de los carismáticos creen que este versículo enseña que en la conversión los cristianos reciben el Espíritu Santo sólo en un sentido limitado. Por eso, creen ellos, los cristianos necesitan procurar el bautismo en el Espíritu para moverse a un nivel superior de vida espiritual, al ser sumergidos sobrenaturalmente en el poder del Espíritu de Dios. La experiencia va generalmente —muchos dicen *siempre*— acompañada por hablar en lenguas y resulta en una nueva motivación y poder espiritual.

El criterio de que uno recibe la salvación en un punto y el bautismo del Espíritu después es a menudo mencionado como *la doctrina de subsecuencia.* Gordon Fee pone en lista dos características pentecostales: "(1) la doctrina de subsecuencia, es decir, que para los cristianos hay un bautismo en el Espíritu distinto y subsecuente a la experiencia de salvación... y (2) la doctrina de lenguas como la evidencia física inicial del bautismo en el Espíritu."[2]

En su estudio concienzudo de la teología pentecostal, Frederick Dale Bruner escribió: "Los pentecostales creen que el Espíritu ha bautizado a todo creyente en Cristo (conversión), pero que Cristo no ha bautizado a todo creyente en el Espíritu (Pentecostés)."[3] Los carismáticos no sólo creen que el bautismo del Espíritu sucede en algún punto después de la salvación, sino que también creen que el bautismo en el Espíritu es algo que los cristianos deben procurar. Bruner sigue diciendo:

> Las características más importantes del entendimiento pentecostal del bautistmo en el Espíritu Santo... son: (1) que el acontecimiento es normalmente "distinto y subsecuente" al nuevo nacimiento; (2) que es manifestado inicialmente por la señal de hablar en otras lenguas; (3) que debe ser procurado "sinceramente".[4]

Esos tres elementos: bautismo del Espíritu subsecuente a la conversión, la búsqueda sincera de los que son bautizados y la evidencia de hablar en lenguas, son características de casi toda la doctrina carismática. En muchas otras áreas de la teología los carismáticos son vagos, pero aquí generalmente hablan muy claro en relación con lo que creen.

Intentan sostener su doctrina de subsecuencia con el libro de Hechos. Primera a los Corintios 12:13 ("Porque por un solo Espíritu fuimos bautizados todos en un solo cuerpo, tanto judíos como griegos, tanto esclavos como libres; y a todos se nos dio a beber de un solo Espíritu") no puede ser usado para probar subsecuencia porque el versículo dice sencillamente que *todos* los creyentes hemos sido bautizados por un Espíritu en el cuerpo de Cristo. Ciertamente, parecería claro que el bautismo descrito en 1 Corintios 12:13 *no puede* tener lugar en un punto en el tiempo después de la salvación. De otra manera, lo que Pablo dice no puede ser cierto de todos los cristianos. No se menciona evidencia como las lenguas y no se alude a ningún requisito de procurar el bautismo.

Los carismáticos también son incapaces de usar 1 Corintios 14 para probar los principios de subsecuencia, evidencia o búsqueda, porque el capítulo no tiene nada que decir de ninguno de esos elementos. De hecho, los únicos pasajes que los carismáticos pueden usar para apoyar su doctrina de subsecuencia se encuentran en Hechos. Las epístolas no dicen nada que pueda ser usado para apoyar la idea.

La verdad es que ni el libro de Hechos puede apoyar el criterio carismático. Sólo cuatro pasajes mencionan las lenguas o recibir el Espíritu Santo: Capítulos 2, 8, 10 y 19. Solamente en Hechos 2 y 8 los creyentes sí reciben el Espíritu *después* de la salvación. En Hechos 10 y 19 los creyentes fueron bautizados en el Espíritu en el momento de creer. Así pues, la doctrina de la subsecuencia no puede ser defendida convincentemente ni con el libro de Hechos.

¿Y qué de las lenguas? Los creyentes hablaron en lenguas en Hechos 2, 10 y 19, pero no hay registro de lenguas en el capítulo 8.

¿Qué acerca del requerimiento de buscar sinceramente el bautismo? Los creyentes en Hechos 2 sencillamente esperaron en ferviente oración el cumplimiento de la promesa del Señor (comp. 1:4, 14). En los capítulos 8, 10 o 19 no se menciona ninguna búsqueda.

El punto es claro. Decir que el libro de Hechos da el patrón normal para recibir el Espíritu Santo presenta un problema: ¡no hay ningún patrón evidente en Hechos!

Es cierto que los cristianos en Pentecostés (Hech. 2), los gentiles en la casa de Cornelio (cap. 10), y los judíos en Efeso que tenían sólo el bautismo de Juan (cap. 19) recibieron el Espíritu Santo y después las lenguas. Pero el que esos tres acontecimientos ocurrieran no significa que deben ser la norma para todo cristiano. En efecto, ninguno de los pasajes que estamos discutiendo (Hech. 2, 8, 10 ó 19) implica que cualquiera otra persona debe tener experiencias similares. Si las lenguas debieran ser la experiencia normal, ¿por qué no se mencionan en Hechos 8 cuando los samaritanos recibieron el Espíritu Santo? ¿Por qué el texto en Hechos 2 al 4 no dice que todos los que creyeron después del sermón de Pedro (más de cinco mil personas según Hech. 4:4) y recibieron el Espíritu Santo (Hech. 2:38) también hablaron en lenguas? Para que algo sea normativo tiene que ser común para todos.

John Stott razonó que:

> Los 3.000 no parecen haber experimentado el mismo fenómeno milagroso (el viento fuerte y violento, las lenguas de fuego, o hablar en lenguas extranjeras). Al menos nada se dice de esas cosas. Sin embargo, por causa de la seguridad de Dios por medio de Pedro ellos debían haber heredado la misma promesa y recibido el mismo don (versículos 33, 39). No obstante había esta diferencia entre ellos: los 120 ya eran regenerados y recibieron el bautismo del Espíritu sólo después de esperar en Dios por diez días. Los 3.000 por su parte eran incrédulos y recibieron el perdón de sus pecados y el don del Espíritu simultáneamente, y sucedió inmediatamente que se arrepintieron y creyeron, sin necesidad de esperar.
>
> Esta diferencia entre los dos grupos, los 120 y los 3.000, es de gran importancia, porque la *norma* para hoy seguramente debe ser el segundo grupo, los 3.000, y no (como a menudo se supone) el primero. El hecho de que la experiencia de los 120 fuera en dos etapas distintas se debió simplemente a circunstancias históricas. No podían haber recibido el don pentecostal antes de Pentecostés. Pero esas circunstancias históricas hace mucho que dejaron de existir. Nosotros vivimos después del acontecimiento de Pentecostés, como los 3.000. Con nosotros, por eso, como con ellos, el perdón de los pecados y el "don" o "bautismo" del Espíritu se reciben juntos.[5]

## Una mirada de cerca a Hechos 2

Sin duda el segundo capítulo de Hechos es el pasaje clave de la Escritura, del cual los pentecostales y carismáticos desarrollan su teología del bautismo del Espíritu Santo. Cuando Lucas registró el nacimiento de la iglesia, él informó:

> Al llegar el día de Pentecostés, estaban todos reunidos en un mismo lugar. Y de repente vino un estruendo del cielo, como si soplara un

viento violento, y llenó toda la casa donde estaban sentados. Entonces aparecieron, repartidas entre ellos, lenguas como de fuego, y se asentaron sobre cada uno de ellos. Todos fueron llenos del Espíritu Santo y comenzaron a hablar en distintas lenguas, como el Espíritu les daba que hablasen (2:1-4).

Como se ve, la doctrina de subsecuencia de los pentecostales y carismáticos se deriva principalmente de ese pasaje. Los carismáticos señalan que los apóstoles y los otros discípulos que experimentaron el bautismo y lenguas en Hechos 2:1-4 ya eran salvos. Aquí en Pentecostés ellos estaban recibiendo el poder del Espíritu Santo, que usarían para cambiar el mundo.

Sobre esos puntos el criterio carismático no tiene defecto. Nosotros podemos estar seguros de que los discípulos mencionados en Hechos 2, cuando menos algunos de ellos, *habían* experimentado la salvación. Probablemente eran los mismos ciento veinte discípulos, incluyendo a los doce apóstoles, que estaban reunidos en el aposento alto en el capítulo primero de Hechos. ¿Cómo sabemos que algunos de ellos ya eran salvos? Jesús les había dicho a sus apóstoles: "Regocijaos de que vuestros nombres están inscritos en los cielos" (Luc. 10:20) y "Ya vosotros estáis limpios por la palabra que os he hablado" (Juan 15:3). No hay duda de que él estaba afirmando su salvación.

Casi todos los carismáticos sugieren que los discípulos habían recibido también el Espíritu Santo antes de Pentecostés, en el aposento alto, después de la resurrección. Juan 20:21, 22 dice: "Entonces Jesús... sopló, y les dijo: 'Recibid el Espíritu Santo.'" Según la interpretación carismática normativa del texto, puesto que Jesús ya les había dado el Espíritu Santo a los discípulos, la experiencia de Pentecostés debe representar algo más. Fue un bautismo del Espíritu de nivel superior lo que les dió el verdadero poder.[6]

¿Es esa la interpretación correcta de Juan 20:21, 22? Aquí el criterio carismático no se sostiene bajo el escrutinio. Primero que nada, el pasaje no dice que los discípulos realmente recibieron el Espíritu Santo. Ningún pasaje dice eso hasta Pentecostés. Simplemente dice que Jesús les dijo: "Recibid el Espíritu Santo." ¿Qué quería decir Jesús? La declaración era un voto o promesa que sería cumplida el día de Pentecostés. Crisóstomo (345-407 d. de J.C.) y muchos otros han sostenido este criterio. Declaraciones posteriores en Juan 20 parecen confirmar que los discípulos no recibieron el Espíritu allí en el aposento alto. Ocho días después Jesús vino a ellos donde estaban escondidos, llenos de temor, en un cuarto cerrado (20:26). Más de una semana después que Jesús sopló sobre ellos y les prometió el Espíritu los discípulos no habían ido a ninguna parte ni hecho nada que manifestara el poder y la presencia del Espíritu.

Los argumentos más fuertes, sin embargo, aparecen en los primeros versículos de Hechos 1. Justo antes de su ascención, Jesús reunió a los discípulos y les dijo que no se fueran de Jerusalén sino que esperaran la promesa del Padre (Hech. 1:4). Jesús procedió a decir en el siguiente versículo: "Juan, a la verdad, bautizó en agua, pero vosotros seréis bautizados en el Espíritu Santo después de no muchos días." La "promesa del Padre" parece referirse a Juan 14:16: "Y yo rogaré al Padre y os dará otro Consolador, para que esté con vosotros para siempre." Era una promesa que el Espíritu Santo vendría. La promesa fue reiterada por Jesús en Juan 20:26, pero no cumplida todavía. En este punto los discípulos *todavía estaban esperando* el Espíritu Santo.

De nuevo en Hechos 1:8 Jesús dijo: "Pero recibiréis poder cuando el Espíritu Santo haya venido sobre vosotros, y me seréis testigos en Jerusalén, en toda Judea, en Samaria, y hasta lo último de la tierra." Claramente, el recibir el poder era paralelo a recibir el Espíritu Santo. Los discípulos todavía estaban esperando. La promesa todavía estaba sin cumplir. Si el Espíritu hubiera venido sobre ellos en Juan 20, el poder ya estaría allí y *no habría nada por qué esperar.*

Otros dos pasajes demuestran que los discípulos no recibieron el Espíritu Santo hasta el día de Pentecostés. Juan 7 registra que Jesús se puso en pie en la fiesta de los Tabernáculos y ofreció agua viva a cualquiera que quisiera venir y beber. El apóstol explica en el versículo 39 que Jesús estaba hablando del Espíritu Santo: "Esto dijo acerca del Espíritu que habían de recibir los que creyeran en él, pues todavía no había sido dado el Espíritu, porque Jesús aún no había sido glorificado." Ese pasaje declara explícitamente que el Espíritu no vendría hasta que Jesús hubiera sido glorificado, y que él no podía ser glorificado hasta que hubiera ascendido.[7]

También, en Juan 16:7 Jesús dijo a sus discípulos: "Pero yo os digo la verdad: Os conviene que yo me vaya; porque si no me voy, el Consolador no vendrá a vosotros. Y si yo voy, os lo enviaré." Jesús, por supuesto, no "se fue" hasta que ascendió, como se registró en los primeros versículos de Hechos.

Y así un cuidadoso estudio de la Escritura apunta convincentemente a la conclusión de que lo que Jesús dijo en Juan 20:22 era simplemente una promesa del Espíritu Santo; los discípulos no recibieron el Espíritu Santo en ese momento.

Recordad, también, que todos esos acontecimientos ocurrieron en un *período de transición.* Obviamente hubo alguna sobreposición entre el antiguo y el nuevo pactos. Aunque los discípulos conocían a Cristo y confiaban en él, todavía eran creyentes del Antiguo Testamento. No podían haber entendido o experimentado la morada permanente del Espíritu hasta la llegada del Espíritu en Pentecostés. ¿Qué del criterio carismático de que el bautismo en el Espíritu es algo que debe ser procurado ansiosamente? Aunque los ciento veinte en el aposento alto pueden haber estado orando en un espíritu de anticipación y emoción (Hech. 1:4), no hay evidencia de que pidieran o procuraran el Espíritu Santo. No hubo absolutamente nada que los discípulos pudieran haber hecho para lograr que ocurriera este gran acontecimiento. Sencillamente estaban esperando el cumplimiento soberano de una promesa divina.

Tampoco hay ningún indicio de que *alguien* procurara o pidiera el Espíritu Santo o las lenguas en ninguna parte del libro de Hechos. Nadie procuraba el Espíritu en el capítulo 8; nadie procuraba el Espíritu en el capítulo 10, y nadie procuraba el Espíritu en el capítulo 19. Nada en la Escritura indica que nadie en las iglesias de Antioquía, Galacia, Filipos, Colosas, Roma, Tesalónica o Corinto pidiera alguna vez el Espíritu Santo o lenguas. Estudiad el pasaje en Hechos donde la gente fue llena del Espíritu y habló en lenguas. *No hay ni un solo caso, ni siquiera cuando esos acontecimientos sucedieron, que indique que alguien en la iglesia primitiva estuviera alguna vez procurando tal experiencia.* Frederick Dale Brunner tenía razón al preguntar: "¿No debería esto afectar la doctrina pentecostal de una búsqueda del bautismo en el Espíritu Santo con las lenguas como evidencia?"[8]

Cuando el Espíritu Santo vino en Pentecostés, fue establecido un nuevo orden. Desde entonces el Espíritu Santo viene a cada creyente en el momento de la fe, y habita en él en una relación permanente y residente. Por eso Romanos 8:9 dice: "Sin embargo, vosotros no vivís según la carne, sino según el Espíritu, si es que el Espíritu de Dios mora en vosotros. Si alguno no tiene el Espíritu de Cristo, no es de él." También por eso Pablo declara que todos los cristianos han sido bautizados por el Espíritu en el cuerpo de Cristo y que a todos se nos ha dado a beber de un solo Espíritu (1 Cor. 12:13).

Hechos 2:3, 4 registra la verdadera recepción del Espíritu. Los discípulos fueron bautizados con el Espíritu (versículos 2, 3), acompañados por un sonido del cielo como de un viento recio y violento y lenguas como de fuego repartidas sobre cada uno de ellos. En ese punto todos fueron llenos con el Espíritu y empezaron a hablar en otras lenguas. Las lenguas milagrosas, hablando las obras maravillosas de Dios a todos los extranjeros reunidos en Jerusalén, tuvieron un propósito definido: ser una señal de juicio sobre el Israel incrédulo, mostrar la inclusión de otros grupos en una iglesia, y confirmar la autoridad espiritual de los apóstoles. (Ver el capítulo 10 para una discusión concienzuda del propósito de las lenguas.) Hechos 2:5-12 informa que los judíos que estaban presentes, "hombres piadosos de todas las naciones debajo del cielo", estaban asombrados. Ellos aceptaron este milagro asombroso como una señal de Dios. Cuando Pedro se puso de pie y predicó su sermón, tres mil personas creyeron y fueron salvas. Todos los tres mil recibieron el Espíritu Santo al momento en que creyeron (2:38). Pero, de nuevo nada sugiere que los tres mil hablaran en lenguas como habían escuchado a los discípulos hacerlo.

El acontecimiento registrado en Hechos 2 fue un prodigio singular. Este fue el primero y último Pentecostés para la iglesia. Dios quería que todos supieran que algo inusitado estaba sucediendo y por eso hubo un sonido como de un viento recio. Hubo lenguas repartidas como de fuego sobre cada uno de los discípulos, y hablaron en otras lenguas.

Dios quería que todos los que recibieron ese bautismo inicial supieran que eran parte de un acontecimiento único y dramático. Dios quería que los peregrinos que estaban en Jerusalén, de diferentes países y regiones circundantes, escucharan el mensaje en sus propios dialectos. La iglesia había nacido. Esta era una nueva era. Como Merril Unger lo expresa:

> Pentecostés es tan irrepetible como la creación del mundo o del hombre; tan una vez por todas como la encarnación y la muerte, la resurrección y la ascensión de Cristo. Esto es así por los siguientes sencillos hechos: (1) El Espíritu de Dios podía venir solamente una vez, llegar y hacer su residencia en la iglesia una vez, lo que hizo en Pentecostés. (2) El Espíritu de Dios sólo podía ser dado, recibido y depositado en la iglesia una vez, lo que ocurrió en Pentecostés. (3) El evento ocurrió en un tiempo específico (Hech. 2:1), en cumplimiento de un tipo específico del Antiguo Testamento (Lev. 23:15-22), en un lugar específico (Jerusalén; comp. Luc. 24:49) sobre unos cuantos discípulos específicos (Hech. 1:13, 14), para un propósito específico (comp. 1 Cor. 12:12-20), para introducir un nuevo orden. El evento no estableció las características continuadas y repetitivas del nuevo orden, una vez que fue introducido.[9]

Sin embargo, los carismáticos harían de este acontecimiento de una vez para siempre, una norma para todos los cristianos de todos los tiempos. Ellos alegan que lo que pasó en este capítulo de Hechos debe pasar a todos. Si eso fuera así, entonces todos deberían también experimentar un viento recio y lenguas como de fuego, repartidas. Pero, por supuesto, esos fenómenos raramente son mencionados hoy, si es que lo son.

En 1976 los pentecostales tuvieron una conferencia mundial en Jerusalén, para celebrar "el continuo milagro de Pentecostés". ¡Significativamente, los delegados tuvieron que tener intérpretes y audífonos para escuchar y entender en sus propios idiomas! Claramente, aunque los carismáticos señalan Hechos 2 como la base para lo que ellos creen y practican, los fenómenos carismáticos contemporáneos no son lo mismo que los discípulos experimentaron en Jerusalén en Pentecostés.

## Una mirada de cerca a Hechos 8

Otro texto de prueba usado por los carismáticos es Hechos 8, que discute la persecución de la iglesia y la dispersión de los discípulos por Judea y Samaria. El resultado fue que la gente en Samaria empezó a creer en Cristo. Hechos 8:14-17 informa:

> Los apóstoles que estaban en Jerusalén, al oír que Samaria había recibido la palabra de Dios, les enviaron a Pedro y a Juan, los cuales descendieron y oraron por los samaritanos para que recibieran el Espíritu Santo. Porque aún no había descendido sobre ninguno de ellos el Espíritu Santo; solamente habían sido bautizados en el nombre de Jesús. Entonces les impusieron las manos, y recibieron el Espíritu Santo.

Naturalmente los carismáticos ven este incidente como una evidencia clara de la doctrina de subsecuencia. Los samaritanos habían sido bautizados en el nombre del Señor Jesús, pero todavía no habían recibido el Espíritu Santo. Claramente, *hay* subsecuencia aquí, pero este incidente no puede probar que subsecuencia es la regla para toda la era. La razón para el intervalo entre la salvación de los samaritanos y su recepción del Espíritu Santo es que ellos estaban viviendo en un período de transición entre los pactos.

El odio entre los judíos y los samaritanos era bien conocido. Si esos samaritanos hubieran recibido el Espíritu Santo en el momento de la salvación sin ninguna señal o fanfarria sobrenatural, la división terrible entre los judíos y los samaritanos pudiera haber continuado en la iglesia cristiana. Pentecostés hubiera sido un acontecimiento judío, y la iglesia nacida en Pentecostés hubiera sido formada exclusivamente por judíos creyentes en Cristo. Si los samaritanos hubieran empezado su propio grupo cristiano, las rivalidades antiguas y los odios podrían haberse perpetuado, con una iglesia judía compitiendo contra asambleas samaritanas y gentiles. En lugar de eso, Dios retuvo la dación del Espíritu a los samaritanos hasta que los apóstoles judíos pudieran estar con ellos. Todos necesitaban ver, en una manera que nadie pudiera rebatir, que el propósito de Dios bajo el Nuevo Pacto trascendía a la nación de Israel e incluía hasta a samaritanos en una iglesia.

También era importante que los samaritanos entendieran el poder y autoridad de los apóstoles. Era importante que los judíos conocieran que los samaritanos eran parte del cuerpo de Cristo, y era importante que los samaritanos supieran que los apóstoles judíos eran los canales de la verdad divina.

Un punto de gramática en Hechos 8:16 aclara el significado: "Porque aún no había descendido sobre ninguno de ellos el Espíritu Santo; solamente habían sido bautizados en el nombre de Jesús." La palabra griega para "aún no" es *oudepó*. El término no solamente significa algo que *no ha* sucedido, sino algo que *debiera haber sucedido*, pero que aún no. En otras palabras, el versículo dice que los samaritanos eran salvos, pero por alguna razón especial, lo que *debiera* haber sucedido —la venida del Espíritu Santo— no había ocurrido todavía.

Y así, aunque hubo un intervalo entre la recepción de Cristo por los samaritanos y su recepción del Espíritu Santo, subsecuencia en un sentido, se debió a la crucial transición que estaba sucediendo en la iglesia primitiva. La brecha permitió a todos ver claramente que Dios estaba haciendo una nueva cosa en la iglesia. Probó a los apóstoles y a todos los otros creyentes judíos que fueron testigos, que los samaritanos eran aceptados por Dios en la iglesia lo mismo que los creyentes judíos. Tenían al mismo Cristo, la misma salvación, la misma aceptación por Dios, y el mismo Espíritu Santo; y estaban bajo la misma autoridad apostólica.

Frederick Dale Bruner subraya el significado de la inclusión de los samaritanos en la iglesia cuando escribió:

> Este no fue un acontecimiento casual. Solamente la entrada de los gentiles (cap. 10) puede compararse con él. Samaria fue tanto un puente para ser cruzado como una base para ser ocupada. Un puente para ser cruzado porque Samaria representaba la más profunda de las hendiduras: la racial-religiosa. Una base para ser ocupada porque la iglesia ya no más reside en Jerusalén o entre judíos solamente, sino que se vuelve una misión.
>
> Nosotros sabemos por otros relatos en el Nuevo Testamento de los sentimientos del judío por el samaritano, y sabemos por los registros importantes en Hechos 10, 11 y 15 de la decisión dolorosa y crítica que la recepción de los gentiles presentó para la iglesia judía. La razón detrás de la división completamente singular

de lo que en todas partes desde Pentecostés es uno —el bautismo cristiano y el don del Espíritu— puede encontrarse más satisfactoriamente en la voluntad divina para establecer inequívocamente para los apóstoles, para los samaritanos despreciados, y para toda la iglesia presente y futura, que para *Dios* no existen barreras para su *don* del Espíritu; que dondequiera que la fe en el evangelio ocurría *había* la obra del Espíritu de Dios, y allí consecuentemente Dios se proponía dar el *don* de su Espíritu; que el bautismo en el nombre de Cristo como en todas otras partes, ahora hasta en Samaria, debía incluir el don del Espíritu; en una palabra, que el don del Espíritu Santo de Dios era gratuito y para todos. Para enseñar este hecho básico e importante —era el hecho del evangelio— Dios retuvo su don hasta que los apóstoles pudieran ver con sus propios ojos y, que no se pase por alto, que pudieran ser instrumentales con sus propias manos en la impartición del don *de Dios* (v. 20), sin ningún mérito, y mucho menos por raza o religión anterior.[10]

El asombroso avivamiento en Samaria fue seguido por el don del Espíritu Santo para esa gente desechada, y justamente en la misma manera en que había sucedido con los creyentes judíos. Este no era un "Pentecostés samaritano" sino un paso crucial de crecimiento para la iglesia. Hubo sólo un Pentecostés y este no le añadió nada. Pero sirvió como una lección audiovisual para toda la iglesia de que la pared intermedia de separación ciertamente había sido derribada (comp. Ef. 2:14, 15). Merril Unger comentó sobre esto al decir:

Los acontecimientos en Samaria no pueden ser llamados un "Pentecostés samaritano" por las siguientes razones: (a) Pentecostés es irrepetible, puesto que representa la llegada y toma de posesión de la morada permanente del Espíritu en la iglesia. El Espíritu no podía llegar de nuevo y tomar su residencia. Esto fue de una vez por todas para la nueva era. (b) Tampoco el Espíritu podía ser dado, recibido y depositado de nuevo como fue dado el don inicialmente, recibido y depositado de una vez para siempre para la era en Pentecostés. (c) Pentecostés, por eso, fue el principio de una nueva era. En contraste, el avivamiento samaritano fue la entrada en las bendiciones espirituales de la era, no la inauguración de esa era.

El acontecimiento samaritano representó crecimiento, no nacimiento. Fue la extensión del privilegio evangélico hacia otra gente (los samaritanos), no como en Pentecostés, la introducción del privilegio evangélico a los judíos solamente.[11]

Es interesante que en Hechos 8 no hay mención de lenguas o fuego o del sonido del viento, aunque algunas señales sobrenaturales deben haber ocurrido, como lo indica la reacción de Simón (8:18, 19). Lo que realmente fue crucial fue que todos los presentes supieron que no había dos iglesias. Había sólo una, con el mismo Espíritu Santo bajo la misma autoridad apostólica.

## Una mirada de cerca a Hechos 10

Un tercer pasaje a menudo citado como apoyo para la doctrina pentecostal y carismática de la subsecuencia es Hechos 10, que registra la salvación y la recepción del Espíritu Santo por Cornelio y otros gentiles en Cesarea de Filipo. El evangelio ciertamente estaba ahora alcanzando "hasta lo último de la tierra" (Hech. 1:8).

Si había una hendedura entre los samaritanos y los judíos, se había desarrollado un abismo prácticamente insalvable entre gentiles y judíos. Cuando un judío regresaba de viajar en un país gentil, se sacudía el polvo de sus pies y sus ropas porque no quería arrastrar suciedad gentil a Judea. Un judío no podía entrar en la casa de un gentil y no comía alimentos cocinados por manos gentiles. Algunos judíos ni siquiera compraban carne cortada por un carnicero gentil.

No obstante, el Señor le dio a Pedro una visión que le enseñó que Dios no hace diferencia entre personas. Justo después de que Pedro tuvo la visión, tres hombres vinieron a la casa donde él se estaba hospedando y le explicaron que ellos habían sido enviados por Cornelio, quien quería ver a Pedro y aprender más acerca de Dios.

Recordando la visión que acababa de experimentar, Pedro se tragó su prejuicio judío y consintió en acompañar a los gentiles de regreso a Cesarea, donde vivía Cornelio. Una vez allí, Pedro presentó el evangelio. Cornelio y el resto de la gente presente creyeron. Pedro y los otros judíos que lo habían acompañado al hogar de Cornelio estaban atónitos "porque el don del Espíritu Santo fue derramado también sobre los gentiles" (Hech. 10:45, 46). Pedro concluyó, "¿Acaso puede alguno negar el agua, para que sean bautizados estos que han recibido el Espíritu Santo, igual que nosotros?" (10:47).

Dos cosas son dignas de notar aquí en relación con la doctrina carismática. Una es que no hubo un intervalo entre la fe de Cornelio en Cristo y su recepción del Espíritu Santo. En segundo lugar, Pedro y los judíos que estaban con él estaban todos atónitos. ¿Por qué? Porque oyeron que los gentiles hablaban en lenguas y glorificaban a Dios. Aunque las lenguas eran primeramente una señal de juicio para el incrédulo Israel (1 Cor. 14:21, 22), Dios repitió aquí el fenómeno como una manera de demostrar a los creyentes judíos que el Espíritu Santo había venido a los gentiles tal como lo había hecho con ellos.

Aquí estaba pasando lo mismo que en Samaria. Este era el tiempo de transición. Si no hubiera habido evidencia visible del

Espíritu Santo, Pedro y los otros no se hubieran convencido tan rápidamente de que los gentiles eran ahora una parte del cuerpo de Cristo. Como sí hubo, los creyentes judíos vieron una demostración irrefutable de que esos gentiles estaban en Cristo. Pedro inmediatamente concluyó que ellos debían ser bautizados (10:47). Obviamente Pedro estaba equiparando recibir el Espíritu Santo con la salvación. Los gentiles habían recibido el mismo Espíritu Santo que había venido a los judíos. Pedro sabía más allá de duda que ellos eran salvos y que debían ser bautizados.

Todo esto surgió hermosamente en el siguiente capítulo de Hechos, donde Pedro informó de su experiencia al concilio de la iglesia en Jerusalén. Al explicar a los hermanos judíos lo que había pasado, dijo:

> Cuando comencé a hablar, el Espíritu Santo cayó sobre ellos también, como sobre nosotros al principio. Entonces me acordé del dicho del Señor cuando decía: "Juan ciertamente bautizó en agua, pero vosotros seréis bautizados en el Espíritu Santo." Así que, si Dios les dio el mismo don también a ellos, como a nosotros que hemos creído en el Señor Jesucristo, ¿quién era yo para poder resistir a Dios? (Hech. 11:15-17).

Esta escena es casi cómica. Es como si Pedro estuviera diciendo: "Lo siento, amigos, no pude remediarlo. ¡Dios estaba haciéndolo y yo no pude detenerlo!"

Sorprendidos como estaban, los miembros del concilio no podían negar lo que había pasado. Ellos retuvieron su paz, glorificaron a Dios, y reconocieron que Dios había concedido misericordiosamente a los gentiles también el arrepentimiento que lleva a la vida (Hech. 11:18). La iglesia era una: judía y gentil (comp. Gál. 3:28; Ef. 2:14-18).

Estos eventos estaban sucediendo por razones específicas en este período de transición histórica. Los gentiles recibieron el Espíritu Santo al tiempo de la conversión. Hablaron en lenguas, como prueba a todos de que ellos eran ahora parte de la iglesia, ¡pero no hay subsecuencia aquí! Unger dijo: "Como Pentecostés fue introductorio en el sentido de inaugurar una nueva era, así Hechos 10 fue final en el sentido de marcar la consumación del período introductorio y el establecimiento del curso normal de la nueva era."[12]

La norma es la salvación y la recepción del Espíritu *al mismo tiempo*. El apóstol Pedro estaba presente, y por eso él podía informar al concilio de la iglesia (formado por judíos) que los gentiles eran verdaderos creyentes. Al mismo tiempo, los gentiles podían reconocer la autoridad apostólica porque Pedro había estado con ellos y los había guiado a Cristo. Y más importante: ambos grupos sabían que tenían el mismo Espíritu Santo y eran parte del mismo cuerpo.

## Una mirada de cerca a Hechos 19

Hechos 19 sigue mostrando a la iglesia en transición. Aquí hay de nuevo otro texto de prueba carismático que muestra a la gente siendo bautizada por el Espíritu y hablando en lenguas. Aquí tampoco hay subsecuencia, ningún intervalo entre la salvación y el bautismo en el Espíritu. A algunos carismáticos y pentecostales les gustaría alegar que esa gente había sido creyente en Cristo antes del encuentro registrado aquí, pero un estudio del texto muestra claramente que no lo eran.

Hechos 19 relata la llegada de Pablo a Efeso en uno de sus viajes misioneros donde encontró "a ciertos discípulos" (19:1).

—¿Recibisteis el Espíritu cuando creísteis? —quiso saber Pablo (v. 2).

La respuesta de los discípulos de Efeso es peculiar:

—Ni siquiera hemos oído que haya Espíritu Santo.

—¿En qué, pues, fuisteis bautizados? —volvió a preguntar Pablo (v. 3).

Ellos contestaron:

—En el bautismo de Juan.

Entonces Pablo entendió su problema. Así pues, dijo:

—Juan bautizó con el bautismo de arrepentimiento, diciendo al pueblo que creyesen en el que había de venir después de él, es decir, en Jesús (v. 4).

Los discípulos de Efeso no eran cristianos. Eran creyentes en el sentido del Antiguo Testamento. La suma de su conocimiento espiritual se detenía en Juan el Bautista, y de alguna manera no estaban familiarizados con el ministerio de Cristo. Una vez que escucharon acerca de Jesús, creyeron y fueron bautizados en su nombre. Cuando Pablo les impuso las manos, el Espíritu Santo vino sobre ellos y empezaron a hablar en lenguas y a profetizar (vv. 5, 6).

Obviamente esos discípulos no estaban buscando el Espíritu Santo ni las lenguas. Pablo inició la conversación acerca del Espíritu Santo. Ellos no habían escuchado de ninguno de los fenómenos asociados con la venida del Espíritu. La mayoría de las traducciones de Hechos 19:2 no capta completamente las implicaciones de la respuesta de los creyentes efesios a la pregunta de Pablo. En esencia ellos dijeron: "Ni siquiera habíamos oído que el Espíritu Santo había sido dado." Es probable que ellos supieran del Espíritu Santo. Si ellos eran seguidores del bautismo de Juan lo habrían escuchado hablar del Espíritu (p. ej., ver Lucas 3:16). Pero ellos no habían oído si el

Espíritu Santo había sido dado o no. ¿Por qué? Porque todavía no habían escuchado nada acerca de Jesucristo.

Tan pronto como Pablo escuchó su respuesta, él empezó a indagar. En seguida se dio cuenta de que ellos eran discípulos, no de Jesucristo, sino de Juan el Bautista. Eran gente en transición, remanentes de los santos del Antiguo Testamento, todavía pendientes, todavía buscando a su Mesías, veinte años después que Juan el Bautista había muerto.

La siguiente acción de Pablo era muy predecible. En efecto él dijo: "Vosotros debéis ser elogiados. Os arrepentisteis como Juan enseñó, pero ahora debéis dar el siguiente paso: creed en el que vino después de Juan: Jesucristo."

Nótese que después que Pablo comprendió quiénes eran esos discípulos, él habló de Jesucristo, no del Espíritu Santo. Pablo sabía que todo lo que ellos tenían era el bautismo de Juan. Si hubieran confesado fe en Cristo y hubieran sido bautizados, hubieran tenido el Espíritu Santo. Pablo implicó eso cuando preguntó: "Bueno, si no habéis recibido el Espíritu, ¿qué clase de bautismo habéis tenido?" Pablo sabía que recibir el Espíritu al momento de creer en Cristo era el patrón normal para la iglesia después de Pentecostés.

Pablo no estaba tratando de enseñar a los discípulos efesios cómo avanzar a un segundo nivel o cómo conseguir algo más que la salvación por Cristo. El comprendió que lo que le faltaba a la gente de Efeso no era información acerca del bautismo del Espíritu Santo, sino información acerca de Jesucristo.

Entonces Pablo presentó a Cristo a los discípulos efesios, ellos creyeron y fueron bautizados en el nombre del Señor Jesús. Y cuando Pablo impuso sus manos sobre ellos, hablaron en lenguas y profetizaron.

¿Por qué Pablo impuso las manos sobre ellos? Parece que lo hizo para demostrar que ya no tenían que seguir la enseñanza de Juan, sino la de los apóstoles. ¿Y por qué los creyentes efesios recibieron lenguas? Las lenguas demostraban que, aunque se habían relacionado primero con Dios bajo el Antiguo Pacto, ahora eran parte de la iglesia con todos los demás. Como los que habían experimentado Pentecostés, ahora estaban viviendo bajo el Nuevo Pacto.

En realidad, todo el tema del libro de Hechos es mostrar cómo la oración de Jesús en Juan 17:21 estaba siendo contestada. Allí Jesús oró: "Para que todos sean una cosa, así como tú, oh Padre, en mí y yo en ti, que también ellos lo sean en nosotros; para que el mundo crea que tú me enviaste." Conforme todos los creyentes se volvían uno, estaba teniendo lugar una transición entre los dos pactos. Pentecostés ilustraba lo que estaba sucediendo. Samaria lo ilustraba. La salvación de Cornelio y los otros gentiles lo ilustraba. Y aquí en Hechos 19 encontramos un singular grupo de seguidores de Juan en Efeso. Todos ellos habían llegado a ser uno en el Espíritu a través de la fe en el Señor Jesucristo, y su unicidad era demostrada gráficamente por los mismos fenómenos milagrosos presenciados tres veces antes. Esos acontecimientos no se suponía que fueran un patrón para la iglesia como un todo; ni siquiera reflejaban la experiencia normal de los cristianos en la iglesia del primer siglo. Eran excepcionales, señales de una vez, e incluían sólo un número limitado de creyentes, y mostraban brillantemente el proceso que estaba teniendo lugar conforme todos los creyentes se volvían uno en Cristo.

Alegar que la norma es que la gente crea en Cristo y en un tiempo posterior reciba el bautismo del Espíritu Santo con la evidencia de las lenguas es pasar a la fuerza el libro de Hechos por una reja que uno mismo hizo. Los acontecimientos de Hechos simplemente no respaldan el criterio pentecostal y carismático.

Joseph Dillow resumió nuestra responsabilidad cuando dijo:

> No debemos cometer el trágico error de enseñar la experiencia de los apóstoles, sino más bien debemos experimentar la enseñanza de los apóstoles. La experiencia de los apóstoles se encuentra en el libro transicional de Hechos, aunque la enseñanza de los apóstoles se presenta claramente en las epístolas, que son nuestra guía para nuestra experiencia cristiana hoy en día.[13]

Hechos revela cómo empezó una nueva época, la era de la iglesia, la era del Espíritu Santo. Nosotros, los cristianos que vivimos en esa era recibimos el Espíritu cuando creímos en Jesucristo como Señor y Salvador. El Espíritu es un don de Dios para todo creyente. Eso se enseña una y otra vez en las epístolas del Nuevo Testamento. Sin embargo, en ninguna parte comprueban la doctrina pentecostal y carismática de una segunda obra de gracia que es procurada por el creyente y hecha evidente por hablar en lenguas.

Pablo escribió del Espíritu Santo muchas veces. El trató ampliamente con el tema de los dones espirituales. Muy extrañamente, en ninguna ocasión él dio alguna indicación de que la experiencia cristiana normativa debe ser similar a lo que se describe en los capítulos segundo, octavo, décimo y noveno de Hechos.

A propósito, Pablo tuvo su propia experiencia, registrada para nosotros en Hechos. El conoció al Señor Jesucristo en el camino a Damasco, e inmediatamente fue cambiado, de un asesino de cristianos, a un siervo del Señor. Pablo estuvo ciego por tres días, después de los cuales vino Ananías a él y le impuso las manos para que pudiera recibir la vista y fuera "lleno del Espíritu Santo" (Hech.

9:17). Curiosamente, Hechos 9 no menciona que Pablo hablara en lenguas en esa ocasión. Sin embargo, más tarde él dijo a los corintios que el hablaba en lenguas más que todos ellos (1 Cor. 14:18). Pablo estaba muy consciente de la variedad de experiencias que habían ocurrido a la gente, como es narrado en Hechos. El estaba justo en medio de ellas. Pero en ninguna de sus epístolas él indicó que uno debía ser salvo primero y luego experimentar el bautismo del Espíritu en algún tiempo posterior. Lo mismo es cierto en los escritos de Judas, de Santiago y de Pedro. Ningún escritor apostólico enseñó la doctrina pentecostal y carismática de subsecuencia.

### ¿Buscar el poder o liberarlo?

Hechos 8:19 registra cómo Simón procuraba comprar el poder del Espíritu Santo. Pedro dijo en respuesta: "¡Tu dinero perezca contigo, porque has pensado obtener por dinero el don de Dios!" (Hech. 8:20).

Simón quería poder, pero lo buscaba en la manera equivocada. Los cristianos de hoy en día quieren poder también. Quieren poder vivir mejores vidas cristianas. Quieren poder para testificar, para hacer discípulos, para alcanzar al mundo con el evangelio como han sido comisionados para hacerlo, y eso ciertamente no está mal.

Sin embargo, como muestra este incidente con Pedro y Simón, alguna gente procura poder espiritual por motivos erróneos o impuros. Simón procuraba buscar por esfuerzo humano el poder espiritual que Dios da gratuitamente y eso revelaba su corazón pecaminoso. Muchos carismáticos parecen estar buscando poder espiritual por las mismas razones egoístas que mostraba Simón y a menudo por clases similares de esfuerzo humano.

Michael Green, que ciertamente no es enemigo de la posición carismática, comentó sobre los corintios carismáticos:

Los carismáticos siempre estaban en busca de *más*, y Pablo siempre insistía que Cristo y solamente Cristo era la bendición para los cristianos. Cualquier doctrina que añade algo a Cristo, como algunos carismáticos lo hacen en su pregón: "Cristo, sí, pero además de Cristo uno necesita el Espíritu", se autocondena.

Los carismáticos siempre estaban en busca de *poder*; se alborozaban por el poder espiritual y siempre buscaban atajos para conseguirlo. Es lo mismo hoy en día. La respuesta de Pablo es no jactarse de su poder, sino de su debilidad, a través de la cual sólo el poder de Cristo puede brillar. Pablo sabía todo acerca de las marcas de un apóstol, en señales, prodigios y obras poderosas (2 Cor.12:12), pero él sabía que el poder de un apóstol, o de cualquier otro cristiano, venía de la persistencia paciente del sufrimiento, como el que él tenía con su espina en la carne, o la perseverancia paciente del vituperio y las dificultades como a las que él se había sometido en el curso de su obra misionera (1 Cor. 4). Los carismáticos tenían una teología de la resurreción y su poder; ellos necesitaban aprender de nuevo el secreto de la cruz y su vergüenza... que todavía producía el poder de Dios (1 Cor. 1:18).

Los carismáticos siempre estaban en busca de *evidencia*. Por eso las lenguas, sanidades y milagros eran tan altamente estimadas entre ellos. Pero Pablo sabe que caminamos por fe mientras estamos en esta vida, no por vista. Hay muchas ocasiones cuando Dios nos llama a confiar en él en la obscuridad, sin ninguna evidencia que apoye.[14]

Los carismáticos de hoy participan de esas limitaciones. Su sed de algo más, su anhelo de un poder más grande, y el deseo de ver evidencias son tan familiares hoy como lo eran en Corinto. Sin embargo, son más compatibles con el espíritu de Simón que con el Espíritu de Dios. Negar lo que se enseña claramente en la Palabra de Dios, cuestionar la promesa de Dios y buscar por esfuerzo humano lo que él ya ha dado está mal, no importa cuán eufórica pueda ser una experiencia. En vez de buscar poder y evidencias milagrosas, todos los cristianos, tanto carismáticos como no carismáticos, debieran procurar *conocerlo*, incluyendo la comunión de su sufrimiento y conformidad a su muerte (comp. Fil. 3:10, 11). Eso es lo que libera el poder de su resurrección, lo que Dios ya nos ha dado (comp. Rom. 6:4, 5).

## ¿Es el bautismo en el Espíritu un hecho o una emoción?

El criterio carismático de la subsecuencia lleva a otros errores. La creencia de que el bautismo del Espíritu es una segunda obra de gracia se ha vuelto una doctrina cardinal del movimiento carismático. Como hemos visto, los escritores y maestros carismáticos generalmente están de acuerdo en que "el bautismo", evidenciado por hablar en lenguas, es un paso crucial posterior a la salvación.

Volverse a las epístolas resulta en un criterio muy diferente. Por ejemplo, como 1 Corintios 12:13 aclara, el bautismo en el Espíritu es realmente una parte integral de la experiencia de salvación de cada creyente. Pablo escribió: "Porque por un solo Espíritu fuimos bautizados *todos* en un solo cuerpo, tanto judíos como griegos, tanto esclavos como libres; y a todos se nos dio a beber de un solo Espíritu" (énfasis añadido). Ese pasaje no tiene nada que ver con el bautismo en agua. Pablo no estaba hablando del sacramento u ordenanza del bautismo en agua, que es muy importante en otro contexto. Pablo estaba hablando de la presencia habitadora del Espíritu de Dios. El usó la palabra *baptizo*, que es el mismo término griego usado en Romanos 6:3, 4 y Gálatas 3:27 para referirse a la inmersión espiritual. El bautismo en el Espíritu lleva al creyente a una unión vital con Cristo. Ser bautizado con el Espíritu Santo significa que Cristo nos sumerge en el Espíritu, dándonos por eso un principio de vida común. Este bautismo espiritual es lo que nos conecta con todos los otros creyentes en Cristo y nos hace parte del propio cuerpo de Cristo. El bautismo con el Espíritu hace uno de todos los creyentes. Es un hecho, no una emoción. Desafortunadamente, la tremenda verdad de este versículo ha sido mal interpretada. Pablo estaba fusionando dos pensamientos vitales aquí. Uno es que la iglesia, el cuerpo de Cristo, se forma por el bautismo del Espíritu, y el otro es que la vida del cuerpo es sostenida cuando se nos da a beber de un solo Espíritu. Las ideas gemelas de inmersión en el Espíritu y beber del Espíritu ilustran la relación completamente suficiente con el Espíritu de Dios que une a cada creyente con Cristo y con el resto del cuerpo.

Primera a los Corintios 12:13 empieza con la frase: "Porque por un solo Espíritu." Allí es donde empieza mucha de la confusión carismática. El texto griego usa la pequeña preposición *en*. Este término puede ser traducido como "en", "por", o "con". Las preposiciones griegas pueden ser traducidas de diferentes maneras, dependiendo de las terminaciones que indican el caso de las palabras que siguen a las preposiciones. Una traducción exacta de 1 Corintios 12:13, y la más consistente con el contexto del Nuevo Testamento, sería usar *por* o *con*. En otras palabras, a la conversión somos bautizados *por* o *con* el Espíritu Santo.

Esto no debe ser tomado con el significado de que el Espíritu Santo es el que *ejecuta* el bautismo. En ninguna parte de la Biblia se habla del Espíritu Santo como el bautizador. En Mateo 3:11, por ejemplo, Juan el Bautista dijo a los fariseos y saduceos que él podía bautizarlos con agua, pero que alguien que vendría después los "bautizará en el Espíritu Santo y fuego. Su aventador está en su mano, y limpiará su era. Recogerá su trigo en el granero y quemará la paja en el fuego que nunca se apagará" (Mat. 3:11, 12).

Una interpretación carismática común de ese versículo toma "fuego" como una referencia a las lenguas de fuego repartidas que se vieron el día de Pentecostés. Pero es obvio por el versículo 12 que Juan se estaba refiriendo al fuego del juicio, los inextinguibles fuegos del infierno. Obviamente, las lenguas de fuego repartidas de Pentecostés no pueden equipararse al fuego inextinguible que consume. Este es claramente un fuego de juicio, y su agente no es el Espíritu

Santo, sino Cristo (ver Juan 5:22). Así que lo que Juan estaba diciendo en realidad es que hay solamente dos clases de gente en el mundo: los que serán bautizados con el Espíritu Santo y los que serán bautizados con el inextinguible fuego del infierno.

Marcos 1:7, 8 y Lucas 3:16 contienen expresiones similares. Del mismo modo Juan 1:33 dice de Cristo: "Este es el que bautiza en el Espíritu Santo." En todos estos pasajes, Jesús ejecuta el bautismo.

En su sermón el día de Pentecostés, Pedro dijo de Cristo: "Así que, exaltado por la diestra de Dios y habiendo recibido del Padre la promesa del Espíritu Santo, ha derramado esto que vosotros veis y oís" (Hech. 2:33). De nuevo vemos a Cristo como el bautizador, el que "derrama" el Espíritu en los milagrosos acontecimientos de Pentecostés.

En Romanos 8:9 Pablo dice: "Si alguno no tiene el Espíritu de Cristo, no es de él." Si quitamos el concepto de que todo creyente es bautizado y habitado por el Espíritu Santo, destruimos la doctrina de la unidad del cuerpo. ¿Por qué? Porque hay alguna gente que no está "dentro". ¿Dónde está? ¿Qué clase de limbo es el ser salvado, pero no ser parte del cuerpo de Cristo? ¿Es posible ser un cristiano y no ser una parte de Cristo? No. Todo el punto de Pablo en 1 Corintios 12:12, 13 es que *todos* los cristianos somos bautizados con un solo Espíritu en un cuerpo. Todos somos un cuerpo que tiene una fuente de vida, habitado por un Cristo.

El criterio carismático del bautismo del Espíritu Santo realmente redefine la doctrina de la salvación. De acuerdo con ese criterio, la salvación realmente no nos da todo lo que necesitamos para la victoria espiritual. Todavía nos falta; necesitamos algo más. Aunque ellos a veces conceden que todo creyente tiene el Espíritu Santo en un grado limitado, ellos creen que el poder completo del Espíritu es retenido de los que todavía no han experimentado el bautismo del Espíritu con la evidencia de lenguas. Esa es la perspectiva de Larry Christenson, un célebre carismático luterano.[15] Sin embargo, su punto de vista parece pasar por alto el claro significado de 1 Corintios 12:13. Christenson ha declarado:

> Además de la conversión, además de la seguridad de la salvación, además de tener el Espíritu Santo, hay un *bautismo* con el Espíritu Santo. Podría no tener más sentido para nuestro entendimiento humano que el que tenía para Jesús ser bautizado por Juan... No somos llamados a entenderlo, o a justificarlo, o explicarlo, sino simplemente a entrar en él en una obediencia humilde y con fe expectante.[16]

¿Está Christenson aceptando algo que no tiene sentido en lugar de admitir la verdad de 1 Corintios 12:13, que claramente sí tiene sentido? El bautismo de Jesús por Juan ciertamente sí tenía sentido. Al ser bautizado, Jesús se identificó con los israelitas arrepentidos que buscaban a su Mesías. Christenson siguió diciendo:

> Algunas veces el bautismo con el Espíritu Santo ocurre espontáneamente, a veces mediante la oración y la imposición de manos. Algunas veces ocurre después del bautismo con agua, algunas veces antes. Algunas veces ocurre virtualmente simultáneamente con la conversión, algunas veces después de un intervalo... Pero una cosa es constante en la Escritura, y es de la mayor importancia: Nunca se *asume* meramente que una persona ha sido bautizada con el Espíritu Santo. Cuando ha sido bautizada con el Espíritu Santo la persona *lo sabe*. *Es una experiencia definida.*[17]

Al hacer esos reclamos, Christenson estaba tratando de basar la verdad en la experiencia. Como veremos, el bautismo con el Espíritu Santo es un hecho espiritual, no una experiencia física relacionada con algún sentimiento emocional.

## ¿Cuál es la diferencia entre el bautismo y la llenura?

Conforme hablo con carismáticos y estudio sus escritos, se vuelve más y más evidente que ellos están confundiendo el bautismo del Espíritu, que pone al cristiano en el cuerpo de Cristo, con la plenitud del Espíritu, que produce una vida cristiana eficaz (ver Ef. 5:18—6:11).

Charles y Frances Hunter, por ejemplo, dirigen seminarios en los que enseñan cómo ser bautizado con el Espíritu Santo. Charles Hunter ha escrito:

> Imagínese usted en la situación de ser uno al que estamos ministrando. Así es como dirigimos a la gente al bautismo:
>     Estás a punto de recibir lo que la Biblia llama el bautismo con el Espíritu Santo, o el don del Espíritu Santo. Tu espíritu, del mismo tamaño que tu cuerpo, está a punto de ser llenado completamente con el Espíritu de Dios, y de la manera que Jesús enseñó, hablarás en un lenguaje espiritual como el Espíritu Santo te dé a hablar."[18]

En primer lugar, la idea de que el espíritu de uno es del mismo tamaño que el cuerpo de uno, es absurdo. Un espíritu, siendo inmaterial, no tiene *tamaño.*[19] En segundo, y más significativo, Hunter habla del bautismo con el Espíritu Santo y de la *plenitud* del Espíritu Santo como si fueran lo mismo. No lo son. La revista *Pentecostal Evangel* (Evangelio Pentecostal), la revista denominacional de las Asambleas de Dios, ha publicado un credo en el membrete del periódico que en parte dice: "Creemos... que el bautismo con el Espíritu Santo, según Hechos 2:4, es dado a los creyentes que lo piden. Pero Hechos 2:4 dice sencillamente: "Todos fueron llenos del Espíritu Santo y comenzaron a hablar en distintas lenguas, como el Espíritu les daba que hablasen." Nada en todo el capítulo 2 de Hechos dice que los creyentes pidieron el Espíritu Santo.

Hechos 2:1-4 enseña dos verdades distintivas. En Pentecostés, los creyentes cristianos fueron *bautizados* con el Espíritu Santo en un cuerpo. Luego el Espíritu Santo *llenó* a esos creyentes para darles un testimonio milagroso, la capacidad para hablar en otras lenguas. Todos los creyentes desde ese tiempo han sido bautizados con el Espíritu Santo por el Señor Jesucristo al momento de la conversión. ¿Cómo somos llenados? Cuando nos sometemos al Espíritu, que ya está allí, tenemos acceso al poder y plenitud del Espíritu. Pablo les dijo a los Efesios que fueran llenos con el Espíritu como una norma constante para la vida (Ef. 5:18).

En ninguna parte de la Escritura se le enseña al cristiano a detenerse y esperar el bautismo. En ninguna parte de la Escritura se nos enseña a ponernos en contacto con gente que pueda enseñarnos a hablar en lenguas. Los cristianos somos amonestados a mantenernos llenos del Espíritu Santo, pero no es la misma cosa que esperar a ser bautizado por el Espíritu. Hay una clave sencilla para conocer la plenitud y el poder del Espíritu Santo en su vida: obedecer al Señor. Cuando uno camina en obediencia a la Palabra de Dios, el Espíritu de Dios lo llena a uno y vigoriza su vida (ver Gál. 5:25).

Los cristianos no solamente han sido puestos dentro de Alguien (Cristo), sino que Alguien ha sido puesto dentro de ellos (el Espíritu Santo). Como cristianos tenemos el Espíritu Santo. Nuestros cuerpos son templos del Espíritu Santo (1 Cor. 6:19). Dios mismo mora en nuestros cuerpos (2 Cor. 6:16). Todos los recursos que necesitamos están allí. La promesa del Espíritu Santo ya ha sido cumplida para nosotros. La Biblia es absolutamente clara en ese punto. No hay nada más que esperar. La vida cristiana consiste en rendirse al control del Espíritu que ya está en nosotros. Hacemos eso por la obediencia a la Palabra (Col. 3:16).

Significativamente, no todos los escritores carismáticos están de acuerdo en la manera en que los creyentes deben recibir el bautismo del Espíritu. ¿Por qué toda esa confusión y contradicción? ¿Por qué los escritores carismáticos no citan la Biblia sencillamente y se atienen a ella? La razón por la que ningún escritor carismático puede hacer eso es porque la Biblia nunca dice cómo recibir el bautismo del

Espíritu; solamente dice a los creyentes que ellos ya están bautizados con el Espíritu.

Una de las realidades más grandes que los cristianos tenemos está contenida en dos declaraciones breves y sencillas. Una es de Pablo, la otra es de Pedro:

"Y vosotros estáis completos en él" (Col. 2:10).

"Su divino poder nos ha concedido todas las cosas que pertenecen a la vida y a la piedad" (2 Ped. 1:3).

¿Cómo? Mediante "el conocimiento de Dios y de nuestro Señor Jesús" (2 Ped. 1:2). No tiene caso buscar lo que ya es nuestro.

# 9

# ¿Sana Dios todavía?

Hobart Freeman creía que Dios lo había sanado de polio. No obstante, una de las piernas de Freeman era más corta que la otra y le hacía necesario usar zapatos correctivos, y todavía así caminaba con dificultad. Freeman era pastor. El empezó su ministerio como bautista y hasta escribió un libro de texto elogiable y doctrinalmente ortodoxo, *An Introduction to the Old Testament Prophets* (Una introducción a los profetas del Antiguo Testamento).[1] Sin embargo, a mediados de los años sesenta, la fascinación de Freeman por la sanidad por fe lo movió hacia el movimiento carismático y luego más y más hacia el margen. El empezó su propia iglesia en Claypool, Indiana, conocida como La Quinta Asamblea, que creció a más de dos mil miembros. Las reuniones se tenían en un edificio que Freeman llamaba "El establo de la gloria". Los servicios de la iglesia estaban vedados a los que no eran miembros.

Freeman y la congregación de La Quinta Asamblea desdeñaban completamente el tratamiento médico, creyendo que la medicina moderna era una extensión de la antigua brujería y de la magia negra. Someterse a los remedios de un médico, creía Freeman, era exponerse a la influencia demoníaca. A las madres embarazadas de la congregación de Freeman se les decía que debían dar a luz en casa, con la ayuda de una partera patrocinada por la iglesia, en vez de ir a la sala de un hospital. La obediencia a tal enseñanza les costó la vida a algunas madres y niños. De hecho, a través de los años cuando menos noventa miembros de la iglesia murieron como resultado de sus dolencias que podían haber sido tratadas fácilmente. Nadie sabe realmente lo que sería la tasa real de mortalidad si las cifras de todo el país pudieran ser compiladas con todos los que siguieron la enseñanza de Freeman.

Después de que una muchacha de quince años, cuyos padres pertenecían a la Asamblea de Fe, murió de una enfermedad médicamente tratable, los padres fueron declarados culpables de homicidio por negligencia y sentenciados a diez años de prisión. El mismo Freeman fue acusado de ayudar e inducir el homicidio por imprudencia en el caso. Poco después, el 8 de diciembre de 1984, Freeman murió de pulmonía y de falla del corazón, complicadas por una pierna ulcerada.[2]

La teología de Hobart Freeman no le permitió reconocer que la polio le había dejado una de las piernas desfigurada y coja. "Yo tengo mi sanidad", es todo lo que podía decir cuando alguien señalaba la más que notable inconsecuencia entre sus propias incapacidades físicas y su enseñanza. Finalmente, su negación a reconocer sus enfermedades obvias le costó la vida. El había rechazado consistentemente el tratamiento para las dolencias que lo estaban matando. La ciencia médica podía haber prolongado su vida fácilmente, pero al fin Freeman fue víctima de su propia enseñanza.

Freeman no es el único de los llamados sanadores por fe que ha sucumbido a la enfermedad sin encontrar sanidad. William Branham, padre del avivamiento de sanidad posterior a la Segunda Guerra Mundial, un hombre notable por haber sido instrumental en algunas de las sanidades más espectaculares que el movimiento haya visto, murió en 1965 a los 56 años después de sufrir por seis días de heridas recibidas en un accidente automovilístico. Aunque sus seguidores confiaban en que Dios lo resucitaría, la resurrección nunca ocurrió. A. A. Allen, famoso evangelista de tiendas de campaña y sanador por fe, murió de esclerosis del hígado en 1967, habiendo luchado secretamente con el alcoholismo por muchos años en los que él supuestamente estaba sanando a otros. Kathryn Kuhlman murió de un paro cardíaco en 1976. Ella había luchado con la enfermedad cardíaca por cerca de veinte años.[3] Ruth Carter Stapleton, hermana del ex presidente de los Estados Unidos, Jimmy Carter, y sanadora por fe, rehusó tratamiento médico para el cáncer por su creencia en la sanidad por fe.[4] Ella murió de la enfermedad en 1983.

Hasta John Wimber lucha con problemas crónicos del corazón. El empieza su libro *Power Healing* (Sanidad de Poder) con "Una nota personal de John Wimber", que en parte dice:

> En octubre de 1985 estuve en Inglaterra por tres semanas, enseñando en conferencias en Londres, Brighton y Sheffield. Muchas gentes fueron sanadas. Una no lo fue: yo.
> Durante los dos años anteriores yo había sufrido de dolores del pecho menores cada cuatro o cinco meses. Yo sospechaba que tenían algo que ver con mi corazón, pero no hice caso. Nadie, ni

siquiera Candy, mi esposa, sabían nada de mi condición. Pero en Inglaterra ya no pude ocultárselo. Varias ocasiones cuando caminábamos, yo tuve que detenerme abruptamente por los dolores en el pecho. La mayor parte del viaje estuve muy cansado. Tuve lo que los doctores más tarde sospecharon que fue una serie de ataques coronarios.

Cuando regresamos a casa... una serie de pruebas médicas... confirmaron mis peores temores: tenía el corazón dañado, posiblemente seriamente dañado. Las pruebas indicaban que mi corazón no estaba funcionando apropiadamente, una condición complicada y posiblemente causada por alta presión sanguínea. Esos problemas, combinados con mi sobrepeso y mi exceso de trabajo, significaban que yo podía morir en cualquier momento.[5]

Wimber buscó a Dios, y dice que Dios le dijo "que de la misma manera que Abraham esperó por su hijo yo debía esperar por mi sanidad. Entre tanto, me dijo que siguiera las órdenes de mi médico".[6] Desde entonces, Wimber ha visto mejorías seguidas por retrocesos, pero él cree que el Señor le ha dado la seguridad de que finalmente será sanado.

"Yo desearía poder escribir que en este tiempo estoy completamente sanado, que ya no tengo problemas físicos. Pero si lo hiciera, no sería cierto", admite Wimber.[7]

¿Por qué es que tantos defensores importantes de la sanidad por fe están ellos mismos en necesidad de sanidad? Annette Capps, hija del sanador por fe Charles Capps y también una ministra sanadora por fe, levantó esa pregunta en su libro, *Reverse the Curse in Your Body and Emotions* (Invierta la aflicción en su cuerpo y emociones). Ella escribió:

La gente tropieza con el hecho de que los llamados "ministros de sanidad" también se enferman o mueren. Dicen: "No entiendo esto. Si el poder de Dios entró en acción y toda ese gente fue sanada, ¿por qué se enfermó el evangelista? ¿Por qué murió?"

La razón es porque las sanidades que tienen lugar en reuniones como esa son una manifestación especial del Espíritu Santo. Esto es diferente de usar uno su propia fe...

El evangelista que está siendo usado por Dios en los dones de sanidad todavía necesita usar su propia fe en la Palabra de Dios para recibir salud y sanidad divinas para su propio cuerpo. ¿Por qué? Porque los dones de sanidades no son manifestados para el individuo que está ministrando. Son para beneficio de la gente.

\*\*\*\*\*\*\*\*\*\*\*\*\*\*\*

A través de los años he visto varias manifestaciones de los dones de sanidades en mi propio ministerio, pero siempre he tenido que

usar mi propia fe en la Palabra de Dios para mi sanidad.  Ha habido
ocasiones en que he estado siendo atacado con enfermedades en
mi cuerpo, pero conforme ministraba, muchas fueron sanadas,
aunque yo no me sentía bien.  Tuve que recibir mi sanidad
mediante la fe y actuando en la Palabra de Dios.[8]

Así concluye ella, asombrosamente, que si un sanador por fe se
enferma es porque su fe personal es de alguna manera deficiente.
Las perspectivas sobre la sanidad por fe a menudo parecen tan
variadas como el número de sanadores por fe.  Algunos dicen que
Dios quiere sanar *todas* las enfermedades; otros casi conceden que el
propósito de Dios puede *algunas veces* ser cumplido en nuestras
enfermedades.  Algunos equiparan la enfermedad con el pecado;
otros se detienen allí, pero todavía encuentran difícil de explicar por
qué gente espiritualmente fuerte se enferma.  Algunos culpan al
diablo.  Algunos alegan tener *dones* de sanidad; otros dicen que no
tienen habilidad sanadora especial, que simplemente son usados por
Dios para mostrar a la gente el camino de la fe.  Algunos usan un
toque físico o ungen con aceite; otros alegan que pueden "declarar"
sanidades o simplemente orar por sanidad y conseguir resultados.
En un tiempo en su ministerio, Oral Roberts declaró que Dios lo
había llamado a construir un enorme hospital que uniera la medicina
convencional y la sanidad por fe.  Más tarde, en vista de las enormes
pérdidas financieras, él dijo que Dios le estaba diciendo que lo cerrara.
Recientemente visité el lugar.  Una enorme escultura de manos
orando se erguía  frente a un edificio monolítico, pero virtualmente
vacío, ubicado en medio de un lote cubierto de herbaje.  Es un
monumento a las promesas no cumplidas de sanidad por fe.
La sanidad por fe y el movimiento carismático han crecido juntos.
Charles Fox Parham, padre del movimiento pentecostal
contemporáneo, llegó a la convicción de que la sanidad divina es la
voluntad de Dios para todos los verdaderos creyentes.  El entonces
desarrolló un sistema completo de creencias pentecostales en torno a
esa convicción.  Aimee Semple McPherson, E. W. Kenyon, William
Braham, Kathryn Kuhlman, Oral Roberts, Kenneth Hagin, Kenneth
Copeland, Fred Price, Jerry Savelle, Charles Capps, Norvel Hayes,
Robert Tilton, Benny Hinn y Larry Lea han  llenado los titulares de los
periódicos con sus reuniones públicas.  Católicos carismáticos como el
Padre John Bertolucci y Francis MacNutt han seguido la corriente,
viendo el énfasis carismático en la sanidad como una extensión natural
de la tradición católico romana.  Los líderes de la Tercera Ola, muy
notablemente John Wimber, han hecho de la sanidad un elemento
central en su ministerio.
Las aseveraciones y los métodos de los sanadores por fe fluctúan

mucho, algunas son excéntricas y grotescas. Hace unos cuantos años yo recibí en el correo un "paño milagroso de oración" de un líder carismático sanador por fe. Con él venía este mensaje:

> Tome este paño milagroso de oración y póngalo bajo su almohada y duerma esta noche con él. O puede ponerlo en su cuerpo o en un ser amado. Uselo como un punto de alivio donde quiera que le duela. Mañana a primera hora envíemelo de regreso en el sobre verde. No conserve este paño de oración; devuélvamelo. Yo lo tomaré y oraré sobre él toda la noche. El poder milagroso fluirá como un río. Dios tiene algo mejor para usted, un milagro especial para satisfacer sus necesidades.

Curiosamente, el que enviaba el paño de oración sentía que tenía un apoyo bíblico para lo que estaba haciendo. Cuando Pablo estaba en Efeso, Dios realizó milagros extraordinarios a través de él "de tal manera que hasta llevaban pañuelos o delantales que habían tocado su cuerpo para ponerlos sobre los enfermos, y las enfermedades se iban de ellos" (Hech. 19:12). Como ya hemos visto, sin embargo, Pablo y los otros apóstoles habían recibido un poder singular. Nada en el Nuevo Testamento sugiere que alguien más pueda enviar pañuelos para obrar milagros de sanidad.

Kenneth Hagin cuenta de un sanador por fe del que él oyó que usaba un método que yo nunca he presenciado personalmente:

> Siempre escupía sobre ellos, sobre cada uno de ellos. Escupía en su mano y la frotaba en ellos. De esa manera ministraba... Si había algo malo en la cabeza de uno, él escupía en su mano y la frotaba en su frente. Si uno tenía algo malo en el estómago, él escupía en su mano y la frotaba en la ropa y el estómago de uno. Si alguien tenía algo malo en su rodilla, él escupía en su mano y la frotaba en la rodilla. Y toda la gente era sanada.[9]

Otros métodos así de extraños desfilan por la televisión cristiana diariamente. Oral Roberts pide "ofrendas de semillas de fe", dinero donado a él que es en realidad el enganche para su propio milagro personal de sanidad. Robert Tilton propone regularmente planes similares, prometiendo sanidades especiales y milagros financieros a la gente que le envía dinero; cuanto más sacrificial es el donativo, mucho mejor el milagro. Pat Robertson mira a la cámara, y como si pudiera ver los lugares donde están las personas, describe a gente que está siendo sanada en ese mismo momento. Benny Hinn recientemente sanó al sanador por fe y entrevistador de televisión, Paul Crouch, en vivo por la cadena televisiva Trinity Broadcasting Network. Después que Hinn "liberó su unción" en una sala llena de gente, Crouch pasó al frente a testificar que había sido sanado de un persistente zumbido en los oídos del que había estado sufriendo por años. La lista de reclamos de esta clase crece a un paso rápido, pero una verdadera evidencia de milagros genuinos está ausente notablemente.

A dondequiera que voy me preguntan de milagros y sanidades. ¿Está Dios restaurando estos dones maravillosos? ¿Qué acerca de las sanidades tales y tales? De todas partes viene la confusión, las preguntas y las contradicciones.

Al estudiar las Escrituras encontramos tres categorías de dones espirituales. En Efesios 4 encontramos la categoría de *hombres dotados:* apóstoles, profetas, evangelistas, pastores-maestros y maestros. Los hombres mismos son descritos como dones de Cristo a su iglesia. En segundo lugar están los *dones permanentes de edificación*, incluyendo conocimiento, sabiduría, profecía (predicación autoritativa), enseñanza, exhortación, fe (u oración), discernimiento, misericordia, liberalidad, administración y ayuda (ver. Rom. 12:3-8; 1 Cor. 12:8-10, 28). En tercer lugar, hubo *dones temporales de señales.* Estas eran capacidades específicas dadas a ciertos creyentes con el propósito de validar o confirmar la Palabra de Dios cuando era proclamada en la iglesia primitiva antes que las Escrituras fueran escritas. Los dones temporales de señales incluían profecía (profecía revelatoria), milagros, sanidades, lenguas e interpretación de lenguas. Los dones de señales tenían un propósito singular: dar a los apóstoles credenciales, es decir, dejar saber a la gente que todos esos hombres hablaban la verdad de Dios. Una vez que la Palabra de Dios fue puesta por escrito, los dones de señales ya no fueron necesarios y cesaron.

### ¿Qué era el don bíblico de milagros?

Los milagros y las sanidades eran dones extraordinarios de señales, dados para confirmar la revelación de Dios. Los milagros podían incluir sanidad, y las curaciones hechas por hombres con el don de sanidad eran todas milagrosas, de modo que, en un sentido, los dos dones coincidían.

El gran obrador de milagros era el Señor Jesucristo mismo. Básicamente Jesús hizo tres clases de milagros: sanidades (incluyendo resucitar los muertos, la sanidad final); echar fuera demonios (que a menudo resultaba en sanidad); y milagros en la naturaleza (como multiplicar los panes y los peces, calmar la mar y caminar sobre el agua). Los Evangelios están llenos de los milagros de Jesús de cada una de esas categorías. Juan escribió: "Hay también muchas otras cosas que hizo Jesús que, si se escribieran una por una, pienso que no cabrían ni aun en el mundo los libros que se habrían de escribir" (Juan 21:25). Todos esos milagros eran señales que apuntaban a la realidad del reclamo de Jesús de ser Dios (ver Juan 2:11; 5:36; 20:30, 31; Hech. 2:22).

Una vez que la obra de Cristo fue terminada, los apóstoles tuvieron la tarea de proclamar y registrar su mensaje en la Escritura. Para validar su trabajo, Dios les dio la capacidad de hacer milagros de sanidad y de echar fuera demonios. Nada indica en el Nuevo Testamento que alguien que no fuera Jesús hiciera milagros en la naturaleza. Los apóstoles nunca crearon comida, ni calmaron la mar, ni caminaron sobre las aguas por sí mismos. (Cuando Pedro caminó sobre el agua, Jesús estaba presente y lo ayudó. Nada sugiere que él haya repetido alguna vez la experiencia.)

Como notamos en nuestra discusión anterior de los milagros (capítulo 5), el poder para realizar milagros fue dado específica y exclusivamente a los apóstoles y a sus asociados más cercanos. La sencilla promesa de Jesús a los doce está registrada en Mateo 10:1: "Entonces llamó a sus doce discípulos y les dio autoridad sobre los espíritus inmundos para echarlos fuera, y para sanar toda enfermedad y toda dolencia." Cuando el Espíritu fue dado y la era de la iglesia empezó, los apóstoles continuaron manifestando esos dos dones sobrenaturales. De hecho los apóstoles estaban tan asociados con tales milagros, que Pablo recordó a los creyentes en Corinto que: "Las señales de apóstol han sido realizadas entre vosotros con toda paciencia, con señales, prodigios y hechos poderosos" (2 Cor. 12:12).

Los poderes milagrosos, entonces, estaban limitados en extensión y restringidos a los apóstoles solamente. No fueron dados al cristiano común (Mar. 16:20; Heb. 2:3, 4), aunque algunos que fueron comisionados por un apóstol participaron en el ministerio de dones milagrosos (como Felipe; Hech. 8:6, 7). El sagaz teólogo B. B. Warfield observó correctamente que los dones milagrosos

> no eran para la posesión del cristiano primitivo como tal, ni tampoco de la iglesia apostólica o de la era apostólica por sí mismas; eran distintivamente para validación de los apóstoles. Eran parte de las credenciales de los apóstoles como agentes autoritativos de Dios para fundar la iglesia. Su función los confinaba entonces a la iglesia apostólica distintivamente, y necesariamente cesaron con ella.[10]

La palabra griega traducida "milagros" (*dunamis*) literalmente significa "poder". Se encuentra unas 118 veces en el Nuevo Testamento (la forma verbal otras 209 veces). Es la palabra usada para el don de milagros en 1 Corintios 12:10 en la frase "hacer milagros" (literalmente, "la excitación de las obras poderosas"). *Dunamis* es la misma palabra que se traduce como "poder" por todos los Evangelios. Es realmente el don de "poderes", entonces. ¿Qué significa? Jesús proveyó la más clara norma para entenderlo. A través de su vida y su ministerio Jesús enfrentó a Satanás y lo derrotó por su *dunamis*, su poder (Luc. 4:13, 14, 36; 6:17, 18). Encontramos constantemente a Jesús echando fuera demonios por su "poder" (ver Mat. 8, 9, 12; Mar. 5, 6, 7, Luc. 9). En cada caso, el don de poder de Jesús fue usado para combatir el reino de Satanás. El don de "poderes" es, entonces, la capacidad para echar fuera demonios. Eso es lo que los apóstoles hicieron (Hech. 19:12) y lo que Felipe hizo (Hech. 8:6, 7).

Así pues, los milagros apostólicos estaban limitados a sanar y echar fuera demonios. Los reclamos de algunos hoy en día de poder hacer milagros de naturaleza más allá de sanar y echar fuera demonios no tienen precedente apostólico. Además, están fuera de armonía con el propósito expreso de Dios para los milagros: confirmar nueva revelación escrituraria.

Hoy en día tratamos con espíritus malignos no por medio de encontrar a alguien con don de poderes para echarlos fuera, sino por seguir las instrucciones de 2 Corintios 2:10, 11; Efesios 6:11-18; 2 Timoteo 2:25, 26; Santiago 4:7 y 1 Pedro 5:7-9. Todos esos versículos nos enseñan cómo podemos triunfar sobre Satanás.[11]

A menudo el don de milagros estaba íntimamente relacionado con sanidad, puesto que la enfermedad podía haber sido causada por influencia satánica o demoníaca.

## La enfermedad: un problema universal

Desde la caída del hombre en el jardín de Edén, la enfermedad ha sido una terrible realidad. Por milenios la búsqueda de curas para aliviar enfermedades y sufrimiento ha ocupado a la humanidad. La enfermedad y la muerte han afligido y finalmente conquistado a toda persona desde Adán. Solamente Enoc y Elías han escapado de la muerte (Gén. 5:24; 2 Rey. 2:11). Solamente Jesús la ha conquistado y ha resucitado en gloria. Además de ellos y de la gente que todavía vive dentro de un lapso normal de la vida, cada persona de los millones que han nacido, finalmente ha perecido, ya sea por enfermedad, por lesiones o por alguna clase de dolencia. Nadie, ni siquiera los que alegan tener dones de sanidad, está exento.

¿Puedo admitir algo? Si pudiera escoger un don espiritual además de los que se me han concedido, yo pediría el don de sanidad.

En inumerables ocasiones he deseado poder sanar. He estado al lado de padres que sollozan en una sala de hospital mirando a su precioso hijo morir de leucemia. He orado con un amigo querido cuando un cáncer inoperable le comía las entrañas. He estado impotente al lado de un joven que luchaba por su vida en una unidad de cuidado intensivo; he visto a adolescentes aplastados en accidentes de automóviles; he visto a personas estar en coma mientras las máquinas mantenían vivos sus signos vitales; he mirado a un amigo cercano debilitado y morir después de un trasplante fallido de corazón; he visto amigos en terrible dolor por la cirugía; conozco gente que está incapacitada permanentemente por enfermedad y lesiones; veo niños nacidos con deformidades que rompen el corazón; he ayudado a gente a hacer frente a amputaciones y a otras pérdidas trágicas. Y a través de todo eso he deseado poder sanar a la gente con una palabra, con un toque, con una orden, pero no puedo.

¡Pensad cuán emocionante y gratificante sería tener el don de sanidad! ¡Pensad en lo que sería ir a un hospital entre los enfermos y agonizantes y solamente ir de arriba a abajo de la sala tocando gente y sanándola! Sería maravilloso reunir grupos de gente con el don de sanidad y enviarlos a las grandes concentraciones de enfermedades en el mundo. Podrían caminar entre las multitudes, sanando a todos los que tienen cáncer, tuberculosis, SIDA, y otras enfermedades incontables.

¿Por qué los sanadores carismáticos no han intentado eso? ¿Por qué no reunir a todos los que dicen que tienen dones de sanidades y hacerlos que vayan a ministrar donde el mundo los necesita más? Podrían empezar en los hospitales y sanatorios de su propia zona y luego ir más allá hasta todos los rincones de la tierra. Las oportunidades para sanar a los enfermos son ilimitadas. Y si, como los carismáticos alegan a menudo, tales milagros son señales y prodigios con el propósito de convencer a los incrédulos, ¿no cumpliría esa clase de ministerio el mejor propósito?[12]

Pero, extrañamente, los sanadores rara vez salen de sus tiendas de campaña o de sus estudios de televisión. Parece como si sólo quisieran ejercitar su don en un ambiente controlado, escenificado a su manera, manejado de acuerdo con su plan.[13] ¿Por qué oímos tan poco del don de sanidades usado en las salas de los hospitales? ¿Por qué no hay más sanadores usando sus dones en las calles de la India y de Bangladesh? ¿Por qué no están en las colonias de leprosos y en los hospitales donde las masas de gente están atormentadas por la enfermedad?

No está sucediendo. ¿Por qué? Porque los que pretenden tener el don de sanidad no lo tienen realmente. El don de sanidad era un don de señal temporal para validar las Escrituras como la Palabra de Dios. Una vez que esa autenticidad fue establecida, el don de sanidades cesó.

La Escritura nos enseña que aunque Dios está interesado por nuestros cuerpos, está infinitamente más interesado por nuestras almas (Mat. 10:28). Debemos comprender que aunque los cristianos pudieran sanar a cualquiera a voluntad así como Jesús lo hizo, las masas ni así todavía creerían el evangelio. Después de todas las maravillosas sanidades de Jesús, ¿qué hizo la gente? Lo crucificaron. A los apóstoles no les fue mejor. Ellos hicieron milagro tras milagro de sanidad. ¿Y qué pasó? Fueron encarcelados, perseguidos y hasta asesinados. La salvación no viene por experimentar o contemplar sanidad física. La salvación viene por escuchar y creer el evangelio (Rom. 10:17).

El don de sanidad, sin embargo, han pretendido tenerlo, a través de los siglos, cristianos y paganos por igual. Históricamente, la Iglesia Católica Romana ha llevado la delantera al pretender tener el poder para sanar. Se han jactado de sanar gente con reliquias de santos, o fragmentos de la cruz. Lourdes, una capilla católica en Francia, supuestamente ha sido el sitio de incontables sanidades milagrosas. Medjugorje, en Yugoeslavia, ha atraído más de quince millones de personas en menos de una década. Vienen en busca de un milagro o sanidad de una aparición de la Virgen María, que supuestamente se apareció a seis niños allí en 1981.

Los sanadores síquicos orientales dicen que pueden hacer "cirugía sin sangre". Ondean sus manos por encima de los órganos afligidos y dicen encantamientos. Supuestamente la gente es curada.

Los médicos brujos y los shamanes hasta alegan que resucitan muertos. Los ocultistas usan magia negra para efectuar prodigios mentirosos en las artes de sanidad. Mary Baker Eddy, fundadora de la Ciencia Cristiana, alegaba que había sanado gente mediante la telepatía. Satanás siempre ha retenido a la gente en su dominio por medio de sanidades falsas. Raphael Gasson, un ex medium espiritualista que se convirtió a Cristo, dijo: "Hay muchos, muchos espiritualistas hoy que están dotados con el notable don de poder de Satanás, y yo mismo, habiendo sido usado en esa manera, puedo testificar de haber presenciado sanidades milagrosas que tuvieron lugar en 'reuniones de sanidad' en el espiritualismo."[14]

Y de entre las filas del cristianismo, particularmente de los movimientos pentecostales y carismáticos, vienen constantes reclamos del poder para sanar. Encienda su televisor o su radio. Lo más probable es que, cualquiera sea la hora del día o de la noche, usted puede escuchar a alguien prometiendo sanarlo a distancia, aunque el programa haya sido grabado.

Una vez hablé con un hombre que me dijo que su esposa había sido maravillosamente sanada de cáncer por su pastor.

—¿Y cómo le va a su esposa ahora? —le pregunté.

—Oh, ya se murió —dijo el hombre.

—¿Murió? —le pregunté. ¿Cuánto tiempo después de la sanidad?

—Un año —respondió.

Historias como esa son comunes en el movimiento. Kenneth Hagin cuenta de un pastor que supuestamente fue sanado completamente de sordera en una gran reunión de sanidad. "Pero para cuando se terminó la reunión, él ya no podía escuchar nada." Hagin escribe: "Se volvió a poner su aparatito para oír."[15]

Los programas de televisión carismática exhiben una mentalidad de "¿Puedes superar esto?" en relación con los milagros y sanidades. Un pastor en un programa de televisión carismático muy popular explicaba que el don de sanidad obraba de esta manera: "En los servicios matutinos el Señor me dice cuáles sanidades están disponibles. El Señor dirá: 'Tengo tres de cáncer disponibles; tengo uno de espalda mala; tengo dos sanidades de dolor de cabeza.' Yo anuncio eso a la congregación y le digo que cualquiera que venga en la noche con fe puede reclamar las que estén disponibles para esa noche."

## Una mirada de cerca a los sanadores y a la sanidad

Aunque los métodos y actividades de los que pretenden que tienen el don de sanidad no son coherentes con la Escritura, no puede negarse que suceden cosas en sus servicios. La gente se cae, "matada en el Espíritu". La gente salta de sillas de ruedas gritando que ha sido sanada. ¿Hay una explicación para esas cosas?

Uno podría pensar que existe una tremenda cantidad de evidencia para apoyar los reclamos que hacen los sanadores. No es así. La mayor parte de la "evidencia" que los sanadores citan como su prueba, no puede ser probada. Es una conjetura o una opinión subjetiva. Un hombre, William Nolen, médico, pero no evangélico, puso a prueba los reclamos de sanadores por fe. El escribió un libro titulado: *Healing: A Doctor in Search of a Miracle* (Sanidad: Un doctor en busca de un milagro). Incluyó una sección sobre sanadores carismáticos, con particular referencia a Kathryn Kuhlman, a la que estudió en detalle. Nolen dio este relato de un servicio de sanidad:

Finalmente terminó. Todavía había largas filas de gente que esperaba llegar al escenario y reclamar su curación, pero a las cinco de la tarde, con un himno y una bendición final, terminó el espectáculo. La señorita Kuhlman dejó el escenario y la audiencia salió del auditorio.

Antes de ir a hablar con la señorita Kuhlman pasé varios minutos mirando a los pacientes en sillas de ruedas que salían. Todos los pacientes desesperadamente enfermos que habían esperado en sillas de ruedas todavía estaban en sillas de ruedas. De hecho, el hombre con cáncer en el riñón, la espina y la cadera, el hombre al que yo había ayudado a llegar al auditorio y que había traído al escenario su silla de ruedas prestada y la había mostrado a la audiencia cuando había anunciado que él había recibido su curación, estaba de nuevo en la silla de ruedas. Su "curación", aunque hubiera sido solamente un caso de histeria, había sido extremadamente de corta duración.

Al estar de pie en el corredor mirando salir a los casos sin esperanza, viendo las lágrimas de los padres al empujar a sus hijos lisiados al elevador, yo deseé que la señorita Kuhlman hubiera estado conmigo. Ella se había quejado un par de veces durante el servicio de "la responsabilidad, la enorme responsabilidad", y de cómo su "corazón le dolía por los que no eran curados", pero yo me preguntaba cuán a menudo ella realmente los había visto. Me pregunté si sinceramente ella sentía que el gozo de los "curados" de bursitis y artritis compensaba la angustia de los que se iban con sus piernas secas, sus hijos retrasados mentales, o el cáncer en el hígado.

Me pregunté si ella realmente sabía el daño que estaba haciendo. No podía creer que lo supiera.

*****************

Aquí hay algunos aspectos del proceso médico de sanidad del que algunos de nosotros no sabemos nada y del que ninguno de nosotros sabe bastante. Para empezar con la *capacidad del cuerpo para sanarse a sí mismo*. Kathryn Kuhlman a menudo dice: "Yo no sano; el Espíritu Santo sana a través de mí." Sospecho que hay dos razones por las que la señorita Kuhlman continuamente repite esta declaración: primero, si el paciente no mejora, el Espíritu Santo, no Kathryn Kuhlman, tiene la culpa; segundo, ella no tiene la más remota idea de lo que se trata la sanidad, y una vez que pone la responsabilidad sobre los hombros del Espíritu Santo, puede contestar, si se le pregunta por sus poderes de sanidad: "Yo no sé. El Espíritu Santo lo hace todo."[16]

El doctor Nolen procedió a explicar que los médicos y también los sanadores carismáticos a menudo pueden influir en el paciente y curar síntomas de la enfermedad por sugestión, imponiendo las manos o sin hacerlo. Tales curas no son milagrosas, sino resultado del funcionamiento del propio sistema nervioso autónomo del paciente. Nolen también mencionó que todos los sanadores, sanadores por fe y doctores, usan el poder de la sugestión hasta cierto punto. Nolen admitió que cuando le da a una persona una píldora o una inyección, a propósito le dice al paciente que la medicina lo hará sentirse mejor en un período de veinticuatro a cuarenta y ocho horas. Obtiene mejores resultados que cuando le da al paciente un mensaje incierto. Como Nolen señala, hay mucho poder en una actitud optimista, especialmente cuando se trata de desórdenes funcionales.[17]

El doctor Nolen explica la importante distinción entre enfermedades funcionales y enfermedades orgánicas: Una enfermedad funcional es una en la que un órgano perfectamente sano no funciona apropiadamente. Una enfermedad orgánica es aquella en la que el órgano está enfermo, deteriorado, físicamente dañado o hasta muerto. "Infecciones, ataques al corazón, piedras en la vesícula biliar, discos fuera de lugar, cáncer de todas clases, huesos rotos, deformidades congénitas (y) laceraciones" están todas incluidas en la clase de enfermedades orgánicas.[18] Nolen sostiene que los sanadores por fe no pueden curar enfermedades orgánicas.

En un artículo en una revista, Nolen señaló que la señorita Kuhlman no entendía la "enfermedad sicogénica", la enfermedad relacionada con la mente.[19] En términos simples, una enfermedad funcional podría ser un brazo dolorido. Una enfermedad orgánica podría ser un brazo seco o la falta del brazo. Una enfermedad sicogénica sería *pensar* que el brazo le duele. Nolen escribió:

> Busque en la literatura, como yo lo he hecho, y no encontrará curas documentadas por sanadores, de piedras en la vesícula, de enfermedades del corazón, de cáncer o de cualquier otra enfermedad orgánica seria. Ciertamente, usted encontrará pacientes aliviados temporalmente de estómagos descompuestos, de dolores de pecho, de problemas de respiración; y encontrará a sanadores, y a creyentes, que interpretarán esta interrupción de síntomas como evidencia de que la enfermedad ha sido curada. Pero cuando uno sigue al paciente y se entera de lo que le pasó después, siempre encuentra que la "cura" ha sido puramente sintomática y pasajera. La enfermedad subyacente continúa.[20]

Cuando los sanadores por fe prueban a tratar enfermedades orgánicas serias, a menudo son responsables de angustia e infelicidad indecibles. Algunas veces mantienen al paciente alejado de ayuda eficaz y que posiblemente le pueda salvar la vida.

Hace algunos años, después de que prediqué un mensaje en el que dije muchas de las cosas contenidas en este capítulo, vino un joven y me dijo: "Usted no sabe lo que ese mensaje significó en mi vida. Yo me había caído algunos escalones y como resultado me herí la cabeza y tenía terribles dolores de cabeza. Algunas personas oraron por mí y me dijeron que estaba sanado y mis dolores se fueron. Pero desde entonces los dolores me han vuelto y yo tenía sentimientos de culpa, como si yo no hubiera aceptado la sanidad de Dios. Así que, he estado rehusando ir al médico, pero esta mañana usted me ha liberado para entender que debo ir al doctor." Un médico pudo encontrar causas orgánicas de sus dolores de cabeza y tratarlas eficazmente.

## Pero, ¿qué acerca de toda la evidencia?

Indudablemente, muchos que han puesto su fe en los sanadores carismáticos argumentarán que el doctor Nolen no sabe de lo que está hablando. Después de todo, él no es un evangélico y tal vez no está dispuesto a creer en milagros. ¿Cuán objetiva fue su investigación? El doctor Nolen hizo que la misma señorita Kuhlman le enviara una lista de las víctimas de cáncer que ella había visto "curadas", y esto es lo que el doctor descubrió:

> Escribí a todas las víctimas de cáncer en su lista, ocho en total, y la única que ofreció cooperación fue el hombre que decía que había sido curado de cáncer prostático por la señorita Kuhlman. El me envió un informe completo de su caso. El cáncer prostático frecuentemente es muy sensible a la terapia hormonal; si se extiende, también es altamente sensible a la terapia de radiación. Este hombre había tenido tratamiento extenso con cirugía, radiación y hormonas. También había sido "tratado" por Kathryn Kuhlman. El escogió atribuir su cura —o remisión, como puede ser el caso— a la señorita Kuhlman. Pero cualquiera que lea este informe, laico o doctor, verá inmediatamente que es imposible decir cuál clase de tratamiento hizo más por prolongar su vida. Si la señorita Kuhlman hubiera tenido que depender de su caso para probar que el Espíritu Santo "curó" el cáncer por medio de ella, hubiera estado en serias dificultades.[21]

El doctor Nolen sí prosiguió con ochenta y dos casos de sanidades de Kathryn Kuhlman, usando nombres que ella proveyó. De los ochenta y dos, solamente veintitrés respondieron y fueron entrevistados. La conclusión de Nolen al fin de toda la investigación fue que ni una de las llamadas sanidades era legítima.[22]

> La falta de sofisticación médica de Kathryn Kuhlman es un punto crítico. Yo no creo que sea una mentirosa o una charlatana o que, conscientemente, sea deshonesta... Pienso que sinceramente cree que los millares de enfermos que vienen a sus servicios y alegan

curación son, mediante su ministerio, curados de enfermedades orgánicas, También pienso, y mis investigaciones confirman esto, que ella está equivocada.

El problema es, y lamento que esto tenga que ser tan descortés, de ignorancia. La señorita Kuhlman no *conoce* la diferencia entre enfermedades orgánicas y enfermedades psicogénicas. Aunque usa técnicas hipnóticas, no sabe nada de hipnotismo y del poder de la sugestión. No *sabe* nada del sistema nervioso autonómico. O si sabe algo de esas cosas, ciertamente ha aprendido a esconder su conocimiento.

Hay otra posibilidad: Puede ser que la señorita Kuhlman no *quiere* saber que su trabajo no es tan milagroso como parece. Por esta razón se ha preparado a negar, emocional e intelectualmente, cualquier cosa que pueda amenazar la validez de su ministerio.[23]

Más recientemente, James Randi, un mago profesional conocido como El Sorprendente Randi, ha escrito un libro en el que examina los reclamos de los sanadores por fe.[24] Randi es el hombre que denunció en 1986, en "The Tonight Show" (El espectáculo de esta noche), la falsedad de Peter Popoff, evangelista de televisión. (Popoff alegaba estar recibiendo "palabras de conocimiento" de Dios acerca de gente en su audiencia, y sus detalles eran increíblemente exactos. Resultó que solamente estaba repitiendo información que recibía de su esposa mediante un receptor escondido en su oído. Ella le leía la información que conseguía de conversación informal con la gente antes que empezaran los servicios.)

Randi es abiertamente antagonista al cristianismo.[25] No obstante, parece haber hecho su investigación cuidadosa y correctamente. El pidió a muchos sanadores por fe que le proveyeran "evidencia directa y examinable" de sanidades verdaderas.[26] "He estado dispuesto a aceptar cuando menos un caso de cura milagrosa, de modo que yo pudiera decir en este libro que cuando menos en una ocasión ocurrió un milagro", escribió.[27] Pero ningún sanador por fe en ninguna parte le dio un solo caso de sanidad confirmada médicamente, que no pudiera ser explicada como convalescencia natural, mejoría sicosomática, o como un fraude completo. ¿La conclusión de Randi? "Reducida a lo básico, la sanidad por fe de hoy —es lo que siempre ha sido— simple 'magia'. Aunque los predicadores niegan vehementemente cualquier conexión con la práctica, sus actividades llenan los requisitos para la definición. Todos los elementos están presentes, y el intento es idéntico."[28]

Muchos sanadores por fe, por supuesto, se equivocan en los reclamos que hacen. Algunos hasta niegan ser capaces de sanar. "Yo no sano", dicen. "El Espíritu Santo lo hace." Pero toda la espectacularidad, las balandronadas y la chanchullería lo niegan. Si esa gente no pretende que sana, ¿por qué la gente esperanzada se congrega en *sus* servicios? ¿Y por qué continuamente cuentan historias fantásticas de gente que supuestamente fue sanada en sus reuniones? ¿Qué de las sanidades de las que escuchamos? ¿Es *alguna* de ellas genuina? Tal vez no. ¿Dónde están las sanidades de los huesos destrozados? ¿Cuándo hemos escuchado de un sanador por fe que se lleva a alguien que ha estado en un accidente automovilístico y le endereza el rostro lacerado o el esqueleto roto? ¿Dónde están las sanidades de los enfermos incurables? ¿Dónde están los miembros del cuerpo restaurados a los amputados, o los ex cuadraplégicos que ahora funcionan normalmente? En lugar de eso, lo que vemos mayormente parecen ser enfermedades imaginarias, imaginariamente sanadas.

Ninguno de los sanadores de estilo propio de hoy en día puede producir pruebas irrefutables de los milagros que alegan que han obrado. Muchos de ellos son fraudulentos, y las sanidades que muestran son claramente sospechosas. Sin embargo, millares de personas inteligentes continúan yendo a sus servicios. ¿Por qué? Porque la desesperación a menudo acompaña la enfermedad. La enfermedad mueve a la gente a hacer cosas frenéticas y extremas que normalmente no haría. Gente que ordinariamente es de mente clara, inteligente y equilibrada se vuelve irracional. Satanás sabe eso, que es la razón por la que dijo: "¡Piel por piel! Todo lo que el hombre tiene lo dará por su vida" (Job 2:4).

Los casos más dolorosos y desgarradores son de personas que están orgánicamente enfermas de manera incurable. Otras no están enfermas de ninguna manera. Tienen desórdenes sicosomáticos o enfermedades funcionales menores de alguna clase. Otros más están tan llenos de dudas que tienen que correr de reunión a reunión para reforzar su fe viendo lo que ellos creen son milagros. La tragedia es que no se hace ningún bien a esas personas, y dudo de que realmente sea fortalecida la fe de nadie y que sea alguien sanado. Multitudes se van destrozadas, desconsoladas, sintiendo que le han fallado a Dios, o que Dios les ha fallado a ellas.

Hay mucha confusión, culpa y pesar entre carismáticos y no carismáticos por lo que les han dicho acerca de la sanidad. La agonía de la enfermedad y de la dolencia solamente se intensifica cuando la gente piensa que no es sanada por causa de su pecado, por falta de fe o por la indiferencia de Dios hacia ellos. Razonan que si hay sanidad disponible y ellos no la reciben, es por falta de ellos o de Dios. De esta manera los sanadores por fe han dejado indecible daño tras de ellos.

## Dios sí sana, a su manera

¿Sana Dios? Yo creo que sí lo hace. Yo no hago a un lado automáticamente todos los reclamos de sanidad sobrenatural sólo porque algunos son falsos. Pero estoy convencido de que las intervenciones inmediatas, dramáticas y milagrosas de Dios son muy raras, y nunca dependen de alguna persona supuestamente dotada que actúa como un agente sanador. Las sanidades genuinas pueden venir como resultado de la oración y en la mayor parte incluyen sencillos procesos naturales. Otras veces Dios apresura los mecanismos de recuperación y restaura a una persona enferma a la salud en una manera que la medicina no puede explicar. En ocasiones pasa por alto un pronóstico médico y permite que alguien se recupere de una enfermedad normalmente debilitante. Sanidades como esa vienen en respuesta a la oración y a la soberana voluntad de Dios y pueden suceder cada vez. Pero el don de sanidad, la capacidad para sanar a otros, unciones especiales para ministerios de sanidad, sanidades que pueden ser "reclamadas" y otras técnicas típicas de la sanidad por fe, no tienen sanción bíblica en la era post apostólica.

Ciertamente Dios sana. El sana en respuesta a la oración y para revelar su gloria. Pero hay una gran diferencia entre las sanidades hechas en los días de Jesús y sus discípulos y las "sanidades" que se ofrecen hoy por televisión, por radio, por trucos directos por correo, y desde algunos púlpitos por toda la tierra. Una mirada a la Escritura muestra la clara distinción.

### ¿Cómo sanaba Jesús?

Para hacer una comparación entre el don de sanidad que se pretende hoy día y lo que la Biblia enseña, sencillamente tenemos que regresar y mirar el ministerio de Jesús. Nuestro Señor estableció el patrón para los dones apostólicos, e hizo muchas sanidades. En el día de Jesús el mundo estaba lleno de enfermedad. La ciencia médica era primitiva y limitada. Había más enfermedades incurables que las que tenemos ahora. Las plagas podían barrer ciudades enteras.

Jesús sanaba enfermedades para demostrar su deidad. ¿Cómo lo hacía Jesús? La Escritura revela seis características notables del ministerio de sanidad de Jesús:

Primera, *Jesús sanaba con una palabra o un toque*. Mateo 8 narra que al entrar Jesús a Capernaúm vino un centurión y le pidió que ayudara a su criado, que yacía paralizado en su casa y sufriendo gran dolor (vv. 6, 7). Jesús le dijo al centurión que iría y sanaría al criado, pero éste protestó, señalando que si Jesús solamente decía la palabra, el criado sería sanado (v. 8).

El Señor se sorprendió de la fe del centurión, particularmente porque era un soldado romano y no de la casa de Israel. Jesús dijo al centurión:

"—Vé, y como creíste te sea hecho.

Y su criado fue sanado en aquella hora" (v. 13).

Cuando Jesús alimentó a los cinco mil (Juan 6), él había pasado la mayor parte del día sanando gente de la multitud, que estaba enferma. La Escritura no nos dice cuánta gente fue sanada, quizá fueron cientos. Pero cualquiera que haya sido el número, Jesús los sanó con una palabra. No hubo teatralerías ni un ambiente especial. Jesús también sanaba con un toque. Por ejemplo, en Marcos 5:25-34 encontramos el relato de una mujer con flujo crónico de sangre que fue sanada simplemente por tocar el manto de Jesús.

Segunda, *Jesús sanaba instantáneamente*. El criado del centurión fue sanado "en aquella hora" (Mat. 8:13). La mujer con el problema de hemorragia fue sanada "al instante" (Mar. 5:29). Jesús sanó en el acto a diez leprosos en el camino (Luc. 17:14). El tocó a otro hombre con lepra y "al instante la lepra desapareció de él" (Luc. 5:13). El paralítico en el estanque de Betesda "enseguida... fue sanado, tomó su cama y anduvo" (Juan 5:9). Hasta el hombre nacido ciego, que tuvo que ir a lavarse los ojos, fue sanado instantáneamente, aunque por motivos propios Jesús realizó ese milagro en dos distintas etapas (Juan 9:1-7). La sanidad no fue menos instantánea.

A menudo la gente dice: "He sido sanado, y ahora estoy mejorando." Jesús nunca sanaba "progresivamente". Si Jesús no hubiera sanado instantáneamente, no hubiera habido elemento milagroso suficiente para demostrar su deidad. Sus críticos fácilmente pudieran haber dicho que la sanidad era solamente un proceso natural.

Tercera, *Jesús sanaba totalmente*. En Lucas 4, Jesús dejó la sinagoga y vino a la casa de Simón Pedro. La suegra de Pedro estaba allí, sufriendo de una alta fiebre. Posiblemente se estaba muriendo. Jesús se inclinó sobre ella, "reprendió a la fiebre", e inmediatamente ella se puso bien (v. 39). De hecho, ella se levantó enseguida y empezó a servirles. No hubo un período de recuperación. Jesús no le aconsejó tomar un poco de miel en agua caliente y descansar varias semanas. Tampoco la alentó a "reclamar la sanidad por fe" a pesar de los síntomas inexorables. Ella se puso inmediatamente bien y lo supo. Su sanidad fue instantánea y total. Esa fue la única clase de sanidad que Jesús hizo.

Cuarta, *Jesús sanó a todos*. A diferencia de los sanadores de hoy, Jesús no dejó largas líneas de gente desilusionada que tuvo que regresar a su hogar en silla de ruedas. El no tuvo servicios de sanidad o programas que terminaban a cierto tiempo por causa de la salida del avión o por la programación de la estación televisora. Lucas 4:40 nos dice: "Al ponerse el sol, todos los que tenían enfermos de diversas dolencias los trajeron a él. Y él, al poner las manos sobre cada uno de ellos, los sanaba" (énfasis añadido). Lucas 9:11 registra un ejemplo semejante.

Quinta, *Jesús sanaba enfermedades orgánicas.* Jesús no recorría Palestina sanando dolores en la parte baja de la espalda, palpitaciones del corazón, dolores de cabeza y otras dolencias invisibles. El sanaba las clases más obvias de enfermedad orgánica: piernas tullidas, manos secas, ojos ciegos, parálisis, todas enfermedades que eran milagros innegables.

Sexta, *Jesús resucitaba los muertos.* Lucas 7:11-16 nos dice que mientras Jesús estaba en una ciudad llamada Naín llegó a donde estaba una comitiva fúnebre en la que una viuda iba a enterrar a su hijo único. Jesús detuvo la procesión, tocó el ataúd y dijo: "Joven, a ti te digo: ¡Levántate!", y el muerto se sentó y empezó a hablar. También resucitó a la hija de un principal de la sinagoga (Mar. 5:22-24, 35-43).

La gente que se jacta del don de sanidad hoy en día no pasa mucho tiempo en salas fúnebres, en procesiones fúnebres o en cementerios. La razón es obvia.

Algunos carismáticos, como ya hemos notado, alegan que hoy a veces alguien regresa de los muertos. Estos casos, sin embargo, no son nada parecidos a los ejemplos bíblicos. Una cosa es revivir a alguien cuyos signos vitales se detuvieron en la mesa de un cirujano. Otra cosa enteramente distinta es salir de la tumba cuatro días después de ser sepultado (ver Juan 11) o salirse del ataúd en el funeral (ver Luc. 7). Esas son resurrecciones que no pueden ser contradichas. Los carismáticos que hacen tales reclamos hoy lo hacen en rumores y con escasa evidencia. Son culpables de trivializar las obras milagrosas de nuestro Señor. ¿Por qué es que los únicos milagros que se hacen en televisión son de la clase que no incluye evidencia visible?

Notad, a propósito, que Jesús realizó virtualmente todas sus sanidades y resurrecciones de muertos en público, a menudo ante enormes multitudes de gente. Su don de sanidad era un don validador. Lo usaba para confirmar sus reclamos de ser el Hijo de Dios en una manera que también exhibía su compasión divina. Expulsar demonios y enfermedades era la manera en que Cristo probaba que era Dios en carne humana. El Evangelio de Juan demuestra claramente esa verdad. Juan dijo que todas las señales y milagros que Jesús obró validaban su deidad (Juan 20:30, 31).

## ¿Cómo sanaban los apóstoles?

Como hemos visto, Jesús estableció la norma para el don de sanidad. Algunos podrían argumentar que los sanadores hoy en día operan en un nivel diferente de poder. Después de todo, ellos no son Dios. Pero, ¿cómo usaron los apóstoles y otros los dones de sanidad que les fueron conferidos por Cristo? Cristo le dio el don de sanidad a los doce apóstoles (Luc. 9:1, 2). Después, Jesús extendió el don a otros setenta hermanos que envió de dos en dos a predicar el evangelio y a sanar los enfermos (Luc. 10:1-9). ¿Alguien más en el Nuevo Testamento tenía la capacidad para sanar? Sí, había unos cuantos acompañantes cercanos de los apóstoles que también recibieron el don, especialmente Bernabé (Hech. 15:12), Felipe (8:7), y Esteban (6:8). Pero nunca vemos que el don fuera usado a trochemoche en las iglesias. Es un don asociado solamente con Cristo, con los doce (más Pablo), con los setenta y con algunos que eran colaboradores íntimos de los apóstoles.

El tercer capítulo de Hechos claramente ilustra cómo el don de sanidad ayudó a los apóstoles a proclamar su mensaje. Pedro y Juan iban al templo a orar cuando un hombre cojo les pidió limosna. Pedro contestó diciendo que no tenía dinero, pero lo que sí tenía le daría al hombre. Entonces dijo: "En el nombre de Jesucristo de Nazaret, ¡levántate y anda!" (Hech. 3:6).

Inmediatamente el hombre se puso de pie y empezó a caminar y a alabar a Dios. La voz se corrió rápidamente y pronto se reunió una multitud. Todos sabían del hombre cojo que había estado mendigando a la puerta del templo por años. Pedro aprovechó la oportunidad y predicó a la multitud, diciéndoles que no debían maravillarse de lo que habían visto. Lo que había sido hecho no había sido obrado por el poder de Pedro o de Juan, sino a través del poder de Jesucristo, al que la gente había crucificado hacía poco.

Es crucial entender la impresión de lo que Pedro dijo y el efecto del milagro de sanidad en su audiencia. El estaba hablando a gente judía que había estado buscando ansiosamente a su Mesías toda su vida. Suponed que hubiera entrado y simplemente les hubiera dicho: "Jesucristo, el que crucificasteis hace unos cuantos meses, era vuestro Mesías. Creed en él."

No podemos imaginarnos cuán chocante y repulsivo hubiera sido ese mensaje para un judío del primer siglo. Hubiera sido totalmente impensable para él que su Mesías hubiera sido crucificado como un criminal común. Un judío típico pensaba que el Mesías iba a venir en poder y gloria para arrasar la esclavitud de los odiados romanos, que tenían a Palestina en sus garras.

Si Pedro no hubiera realizado el milagro de sanar al hombre cojo, hubiera tenido poca o ninguna audiencia. De la manera que pasó, muchos fueron sacudidos y penetrados en su corazón. Según Hechos 4:4: "Muchos de los que habían oído la palabra creyeron, y el número de los hombres llegó a ser como cinco mil." La iglesia nació en Pentecostés. Había venido una nueva era y Dios dio milagrosas capacidades a sus apóstoles para ayudarlos a proclamar su mensaje. De hecho, podemos ver que las mismas seis características de los milagros de sanidad obrados por Jesús estaban presentes en los hechos por los apóstoles. Vemos que sanaban:

*Con una palabra o con un toque.* En Hechos 9:32-35 Pedro sanó a un hombre llamado Eneas que había estado postrado ocho años en cama porque era paralítico. Todo lo que Pedro dijo fue: "Eneas, ¡Jesucristo te sana! De inmediato se levantó" (v. 34).

En Hechos 28 vemos a Pablo en la isla de Malta, y él sanó con un toque. Publio, uno de los principales de Malta, hospedó a Pablo y a sus acompañantes. El padre de Publio yacía en cama con fiebre y disentería. Pablo fue a verlo, oró, le impuso las manos y lo sanó (v. 8).

*Instantáneamente.* El mendigo en la puerta del templo se puso *inmediatamente* de pie y empezó a saltar, caminar y a alabar a Dios (Hech. 3:2-8). No tuvo necesidad de terapia ni rehabilitación adicional. El hombre fue curado de inmediato después de una vida de cojera.

*Totalmente.* Esto lo vemos en el relato del hombre cojo en el capítulo tercero de Hechos, y también en la sanidad de Eneas en el capítulo 9. Hechos 9:34 es más perspicaz cuando dice: "¡Jesucristo te sana!" Como toda sanidad que Jesús obró, cada sanidad de los apóstoles fue completa. No hubo progresión, ninguna plática de síntomas recurrentes o de mejoría lenta.

*Podían sanar a cualquiera.* Hechos 5:12-16 informa que los apóstoles hicieron muchas señales y prodigios, y que la gente los tenía en alta estima. Llevaban a los enfermos a las calles y los ponían en camillas de modo que cuando Pedro pasara, su sombra pudiera caer sobre ellos. Además, la gente de las ciudades en derredor traía a los que estaban enfermos para ser sanados, "y todos eran sanados" (Hech. 5:16).

En Hechos 28:9 tenemos noticia de que después que Pablo sanó al padre de Publio, "los demás de la isla que tenían enfermedades también venían a él y eran sanados". Nadie era dejado fuera.

*Enfermedades orgánicas.* Ellos no trataban problemas funcionales, sintomáticos o sicosomáticos. El hombre en la puerta del templo probablemente tenía cuarenta y tantos años y había estado tullido de nacimiento. El padre de Publio tenía disentería, una enfermedad orgánica infecciosa.

Finalmente, *los apóstoles resucitaban muertos.* Hechos 9:36-42 nos cuenta cómo Pedro volvió a Dorcas (Tabita) a la vida. Nótese especialmente el versículo 42: "Esto fue conocido en todo Jope, y muchos creyeron en el Señor." De nuevo vemos un milagro dando credibilidad e impresión al mensaje del evangelio. En Hechos 20:9-12 un joven llamado Eutico murió de una caída y Pablo lo volvió a la vida.

A pesar de todos los reclamos que se hacen hoy en día, nadie está exhibiendo esas seis características en ningún ministerio de sanidad.

Permitidme sugerir un punto final: Según la Escritura, los que tenían dones milagrosos podían usarlos a voluntad. Los sanadores contemporáneos no sanan a voluntad. No pueden. No tienen el don bíblico de sanidad. Están forzados a esquivar la dificultad diciendo: "No es obra mía; es del Señor." Así Dios, o la persona que busca la sanidad, recibe la culpa por los fracasos repetidos.

## El don de sanidades se acabó, pero el Señor continúa sanando

El don de sanidad era uno de los dones milagrosos de señal dados para ayudar a la comunidad apostólica a confirmar la autoridad del mensaje del evangelio en los primeros años de la iglesia. Una vez que la Palabra de Dios fue completada, las señales cesaron. La señales milagrosas ya no fueron necesarias. Los apóstoles usaron la sanidad sólo como una señal poderosa para convencer a la gente de la validez del mensaje del evangelio.

En Filipenses 2:25-27 Pablo mencionó a su buen amigo Epafrodito, que había estado muy enfermo. Pablo anteriormente había exhibido el don de sanidad. ¿Por qué sencillamente no sanó a Epafrodito? Tal vez el don ya no funcionaba. O tal vez Pablo sencillamente rehusó pervertir el don usándolo para sus propios fines. Cualquiera fuera el caso, sanar a Epafrodito estaba más allá del propósito del don de sanidad. El don no fue dado para mantener saludables a los cristianos. Debía ser una señal para que los incrédulos se convencieran de que el evangelio era verdad divina.

Encontramos un caso similar en 2 Timoteo 4:20, donde Pablo mencionó que había dejado a Trófimo enfermo en Mileto. ¿Por qué dejaría Pablo enfermo a uno de sus buenos amigos cristianos? ¿Por qué no lo sanó? Porque no era el propósito del don de sanidad. (Ver también 1 Tim. 5:23 y 2 Cor. 12:7.)

La sanidad era un don milagroso de señal que debía ser usado para propósitos especiales. No se pretendía que fuera una manera permanente de mantener a la comunidad cristiana en perfecta salud. Sin embargo, todavía hoy muchos carismáticos enseñan que Dios quiere que todo cristiano esté sano. Si eso es cierto, ¿por qué Dios permite que los cristianos se enfermen, por principio de cuentas?

En un mundo donde los creyentes están sujetos a las consecuencias del pecado, ¿por qué debemos asumir que el sufrimiento está excluido? Si cada cristiano estuviera sano y saludable, si la salud perfecta fuera un beneficio garantizado de la expiación, millones de personas correrían desbocadas para ser salvas, pero por la razón equivocada. Dios quiere que la gente venga a él en arrepentimiento por el pecado y para su gloria, no porque lo ven a como una panacea para sus enfermedades físicas y temporales.

## ¿Cuál es la explicación de las sanidades carismáticas?

Los carismáticos a menudo responden al razonamiento bíblico y teológico apelando a la experiencia. Ellos aducen: "Pero están sucediendo cosas increíbles; ¿cómo se explican?" Yo escucho constantemente el mismo refrán de amigos carismáticos: "Yo conozco esta dama cuyo hijo tenía cáncer y..." "La madre de mi amigo estaba tan encorvada por la artritis que no podía moverse y..."

En respuesta digo: "Puesto que ningún sanador carismático puede venir con casos genuinamente verificables de sanidad instantánea que se traten de enfermedad orgánica; puesto que ningún sanador carismático sana a todos los que vienen por sanidad y centenares se alejan de sus servicios tan enfermos o tan tullidos como cuando vinieron; puesto que ningún sanador carismático resucita muertos; puesto que la Palabra de Dios no necesita confirmación fuera de sí misma y es suficiente para mostrar el camino de salvación; puesto que las sanidades carismáticas están basadas en una teología cuestionable de la expiación y la salvación; puesto que los escritores y maestros carismáticos parecen rechazar los propósitos de Dios al permitir que la gente se enferme; puesto que los sanadores carismáticos parecen necesitar su propio ambiente especial; puesto que la evidencia que ellos presentan para probar las sanidades es a menudo débil, sin apoyo y exagerada; puesto que los carismáticos no son conocidos por ir a los hospitales a sanar gente aunque hay muchos creyentes en los hospitales; puesto que la mayoría de los casos de sanidad por carismáticos pueden ser explicados en otras maneras que la intervención incuestionable y sobrenatural de Dios; puesto que los carismáticos se enferman y mueren como cualquiera otro; puesto que tanta confusión y contradicción rodea lo que está pasando, permitidme hacer la pregunta: ¿Cómo lo explican ustedes? ¡Ciertamente no es el don bíblico de sanidad!"

Sanidades están ocurriendo hoy en día, pero el don bíblico de sanidad no está presente. Dios sana cuando él lo desea, y ha habido muchas ocasiones cuando mi sabiduría humana querría adivinar a Dios. Como cualquier pastor, he visto los casos de sufrimiento más trágicos, inexplicables y aparentemente innecesarios que afligen a cristianos consagrados. He orado sinceramente con familias por la recuperación de seres amados solamente para ver que la respuesta es no. Los pastores carismáticos, si son honestos admitirán que tienen las mismas experiencias.

¿Pero cuál es la explicación típica que los maestros, sanadores y líderes carismáticos dan para las multitudes que no son sanadas? "No tenían suficiente fe." Esa clase de razonamiento ni es bondadoso ni es exacto.

## ¿Por qué se enferman los cristianos?

No debemos descuidar una pregunta esencial: ¿Por qué se enferman los cristianos? Hay varias razones.

*Algunas enfermedades vienen de Dios.* En Exodo 4:11 Dios le dijo a Moisés: "¿Quién ha dado la boca al hombre? ¿Quién hace al mudo y al sordo, al que ve con claridad y al que no puede ver? ¿No soy yo, Jehovah?" Declarado tan sencilla y directamente, la idea suena repulsiva. ¿Querría un Dios amoroso que alguien sufriera? ¿Por qué haría él a un hombre mudo, sordo o ciego? Sin embargo, una y otra vez en la Escritura vemos que hay mucho más en el plan soberano de Dios de lo que nuestras mentes finitas pueden comprender. Dios hizo al incapacitado y al enfermo. Todos los días nacen bebés con defectos. Muchos niños crecen con deformidades congénitas. Algunas personas tienen enfermedades que duran por años. Aunque es inexplicable según nuestra lógica humana, todo es el plan de Dios y un don del amor de Dios.[29]

*Algunas enfermedades vienen de Satanás.* Lucas 13:11-13 nos relata cómo Jesús sanó a la mujer que "tenía espíritu de enfermedad desde hacía dieciocho años; andaba encorvada y de ninguna manera se podía enderezar". Cuando Jesús la vio le dijo: "Mujer, quedas libre de tu enfermedad."

Dios puede permitir que Satanás cause que alguien se enferme por sus propias razones. El ejemplo bíblico clásico es Job (ver Job 1).

*Algunas enfermedades son castigo por el pecado.* En el capítulo 12 de Números vemos que María contrae lepra por causa de su desobediencia al Señor. Y luego la vemos siendo sanada por su arrepentimiento. En Deuteronomio 28:20-22 Dios advirtió a los israelitas que los afligiría con pestilencia si pecaban. En 2 Reyes 5, Guejazi, el criado de Eliseo contrae lepra por causa de su codicia. El salmista escribió: "Antes que fuera humillado, yo erraba; pero ahora guardo tu palabra" (Sal. 119:67).

Cuando uno está enfermo, cada área de la vida debe ser examinada para encontrar pecados no confesados. Si los hay, es necesario arrepentirse y experimentar el perdón de Dios. Sin embargo, seamos cuidadosos al aconsejar a otros que están enfermos. Las preguntas o acusaciones acerca del pecado en la vida de otros no deben hacerse sin antes autoexaminarse y orar cuidadosamente. Es muy fácil abusar de este principio bíblico y acusar falsamente de pecado a alguien (comp. Juan 9:1-3).

Muy bien puede ser que en algunos casos una persona esté enferma por causa del pecado y Dios la esté castigando. Pero, ¿es ese siempre el problema? De ninguna manera. Y sugerir que la enfermedad de alguien está relacionada necesariamente con el pecado personal es insensible y cruel, como decirle a la gente que no sana porque no tiene suficiente fe. Necesitamos evitar el error de los amigos de Job (comp. Job 42:7, 8).

### ¿Ha prometido Dios sanar a todos los que tienen fe?

Los carismáticos que alegan que Dios quiere que todos los creyentes estén sanos están en un error. Sin embargo, podemos estar igualmente seguros de que Dios ha prometido que él sí sana. El no promete que siempre sana, pero el cristiano tiene el derecho de buscar en el cielo el alivio durante cualquier enfermedad. Cuando menos hay tres razones para esto:

*Dios sana por causa de su persona.* En Exodo 15:26 Dios dijo a los israelitas: "Yo soy Jehovah tu sanador." Aquí las palabras para el Señor son *Yahweh Ropeca,* que significan "el Señor que te sana". Y así el cristiano tiene el derecho de buscar a Dios en tiempos de enfermedad.

*Dios sana por causa de su promesa.* Dios ha prometido que siempre que pidamos en su nombre y en fe nos será hecho (Mat. 21:22; Juan 14:13, 14; 16:24; 1 Jn. 5:14). Esto significa que nuestras peticiones deben ser de acuerdo con su voluntad. Si pedimos sanidad y está de acuerdo con su voluntad, Dios nos sanará.

*Dios sana por causa de su norma.* Vemos la norma de la misericordia y la gracia de Dios en Jesús. De modo que si uno quiere saber lo que Dios piensa del sufrimiento y la enfermedad humanas, mire a Jesús. El iba por todas partes sanando. Podía haber confirmado sus reclamos de ser Dios en otras maneras, pero él escogió el medio compasivo de aliviar el dolor y el sufrimiento "de modo que se cumpliese lo dicho por medio del profeta Isaías, quien dijo: 'El mismo tomó nuestras debilidades y cargó con nuestras enfermedades.'" (Mat. 8:17). Como hemos señalado en nuestra discusión de 1 Pedro 2:24 (ver el cap. 4), eso no significa que la sanidad para cada enfermedad de nuestra era está garantizada como parte de la expiación. Pero sí confirma la norma de sanidad en la obra de Cristo en nuestro favor, y nos asegura de la liberación final y eterna de la enfermedad y las dolencias del mundo presente. No habrá enfermedad ni muerte en nuestro hogar eterno.

### ¿Deben ir al médico los cristianos?

Aunque la Biblia enseña que Dios sana definitivamente, la Escritura también da amplia evidencia de que los cristianos deben ir a los médicos. Isaías capítulo 38 relata la historia de cómo el rey Ezequías estaba mortalmente enfermo. El rey lloró amargamente y suplicó al Señor la salud en oración. Dios le concedió su petición, pero note cómo tuvo lugar la sanidad: "Pues Isaías había dicho: 'Tomen una masa de higos, y extiéndanla sobre la llaga, y sanará'" (Isa. 38:21). ¿Por qué fue necesaria una cataplasma si Dios había concedido la sanidad? Aquí Dios estaba estableciendo un principio. Cuando te enfermes, haz dos cosas: ora por tu salud y ve al médico.

Jesús confirmó la misma idea en Mateo 9:12 cuando dijo: "Los sanos no tienen necesidad de médico, sino los que están enfermos." Concedido: Jesús estaba hablando del problema del pecado, pero estaba usando una analogía que todos entendieron. Los enfermos necesitan un médico. Por esas palabras, nuestro Señor afirmó que el tratamiento médico es consistente con la voluntad de Dios.

Hemos hecho notar que muchos vinieron a ser sanados después que Pablo sanó milagrosamente al padre de Publio en Hechos 28. La palabra griega usada de la sanidad que Pablo obró en el padre de Publio en el versículo 8 es el término regular para sanidad, aunque la usada en el versículo 9 para la sanidad de todos los demás es una palabra para curaciones médicas. De ella tomamos la palabra *terapéutica*. Muy bien puede haber sido que Pablo sanó milagrosamente y que su acompañante Lucas, que era médico (Col. 4:14), sanara médicamente. ¡Qué equipo habrían hecho!

El principio es claro: cuando nos enfermamos necesitamos orar; debemos buscar ayuda de doctores competentes; y debemos descansar en la perfecta voluntad de Dios, de todo corazón. Después de todo, la adversidad es para nuestro bien con el tiempo (Stg. 1:2-4; 1 Ped. 5:10) y para nuestra gloria en la eternidad (Rom. 8:18; 1 Ped. 1:6, 7). Es útil recordar que por causa de la caída, todos vamos finalmente a morir (excepto los escogidos que estarán vivos cuando Cristo regrese). La esperanza de todo cristiano debe ser que su muerte, como Jesús le dijo a Pedro, "glorifique a Dios".

En enfermedad, como en todo lo demás, el cristiano debe mantener una perspectiva bíblica y procurar glorificar a Dios. Dios sana en su propio tiempo, por sus propios medios, para su propia gloria, y de acuerdo con su propia voluntad y placer soberanos. ¿Lo tendríamos de otra manera?

# 10

# ¿Es para nuestros días el don de lenguas?

Alguien me envió una muestra de una literatura de la escuela dominical diseñada para enseñar a los niños preescolares a hablar en lenguas. Se titula: "¡He sido lleno con el Espíritu Santo!", y es un librito de ocho páginas para colorear. Una página tiene una caricatura de un sonriente levantador de pesas en camiseta que dice: "Hombre espiritual." Bajo él está impreso 1 Corintios 14:4: "El que habla en una lengua se edifica a sí mismo."

Otra página presenta un muchacho con las manos levantadas. Una línea punteada dibuja donde debieran estar sus pulmones. (Esto evidentemente representa su espíritu.) Dentro del diagrama en forma de pulmones está escrito: "BAH-LE ODOMA TA LAH-SE-TA NO-MO." Un letrero que sale de su boca repite las palabras: "BAH-LE ODOMA TA LAH-SE-TA NO-MO." Una nube en forma de cerebro está dibujada en su cabeza, con un gran signo de interrogación en la nube. También dentro de la nube está impreso: "MI MENTE NO ENTIENDE LO QUE ESTOY DICIENDO." Bajo el muchacho está impreso 1 Corintios 14:14: "Porque si yo oro en una lengua, mi espíritu ora; pero mi entendimiento queda sin fruto."

Eso expresa la perspectiva carismática típica. El don de lenguas es considerado como una capacidad completamente mística que de alguna manera opera en el espíritu de una persona, pero que pasa por alto completamente la mente. A muchos carismáticos hasta les dicen que a propósito deben desconectar su mente para permitir que el don funcione. Charles y Frances Hunter, por ejemplo, tienen reuniones de "Explosión sanadora", a las que asisten como cincuenta mil personas en cada reunión. En esos seminarios los Hunter "enseñan" a la gente cómo recibir el don de lenguas. Charles Hunter les dice:

Cuando ores con el espíritu, no pienses en los sonidos del idioma. Sólo confía en Dios, pero haz los sonidos cuando yo te diga.

En un momento, cuando yo te diga, empieza a amar y a alabar a Dios hablando muchos sonidos silábicos diferentes. Al principio haz los sonidos rápidamente para que no trates de pensar como lo haces al hablar tu idioma natural... Haz los sonidos en voz alta al principio, de modo que puedas fácilmente escuchar lo que estás diciendo.[1]

Hunter no explica qué caso tiene escuchar lo que uno está diciendo, puesto que la mente se supone que está desenganchada de todos modos. El continuamente le recuerda a su audiencia que se supone que no deben estar pensando: "La razón por la que algunos de ustedes no hablan fluentemente es porque tratan de pensar en los sonidos. De modo que cuando oren esta oración y empiecen a hablar en su idioma celestial, traten de no pensar."[2] Más tarde él añade: "Ni siquiera tienen que pensar para orar en el Espíritu."[3]

Arthur L. Johnson, en su excelente denuncia del misticismo, llama al movimiento carismático "el cenit del misticismo",[4] y con buena razón. Este deseo de apagar la mente y desconectarla de todo lo que es racional, era, como ya lo hemos notado previamente (ver el capítulo 7), una de las características primarias de las religiones paganas de misterio. Casi todas las enseñanzas distintivas del movimiento carismático son misticismo puro, y nada ilustra eso más perfectamente que la manera en que los mismos carismáticos describen el don de lenguas.

Los carismáticos típicamente describen las lenguas como una experiencia extática sin paralelo, que excita el espíritu en una manera que debe ser experimentada para ser apreciada. Un autor cita a Robert V. Morris:

Para mí... el don de lenguas resultó en el don de alabanza. Al usar el idioma desconocido que Dios me había dado yo sentí que me elevaba en el amor, en el asombro, en la adoración pura e incontingente que yo no había podido obtener en una oración pensada.[5]

Un artículo sobre lenguas de un periódico citaba al reverendo Bill L. Williams, de San José:

"Lo envuelve a uno con alguien con el que está profundamente

enamorado y al que está consagrado... No entendemos la verbo-
sidad, pero sí sabemos que estamos en comunicación."
Esa conciencia está "más allá de la emoción, más allá del
intelecto", decía él. "Trasciende el entendimiento humano. Es el
corazón del hombre hablando al corazón de Dios. Es un entendimiento profundo, interno del corazón."
"Viene como expresiones sobrenaturales, que traen intimidad
con Dios.[6]

El artículo también citaba al reverendo Billy Martin, de Farm-
ington, Nuevo México: "Es una experiencia gozosa, gloriosa y
maravillosa." Y al reverendo Darlene Miller, de Knoxville, Tennessee:
"Es como la dulzura de los duraznos, que no puede uno conocer hasta
que los ha probado uno mismo. No hay nada que se compare a ese
sabor."[7] Otros que hablan en lenguas tienen sentimientos similares a
esos.
¿Y qué puede estar posiblemente mal con tal experiencia? Si le
hace a una persona *sentirse* bien, más cercana a Dios, más fuerte
espiritualmente, o hasta delirante de gozo, ¿puede ser peligrosa o
engañosa en alguna manera?
Sí puede, y lo es. El finado George Gardiner, un pastor que
hablaba en lenguas y dejó el movimiento pentecostal, describe
conmovedoramente el peligro de rendir la mente de uno y abandonar
el autocontrol por la euforia de una experiencia de lenguas:

El enemigo del alma siempre está listo a aprovecharse de una
situación "fuera de control", y centenares de cristianos pueden
testificar con pesar de los resultados finales.
Tales experiencias no sólo dan a Satanás una apertura que él
está presto a explotar, sino que también pueden ser sicológica-
mente dañinas para el individuo. Los escritores carismáticos están
advirtiendo constantemente a los que hablan en lenguas que ellos
sufrirán un vaciamiento. Esto es atribuido al diablo y el lector es
alentado a volver a llenarse tan pronto como es posible...
Así pues, el buscador de experiencia regresa al ritual una y otra
vez, pero empieza a descubrir algo: la experiencia extática, como
una adicción a la droga, necesita dosis más grandes para
satisfacerse. Algunas veces se introduce lo grotesco. A veces he
visto a gente correr en derredor del cuarto hasta quedar exhausta,
trepar por postes de tiendas, reír histéricamente, entrar en trance
por días y hacer otras cosas raras cuando la "cumbre" buscada se
hacía más elusiva. Eventualmente hay una crisis y se toma una
decisión: se sentará en los asientos de atrás y será un espectador,
"lo fingirá" o seguirá en la esperanza de que eventualmente todo
será como era. La decisión más trágica es dejarlo y al hacerlo

abandonar todas las cosas espirituales como fraudulentas. Los espectadores están frustrados, los que fingen sufren de sentimientos de culpa, los que esperan son dignos de lástima y los que lo dejan son una tragedia. No, tal movimiento no es inofensivo.[8]

Muchos que hablan en lenguas entenderán las tensiones que Gardiner ha descrito. El no es el único que ha hablado en lenguas que se ha vuelto contra la práctica y denuncia sus peligros. Wayne Robinson, quien sirvió como editor en jefe de publicaciones en la Asociación Evangelística Oral Roberts, fue un tiempo un entusiasta hablador en lenguas. En el prefacio de su libro, *I Once Spoke in Tongues* (En otro tiempo hablé en lenguas), él escribió:

> En los últimos años me he convencido más y más de que la prueba, no solamente de las lenguas sino de cualquier experiencia religiosa, no puede limitarse a la lógica ni a la veracidad que la apoyan. También hay una pregunta esencial: *"¿Qué hace en la vida de uno?"* Más específicamente, ¿vuelve a una persona hacia dentro de sí misma, ocupada en sí misma, con intereses egoístas, o la abre hacia otros y sus necesidades?
>
> Conozco gente que testifica que hablar en lenguas ha sido la gran experiencia liberadora de sus vidas. Pero contigua a ella hay muchos otros para quienes hablar en lenguas ha sido una excusa para apartarse de confrontar las realidades de un mundo sufriente y dividido. Para algunos, las lenguas han sido la mejor cosa que les ha pasado; otros las han visto hacer pedazos iglesias, destruir carreras y romper relaciones personales.[9]

Ben Byrd, otro ex carismático, escribe:

> Decir que hablar en lenguas es una práctica inofensiva y está bien para los que quieren, ES UNA POSICION IMPRUDENTE cuando es evidente que la información es al contrario... Hablar en lenguas es adictivo. La mala interpretación del asunto de las lenguas y el hábito, más la elevación síquica que trae más el estímulo de la carne da como resultado una práctica difícil de dejar... (Pero) equiparar hablar mucho en lenguas con una espiritualidad avanzada es revelar la mala interpretación de uno de la verdad bíblica y revelar la disposición de estar satisfecho con una falsificación engañosa y peligrosa.[10]

Otros que practican las lenguas pueden encender y apagar el fenómeno automáticamente, sin sentir nada emocional. Habiendo aprendido los sonidos familiares que deben repetir, han afilado la capacidad y pueden hablar fluentemente y sin esfuerzo, y desapasionadamente.

## El don bíblico de lenguas

Las lenguas se mencionan en tres libros de la Biblia: Marcos (16:17); Hechos (2, 10, 19); y 1 Corintios (12-14).[11] En el capítulo 8 de este libro hemos visto los pasajes de Hechos, habiéndonos dado cuenta de que Hechos es principalmente una narración histórica, y que los acontecimientos extraordinarios y milagrosos que relata no representan un patrón normativo para toda la era de la iglesia. El controvertido texto de Marcos 16:17 sencillamente menciona lenguas como señal apostólica (ver el capítulo 4). Eso deja 1 Coritios 12-14 como el único pasaje de la Escritura que habla del papel de las lenguas en la iglesia. Debe notarse que Pablo escribió esos capítulos para reprobar a los corintios por su *mal uso* del don. La mayor parte de lo que él tuvo que decir *restringía* el uso de las lenguas en la iglesia.[12]

En 1 Corintios 12 Pablo discutía los dones espirituales en general, cómo se reciben y cómo Dios ha ordenado los dones en la iglesia. En el capítulo catorce de esa carta él demostró la inferioridad de las lenguas ante la profecía. También dio directrices para el ejercicio apropiado de los dones de lenguas e interpretación.[13] Justo en medio de esos dos capítulos, en 1 Corintios 13, Pablo discutió el motivo apropiado para usar los dones, a saber, el amor. Tratado frecuentemente fuera de su contexto, 1 Corintios 13 ha sido llamado el himno del amor. Indudablemente es un logro literario supremo, y trata profunda y bellamente con el tema del amor genuino. Pero es útil recordar que es antes que nada un punto crucial en la discusión de Pablo de la adulteración de lenguas.

En 1 Corintios 13:1-3 Pablo afirma la preeminencia del amor. El versículo 1 claramente afirma que las lenguas milagrosas sin amor no son nada. Pablo estaba reprendiendo a los corintios por usar dones del espíritu egoístamente y sin amor. Estaban más interesados en inflar sus propios egos o en disfrutar de una experiencia eufórica que lo que estaban en servirse unos a otros con el interés abnegado que caracteriza el amor *agape*.

"Si yo hablo en lenguas de hombres y de ángeles..." es la manera en que Pablo empieza su capítulo. "Lenguas" viene de la palabra griega *glossa*, que, como nuestra palabra *lengua*, puede referirse al órgano físico o a un idioma. Pablo claramente se está refiriendo al don de *idiomas*. Nótese que Pablo había hablado personalmente en lenguas (1 Cor. 14:18). El no estaba condenando la práctica misma; él estaba diciendo que si el don de lenguas es usado en cualquier otra forma fuera del propósito de Dios, sólo es ruido, como la banda rítmica en una clase de jardín de niños.

## ¿Son las lenguas un lenguaje celestial?

¿Que quiso decir Pablo con "lenguas... de ángeles?" Muchos creen que Pablo estaba sugiriendo que el don de lenguas incluye alguna clase de lenguaje angelical o celestial. Ciertamente, la mayoría de los carismáticos cree que el don de lenguas es un idioma privado de oración, un lenguaje celestial conocido sólo por Dios, discurso celestial o alguna otra clase de idioma no terrenal. Sin embargo, no hay garantía en el texto mismo de tal criterio. Pablo estaba haciendo un caso hipotético,[14] así como en los versículos subsecuentes, donde él habla de conocer todos los misterios y todo conocimiento (aunque Pablo no podía hacer ese reclamo literalmente), dar todas sus posesiones a los pobres, y entregar su cuerpo para ser quemado. Pablo estaba hablando teóricamente, sugiriendo que aunque eso *fuera* verdad, sin amor esas cosas no tendrían significado. Para probar su punto de la necesidad del amor, Pablo estaba tratando de extender sus ejemplos a límites extremos.

Además, no hay evidencia en la Escritura de que los ángeles usan un lenguaje celestial. Siempre que los ángeles aparecen en la Escritura se comunican en lenguaje humano normal (ej. Luc. 1:11-20, 26-37; 2:8-14).

En ninguna parte la Biblia enseña que el don de lenguas sea algo distinto a los lenguajes humanos. Tampoco hay ninguna sugestión de que las verdaderas lenguas descritas en 1 Corintios 12-14 fueran materialmente diferentes de los lenguajes milagrosos descritos en Hechos 2 en Pentecostés. La palabra griega en ambos lugares es *glossa*. En Hechos es claro que los discípulos estaban hablando en lenguas *conocidas*. Los discípulos judíos que estaban en Jerusalén en ese tiempo "estaban confundidos, porque cada uno les oía hablar en su propio idioma" (2:6). Lucas procedió a nombrar algunos quince diferentes países y regiones donde se hablaban esos idiomas (vv. 8-11).

Además, la palabra griega *dialektos* de la que tenemos la palabra castellana "dialecto", también se usa en referencia a las lenguas en Hechos 2:6, 8. Los no creyentes presentes en Pentecostés escucharon el mensaje de Dios proclamado en sus propios dialectos locales. Tal descripción no podría aplicarse a hablas extáticas.

Muchos carismáticos señalan que la versión Reina-Valera 1960 de 1 Corintios 14 usa repetidamente la expresión "lengua extraña". Eso, dicen ellos, describe un lenguaje que no es de este mundo. Sin embargo, la palabra *extraña* fue añadida por los traductores y no aparece en el texto griego.[15] Así, puede verse que la Reina-Valera Actualizada omite "extraña" y dice solamente *lengua*. Por eso, 1 Corintios 13:1 no puede ser usada para probar que Pablo está abogando por habla sin significado, extática, o por alguna clase de lengua celestial o angelical.

Además, Pablo insistía que cuando las lenguas fueran habladas en la iglesia, alguien interpretara (14:13, 27). Un mandamiento así no sería pertinente si Pablo tuviera en mente el balbuceo extático de un lenguaje "privado" para orar, o de sonidos espontáneos celestiales. La palabra griega para interpretación es *hermeneuo*, que significa "traducir". (Así es usada en Juan 9:7 y en Heb. 7:2.) El don de interpretación era una capacidad sobrenatural para traducir un lenguaje que uno nunca hubiera aprendido, de modo que otros pudieran ser edificados por el mensaje (1 Cor. 14:5). Uno no puede traducir habla extática o galimatías.

Otra indicación más de que Pablo tenía en mente lenguajes humanos es su declaración en 1 Corintios 14:21, 22, de que las lenguas eran dadas como señal al incrédulo Israel: "En la ley está escrito: 'En otras lenguas y con otros labios hablaré a este pueblo, y ni aun así me harán caso', dice el Señor." Pablo se refería a Isaías 28:11, 12, una profecía que decía a la nación de Israel que Dios daría su revelación en lenguas gentiles. Eso era un reproche a Israel en su incredulidad. Para que fuera una señal significativa, las lenguas debían haber sido extranjeras, no alguna clase de habla angelical.

## Lenguas falsas

Claramente, las verdaderas lenguas bíblicas no son galimatías, sino lenguajes. Lo que pasa por lenguas en los movimientos pentecostales y carismáticos, sin embargo, no son verdaderos lenguajes. El hablar en lenguas moderno, a menudo llamado *glossolalia*, no es la misma cosa que el don bíblico de lenguas. William Samarin, profesor de lingüística en la Universidad de Toronto, escribió:

> A través de un período de cinco años he tomado parte en reuniones en Italia, Holanda, Jamaica, Canadá y los Estados Unidos. He observado pentecostales chapados a la antigua y a neopentecostales; he estado en pequeñas reuniones en hogares privados y también en reuniones públicas enormes; he visto ambientes culturales tan diferentes como los que se encuentran entre los puertorriqueños del Bronx, los manejadores de serpientes de los Apalaches y los molokanes rusos en Los Angeles... Glossolalia es ciertamente como lenguaje en algunas maneras, pero esto es solamente porque el que habla (inconscientemente) quiere que sea como lenguaje. Sin embargo, a pesar de sus similaridades superficiales, la glossolalia fundamentalmente *no es* lenguaje.[16]

William Samarin es uno de muchos hombres que han hecho

estudios de glossolalia. Todos los estudios están de acuerdo en que lo que escuchamos hoy en día no es lenguaje; y si no es lenguaje, entonces no es el don bíblico de lenguas.

Como hemos visto (capítulo 7), las religiones de misterio en Corinto y alrededores en el primer siglo hacían un amplio uso de habla extática y experiencias de trance. Parece que algunos de los corintios habían corrompido el don de lenguas usando la falsificación extática. Lo que ellos hacían es muy similar a la glossolalia de hoy en día. Pablo estaba tratando de corregirlos diciéndoles que tal práctica embaucaba todo el asunto del don de lenguas. Si ellos usaban lenguas de esa manera harían daño y no bien a la causa de Cristo.

## El abuso de las lenguas en Corinto

Nótese que en 1 Corintos 14:2 Pablo *criticaba* a los corintios por usar su "don de lenguas" para hablar a Dios y no a los hombres: "Porque el que habla en una lengua no habla a los hombres sino a Dios; porque nadie le entiende, pues en espíritu habla misterios."[17] El comentario de Pablo no es sugerir que las lenguas deben ser usadas como un "lenguaje de oración"; él estaba hablando irónicamente, señalando la inutilidad de hablar en lenguas sin un intérprete, porque sólo Dios sabría si algo se decía. Los dones espirituales nuca tuvieron el propósito de ser usados para el beneficio de Dios o para el beneficio del individuo con el don. Pedro aclaró esto en 1 Pedro 4:10: "Cada uno ponga al servicio de los demás el don que ha recibido."

Pablo además añadió en 1 Corintios 14:4: "El que habla en una lengua se edifica a sí mismo, mientras que el que profetiza edifica a la iglesia." De nuevo, Pablo no estaba recomendando el uso del don en violación de su propósito y sin tomar en cuenta el principio del amor ("El amor... ni busca lo suyo propio" 1 Cor. 13:5). La palabra "edifica" en 14:4 significa "construir". Puede llevar una connotación positiva o negativa, dependiendo del contexto.[18] Los corintios estaban usando las lenguas para edificarse a sí mismos en un sentido egoísta. Sus motivos no eran sanos, sino egocéntricos. Su pasión por las lenguas surgió de un deseo de ejercitar los dones más espectaculares y llamativos enfrente de otros creyentes. El punto de Pablo era que nadie se beneficia de tal exhibición excepto la persona que habla en lenguas, y el principal valor que obtiene de ello es edificar su propio ego. En 1 Corintios 10:24 Pablo ya había hecho claro este principio: "Nadie busque su propio bien, sino el bien del otro."

Las lenguas presentaron otro problema: como se usaban en Corinto obscurecían más que aclaraban el mensaje que tenían el propósito de comunicar. En 1 Corintios 14:16, 17, Pablo escribió: "Pues de otro modo, si das gracias con el espíritu, ¿cómo dirá 'amén' a tu acción de gracias el que ocupa el lugar de indocto, ya que no sabe lo que estás diciendo? Porque tú, a la verdad, expresas bien la acción de gracias, pero el otro no es edificado." En otras palabras, los que hablaban en lenguas en Corinto estaban siendo egoístas, ignorando al resto de la gente en la congregación, enturbiando con el don el mensaje que tenían el propósito de comunicar, y haciendo todo sólo para satisfacer sus propios egos, para exhibirse y para demostrar su espiritualidad unos a otros.

A la luz de todo eso, debiéramos preguntarnos acerca del aparente mandamiento de Pablo en 1 Corintios 12:31: "Con todo, anhelad los mejores dones." La manera en que el versículo se traduce usualmente presenta serios problemas de interpretación. Puesto que Pablo hizo hincapié en la soberanía de Dios al distribuir los dones, y escribe a los corintios para corregirlos por favorecer los dones aparatosos, ¿por qué mandaría él "procurar los mejores dones"? ¿No los alentaría eso a continuar compitiendo por mejores posiciones relativas?

Pero de hecho el versículo no es realmente un mandamiento de ninguna manera. Las traducciones en inglés o castellano llevan el significado de Pablo a conclusiones erróneas. La forma verbal usada aquí bien puede ser un indicativo (la declaración de un hecho) o un imperativo (un mandato). La forma indicativa tiene más sentido. Algunas traducciones ofrecen el modo indicativo como una lectura alternativa: "Mas vosotros anheláis los dones más grandes." Albert Barnes toma el criterio indicativo, señalando que muchos de los comentaristas de mediados del siglo diecinueve (Doddridge, Locke y Macknight) lo hicieron así. Barnes observa que el Nuevo Testamento sirio traduce el versículo "Dado que sois celosos de los dones mejores, yo os muestro un camino más excelente."[19]

En otras palabras, Pablo en realidad estaba diciendo: "Pero vosotros celosamente estáis codiciando los dones más aparatosos." Ese es un reproche, que tiene sentido con las siguientes palabras de Pablo: "Y ahora os mostraré un camino todavía más excelente." El no está mandándoles procurar ciertos dones, sino censurándolos por procurar los vistosos. El "camino más excelente" del que él habla es el camino del amor que luego describe en 1 Corintios 13.

Los corintios estaban buscando egoístamente los dones más prominentes, más ostentosos, más celebrados. Ellos codiciaban la admiración de los demás. Deseaban con vehemencia el aplauso de los hombres. Deseaban ser vistos como "espirituales". Evidentemente la gente había ido al extremo de usar lenguas falsas. El abuso de las lenguas en Corinto estaba amenazando esa iglesia.

Tristemente, el mismo problema está amenazando a la iglesia hoy.

## Cesarán las lenguas

En 1 Corintios 13:8 Pablo hizo una declaración interesante, casi alarmante: "El amor nunca deja de ser. Pero las profecías se acabarán, cesarán las lenguas, y se acabará el conocimiento." En la expresión "el amor nunca deja de ser", la palabra griega que se traduce como "dejar de ser" significa "decaer" o "ser abolido". Pablo no estaba diciendo que el amor es invencible o que no puede ser rechazado. El estaba diciendo que el amor es eterno, que siempre será aplicable y nunca será anticuado.

Las lenguas, sin embargo, "cesarán". El verbo griego usado en 1 Corintios 13:8 (*pauo*) significa "cesar permanentemente". Implica que cuando las lenguas cesaron, nunca empezarán de nuevo.[20]

Aquí está el problema que este pasaje presenta para el movimiento carismático contemporáneo: si las lenguas se suponía que fueran a cesar, ¿ha sucedido ya o sucederá en el futuro? Los hermanos carismáticos insisten en que ninguno de los dones ha cesado, de modo que el cese de las lenguas está todavía en el futuro. La mayoría de los no carismáticos insisten en que las lenguas ya han cesado, habiendo pasado con la era apostólica.

¿Quién tiene razón?

Estoy convencido por la historia, la teología y la Biblia que las lenguas cesaron en la era apostólica. Y cuando ésta pasó, ellas se terminaron también. El movimiento carismático contemporáneo no representa un avivamiento de las lenguas bíblicas. Es una aberración similar a la práctica de las lenguas falsificadas en Corinto.

¿Qué evidencia hay de que las lenguas han cesado? Primero, las lenguas fueron milagrosas, dones revelatorios, y como lo hemos visto repetidas veces, la era de los milagros y la revelación terminó con los apóstoles. El último milagro registrado en el Nuevo Testamento ocurrió alrededor del año 58 d. de J.C., con las sanidades en la isla de Malta (Hech. 28:7-10). Del año 58 d. de J.C. al 96, cuando Juan terminó el libro de Apocalipsis, no se registra ningún milagro. Los dones de milagros, como las lenguas y las sanidades fueron mencionados solamente en 1 Corintios, una epístola temprana. Dos epístolas posteriores, Efesios y Romanos, discuten los dones del Espíritu extensamente, pero no hace mención de los dones milagrosos. Para ese tiempo los milagros eran vistos ya como algo del pasado (Heb. 2:3, 4). La autoridad apostólica y el mensaje apostólico no necesitaban más confirmación. Antes que terminara el primer siglo, todo el Nuevo Testamento había sido escrito y estaba circulando por las iglesias. Los dones revelatorios habían dejado de servir. Y cuando la era apostólica terminó con la muerte del apóstol Juan, las señales que identificaban a los apóstoles ya se habían vuelto innecesarias (comp. 2 Cor. 12:12).

En segundo lugar, como hemos notado, las lenguas tenían el propósito de ser señal al incrédulo Israel. Ellas significaban que Dios había empezado una nueva obra que abarcaba a los gentiles. El Señor hablaría ahora a todas las naciones en todas las lenguas. Las barreras habían sido derribadas. De modo que el don de lenguas simbolizaba no solamente la maldición de Dios sobre una nación desobediente, sino también la bendición de Dios sobre el mundo entero.

Las lenguas eran, por tanto, una señal de transición entre el Antiguo y el Nuevo Pactos. Con el establecimiento de la iglesia, un nuevo día había amanecido para el pueblo de Dios. Dios hablaría en todas las lenguas. Pero una vez que pasó el período de transición, la señal ya no era necesaria. O. Palmer Robertson muy adecuadamente articula la consecuencia de eso:

> Las lenguas sirvieron muy bien para mostrar que el cristianismo, aunque empezado en la cuna del judaísmo, no debía ser distintivamente judío... Ahora que la transición (entre el Antiguo y el Nuevo Pactos) había sido hecha, la señal de transición no tenía valor permanente en la vida de la iglesia.
>
> Hoy no se necesitan señales para mostrar que Dios se está moviendo de la sola nación de Israel a todas las naciones. Ese movimiento se ha vuelto un hecho cumplido. Como en el caso de la fundación del oficio apostólico, así también el don de lenguas, particularmente transicional, ha cumplido su función como señal entre el Antiguo y el Nuevo Pactos para el pueblo de Dios. Una vez que cumple su papel, no tiene más función entre el pueblo de Dios.[21]

Además, el don de lenguas era inferior a los otros dones. Fue dado principalmente como una señal (1 Cor. 14:22) y no puede edificar a la iglesia en una manera apropiada. También es mal usada fácilmente para edificar el ego (14:4). La iglesia se reúne para la edificación del cuerpo, no para la autosatisfacción o la búsqueda personal de experiencias. Por eso, las lenguas tuvieron una utilidad limitada en la iglesia y nunca se tuvo la intención de que fueran un don permanente.

La historia registra que las lenguas sí cesaron.[22] De nuevo, es significativo que las lenguas son mencionadas solamente en los primeros libros del Nuevo Testamento. Pablo escribió cuando menos doce epístolas después de 1 Corintios y nunca mencionó las lenguas de nuevo. Pedro nunca mencionó las lenguas; Santiago, Juan y Judas nunca mencionaron las lenguas. Las lenguas aparecieron brevemente sólo en Hechos y en 1 Corintios cuando el nuevo mensaje del evangelio se estaba extendiendo, pero una vez establecida la iglesia, las lenguas cesaron. Los libros posteriores del Nuevo Testamento no mencionan las lenguas de nuevo. Ni tampoco las menciona nadie en la era postapostólica. Cleon Rogers escribió: "Es significativo que el don de lenguas no se menciona en ninguna parte, no se alude ni se encuentra en los Padres Apostólicos."[23]

Crisóstomo y Agustín, los grandes teólogos de las iglesias orientales y occidentales, consideraban obsoletas las lenguas. Crisóstomo declaró categóricamente que para su tiempo habían cesado. Escribiendo en el siglo cuarto, él describió las lenguas como una práctica obscura, admitiendo que ni siquiera estaba seguro de las características del don. "La obscuridad es producida por nuestra ignorancia de los hechos a que se refiere y por su cese, pues ocurrieron, pero ahora no ocurren", escribió él.[24]

Agustín escribió de las lenguas como una señal que fue adaptada a la era apostólica:

En los primeros tiempos, "el Espíritu Santo cayó sobre los que creyeron, y hablaron en lenguas", que no habían aprendido, "como el Espíritu les daba que hablaran". *Esas eran señales adaptadas al tiempo.* Porque fueron provechosas como señal del Espíritu Santo en todas las lenguas para mostrar que el evangelio de Dios debía correr por todas las lenguas de todo el mundo. *Fueron hechas para señal, y pasaron.* Al imponer las manos, ahora, para que las personas puedan recibir el Espíritu Santo, ¿buscamos que puedan hablar en lenguas? (A esta pregunta retórica Agustín obviamente anticipaba una respuesta negativa.)... Si entonces el testimonio de la presencia del Espíritu Santo no es dado ahora mediante esos milagros, ¿por qué es dado, mediante qué llega uno a saber que ha recibido el Espíritu Santo? Que pregunte a su propio corazón. Si él ama a su hermano, el Espíritu de Dios mora en él.[25]

Agustín también escribió:

Cómo entonces, hermanos, si porque el que ha sido bautizado en Cristo, y cree en él, no habla en las lenguas de todas las naciones, ¿vamos a creer que no ha recibido el Espíritu Santo? Dios no permita que nuestro corazón sea tentado por esta incredulidad... ¿Por qué es que ningún hombre habla en las lenguas de todas las naciones? Porque la iglesia misma ahora habla en las lenguas de todas las naciones. Antes, la iglesia estaba en una nación, donde hablaba en las lenguas de todos.    Por hablar entonces en las lenguas de todos, significó lo que iba a pasar; que por crecer entre las naciones, hablaría en las lenguas de todos.[26]

Durante los primeros quinientos años de la iglesia, la única gente que alegaba haber hablado en lenguas eran los seguidores de Montano, que le dio nombre a una herejía (ver el capítulo 3). La siguiente vez que un movimiento importante de hablar en lenguas surgió dentro del cristianismo fue a finales del siglo diecisiete. Un grupo de protestantes militantes en la región Cevennes del sur de Francia empezó a profetizar, a experimentar visiones, a hablar en lenguas. El grupo, algunas veces llamado los profetas Cevennoles, es recordado por sus actividades políticas y militares, no por su legado espiritual. La mayoría de sus profecías quedaron sin cumplirse. Eran ferozmente anticatólicos y defendían el uso de la fuerza armada contra la iglesia católica. Consecuentemente, muchos de ellos fueron perseguidos y matados por Roma.

Al otro lado del espectro, los jansenistas, un grupo de leales católicos romanos que se oponían a la enseñanza de los reformadores sobre la justificación por la fe, también alegaban poder hablar en lenguas en los años 1700.

Otro grupo que practicaba una forma de lenguas era el de los tembladores, una secta americana con raíces cuáqueras que floreció a mediados de los 1700. La Madre Ann Lee, fundadora de la secta, se consideraba a sí misma como el equivalente femenino de Jesucristo. Ella alegaba poder hablar en setenta y dos lenguas. Los tembladores creían que la relación sexual era pecaminosa, inclusive dentro del matrimonio. Hablaban en lenguas mientras bailaban y cantaban en un estado como de trance.

Después, a principios del siglo diecinueve, el pastor escocés presbiteriano Edward Irving y miembros de su congregación hablaban en lenguas y profetizaban. Los profetas irvingitas a menudo se contradecían unos a otros, sus profecías dejaban de cumplirse y sus reuniones se caracterizaban por excesos desenfrenados. El movimiento fue posteriormente desacreditado cuando algunos de sus profetas admitieron falsificar profecías y otros hasta atribuían sus "dones" a espíritus malignos. Este grupo eventualmente se convirtió en la Iglesia Católica Apostólica que enseñaba muchas doctrinas falsas y abrazó varias doctrinas católicas romanas y creó doce oficios apostólicos.

Todas esas supuestas manifestaciones de lenguas fueron identificadas con grupos que eran heréticos, fanáticos o si no, no ortodoxos. El juicio de creyentes bíblicamente ortodoxos que eran sus contemporáneos era que esos grupos eran aberraciones. Seguramente esa debiera ser también la declaración de cualquier cristiano que está interesado en la verdad. Así concluimos que desde el fin de la era apostólica al principio del siglo veinte, no ha habido ocurrencias genuinas del don de lenguas del Nuevo Testamento. Han cesado, como el Espíritu Santo dijo que lo harían (1 Cor. 13:8). Thomas R. Edgar, erudito del Nuevo Testamento, hace esta observación:

> Puesto que esos dones cesaron, el peso de la prueba está enteramente en que los carismáticos prueben su validez. Demasiado tiempo los cristianos han asumido que los no carismáticos deben producir evidencia bíblica indisputable de que los dones milagrosos de señales cesaron. Sin embargo, los no carismáticos no tienen peso para probar esto, puesto que ya ha sido probado por la historia. Es un hecho irrefutable admitido por muchos pentecostales. Por eso los carismáticos deben probar bíblicamente que los dones de señales empezarán de nuevo durante la era de la iglesia y que el fenómeno de hoy es una recurrencia. En otras palabras, ellos deben probar que sus experiencias son la recurrencia de los dones que no han ocurrido por casi 1.900 años.[27]

## ¿Un derramamiento final?

¿Se ha reanudado el don de lenguas en el siglo veinte? Los pentecostales y los carismáticos tratan esa pregunta en una de dos maneras. Algunos dicen que el don nunca cesó, sólo declinó, y por eso los grupos que alegaban hablar en lenguas fueron los precursores de los movimientos pentecostal y carismático contemporáneos.[28] Al asumir esa posición se ponen dentro de una tradición herética.

Por otra parte, muchos carismáticos conceden que las lenguas sí cesaron después de la era apostólica, pero creen que las manifestaciones contemporáneas de los dones son un derramamiento final del Espíritu y sus dones para los últimos días.

Un texto clave para pentecostales y carismáticos que toman este segundo criterio es Joel 2:28: "Sucederá después de esto que derramaré mi Espíritu sobre todo mortal. Vuestros hijos y vuestras hijas profetizarán. Vuestros ancianos tendrán sueños; y vuestros jóvenes, visiones."

Según Joel 2:19-32, antes del día final del Señor, el Espíritu de Dios será derramado en tal manera que habrá maravillas en el cielo, y sobre la tierra: sangre, fuego y columnas de humo. "El sol se convertirá en tinieblas, y la luna en sangre, antes que venga el día de Jehovah, grande y temible" (v. 31). Esa es obviamente una profecía del reino milenial venidero y no se refiere a nada más temprano. El contexto del pasaje de Joel hace de esta la única interpretación razonable.

Por ejemplo, Joel 2:20 se refiere a la derrota de "lo que viene del norte" que atacará a Israel en el apocalipsis del fin del tiempo. Joel 2:27 habla del gran avivamiento que traerá a Israel de regreso a Dios. Ese es otro rasgo de la Gran Tribulación que todavía no se ha cumplido. Joel 3 (vv. 2, 12, 14) describe el juicio de las naciones, un acontecimiento que viene después de Armagedón y en conexión con el establecimiento del reino terrenal y milenial del Señor Jesucristo. Después en el capítulo 3, Joel hace una hermosa descripción del reino milenial (v. 18). Claramente Joel 2 es una profecía del reino, que no se realizó completamente en Pentecostés (Hech. 1) o en ninguna otra ocasión desde entonces. Debe referirse a un tiempo que todavía está en el futuro.

Todavía hay, sin embargo, la pregunta de lo que Pedro quiso decir cuando citó Joel 2:28-32 sobre el día de Pentecostés (Hech. 2:17-21). Algunos maestros de la Biblia dicen que Pedro estaba señalando a Pentecostés como un cumplimiento de Joel 2:28. Pero el día de Pentecostés no hubo maravillas en los cielos ni señales en la tierra; ni sangre ni fuego ni vapores de humo; el sol no se volvió tinieblas ni la luna en sangre y el gran día del Señor no llegó. La profecía no se realizó completamente; Pentecostés fue solamente un cumplimiento parcial, o mejor aún, una vista previa de la culminación final. El paralelo de eso es la transfiguración, en la que la gloria de nuestro Señor se reveló brevemente como será vista completamente a través del reino milenial.

Pedro sencillamente estaba diciendo a los presentes en Pentecostés, que ellos estaban recibiendo una vista preliminar, una proyección de la clase de poder que el Espíritu liberaría en el reino milenial. Lo que ellos estaban viendo en Jerusalén entre un puñado de gente era una señal de lo que el Espíritu de Dios algún día haría a un nivel mundial.

George N. H. Peters, uno de los excelentes eruditos bíblicos del siglo diecinueve, escribió: "El bautismo de Pentecostés es una *promesa* de cumplimiento en el futuro, *dando testimonio* de lo que el Espíritu Santo *realizará todavía* en la era venidera."[29] Los milagros que empezaron el día de Pentecostés son luz en el horizonte que anuncian el venidero reino terrenal de Jesucristo.

Algunos carismáticos espiritualizan "la lluvia temprana y la tardía" de Joel 2:23. Ellos argumentan que la lluvia temprana se refiere a Pentecostés, cuando vino el Espíritu, y la lluvia tardía a su derramamiento en el siglo veinte.

A través del Antiguo Testamento, "la lluvia temprana" se refiere a la lluvia de otoño y "la lluvia tardía" a las lluvias de primavera. Realmente Joel estaba diciendo que en el reino milenial ambas lluvias vendrían "como antes"[30] (v. 23). Su punto era que Dios haría crecer las cosechas con profusión en el reino. Joel 2:24-26 hace eso muy claro: "Las eras se llenarán de trigo, y los lagares rebosarán de vino nuevo y de aceite. Yo os restituiré los años que comieron la oruga, el pulgón, el saltón y la langosta; mi gran ejército que envié contra vosotros. Comeréis hasta saciaros y alabaréis el nombre de Jehovah vuestro Dios, quien ha hecho maravillas con vosotros. Y nunca más será avergonzado mi pueblo."

La "lluvia temprana y la tardía", entonces, no tienen nada que ver con Pentecostés, con el siglo veinte o con el Espíritu Santo. Los pentecostales y los carismáticos no pueden usar Joel 2:28 como base para decir que las lenguas han sido derramadas una segunda vez. En primer lugar, Joel ni siquiera mencionó las lenguas. En segundo lugar, el derramamiento del Espíritu en Pentecostés no fue el cumplimiento final de la profecía de Joel.

Thomas Edgar hace esta significativa observación:

> No hay una evidencia bíblica de que habrá en la iglesia una recurrencia de los dones de señal o de que los creyentes obrarán milagros cerca del final de la era de la iglesia. Sin embargo, hay amplia evidencia de que cerca del fin de la era habrá falsos profetas que realizarán milagros, profecías y echarán demonios en el nombre de Jesús (comp. Mat. 7:22, 23; 24:11, 24; 2 Tes. 2:9-12).[31]

Hacemos bien al estar alertas.

## ¿Qué clase de lenguas se hablan hoy en día?

¿Cómo vamos a explicar la experiencia carismática? Incontables carismáticos testifican que hablar en lenguas ha enriquecido su vida. Por ejemplo:

> "¿Qué caso tiene hablar en lenguas?" La única manera en que puedo contestar es decir: "¿Qué caso tiene un petirrojo? ¿Qué caso tiene una puesta de sol?" Pura elevación absoluta, puro gozo inefable, y con él salud y paz y descanso y liberación de cargas y tensiones.[32]

Y esto:

> Cuando empecé a orar en lenguas me sentí veinte años más joven, y la gente me decía que lo parecía... Estoy vigorizado, tengo gozo,

valor, paz, el sentido de la presencia de Dios, y yo suelo ser una personalidad débil que necesita esto.[33]

Esos testimonios tienen un poderoso atractivo para hablar en lenguas. Si las lenguas pueden dar salud y felicidad y hacerlo ver a uno más joven, el mercado potencial es ilimitado. Por otra parte, la evidencia que apoya tales pretensiones es dudosa. ¿Argumentaría alguien en serio que los que hablan en lenguas hoy viven vidas más santas, más consistentes para Cristo que los creyentes que no hablan en lenguas? ¿Qué acerca de los líderes carismáticos en años recientes cuyas vidas han resultado ser moral y espiritualmente insolventes? ¿Y muestra la evidencia que las iglesias carismáticas son, en general, más fuertes espiritualmente y más sólidas que las iglesias que creen en la Biblia y que no abogan por los dones? La verdad es que uno debe mirar larga y diligentemente para encontrar una comunión carismática donde el crecimiento espiritual y el entendimiento bíblico sean genuinamente el centro. Si el movimiento no produce cristianos más espirituales o creyentes que estén mejor informados teológicamente, ¿qué fruto está produciendo al final de cuentas? ¿Y qué de los muchos que dejaron de hablar en lenguas que testifican que ellos no experimentaron paz genuina, satisfacción, poder y gozo hasta que se salieron del movimiento de lenguas? ¿Por qué tan frecuentemente la experiencia carismática culmina en desilusión conforme la cumbre emocional de las experiencias extáticas iniciales es cada vez más difícil de repetir?

Sin duda, mucha gente que habla en lenguas dice que encuentra beneficiosa la práctica, hasta un grado u otro. Pero normalmente, como en los testimonios citados antes, hablan de cómo los hace *sentir* o *verse*, no de cómo los ayuda a ser mejores cristianos. Sin embargo, la apariencia y las sensaciones mejoradas nunca fueron resultado del don del Nuevo Testamento.

Es significativo notar que los pentecostales y los carismáticos no pueden justificar su reclamo de que lo que están haciendo es el don de lenguas bíblico. No sabemos de casos auténticos y probados en los que algún pentecostal o carismático realmente haya hablado en un idioma identificable y traducible.[34] El lingüista William Samarin escribió: "Es muy dudoso que los pretendidos casos de xenoglossia (idiomas verdaderos) entre los carismáticos sean reales. En cualquier ocasión en que uno intenta verificarlos encuentra que las historias han sido muy distorsionadas o que los 'testigos' resultan ser incompetentes o no confiables desde un punto de vista lingüístico."[35] "Los proponentes carismáticos no han dado evidencia, además de su suposición, de que estos son los mismos fenómenos" que los dones del Nuevo Testamento.[36]

Entonces, ¿cómo puede ser explicado el fenómeno? Surge un número de posibilidades. Primera, *las lenguas pueden ser satánicas o demoníacas*. Algunos críticos del movimiento quieren tildar todas las supuestas lenguas como la obra del diablo. Aunque yo no estoy dispuesto a hacer eso, sí estoy convencido de que Satanás es a menudo la fuerza detrás del fenómeno que pasa como dones del Espíritu. Después de todo, él está detrás de toda religión falsa (1 Cor. 10:20), y se especializa en falsificar la verdad (2 Cor. 11:13-15). Muchos en la iglesia en estos días son susceptibles a sus mentiras: "Pero el Espíritu dice claramente que en los últimos tiempos algunos se apartarán de la fe, prestando atención a espíritus engañosos y a doctrinas de demonios" (1 Tim. 4:1).

Ben Byrd, que hablaba en lenguas y lo dejó, cree que algunas de sus capacidades extraordinarias eran "poderes síquicos y posiblemente satánicos":

> Muchas, muchas veces he caminado entre líneas de enfermos orando por personas, con los ojos cerrados mientras oraba en lenguas. Podía funcionar como si mis ojos estuvieran abiertos. Era consciente de todo lo que sucedía en derredor de mí, PERO MIS OJOS ESTABAN CERRADOS. Yo sentía como si estuviera en un estado de sueño, extraño, pero muy vívido... casi dormido en el cuerpo, pero muy consciente y alerta en la mente. Funcionar en otro ámbito ES POSIBLE, pero RECUERDE POR FAVOR QUE NO TODOS LOS DONES SON DE DIOS.[37]

El habla extática es común en las religiones falsas. Ediciones actuales de la *Enciclopedia Británica* contienen artículos útiles sobre la glossolalia entre los paganos en sus ritos de adoración. Han llegado informes del este de Africa contando de personas poseídas por demonios que hablan de corrido en swahili o inglés, aunque bajo circunstancias normales no entenderían ninguno de los dos idiomas. Entre el pueblo thonga de Africa, cuando un demonio es exorcizado, usualmente cantan una canción en zulu, aunque la gente thonga no conoce el zulu. El que hace el exorcismo supuestamente es capaz de hablar en zulu por "un milagro de lenguas".

Hoy, el habla extática se encuentra entre musulmanes, esquimales y monjes tibetanos. Un laboratorio de parasicología en la Escuela de Medicina de la Universidad de Virginia informa de casos de hablar en lenguas entre los que practican el ocultismo.[38]

Esos son sólo unos cuantos ejemplos de la tradición de muchos siglos de la glossolalia que continúa hoy entre paganos, herejes y adoradores de lo oculto. La posibilidad de influencia satánica es un asunto serio que los carismáticos no debieran hacer a un lado sin una severa reflexión.

Otra posibilidad es que las *lenguas sean una conducta aprendida*. Estoy convencido de que la mayor parte de la glossolalia contemporánea cae en esta categoría. Como hemos visto, líderes carismáticos como Charles y Frances Hunter tienen seminarios para *instruir* a la gente sobre cómo recibir el don de lenguas. ¿Cómo puede eso verse de una manera que no sea una conducta aprendida? Los Hunter encienden emocionalmente a la gente haciéndolos gritar oraciones y alabanzas; les sugieren ejemplos de sílabas para arrancar y alientan a la gente a repetir "soniditos chistosos".[39] Claramente, esa *no es* la manera en que funciona un don espontáneo. Ni es esa la clase de hablar en lenguas que cabe en el término de experiencia "sobrenatural", por más que se fuerce el término. No es un milagro. Es algo que casi cualquiera puede aprender a hacer. Llama la atención que muchos de los que hablan en diferentes lenguas usan los mísmos términos y sonidos. Todos hablan esencialmente de la misma manera. Cualquiera que los escucha lo suficiente puede hacerlo.

John Kildahl, en su libro *The Psychology of Speaking in Tongues* (La psicología de hablar en lenguas), concluyó después de mucho estudio de la evidencia que la glossolalia es una habilidad adquirida.[40] Kildahl, un psicólogo clínico, y su socio Paul Qualben, un psiquiatra, fueron comisionados por la Iglesia Luterana Americana y por el Instituto Nacional de Salud Mental para hacer un estudio de gran alcance sobre lenguas. Después de todo su trabajo llegaron a la firme convicción de que no era más que un "fenómeno aprendido".[41]

Un estudio más reciente conducido en la Universidad Carleton, Ottawa, demostró que virtualmente cualquiera puede aprender a hablar en lenguas con un mínimo de instrucción y demostración. Sesenta individuos que nunca habían hablado en lenguas ni oído a nadie más hacerlo fueron usados en un experimento. Después de dos breves sesiones de entrenamiento que incluían muestras de cintas de audio y video de hablar en lenguas, a todos los individuos se les pidió que intentaran hablar glossolalia por treinta segundos. Cada individuo en la prueba pudo hablar glossolalia pasablemente a través de los treinta segundos de la prueba, y setenta por ciento pudieron hablar con fluidez.[42]

Un hombre en nuestra iglesia que solía hablar en lenguas admitió: "Aprendí a hacerlo. Se lo mostraré." Enseguida empezó a hablar en lenguas. El sonido que hacía era exactamente igual al de otras lenguas que he escuchado a otros. Sin embargo, la pretensión que siempre hacen es que cada carismático recibe su propia lengua de oración "privada".

En una ocasión alcancé a escuchar a un carismático que trataba de enseñarle a un creyente nuevo a hablar en lenguas. Me sorprendió, por raro, que este hombre pensara que necesitaba esforzarse para enseñar a este nuevo cristiano a recibir el don de lenguas. Por qué una persona tiene que *aprender* a recibir un don del Espíritu es incomprensible. Sin embargo, el movimiento carismático está lleno de gente que gustosamente le *enseñará* a uno a hablar en lenguas.

Mientras hacía la investigación para este libro miré un programa carismático de entrevistas por televisión. Una persona confesaba tener problemas espirituales. Otro carismático le preguntó:

—¿Has usado tus lenguas cada día? ¿Has hablado en tu lenguaje cada día?

—Pues no, no lo he hecho —admitió la persona.

A lo que el otro contestó:

—Bueno, ahí está tu problema. Tienes que hacerlo cada día sin importar cómo empieza. No más empieza y una vez que lo hagas el Espíritu Santo te mantendrá en acción.

Esa conversación revela varias cosas. La primera, si el Espíritu Santo le ha dado a uno el don de lenguas, ¿por qué tiene una persona que esforzarse por empezar?

Dentro del movimiento carismático hay una gran presión social de grupo para pertenecer, para actuar, para tener los mismos dones y poder que los demás. La *respuesta* a los problemas espirituales es las lenguas. Es fácil darse cuenta por qué las lenguas se han convertido en el común denominador, la prueba espiritual de la espiritualidad, la ortodoxia, la madurez para los carismáticos. Pero es una prueba falsa.

Kildahl y Qualben escribieron:

> Nuestro estudio produjo evidencia concluyente de que los beneficios informados por los que hablan en lenguas que son subjetivamente reales y continuos dependen de la aceptación del líder y de otros miembros del grupo en vez de la verdadera experiencia de decir los sonidos. Siempre que uno que hablaba en lenguas rompió la relación con el líder del grupo o se sintió rechazado por el grupo, la experiencia de la glossolalia ya no fue tan significativa en el sentido subjetivo.[43]

Ellos también informaron de una amplia desilusión entre los sujetos de su estudio. La gente que hablaba en lenguas comprendía instintivamente que lo que estaban haciendo era una conducta aprendida. No tenía nada de sobrenatural. Pronto se encontraron enfrentando los mismos problemas y declinaciones que siempre habían tenido. Según Kildahl y Qualben, cuanto más sincera es una persona cuando empieza a hablar en lenguas, tanto más desilusionada llega a estar cuando deja de hacerlo.

Se ha sugerido una posibilidad más: *las lenguas pueden ser inducidas psicológicamente*. Algunos de los casos más extraños de lenguas han sido explicados como aberraciones psicológicas.  El que habla en lenguas entra en un automatismo motriz, que es descrito clínicamente como una separación interna radical del ambiente consciente.  El automatismo motriz resulta en disociación de casi todos los músculos voluntarios del control consciente.

¿Ha visto alguna vez un noticiario televisivo que mostrara muchachas adolescentes en un concierto de rock?  En la excitación y la emoción, el fervor y el ruido, literalmente rinden el control voluntario de sus cuerdas vocales y de sus músculos.  Caen en paroxismo en el suelo.

La mayoría de la gente, en un tiempo o en otro, experimenta momentos cuando se siente un poco disociada, un poco confusa, un poco lánguida.  Dadas las condiciones adecuadas, particularmente cuando hay mucho fervor emocional, una persona puede deslizarse fácilmente en un estado en el que ya no tiene un control consciente.  En un estado así la glossolalia puede ser el resultado.

La condición en la que la gente siente la euforia de la experiencia de las lenguas parece estar íntimamente relacionada con el estado hipnótico.  Kildahl y Qualben concluyeron por sus estudios que "la hipnotizabilidad constituye el *sine qua non* de la experiencia de glossolalia.  Si uno puede ser hipnotizado, entonces uno puede bajo condiciones apropiadas hablar en lenguas".[44]

Después de un estudio muy extenso de los que hablan en lenguas, Kildahl y Qualben concluyeron que la gente que era sumisa, sugestionable y dependiente del líder era la más propensa a hablar en lenguas.[45]  William Samarin estuvo de acuerdo en que "gente de cierto tipo es *atraída* a la clase de religión que usa lenguas".[46]  Obviamente, no todos los que hablan lenguas quedan en esta categoría, pero muchos, si no la mayoría, sí quedan.  Fíjese en casi cualquier programa carismático de televisión.  La gente en la audiencia asiente con la cabeza y dice *amén* a todo lo que se dice desde la plataforma, aunque sean enseñanzas recientes y grotescas.  Se someten fácilmente al poder de la sugestión y hacen cualquier cosa que se les sugiera.  Cuando las emociones se elevan y la presión se acumula, cualquier cosa puede pasar.

No es posible analizar a cada persona que habla en lenguas y salir con una razón clara de su conducta.  Pero como hemos visto, hay muchas explicaciones posibles para la glossolalia entre los carismáticos modernos.  El doctor E. Mansell Pattison, un miembro de la Asociación Cristiana para los Estudios Psicológicos, dijo:

> El producto de nuestro análisis es la demostración de los mismos mecanismos naturales que producen glossolalia.  Como un

fenómeno psicológico, la glossolalia es fácil de producir y de comprender.

●●●●●●●●●●●●●●●

Yo puedo añadir mis propias observaciones de experiencias clínicas con pacientes neurológicos y psiquiátricos. En ciertos tipos de desórdenes del cerebro resultantes de embolia, tumores del cerebro, etc., el paciente queda con desorganización en sus patrones automáticos de circuitos físicos del habla. Si estudiamos a esos pacientes "afásicos" podemos observar la misma descomposición de lengua que ocurre en la glossolalia. Una descomposición similar del habla ocurre en el pensamiento y patrones del habla esquizofrénicos, que estructuralmente es lo mismo que la glossolalia. El entendimiento de esta información demuestra que los mismos estereotipos de habla resultan siempre que el control del habla, consciente y voluntario es interrumpido, ya sea por daño del cerebro, por sicosis o por una renuncia pasiva del control voluntario.[47]

Como hemos visto, los aspirantes a hablar en lenguas son a menudo instruidos explícitamente para entrar en la "renuncia pasiva del control voluntario". Se les pide liberarse a sí mismos, entregar el control de su voz. Se les instruye para decir unas cuantas sílabas, sólo para dejarlas fluir. No deben pensar en lo que están diciendo.

Charles Smith, decano ya fallecido del Seminario del Maestro, ofreció un capítulo completo de explicaciones posibles para el fenómeno moderno de hablar en lenguas. El sugirió qué las lenguas pueden ser producidas por "automatismo motriz", por "éxtasis", por "hipnosis", por "catarsis psíquica", por "psique colectiva", o por "excitación de la memoria".[48] El punto es que las lenguas pueden tener muchas explicaciones. Uno no puede evitar la conclusión de que las lenguas existen hoy en muchas formas falsificadas, además de las del Espíritu Santo, así como existieron en el primer siglo en Corinto.

## Pero, ¿por qué son tan populares las lenguas?

Los cristianos de todas las denominaciones siguen hablando en lenguas y nueva gente procura la experiencia cada día. Los maestros carismáticos y los escritores alegan que esta es obra del Espíritu Santo, que es un nuevo derramamiento de poder que ha venido a la iglesia en los últimos días.

¿Cómo puede ser eso? Las lenguas que se hablan hoy no son bíblicas. Los que hablan en lenguas no están practicando el don descrito en la Escritura. Entonces, ¿por qué tantos procuran esta práctica con tanto fervor? ¿Por qué procuran convencer e intimidar a otros para que empiecen a hacer lo mismo? Una razón básica es hambre espiritual. La gente escucha que las lenguas son una manera de tener una experiencia espiritual profunda. Temen que si no hablan en lenguas pueden estar perdiendo algo. Quieren "algo más".

También, mucha gente está hambrienta de expresarse espiritualmente. Han estado asistiendo al templo por años, pero realmente no se han involucrado. No han sido reconocidos como particularmente espirituales o santos, y por causa de que escuchan de que los que hablan en lenguas se piensa que son santos y espirituales, lo intentan.

Otra razón básica para el crecimiento de las lenguas es la necesidad de aceptación y seguridad. La gente necesita estar "en el grupo". Quieren estar entre los que "lo tienen", y les atemoriza el pensar estar entre los que no lo tienen que están afuera mirando. Para muchos es muy satisfactorio estar en el movimiento carismático. Es una forma de autorrealización poder decir: "Soy carismático". A alguna gente le hace sentir como que son alguien, como que pertenecen a algo, como que tienen algo que los demás no tienen.

Otra explicación es que el movimiento carismático es una reacción a la sociedad secularizada, mecanizada, académica, fría e indiferente en la que vivimos. Los que hablan en lenguas sienten que están directamente en contacto con lo sobrenatural. Esto es algo tangible que pueden experimentar. No es seco ni académico. ¡Se siente real!

Probablemente la razón principal por la que las lenguas han explotado en el mundo con tal fuerza es la necesidad de una alternativa al cristianismo frío y sin vida que plaga a tantas iglesias. La gente que se une al movimiento carismático a menudo es la que está buscando acción, emoción, calor y amor. Quieren creer que Dios realmente está en acción en sus vidas, aquí mismo y ahora. La ortodoxia muerta nunca puede satisfacer y por eso mucha gente busca satisfacción en el movimiento carismático.

Podemos dar las gracias a Dios por gente carismática y pentecostal que cree en la Palabra de Dios. Podemos estar agradecidos de que crean en la Biblia y la tengan como su autoridad, aunque estamos preocupados por su concepto de la revelación. También podemos alabar a Dios de que creen en la deidad de Jesucristo, en su muerte sacrificial, en su resurrección física, en la salvación por la fe, no por las obras, y en la necesidad de vivir en obediencia a Cristo, en amar fervientemente a su prójimo y en proclamar la fe con celo.

Algunos pueden decir: "Por qué criticarlos?" Lo hacemos porque es bíblico estar interesado en si nuestros hermanos están andando en la verdad. Aunque a muchos puede parecerles no muy amoroso, la Biblia es clara en cuanto a que debemos seguir la verdad con amor (Ef. 4:15). El amor verdadero debe actuar sobre la verdad.

# 11

# ¿Qué es la verdadera espiritualidad?

Pablo escribió en Romanos 12:2: "Transformaos por la renovación de vuestro entendimiento." Muchos carismáticos creen que uno puede renovar su mente y adquirir santidad sin esfuerzo consciente. La santificación, creen ellos, puede venirle a uno de inmediato por medio de una experiencia, o sin esfuerzo por medio de un acondicionamiento subliminal.

Mi primera exposición a la idea de la espiritualidad subliminal me vino hace unos cuantos años cuando recibí un volante que anunciaba "corbatas subliminales". Eran corbatas elegantes tejidas, de apariencia muy normal a primera vista. "Pero", informaba el anuncio a los compradores en perspectiva, "escondidas en el tejido, casi totalmente indetectables para el ojo humano, están las palabras 'JESUS SALVA JESUS SALVA'." Las corbatas, "hechas de tela ungida" y ofrecidas por un empresario carismático, podían ser "suyas por una ofrenda de amor de 30 dólares, deducible de los impuestos". Uno podía también comprar siete "por un donativo de amor deducible de impuestos de 200,00 dólares para ayudarnos a alimentar a los hambrientos."

"Por años los científicos rusos y comunistas experimentaron con avisos subliminales, diseñados para inculcar en consumidores inadvertidos su ideología y propaganda", decía el volante. "¡Ahora... el Señor ha revelado a su pueblo COMO usarlos para su gloria!" Un retrato amplificado de una de las corbatas mostraba que, ciertamente las palabras "JESUS SALVA JESUS SALVA JESUS SALVA JESUS SALVA JESUS SALVA" estaban tejidas entre la tela. "Cuando se usan", prometía el folleto, "las palabras 'JESUS SALVA' ya están plantadas realmente en las mentes subconscientes de todos los que las ven". En otras palabras, uno podía testificar sin tener que decir una palabra a nadie.

En ese tiempo me sacudió como algo extraño, sin precedente. Al recordarla, veo que era precursora de las últimas rarezas en el movimiento carismático. Los mensajes subliminales, a pesar de sus sobretonos de la Nueva Era, se están volviendo rápidamente medios populares de arreglar problemas espirituales, emocionales y de salud entre los carismáticos. Al principio de este libro mencioné las cintas subliminales "Terapia de la Palabra" ofrecidas por Rapha Ranch como un medio de sanar a los pacientes de cáncer. Rapha ofrece casetes sencillos por 14,95 dólares. Aunque el precio parece alto, millares de personas que buscan desesperadamente cura para el cáncer, evidentemente han estado dispuestas a pagarlo. Linda Fehl explica cómo surgieron las cintas:

> En 1983 Dios me sanó de cáncer de mama y me llamó a "Levantar un lugar donde puedan venir las víctimas de cáncer y ser sanadas". En obediencia a ese llamado, los cuatro que formamos la familia nos mudamos a una propiedad en una pequeña comunidad rural en el noroeste de Florida. Allí empezamos la construcción del Rancho Albergue Rapha, de 5.000 pies cuadrados.
>
> Después de casi dos años recibimos nuestros primeros pacientes de cáncer y muy pronto nos dimos cuenta de que nuestra cometido no sería fácil. A través de los dos años siguientes aprendimos mucho, pero continuamos viendo que la mayoría de nuestros huéspedes morían de cáncer.
>
> \*\*\*\*\*\*\*\*\*\*\*\*\*\*\*
>
> Continuamente clamábamos a Dios que nos mostrara cómo poner su Palabra en su preciosa gente en sus situaciones de crisis. Entonces un día nos encontramos con un programa de televisión que describía cómo el proceso subliminal estaba ayudando a muchas personas a usar afirmaciones positivas.
>
> ¡La idea nos llegó! ¿Podría la Palabra de Dios pura ser usada de manera similar? Después de dos meses de alguna investigación y mucha oración supimos que teníamos no solamente una idea creativa, sino un mandato de Dios a producir una herramienta que ayudara a sanar a los enfermos.
>
> El Señor dijo que yo iba a ser la voz, puesto que él podía confiar en mi espíritu y usar músicos, ingenieros y estudios cristianos para crear esta maravillosa cinta nueva.

En junio de 1988 la cinta de Sanidad por Terapia de la Palabra fue lanzada y los informes de sanidad fueron inmediatos. En dos semanas una mujer fue sanada de cáncer.[1]

Para los que pudieran tener temor de que la terapia subliminal es del diablo, la señora Fehl escribe:

Sus precauciones son justificadas al acercarse a las cintas subliminales, pero esté seguro de esto: No hay necesidad de temer por nuestras cintas. Son santas y tienen sobre ellas la bendición del Señor.

No usamos hipnosis, ni técnicas de relajamiento, ni prácticas de la Nueva Era o prácticas engañosas. Sencillamente un método tecnológico moderno de duplicación de multipistas de la Palabra de Dios pura. Su primera cinta lo convencerá conforme la unción destruya el yugo... Si los apóstoles vivieran hoy, ellos considerarían la Terapia de la Palabra como un pergamino de los noventa.[2]

Varios ministerios carismáticos ofrecen cintas subliminales. Un grupo, *Ministries Renew* (Ministerios de renovación) ofrece cintas de tocado continuo (19,95 dólares cada una, pero uno no tiene que reembobinarlas) que prometen "libertad de la duda, temor, fracaso, temor de la muerte, culpa, dolor, depresión, carácter irascible, orgullo, lujuria, tentación, pornografía, indecisión, falta de perdón, rechazamiento, drogas, alcohol, fumar, enojo, rebelión, ansiedad y pánico, crítica, homosexualidad, traumas de abuso infantil y sexual".[3] Otras cintas de Renovación prometen "darnos: Prosperidad, pérdida de peso, paz, sanidad, autoestima, salvación, armonía conyugal, sumisión a Dios, aceptación del amor de Dios, un andar más íntimo con Dios".[4] Según Renovación, los mensajes subliminales basados en la Biblia pegan a los espíritus controladores donde viven y les ordenan irse en el nombre de Jesús. Luego el vacío se llena con la Palabra de Dios.[5]

¿Cuál es la mecánica de tales cintas? Estas personas ponen múltiples voces en diferentes pistas simultáneamente salmodiando un mensaje dirigido a los demonios moradores. Por ejemplo, una cinta diseñada para gente que está luchando con la homosexualidad incluye este mensaje: "Hablo a vosotros, espíritus de homosexualidad... Os maldigo y os arrojo en el nombre de Jesús." Ese mensaje es seguido por versículos de la Escritura relacionados con la pureza moral.[6] Otras compañías usan variaciones de ese enfoque. Lifesource (Fuente de vida), un ministerio con base en El Paso, Texas, usa una pista audible de olas del oceano. Pistas de fondo subliminal que no se oye llevan versículos bíblicos.[7] La evangelista sanadora Vicki Jamison-Peterson, de Tulsa, Oklahoma, te pone una lectura de todo el Nuevo Testamento en la versión del rey Jaime a una velocidad rápida en un casete de sesenta minutos. Sus folletos prometen que "sugestiones positivas (pensamientos) se almacenan en su sistema de creencias a la velocidad de 100.000 sugestiones por hora".[8]

Es tan fácil, tan sin esfuerzo. Supuestamente uno puede absorber la Escritura sin siquiera ponerle atención. La oración ferviente, la santidad diligente, la devoción sincera, el estudio cuidadoso y la meditación consciente, todos son considerados innecesarios por este enfoque. Solía ser que perder peso requería autocontrol y disciplina. Ahora, se nos dice, una cinta de tocado continuo puede exorcizar demonios de gordura y glotonería para usted, sin esfuerzo por su parte. Más importante aún, solía ser que la fe, el entendimiento espiritual y la justicia se conseguían mediante vidas disciplinadas de devoción y estudio; ahora, los proponentes de la terapia subliminal, prometen que la santidad le puede ocurrir a usted mientras duerme.

La santificación subliminal y el movimiento carismático se adaptan mutuamente de manera perfecta. Desde el principio el movimiento carismático ha florecido porque promete un atajo a la madurez espiritual. Una de las grandes atracciones de ese movimiento ha sido siempre que ofrece a los creyentes poder, entendimiento y espiritualidad en forma inmediata, mediante una experiencia, sin el tiempo, sin los dolores y las luchas que son parte natural de cualquier proceso de crecimiento.

Pero, ¿realmente hay un atajo a la santificación? ¿Puede un creyente recibir mensajes subliminales, una sacudida divina o alguna otra clase de aumento rápido de poder y ser llevado instantáneamente de la infancia a la madurez? No, según la Escritura.

## Los tocados y los no tocados

Para el carismático típico, la entrada a la espiritualidad es a través de la experiencia, generalmente hablando en lenguas. El término realmente usado por los carismáticos es "tocado". Describe exactamente la manera en que la mayoría de los carismáticos consideran la santificación. Gentes de mi congregación me dicen que han hablado con carismáticos acerca de la espiritualidad, y cuando admitieron que nunca habían tenido una experiencia extática, la persona carismática decía: "Bueno, que Jesús te dé su toque."

Norvel Hayes, el evangelista carismático, explicaba lo que pasó cuando él recibió su toque: "Dios cayó sobre mí tan fuerte y empezó a bendecirme tanto que simplemente caí de rodillas y empecé a derramar lágrimas, a sollozar y a ser bendecido. Me di cuenta de que

Jesús me amaba y que me estaba mimando porque yo obedecí al Espíritu Santo."[9]

Desafortunadamente el movimiento carismático ha dividido al cristianismo en dos niveles: los tocados y los no tocados. Los tocados creen que son cuando menos un poquito más espirituales que los que no han sido tocados; y les guste o no, el efecto ha sido cismático. Algunos de los que no han recibido el toque se preguntan por qué no tienen la clase de experiencia que los carismáticos describen. Los carismáticos alegan que a menos que uno haya tenido el bautismo del Espíritu con lenguas, no puede funcionar de la manera que Dios quiere realmente que lo haga. Uno está perdiéndose algo. Es un motor de ocho cilindros funcionando con cuatro, o posiblemente seis a lo sumo.

Un buen ejemplo de este punto de vista es el libro de Melvin Hodges, *Spiritual Gifts* (Dones Espirituales):

> Aunque la manifestación plena de los dones y ministerio de una persona deben esperar la plenitud del Espíritu, puede haber una medida parcial de ministerio espiritual y una manifestación incompleta de dones o dotaciones espirituales antes de que la culminación del don pentecostal sea experimentado... No debemos perder de vista el hecho de que en el Nuevo Testamento el bautismo en el Espíritu Santo (por esto Hodges se refiere a una experiencia carismática) es considerado un requisito esencial y primario para una vida espiritual y ministerio completamente desarrollado.[10]

¿Tienen razón los carismáticos? ¿Hay una brecha entre los cristianos? ¿Hay dos niveles, los tocados y los no tocados? ¿Están atascados los cristianos no carismáticos en un cristianismo de segunda clase? A los no tocados les gustaría saber que las Escrituras no les señala tal destino.

## El hombre natural frente al hombre espiritual

Una enseñanza fundamental de la espiritualidad cristiana está en 1 Corintios 2:14, 15: "Pero el hombre natural no acepta las cosas que son del Espíritu de Dios, porque le son locura; y no las puede comprender, porque se han de discernir espiritualmente. En cambio, el hombre espiritual lo juzga todo, mientras que él no es juzgado por nadie." Pablo pasó la mayor parte de 1 Corintios 2 discutiendo la diferencia entre el hombre natural (no regenerado) y el hombre espiritual (salvo). El hombre natural no conoce a Dios; él no es salvo, está aislado en su humanidad. No puede entender las cosas del

Espíritu. En contraste, el hombre espiritual conoce y entiende las cosas espirituales.

Según 1 Corintios 2, todos los cristianos son espirituales; al menos esa es nuestra posición en Cristo. Todos los cristianos son espirituales porque poseen el Espíritu Santo. Ser "espiritual" significa sencillamente poseer el Espíritu Santo, como lo indica claramente Romanos 8:6-9.[11]

Sin embargo, aunque todos los cristianos son espirituales por *su posición* en Cristo, no siempre son espirituales *en su práctica*. Es decir, no siempre *actuamos* espiritualmente. Por esa razón Pablo escribió acerca de los niños espirituales en 1 Corintios 3:1-3. Pablo dijo que él debiera haber podido hablar a los corintios como hombres espirituales, pero ellos no actuaban como tales. No estaban recibiendo la Palabra y había falta de santidad en sus vidas. Se estaban comportando carnalmente, por lo que él tenía que tratarlos como a niñitos en Cristo.

Los corintios no eran únicos. Todos los cristianos enfrentan el mismo problema. Todos los cristianos son "espirituales" porque conocen a Cristo como salvador y tienen al Espíritu Santo morando dentro de ellos, pero no todos los cristianos actúan espiritualmente. Algunas veces actuamos en maneras muy carnales y naturales.

Una buena ilustración de esto es el apóstol Pedro. En Mateo 16 Pedro reconoció a Cristo como el Hijo del Dios viviente. Jesús inmediatamente respondió: "Bienaventurado eres, Simón", y ahora voy a cambiarte el nombre a Pedro (la palabra significa 'roca'). Vas a ser una nueva persona, sólida como una roca (ver 16:17, 18). Pero en el capítulo veintiuno de Juan, Jesús encontró a Pedro en la ribera del mar de Galilea, después del fracaso de Pedro la noche anterior a la crucifixión. Allí Jesús lo llamó Simón, porque Pedro había estado actuando como antes, como el hombre que era antes de creer en Cristo.

Lo que Pedro había hecho y lo que nosotros hacemos de cuando en cuando, es dejar de seguir temporalmente a Jesús de cerca. Aun después de Pentecostés Pedro continuó luchando ocasionalmente con la conducta carnal. En una ocasión Pablo hasta tuvo que reprenderlo cara a cara (ver. Gál. 2:11-21).

El mismo Pablo entendía por experiencia propia la lucha sin cuartel del cristiano con la carne y escribió conmovedoramente sobre ella en Romanos 6, 7. El asunto es que la espiritualidad no es un estado permanente al que se entra en el momento en que uno es "tocado" con alguna clase de experiencia espiritual. Espiritualidad es simplemente recibir la Palabra de vida, diariamente, de Dios, dejándola morar en uno en abundancia y luego viviendo en obediencia a ella a través de un andar en el Espíritu momento a momento. Pablo dijo así en Gálatas 5:16: "Digo, pues: Andad en el Espíritu, y así jamás satisfaréis los malos deseos de la carne."

La palabra "andad" es muy importante en el Nuevo Testamento. Andar nos habla de una conducta de momento a momento. Pablo enseñó a la iglesia a andar de acuerdo con el Espíritu Santo: "Ahora que vivimos en el Espíritu, andemos en el Espíritu" (Gál. 5:25). Andar nos habla de un paso medido, dando un paso a la vez. Así es, después de todo, como funciona la verdadera espiritualidad: un paso detrás de otro continuamente.

### Las marcas de la verdadera espiritualidad

Una marca básica de la verdadera espiritualidad es una profunda conciencia del pecado. En la Escritura, los que más despreciaban su pecaminosidad eran a menudo los más espirituales. Pablo dijo que él era el primero de los pecadores. Pedro dijo: "¡Apártate de mí, Señor, porque soy hombre pecador!" (Luc. 5:8). Isaías dijo: "¡Ay de mí… siendo un hombre de labios impuros" (Isa. 6:5). La gente espiritual comprende que está en una lucha a muerte con el pecado. Pablo dijo que él moría diariamente (1 Cor. 15:31).

El objetivo final de la espiritualidad es ser como Cristo. Pablo hacía hincapié en esa verdad repetidamente (1 Cor. 1:11; Gál. 2:20; Ef. 4:13; Fil. 1:21). Para Pablo, la espiritualidad final era ser como Jesús; y eso es algo que uno no puede obtener por una experiencia de una vez o por una técnica subliminal. Es un empeño constante, que no se puede dejar a un lado:

> No quiero decir que ya lo haya alcanzado, ni que haya llegado a la perfección; sino que prosigo a ver si alcanzo aquello para lo cual también fui alcanzado por Cristo Jesús. Hermanos, yo mismo no pretendo haberlo ya alcanzado. Pero una cosa hago: olvidando lo que queda atrás y extendiéndome a lo que está por delante, prosigo a la meta hacia el premio del supremo llamamiento de Dios en Cristo Jesús (Fil. 3:12-14).

Muchos carismáticos, sin embargo, insisten en que una vez que uno recibe el bautismo del Espíritu, la espiritualidad es suya. Desafortunadamente no funciona de esa manera. Cuando el brillo de una experiencia se desvanece, están obligados a buscar otra y luego otra. Ellos encuentran que una segunda obra de gracia no es bastante; necesitan una tercera, una cuarta, una quinta, etc. En su esfuerzo por buscar algo más, los carismáticos a menudo abandonan la Biblia y el verdadero sendero de la espiritualidad sin proponérselo, para andar errabundos por el camino de la experiencia hasta su inevitable callejón sin salida.

## Los dones no garantizan la espiritualidad

Los libros carismáticos, los folletos y los artículos están llenos de testimonios de cómo cierta experiencia especial trajo un nuevo grado de espiritualidad. Los testimonio siguen frecuentemente el mismo patrón general: "Cuando fui bautizado por el Espíritu, cuando hablé en lenguas, entonces empecé a vivir una vida más santa. Tuve más poder, libertad y gozo que nunca antes. Tuve más amor, más realización como cristiano."

Aunque los carismáticos no son consecuentes en el asunto, la mayoría pone fuerte énfasis en el don de lenguas como un medio de obtener espiritualidad. Las Escrituras sin embargo, no apoyan esa idea. Por ejemplo, en 1 Corintios 1:7 Pablo hacía recomendaciones a la iglesia de Corinto diciéndoles que no les faltaba ningún don. Los corintios tenían todos los dones espirituales: profecía, conocimiento, milagros, sanidad, lenguas, interpretación de lenguas y más. También tenían casi todo problema espiritual posible. Eran espirituales en el sentido de posición en Cristo, pero sus acciones habían arrojado a la iglesia al caos carnal.

Los creyentes corintios del primer siglo no eran únicos. Los cristianos de hoy enfrentan problemas similares. Somos salvos y tenemos el Espíritu Santo. Tenemos ciertos dones espirituales, pero también luchamos todavía con la carne (ver Rom. 7). Ningún don espiritual puede garantizar que ganaremos la batalla de una vez por todas en esta vida. La única manera en que podemos ganar es por andar consistentemente en el Espíritu sin satisfacer los apetitos de la carne (Gál. 5:16).

Cualquier carismático con discernimiento admitirá que tiene tantos problemas con los apetitos de la carne como el resto de nosotros. El entusiasmo, la euforia, el fervor, la excitación y la emoción, todas las cosas que los carismáticos tienden a equiparar con la intensidad espiritual, no tienen poder para refrenar la lujuria, el orgullo, el egoísmo o la codicia. Los carismáticos cuya única fuerza se deriva de la experiencia última o más alta, de hecho es más probable que sean débiles e inmaduros espirituales. La historia del movimiento lo prueba así.[12] La trampa en que muchos caen es la de creer que su experiencia carismática resuelve la lucha con la carne. No es así. Para empeorar la dificultad, cuando los carismáticos tropiezan es improbable que reconozcan su responsabilidad por el fracaso. Culparán a los poderes demoníacos en vez de volver a examinar su teología de la santificación.

A pesar de todos sus reclamos de nuevo poder y nuevo nivel de espiritualidad, los carismáticos no tienen absolutamente ninguna garantía de que cualquiera de las experiencias extáticas los pondrá en un estado espiritual nuevo y duradero.   No importa qué clase de experiencia piensen que han tenido, no importa cuán a menudo hablen en lenguas o sean matados en el espíritu; todavía enfrentan el mismo desafío que tienen todos los cristianos: la necesidad de andar en el Espíritu en obediencia a la Palabra y morir al yo y al pecado cada día.   Los testimonios y la enseñanza carismáticos rara vez son honrados en ese punto.   Y por causa de eso, los carismáticos a menudo fomentan una fuerte mentalidad escapista.   ¿Cuánta gente se une al movimiento por las promesas de una respuesta fácil a lo problemas o de un camino rápido y fácil a la santidad?

## ¿Santificación o superficialidad?

Sin embargo, mucho de lo que pasa en el movimiento carismático es más vertiginoso que piadoso.   La estación televisora cristiana de mi zona presenta un programa de charlas en vivo y de variedades cada noche de la semana.   El programa es difundido en toda la nación y presenta algunos de los nombres más grandes en el movimiento carismático.   Si uno lo sintoniza cualquier noche de la semana verá lo mismo.   El énfasis es casi totalmente en entretenimiento y frivolidad.   Hay muchas risas y cosas sin sentido.

No tiene nada de malo estar contento; no tiene nada de malo alabar a Dios y sentirse realizado.   Desafortunadamente, sin embargo, muchos en el movimiento carismático parecen determinados a alcanzar la cumbre emocional, el entusiasmo instantáneo, el acontecimiento excitante, el momento electrizante, la conferencia regocijante, que han dejado las ricas recompensas de un andar consecuente con Dios en favor de la alegría superficial de un espectáculo público.

Pero la alegría no es substituto de la piedad.   Y la verdadera piedad no siempre conlleva una elevación emocional.   Según la Escritura, la persona llena del Espíritu procura la justicia con un candente sentido de convicción y con una profunda conciencia de su propio pecado.   Donde el Espíritu obra, hay profundo gozo, pero también hay profunda compunción.   Como Walter Chantry ha escrito muy acertadamente:

> Cuando el Espíritu Santo viene a hombres pecadores, inicialmente trae compunción.   Pero en los círculos (carismáticos)... hay solamente la jactancia de un rápido transporte al gozo y la paz.

Cualquier experiencia religiosa que trae de inmediato regocijo y alegría ininterumpida no es digna de confianza. La espiritualidad es mucho más que la elevación de los ánimos, que la entrada a la vida exhuberante y la sucesión de experiencias emocionantes. Sin embargo, en mucha gente de las populares sociedades neopentecostales uno puede buscar en vano algo más que eso. Nadie que tiene el Espíritu del Señor puede caminar por nuestro mundo sin profundos gemidos de dolor y angustia. Cuando la peste de inmoralidad llena sus narices, el hombre lleno del Espíritu no puede ser feliz, feliz, feliz, todo el día... Si el Espíritu va a venir poderosamente (hoy) no sería para hacer que los hombres aplaudieran de gozo, sino para herir sus pechos de dolor.[13]

Chantry añade: "El no es el 'Espíritu Alegre' sino el Espíritu Santo."[14]

Los carismáticos dan frecuentemente la impresión de que el Espíritu es más alegre que Santo. Si alguien protesta de los gritos, de la frivolidad, de la impertinencia y de las falsas promesas, es visto con recelo. Mientras tanto la autoindulgencia y la falta de moderación se vuelven más ruidosas, más vistosas y más excéntricas. La tendencia no es el fruto de la piedad genuina.

## Pablo contra los superapóstoles

Una de las más desafortunadas características del movimiento carismático es un contínuo énfasis en los eventos asombrosos, dramáticos y sensacionales que se suponen deben ser parte de la experiencia cotidiana de los carismáticos. El efecto es intimidar a cualquiera que no está teniendo la misma clase de resultados, las lenguas, las profecías, los tanques de gasolina milagrosamente llenos, las instrucciones audibles de Dios, y así por el estilo. Los que están obteniendo resultados menos espectaculares (o que tal vez están en un período seco en el que parece no haber resultados) se sienten relegados a una condición de segunda clase.

El apóstol Pablo sabía lo que es ser desdeñado e intimidado por gente que sentía que había llegado a un nivel más elevado que él. En los últimos cuatro capítulos de 2 Corintios, Pablo discutió de los nuevos superapóstoles en Corinto que habían venido a la ciudad y se habían hecho cargo cuando él no estaba. A los nuevos maestros les encantaba exaltarse a sí mismos. Ellos alegaban que sus poderes, sus experiencias y sus éxtasis habían arrastrado por completo a los creyentes corintios. A Pablo le llegó la noticia de que su espiritualidad ahora estaba en duda. El simplemente no les llegaba a las superestrellas que habían tomado su lugar.

¿Cómo contestó Pablo a eso? Lea 2 Corintios 11, 12. Pablo no hizo una lista rápida de sanidades y otros milagros que él había realizado. En lugar de eso, él presentó lo que podría ser llamado su "resumen espiritual". Cinco veces había recibido treinta y nueve azotes; tres veces había sido golpeado con varas; una vez había sido apedreado y dejado por muerto; tres veces había naufragado; él había pasado un día y una noche en mar abierto.

Pablo había pasado por todo. Había pasado hambre y sueño y había estado en peligro de salteadores, de gentiles y hasta de sus propios compatriotas. Había sido echado de la ciudad más veces de las que podía recordar. Su espina en la carne (que Dios no le había quitado aunque Pablo se lo había pedido en tres ocasiones diferentes), era una tortura difícil de soportar. ¿Y que tenía Pablo qué decir de todo eso?

> Por eso me complazco en las debilidades, afrentas, necesidades, persecuciones y angustias por causa de Cristo; porque cuando soy débil, entonces soy fuerte. ¡Me he hecho necio! ¡Vosotros me obligasteis! Pues más bien, yo debería ser recomendado por vosotros; porque en nada he sido menos que los apóstoles eminentes, aunque nada soy (2 Cor. 12:10, 11).

Parece dudoso que Pablo hubiera hecho una buena impresión en muchos programas carismáticos de televisión. En lugar de ser matado en el Espíritu, casi fue matado en el cuerpo vez tras vez. Pablo ni siquiera podía recordar sus visiones muy bien. En 2 Corintios 12:1-4 él menciona haber sido llevado al tercer cielo unos catorce años antes. Pero él no podía recordar los detalles pequeños. En vez de hacer hincapié en su milagroso viaje al tercer cielo de ida y vuelta, Pablo prefería hablar de sus debilidades y cómo daban gloria a Dios.

La clase de verdadera espiritualidad de la que Pablo hablaba no haría mucho en las actuales gráficas cristianas de mayor venta. Según Pablo, su vida era débil, miserable, arriesgada y humilde. Estaba en constante estado de tribulación, perplejidad, persecución y hasta de prisión, desde el tiempo que vino a Cristo hasta que fue decapitado por un verdugo romano (2 Cor. 4:8-11). Lo mismo es verdad de los otros apóstoles, que también conocieron algo de sufrimiento y verdadera espiritualidad, especialmente Pedro, Santiago y Juan.

En ninguna parte de la Escritura puede uno encontrar ni indicio de que hay un escape de las realidades, luchas y dificultades de la vida cristiana. Hablar en lenguas no resultará en verdadera espiritualidad; puede, por el contrario, llevarlo por el camino equivocado, lejos de donde está la verdadera espiritualidad. El camino correcto a la verdadera espiritualidad es el marcado con la señal "andad en el Espíritu".

## ¿Qué significa ser lleno del Espíritu Santo?

Como hemos visto, la Biblia no da un mandato de experimentar un "bautismo del Espíritu". El cristiano es bautizado con el Espíritu Santo en el cuerpo de Cristo al momento de creer (1 Cor. 12:13; Rom. 8:9). Hay siete referencias al bautismo en el Espíritu en el Nuevo Testamento. Es significativo que esas referencias están todas en el modo indicativo. Ninguna de ellas es un mandamiento.

Pero la Escritura está llena de mandamientos sobre cómo vivir la vida cristiana. Las órdenes cristianas de marcha se encuentran primeramente en las epístolas, particularmente en las escritas por Pablo. En Efesios 4:1 nos suplica "que andéis como es digno del llamamiento con que fuisteis llamados". En Efesios 5:18 nos dijo cómo conseguir esa manera digna de andar: siendo llenos del Espíritu Santo.

Pablo empezó con una exhortación: "No os embriaguéis con vino, pues en esto hay desenfreno." Debemos evitar cualquier cosa que lleve al exceso, a la degeneración, al derroche o a la falta de autocontrol.

Después que Pablo dio su mandamiento contrastante: "Sed llenos del Espíritu", él usó los siguientes párrafos de su carta para explicar lo que significa ser lleno. No hay ninguna mención de elevarse mediante experiencias exaltadas y extáticas. En lugar de eso, ser lleno incluye someterse unos a otros, amarse unos a otros, obedecerse unos a otros, procurar lo mejor el uno por el otro.

Cuando Pablo dijo: "Sed llenos del Espíritu", él usó términos que hablan de estar lleno continuamente. Pablo no estaba dando una opción o una sugestión. Su elección de las palabras fue armada como un mandamiento. Debemos estar continuamente llenos del Espíritu. ¿Qué quería decir Pablo? ¿Estaba demandando que adquiriéramos una especie de estado superespiritual del cual nunca debíamos apartarnos? ¿Estaba él sugiriendo que fuéramos perfectos?

Pablo nunca dijo: "Sed bautizados en el Espíritu." El no estaba abogando por una segunda obra de gracia. De lo que Pablo estaba hablando era de una llenura contínua, diaria. Uno puede ser lleno hoy, pero mañana es otra historia. Por eso es inadecuado todo el concepto de una "segunda bendición". Cuando la "segunda bendición" se desvanece, el creyente carismático se queda luchando con los mismos problemas básicos que todos los cristianos enfrentan. Aunque él es salvo todavía existe en un cuerpo humano que tiene una fuerte propensión al pecado. De la manera que los israelitas juntaban maná diariamente, así el cristiano debe ser lleno del Espíritu diariamente.

## Uno no es lleno hacia arriba, sino a través

Es importante entender el significado preciso de la palabra "lleno" como Pablo la usó. Cuando pensamos en llenar, usualmente pensamos en un recipiente en el que algo se vierte hasta que está lleno. Eso no es lo que Pablo tenía en mente aquí. Pablo no estaba hablando de ser lleno hacia arriba; él tenía en mente la idea de ser lleno a través, o permeado por la influencia del Espíritu Santo.

A menudo hablamos de gente que está "llena" de ira o "llena" de gozo. Con eso queremos decir que está totalmente bajo el control de esas cosas. Eso es lo que Pablo tenía en mente; debemos estar completamente controlados por el Espíritu Santo.

La Escritura a menudo usa la palabra "lleno" en ese sentido. Por ejemplo, cuando Jesús dijo a sus discípulos que él iba a tener que dejarlos, ellos se "llenaron" de tristeza (Juan 16:6). La tristeza los dominó y los absorbió en ese momento. En Lucas 5 Jesús sanó a un hombre de parálisis y toda la gente se asombró. Ellos fueron "llenos de temor" (v. 26). Muchos de nosotros nos hemos llenado de temor. El temor es una emoción que no compartimos con otros sentimientos. Cuando uno tiene temor, sólo hay temor y punto. En Lucas capítulo 6 Jesús argumentó con los fariseos acerca del legalismo de ellos y luego sanó en sábado a un hombre con la mano paralizada. El resultado fue que los fariseos "se llenaron de enojo", y empezaron a planear qué podían hacerle a Jesús para destruirlo (6:11). En otras palabras, ¡los fariseos estaban furiosos! Cuando uno está lleno de enojo, o furia, o ira, esas cosas pueden absorberlo a uno. Por eso el enojo puede ser tan peligroso. Es posible que el sentido de la razón de uno se vuelva completamente ciego por tales pasiones.

La palabra *lleno*, entonces, se usa en la Escritura para esos que están totalmente controlados por una emoción o influencia. La Escritura quiere decir exactamente lo mismo cuando habla acerca de ser lleno con el Espíritu Santo. Vemos en Hechos 4:31: "Cuando acabaron de orar, el lugar en donde estaban reunidos tembló, y todos fueron llenos del Espíritu Santo y hablaban la palabra de Dios con valentía."

Obviamente, muchos creyentes no están llenos con el Espíritu. Además, muchos carismáticos que alegan haber tenido la experiencia no muestran evidencia de estar llenos, o controlados por el Espíritu. Ellos deciden no permitir al Espíritu permear sus vidas. Ellos se preocupan por sí mismos, por otros, o con cosas. Sucumben al orgullo, al egocentrismo, al enojo, a la depresión y a muchas otras cosas que traen vacío espiritual.

## Cómo ser lleno con el Espíritu

El primer paso para ser lleno con el Espíritu es rendirse al Espíritu en el diario andar. Según Efesios 4:30 un cristiano puede "entristecer" al Espíritu de Dios. En 1 Tesalonicenses 5:19 dice igualmente que podemos "apagar" el Espíritu. Si es posible entristecer y apagar al Espíritu, igualmente es posible tratar al Espíritu con respeto, someterse y permitirle obrar en nuestras vidas. Hacemos eso rindiendo nuestra voluntad, nuestra mente, nuestros cuerpos, nuestro tiempo, nuestros talentos, nuestros tesoros, cada parte, al control del Espíritu Santo.

Esta es una acción con propósito: un compromiso para someterse al Espíritu en cada parte de la vida. Cuando vienen las tentaciones rehusamos rendirnos. Cada vez que el pecado llama, nos alejamos. Cada vez que algo viene a distraernos de la influencia del Espíritu de Dios, lo hacemos a un lado. No buscamos entretenimientos o diversiones o amigos que nos distraigan de las cosas de Dios. Y cuando fallamos, confesamos y abandonamos nuestro pecado. Entonces, cuando el Espíritu de Dios está en control, experimentamos su llenura, su gozo y su poder. Esa es la vida abundante (Juan 10:10).

Si usted vive esa clase de vida, se notará, porque las personas llenas del Espíritu llevan el fruto de justicia en sus vidas.

## ¿Qué pasa cuando uno está lleno?

Nada en la Escritura enseña que la llenura del Espíritu está acompañada de experiencias extáticas o de señales externas. Sin duda, ser lleno con el Espíritu sí trae al creyente tremendo regocijo y gozo, pero las epístolas del Nuevo Testamento revelan que ser lleno con el Espíritu trae el fruto del Espíritu, no los dones del Espíritu.

Efesios 5:19—6:9 da una lista de resultados específicos: La persona llena del Espíritu canta salmos, himnos y canciones espirituales, alabando al Señor en su corazón. Una persona llena del Espíritu siempre da gracias por todo en el nombre de Cristo. Los cristianos llenos del Espíritu están sujetos unos a otros, se escuchan unos a otros y se someten unos a otros a su autoridad. Las esposas llenas del Espíritu se someten a sus esposos, y los esposos llenos del Espíritu aman a sus esposas como Cristo ama a la iglesia. Los hijos llenos del Espíritu honran y obedecen a sus padres, y los padres llenos del Espíritu crían a sus hijos en disciplina y amonestación del Señor, sin provocarlos a ira cuando lo hacen. Un empleado lleno del Espíritu obedece a su patrón y hace un buen trabajo. Y el patrón lleno del Espíritu es justo y comprensivo con sus empleados. Todas esas son manifestaciones de la vida llena del Espíritu.

Un pasaje paralelo, Colosenses 3:16-22 atribuye las manifestaciones benditas de ser lleno con el Espíritu a dejar que "la Palabra de Cristo habite abundantemente en vosotros" (3:16). Puesto que ser lleno con el Espíritu y dejar que la Palabra de Cristo habite abundantemente en uno producen los mismos resultados, un cristiano lleno del Espíritu es uno en el que mora la Palabra de Dios. Un cristiano lleno del Espíritu es un cristiano consciente de Cristo. Un cristiano lleno del Espíritu está entregado a aprender todo lo que pude acerca de Jesús y a obedecer todo lo que Jesús dijo. Eso es lo que significa dejar que "la Palabra de Cristo habite abundantemente en vosotros". Ser lleno con el Espíritu es estar total y ricamente comprometido con todo lo que hay que conocer acerca de Jesús.

### Pedro, un modelo que alcanzar

El apóstol Pedro es un ejemplo perfecto de cómo esto funciona. A Pedro le encantaba estar cerca de Jesús. No quería apartarse ni un momento de su Señor. Y cuando Pedro estaba cerca de Jesús, decía y hacía cosas sorprendentes. En Mateo 16 Jesús preguntó a sus discípulos quién creían que era él, y Pedro respondió: "¡Tú eres el Cristo, el Hijo del Dios viviente!" (v. 16). Jesús le dijo a Pedro que eso no lo había pensado por sí mismo, sino que el Padre que está en los cielos se lo había revelado (v. 17).

En Mateo 14 encontramos a los discípulos en su barca en un mar agitado. Luego ellos vieron a Jesús caminar sobre las aguas viniendo hacia ellos. Pedro quiso estar seguro de que era Jesús, así que le dijo: "Señor, si eres tú, manda que yo vaya a ti sobre las aguas" (v. 28). Jesús dijo: "Ven", y Pedro se paró fuera del bote, en el agua. Una vez fuera de la barca, Pedro vaciló y empezó a hundirse, pero Jesús lo sostuvo. Cada vez que Jesús estaba cerca, Pedro podía hacer cosas sorprendentes.

Otro ejemplo es el relato del arresto de Jesús en el huerto de Getsemaní. Un grupo de hombres armados vino a arrestar a Jesús, pero Pedro no mostró temor. De hecho, rápidamente desenvainó su espada y cortó la oreja de Malco, el sirviente del sumo sacerdote. Jesús reprendió a Pedro por ser tan violento y sanó la oreja de Malco en el acto. Aunque lo que Pedro hizo estuvo mal, nos muestra que cuando estaba con Jesús se sentía invencible.

¿Pero qué pasó unas cuantas horas después? Jesús estaba en juicio y Pedro ya no estaba en su presencia. Tres veces le preguntaron si conocía a Jesús. Tres veces negó completamente a su Señor. Las horas de la crucifixión debieron haber sido particularmente difíciles para Pedro mientras veía a su amado maestro pasar por las agonías de la cruz.

Pero Jesús se levantó de los muertos y unas cuantas semanas después él ascendió a los cielos. ¿Qué haría ahora Pedro? El Señor no estaba solamente a unos cuantos metros o kilómetros de distancia; se había ido al cielo. En el capítulo segundo de Hechos tenemos la respuesta. Pedro se paró ante una multitud hostil en el centro de Jerusalén y predicó un sermón poderoso que convenció a muchos de volverse a Jesucristo. Muy pronto él fue usado para sanar a un cojo y para hablar con gran valor ante el enfurecido Sanedrín. ¿Qué marcaba la diferencia? Pedro había recibido el Espíritu Santo y había sido llenado por él. Cuando Pedro fue llenado con el Espíritu Santo de Dios, él tenía las mismas capacidades, la misma osadía y poder que tenía cuando estaba en la presencia corporal de Jesús.

Ser lleno del Espíritu significa vivir cada momento como si estuviéramos en la presencia de Jesucristo. Significa practicar la conciencia de que Cristo está aquí. ¿Cómo podemos hacerlo? Pues, en primer lugar, cuando nos damos cuenta de la presencia de alguien, nos comunicamos. Así es practicar la conciencia de la presencia de Cristo. Podríamos empezar el día diciendo: "Buenos días, Señor, este es tu día, y sólo quiero que me recuerdes todo el día que estás aquí mismo a mi lado."

Cuando somos tentados, debemos hablarle al Señor. Cuando tenemos decisiones que tomar, debemos pedirle al Señor que nos muestre el camino. Nuestras mentes y nuestros corazones no pueden estar llenos de la conciencia de Jesús y de pensamientos pecaminosos al mismo tiempo. Jesús y el pecado no ocupan el mismo lugar al mismo tiempo. Uno u otro es echado fuera. Cuando dejamos de recordar la presencia de Cristo nuestra carne pecaminosa tiene el dominio. Cuando recordamos su presencia y somos conscientes de que él está con nosotros, estamos llenos de su Espíritu.

## ¿Cómo puede uno saber que está lleno?

¿Cómo puede uno saber realmente que está lleno con el Espíritu? Estas son algunas preguntas que uno puede hacerse:

*¿Canto?* Según la Escritura, uno cantará salmos, himnos y canciones espirituales al dejar la Palabra de Cristo morar abundantemente en uno (Col. 3:16). Eso sugiere que la lectura diaria de la Biblia y la comunión con el Señor no son chifladuras o hábitos legalistas, sino maneras naturales para ser lleno del Espíritu.

*¿Estoy agradecido?* La Escritura enseña que debemos dar gracias en todo (Ef. 5:20; 1 Tes. 5:18). ¿Qué caracteriza su vida: quejas o acciones de gracias? Es cierto que hay mucho de qué quejarse en este mundo caído. Todos tenemos problemas, irritaciones, frustraciones y crisis. ¡Pero tenemos mucho por que dar gracias!

¿Está agradecido por la presencia de Dios? ¿Por la salvación en Cristo? ¿Por la salud? ¿Por la familia? ¿Por los amigos? Prácticamente la lista es interminable. Nunca olvide hacer un recuento de sus bendiciones.

*¿Me llevo bien con mi esposa, con mis hijos, con mis amigos, con mis compañeros de trabajo y con mis vecinos?* Examine lo que Pablo enseñó en Efesios 5:21—6:9. ¿Puede someterse a otros? ¿Puede seguir tanto como dirigir? Si usted es esposa, ¿se está sometiendo a la dirección de su esposo? Si usted es un esposo, ¿está amando sacrificialmente a su esposa, imitando el amor de Cristo por su iglesia?

*¿Estoy siendo un empleado digno de confianza y obediente?* ¿Se puede confiar en que usted rendirá un día de trabajo por la paga de un día de trabajo? Si usted es patrón o jefe, ¿es usted honrado y justo? ¿Está buscando el bien de sus empleados en vez de simplemente tratar de superar la línea de ganancias en la gráfica?

*¿Hay un pecado no confesado en mi vida?* Una señal segura de estar lleno con el Espíritu es un sentido de pecaminosidad. Pedro le dijo a Jesús: "¡Apártate de mí, Señor, porque soy hombre pecador!" (Luc. 5:8). Cuanto más cerca esté usted del Señor, tanto más consciente será de su pecado y de su necesidad de él. Siempre que sea consciente de pecado en su vida, confiéselo inmediatamente y apártese de él. ¿Hay algo que está albergando o conservando? ¿Hay alguna cosa material que quiere más que la llenura del Espíritu?

*¿Estoy viviendo alguna especie de mentira? ¿Soy egocéntrico? ¿Estoy dejando de orar, de leer la Biblia o de compartir el evangelio de Cristo?*

Cualquiera que sea la necesidad en su vida, puede volverla a Cristo y dejar que el Espíritu Santo tome el control ahora mismo. Sencillamente dígale al Señor que quiere estar totalmente bajo su influencia. Después, disciplínese para ser obediente a su Palabra.

Rendirse al Espíritu y ser lleno por él produce diferentes reacciones en personas diferentes. Algunos lo encuentran regocijante y gozoso, como si se les hubiera quitado una carga. Otros pueden encontrar que nada espectacular parece suceder emocionalmente, pero sienten una paz y una satisfacción que no puede venir de otra manera. Cualquiera que pueda ser su reacción, las Escrituras aclaran muy bien que la respuesta a largo plazo no es una "chispa divina".

Ser verdaderamente espiritual es sencillamente ser sincero con Cristo y rendirse a él día a día y momento a momento, consistente y constantemente. No sucede de inmediato; más bien viene en cantidades dolorosamente pequeñas, un poco a la vez. Pero no importa cómo viene: no hay atajos a la espiritualidad. No hay una manera espiritual, ni una sola "chispa" espiritual que cumpla ese trabajo.

Es un trabajo de renovación de la mente (Rom. 12:2), y no hay ninguna cinta subliminal ni método sin esfuerzo que pueda realizarlo por usted. Uno debe procurar con diligencia presentarse a Dios aprobado (2 Tim. 2:15). Uno debe ser diligente y constante, y "llevar fruto con perseverancia" (Luc. 8:15). Pedro delineó el proceso constante y exigente del crecimiento espiritual:

> "Y por esto mismo, poniendo todo empeño, añadid a vuestra fe, virtud; a la virtud, conocimiento; al conocimiento, dominio propio; al dominio propio, perseverancia; a la perseverancia, devoción; a la devoción, afecto fraternal; y al afecto fraternal, amor. Porque cuando estas cosas están en vosotros y abundan, no os dejarán estar ociosos ni estériles en el conocimiento de nuestro Señor Jesucristo (2 Ped. 1:5-8).

Nunca trate de cambiar eso por un arreglo rápido.

Esopo contaba de un perro que cruzaba un puente con un hueso en su boca. Por encima del borde miró su reflejo en la clara corriente. El hueso en el agua se veía más grande que el que tenía en su boca, así que cedió la realidad por el reflejo. Mi gran temor es que hay muchos cristianos que, con gran celo, pero con escaso conocimiento, están haciendo precisamente esto.

# 12

# ¿Promete Dios salud y riquezas?

Uno de los legados más inusitados de la Segunda Guerra Mundial ha sido los cultos de cargamento del sur del océano Pacífico. Muchos isleños aborígenes, desde el norte de Australia hasta Indonesia descubrieron por primera vez la civilización moderna por medio de las fuerzas armadas durante la guerra. El ejército americano en particular usaba a menudo las remotas islas que abundan en esa parte del globo como sitios temporales para pistas de aterrizaje y para almacenes de abastecimiento.

Los hombres blancos venían trayendo cargamento; luego se iban tan rápidamente como habían venido. Las gentes tribeñas no tenían tiempo de aprender las costumbres de la civilización. Por un breve tiempo, sin embargo, veían alta tecnología en despliegue. Los aviones de carga descendían del cielo, aterrizaban, dejaban su carga y luego se iban. Los nativos isleños veían encendedores de cigarrillos que producían fuego instantáneo y creían que eran milagrosos. Veían enorme maquinaria hacer a un lado los bosques para construir pistas de aterrizaje. Vieron por primera vez jeeps (autos para todo terreno), armamento moderno, refrigeradores, radios, herramientas de potencia y muchas variedades de alimentos. Todo eso les fascinó y muchos concluyeron que los hombres blancos debían ser dioses. Cuando la guerra terminó y los ejércitos se fueron, los tribeños construyeron capillas para los dioses del cargamento. Sus tabernáculos eran réplicas perfectas de los aviones de carga, de las torres de control, y de los hangares para los aeroplanos, todo hecho de bambú y de material tejido. Todas esas estructuras se veían exactamente como las reales, pero no eran funcionales, excepto para ser usadas como templos para los dioses del cargamento.

En algunas de las islas más remotas, los cultos del cargamento todavía prosperan hoy en día. Algunos han personificado a todos los americanos en una deidad a la que llaman Tom Navy. Ellos oran por cargamento santo de cada avión que vuela por encima de la isla. Veneran reliquias religiosas, tales como encendedores Zippo, cámaras, anteojos, bolígrafos, tuercas y pernos, y así por el estilo. Aunque la civilización empezó a penetrar en algunas de esas culturas, su fascinación por el cargamento no ha disminuido. Los misioneros que han sido enviados a las zonas donde ha florecido el culto del cargamento reciben un cálido recibimiento al principio; los adoradores del cargamento consideran su llegada como una especie de segunda venida. Pero los adoradores están buscando el cargamento, no el evangelio, y los misioneros han encontrado muy difícil penetrar el materialismo que es la esencia misma de la religión de los isleños.

En años recientes el movimiento carismático ha producido su propia variedad de culto de cargamento. El movimiento de Palabra de Fe, conocido también como el movimiento de Fe, o Fórmula de Fe-Palabra, Palabra de Fe, Super-fe, Confesión Positiva, Nómbrelo y reclámelo, o enseñanza de Salud, Riqueza y Prosperidad es una subdivisión del movimiento carismático que es en todo tan supersticioso y materialista como los cultos de cargamento en el Pacífico Sur. Los líderes del movimiento de Palabra de Fe, incluyendo a Kenneth Hagin, a Kenneth y Gloria Copeland, a Robert Tilton, a Fred Price y a Charles Capps, prometen a cada creyente prosperidad financiera y salud perfecta. Cualquier cosa menos que eso, dicen, no es la voluntad de Dios.

## Religiones falsas y verdaderas

Virtualmente, toda religión falsa producida por el hombre adora a un dios cuya función es entregar alguna clase de cargamento. Es decir, las religiones humanas inventan dioses por razones utilitarias; las deidades existen para servir al hombre, en lugar de lo opuesto. La teología de Palabra de Fe ha vuelto al cristianismo un sistema que no difiere de las religiones humanas más bajas, una forma de vudú en el que Dios puede ser obligado, engatusado, manipulado, controlado y explotado para los propios fines del cristiano.

Recibí una correspondencia enviada por un maestro más que extremista de Palabra de Fe, llamado David Epley. A una "barra de jabón bendito" adjuntaban un folleto. "Vamos a LAVAR toda la MALA SUERTE, LA ENFERMEDAD, LA DESGRACIA y el MAL.

Sí, hasta a esa persona malvada que quiere usted sacar de su vida. Jesús ayudó a un hombre a lavar la ceguera de sus ojos. Quiero ayudarle respecto a hexs (sic), vexs (sic), problemas hogareños, amor, felicidad y gozo", decía el folleto. Adentro había testimonios de gente que había sido bendecida por ese ministerio: "¡Puertas abiertas para NUEVO EMPLEO!" "¡Un sueño de 80.000 dólares convertido en realidad!" "¡No podía usar mi mano por doce años!" Adentro también había una carta de Epley, que terminaba con una página completa de instrucciones sobre cómo usar el jabón para sanar o para un "milagro de dinero":"Ahora, después de que lave la pobreza de sus manos... saque el billete o cheque más grande que tenga... ese de 100, de 50, o de 20 dólares Sosténgalo en sus manos limpias y diga: 'En el nombre de Jesús dedico este don a la obra de Dios... y espero un retorno milagroso de dinero.'" Por supuesto, su "billete o cheque más grande" debe ser enviado a la organización de Epley.

El último párrafo en la carta decía:

> Mediante este don de discernimiento veo a alguien enviando 25 dólares de ofrenda, y Dios me está mostrando un gran cheque que le llega al donador en muy corto tiempo. Y de veras quiero decir GRANDE... parece de más de 1.000 dólares. Yo sé que esto parece extraño, pero ya me conocen bastante bien para saber que tengo que obedecer a Dios cuando él habla.
> Estaré esperando su respuesta.

Eso suena más a magia negra que a fe. Ciertamente es un ejemplo más terrible que la mayoría. Sin embargo, refleja un estilo que es típico de casi todos los ministerios de Palabra de Fe. Si sólo fuera ruindad todavía sería muy malo. Sin embargo, los maestros de Palabra de Fe han corrompido el corazón del cristianismo neotestamentario, desviando el enfoque del creyente de la sana doctrina, la adoración, el servicio, el sacrificio y el ministerio, a promesas de "bendiciones" físicas, financieras y materiales. Esas bendiciones son el cargamento que Dios espera se entregue a los que conocen y siguen las fórmulas de Palabra de Fe.

Los escritos de Palabra de Fe llevan títulos como: "Cómo escribir su propio boleto con Dios",[1] "La Piedad es lucrativa",[2] "Las leyes de la prosperidad",[3] "El poder creativo de Dios trabajará para usted",[4] "Liberando la capacidad de Dios mediante la oración",[5] "La fórmula de Dios para el éxito y la prosperidad",[6] "La llave maestra de Dios para la prosperidad",[7] y "Viviendo en prosperidad divina".[8]

En la religión de Palabra de Fe, el creyente usa a Dios, mientras que la verdad del cristianismo bíblico es justamente lo opuesto: Dios usa al creyente. La teología de la Palabra de Fe ve al Espíritu Santo como un poder que se pone en acción para cualquier cosa que el creyente desea. La Biblia enseña, sin embargo, que el Espíritu es una *persona* que capacita al creyente para hacer la voluntad de Dios.[9] Muchos maestros de Palabra de Fe alegan que Jesús nació de nuevo para que nosotros pudiéramos llegar a ser pequeños dioses. La Escritura, sin embargo, enseña que Jesús es Dios y somos nosotros los que debemos nacer de nuevo. Tengo poca tolerancia para los engaños, corrupciones de la Escritura y falsas pretensiones del movimiento Palabra de Fe. El movimiento se parece mucho a algunas de las codiciosas y destructivas sectas que saquearon la iglesia primitiva. Pablo y los otros apóstoles no se avenían ni eran conciliatorios con los falsos maestros que propagaban tales ideas. Más bien, ellos los identificaban como peligrosos y falsos, y animaban a los cristianos a evitarlos. Pablo advertía a Timoteo, por ejemplo, acerca de

hombres de mente corrompida y privados de la verdad, *que tienen la piedad como fuente de ganancia...* Porque los que desean enriquecerse caen en tentación y trampa, y en muchas pasiones insensatas y dañinas que hunden a los hombres en ruina y perdición. Porque el amor al dinero es raíz de todos los males; el cual codiciando algunos, fueron descarriados de la fe y se traspasaron a sí mismos con muchos dolores. Pero tú, oh hombre de Dios, huye de estas cosas y sigue la justicia, la piedad, la fe, el amor, la perseverancia, la mansedumbre (1 Tim. 6:5, 9-11, énfasis añadido).

Judas escribió de los traficantes de codicia:

¡Ay de ellos! Porque han seguido el camino de Caín; *por recompensa* se lanzaron en el error de Balaam y perecieron en la insurrección de Coré. Estos que participan en vuestras comidas fraternales son manchas, apacentándose a sí mismos sin temor alguno. Son nubes sin agua, llevadas de acá para allá por los vientos. Son árboles marchitos como en otoño, sin fruto, dos veces muertos y desarraigados. Son fieras olas del mar que arrojan la espuma de sus propias abominaciones. Son estrellas errantes para las cuales está reservada para siempre la profunda oscuridad de las tinieblas. Acerca de los mismos también profetizó Enoc, séptimo después de Adán, diciendo: "He aquí, el Señor vino entre sus santos millares para hacer juicio contra todos y declarar convicta a toda persona respecto a todas sus obras de impiedad que ellos han hecho impíamente y respecto a todas las duras palabras que los pecadores impíos han hablado contra él. Estos se quejan de todo y todo lo critican, andando según sus propios malos deseos. Su boca habla arrogancia, adulando a las personas para sacar provecho (Judas 11-16, énfasis añadido).

Pedro escribió:

Pero hubo falsos profetas entre el pueblo, como también entre vosotros habrá falsos maestros que introducirán encubiertamente herejías destructivas, llegando aun hasta negar al soberano Señor que los compró, acarreando sobre sí mismos una súbita destrucción. Y muchos seguirán tras la sensualidad de ellos, y por causa de ellos será difamado el camino de la verdad. *Por avaricia harán mercadería de vosotros con palabras fingidas.* Desde hace tiempo su condenación no se tarda, y su destrucción no se duerme... Porque hablando arrogantes palabras de vanidad, *seducen con las pasiones sensuales de la carne* a los que a duras penas se habían escapado de los que viven en el error. Les prometen libertad, cuando ellos mismos son esclavos de la corrupción; puesto que cada cual es hecho esclavo de lo que le ha vencido (2 Ped. 2:1-3, 18, 19).

Pablo dijo que la avaricia es idolatría (Ef. 5:5) y prohibió a los efesios que fueran partícipes con cualquiera que les trajera un mensaje de inmoralidad o de codicia (vv. 6, 7).

¿Cuánto se parecen los modernos maestros de Palabra de Fe a los codiciosos falsos maestros que condenaban los apóstoles? ¿Es justo calificar al movimiento como subcristiano o herético?

Yo vacilo en tildar de secta al movimiento Palabra de Fe sólo porque sus límites están todavía algo vagos. Muchos creyentes sinceros revolotean en la periferia de la enseñanza de Palabra de Fe, y algunos en el movimiento que se adhieren al corazón de la enseñanza de Palabra de Fe rechazan algunas de las enseñanzas más extremas del grupo. No obstante, todos los elementos que son comunes a los cultos existen dentro del movimiento: una cristología distorsionada, un criterio exaltado del hombre, una teología basada en obras humanas, una creencia de que una nueva revelación desde dentro del grupo está abriendo "secretos" que habían estado escondidos de la iglesia por años, escritos humanos extrabíblicos que son considerados inspirados y autoritativos,[10] el uso y abuso de terminología evangélica, y una exclusividad que apremia a los adherentes a apartarse de cualquier crítica del movimiento o de enseñanza que es contraria al sistema. Sin algunas correcciones rigurosas en los fundamentos doctrinales del movimiento, éste está bien en camino a establecerse como una secta falsa en todo el sentido de la palabra. Es, estoy convencido, la cosa más cercana en la tierra a los cultos codiciosos del tiempo del Nuevo Testamento, que los apóstoles llanamente calificaron de herejía.

Yo comprendo que es un veredicto muy grave, pero lleva abundante evidencia. En casi cada punto crucial, el movimiento Palabra de Fe ha manchado, ha torcido, ha mutilado, ha malinterpretado, ha corrompido o borrado las doctrinas cruciales de nuestra fe.

Como señalé en la introducción de este libro, citaré frecuentemente de las cintas y programas televisivos de los maestros de Palabra de Fe y también de la literatura publicada por el movimiento. Yo espero que algunos de estos hombres querrán apartarse de lo que han dicho. Muchos de ellos necesitan apoyo desesperadamente de las corrientes principales del cristianismo evangélico para mantener sus programas en el aire. Consecuentemente, algunos procurarán controlar el daño en lo posible, evadiendo la crítica o el análisis bíblico de su doctrina. Aunque la mayoría de estos hombres han asegurado a la gente que sus enseñanzas son verdad infalible revelada a ellos personalmente por Dios, y aunque han estado enseñando estas cosas consistente y claramente por muchos años, no se sorprendan si algunos de ellos ahora responden diciendo que han sido mal interpretados o que han modificado su criterio desde que hicieron las declaraciones que yo cito en este capítulo.

Pero no se deje desorientar por concesiones superficiales o por maniobras astutas. La única evidencia digna de confianza de que esos predicadores realmente han abrazado el cristianismo histórico bíblico será cuando públicamente renuncien a las herejías que han estado enseñando por tanto tiempo y que realmente empiecen a predicar doctrina bíblica sana.

## El dios equivocado

El dios del movimiento Palabra de Fe no es el Dios de la Biblia. La enseñanza de Palabra de Fe, en efecto, coloca al creyente individual por encima de Dios y relega a Dios al papel de un genio, o de Santa Claus, o de un camarero que está a disposición de uno. Los creyentes de Palabra de Fe son su propia autoridad suprema. Como notaremos, los discípulos en este movimiento son enseñados y alentados a actuar como pequeños dioses.

La enseñanza de Palabra de Fe no tiene concepto de la soberanía de Dios. La Escritura dice: "Jehovah estableció en los cielos su trono, y su reino domina sobre todo" (Sal. 103:19). Dios es "el Bienaventurado y solo Poderoso, el Rey de reyes y Señor de señores" (1 Tim. 6:15). Sin embargo, en los tomos del material de Palabra de Fe que he leído no he encontrado una sola referencia a la soberanía de Dios. La razón es clara: Los maestros de Palabra de Fe no creen que Dios sea soberano. Jesús, según la teología de Palabra de Fe, no tiene autoridad sobre la tierra, pues se la delegó a la iglesia.[11]

Además, la teología de la Palabra de Fe enseña que Dios está limitado por las leyes espirituales que gobiernan la salud y la prosperidad. Si decimos las palabras correctas, o creemos sin vacilar, Dios está obligado a responder en la manera que nosotros lo determinemos. Robert Tilton alega que Dios ya está comprometido a su parte de una relación convenida con nosotros. Podemos hacer cualquier compromiso o promesa a Dios que queramos, "entonces podemos decirle a Dios, sobre la autoridad de su Palabra, lo que queremos que él haga. ¡Así es! ¡Usted puede decirle a Dios en realidad cuál quiere que sea la parte de él en el convenio!"[12]

En el sistema de Palabra de Fe Dios no es Señor de todo; él no puede obrar hasta que nosotros lo liberemos para hacerlo. El depende de instrumentos humanos, de la fe humana, y sobre todo, de palabras humanas que hagan su trabajo. "Está en su poder liberar la capacidad de Dios", ha escrito Charles Capps.[13] Por otra parte, según Capps, "el temor activa al diablo".[14] Si usted sucumbe al temor, aun al dudar un poco:

> Usted ha hecho a Dios a un lado... *Ha detenido la capacidad de Dios inmediatamente.* Tal vez estaba a punto de manifestarse, pero ahora usted ha establecido la palabra de Satanás en la tierra, lo cual no es nada mejor, sino peor. *Usted ha establecido su palabra.*[15]

De acuerdo con Capps, Dios ha volcado su soberanía, incluyendo su autoridad creativa, sobre la gente. Capps ha escrito:

> En agosto de 1973 la Palabra del Señor vino a mí diciendo: "Si los hombres creyeran en mí no serían necesarias largas oraciones. El sólo hablar la Palabra os traerá lo que deseáis. Mi poder creativo es dado a los hombres en forma de Palabra. He cesado por un tiempo de mi obra y he dado al hombre el libro MI PODER CREATIVO. Ese poder está TODAVIA EN MI PALABRA.
> "Para que sea eficaz, el hombre debe decirla en fe. Jesús la dijo cuando estaba en la tierra, y como obró entonces, así obrará ahora. *Pero debe ser dicha por el cuerpo.* El hombre debe levantarse y tener dominio sobre el poder del mal por mis Palabras. Mi deseo más grande es que mi pueblo cree una mejor vida por la Palabra hablada. Porque mi Palabra no ha perdido su poder sólo porque ha sido dicha una vez. Todavía es tan poderosa hoy como cuando yo dije:'Sea la luz.'
> "Pero para que mi Palabra sea eficaz, *los hombres deben hablarla,* y ese poder creativo vendrá a realizar lo que se ha dicho en fe."[16]

¿Para qué orar, si nuestras palabras tienen tanta fuerza creativa?

Ciertamente, algunos maestros de Palabra de Fe se acercan peligrosamente a negar explícitamente la necesidad de buscar la ayuda de
Dios por la oración. Norvel Hayes dice que es mejor hablarle a su
propia chequera, a su enfermedad o a cualquier predicamento en el
que esté, que volverse a Dios en oración:

> No se supone que tenemos que hablarle a Jesús de eso. Se supone
> que debe hablarle directamente a la montaña en el nombre de
> Jesús, a cualquier montaña que haya en su vida.
> ...Deje de hablarle a Jesús de eso. Deje de hablarle a nadie de
> eso. ¡Háblele a la montaña en nombre de Jesús!
> No diga: "Oh, Dios, ayúdame, quítame esta enfermedad." Diga:
> "Influenza, no voy a dejarte venir a mi cuerpo. Vete de mí en el
> nombre de Jesús. Nariz, te digo que dejes de destilar. Tos, te digo
> que me dejes en el nombre de Jesús." Diga: "Cáncer, no puedes
> matarme. Nunca moriré de cáncer en el nombre de Jesús."
> ¿Tiene una montaña financiera en su vida? Empiece a hablarle a
> su dinero. Dígale a su chequera que se ponga en línea con la
> Palabra de Dios. Hable a sus negocios. Ordene a los clientes que
> entren en su negocio y gasten su dinero allí. ¡Háblele a la
> montaña![17]

Hayes también enseña que los creyentes pueden ejercer dominio
sobre sus ángeles guardianes. "Puesto que los ángeles son espíritus
ministradores enviados para ministrar a los cristianos y para ellos",
razona él, podemos aprender "a ponerlos en acción en favor nuestro."[18] "¡Los creyentes debiéramos mantener ocupadas a esas
criaturas angelicales!", escribe Hayes. "Debiéramos tenerlas
trabajando para nosotros todo el tiempo."[19]

Y así la teología de la Palabra de Fe niega la soberanía de Dios,
quita la necesidad de orar a Dios para alivio de las cargas o
necesidades, y le da al cristiano tanto el dominio como el poder creativo.

Ciertamente, la enseñanza más controversial del movimiento
Palabra de Fe es su criterio de que Dios creó a la humanidad para ser
una raza de "pequeños dioses". Kenneth Copeland ha declarado
explícitamente lo que muchos maestros de Palabra de Fe han
implicado más sutilmente:

> El la impartió en nosotros cuando nacimos de nuevo. Pedro lo dijo
> tan claro cuando declaró: "Somos participantes de la naturaleza
> divina." Esa naturaleza es la vida eterna en su perfección absoluta.
> Y esa fue impartida, inyectada en tu espíritu, y tú tienes lo
> impartido por Dios en ti de la misma manera que tú has impartido
> en tu hijo la naturaleza de humanidad. ¡Ese hijo no nació ballena!

Nació un ser humano. ¿No es verdad?
Ahora bien, ustedes no *tienen* un humano, ¿no es verdad?
Ustedes *son* uno. Ustedes no *tienen* un dios en ustedes. Ustedes
*son* uno.[20]

Copeland enseña que Adán fue "creado en la clase de dios", *es
decir,* fue una reproducción de Dios. "No estaba *subordinado* a Dios,
hasta... (Adán) caminaba como Dios... Lo que él decía, se hacía. Lo
que él hacía, contaba. (Y cuando él) dobló su rodilla ante Satanás y
puso a Satanás encima de él, no hubo nada que Dios pudiera hacer,
porque un *dios* había puesto (a Satanás) allí."[21] Recuerden que Adán
fue "creado en la clase de dios, pero cuando cometió alta traición,
cayó de la clase de dios."[22]

En la cruz, según Copeland, Jesús ganó el derecho para que los
creyentes nacieran de nuevo de regreso a la "clase de dios". La
deidad de Jesús, según Copeland, incluye "sanidad... liberación...
prosperidad financiera, prosperidad mental, prosperidad física, (y)
prosperidad familiar."[23] Dado que los creyentes están en la "clase de
dios", tienen la garantía de esas bendiciones aquí y ahora:

> El dijo que satisfaría mis necesidades de acuerdo con sus riquezas
> en gloria en Cristo Jesús, y yo voy de un lado para otro y digo: "¡Sí!
> ¡Mis necesidades son satisfechas de acuerdo con sus riquezas en
> gloria por Cristo Jesús! ¡Gloria a Dios!... Estoy comprometido con
> el que satisface las necesidades. ¡Estoy comprometido con el YO
> SOY!" Aleluya.
>
> Y digo esto con todo respeto, de modo que no los perturbe
> mucho. Pero lo digo de todos modos: Cuando leo en la Biblia
> donde dice, "Yo soy", nada más sonrío y digo: "Sí, yo soy,
> también."[24]

Eso es tan blasfemo que debiera hacer temblar a todo verdadero
hijo de Dios. Sin embargo, es típico de la enseñanza de Palabra de
Fe. Por causa de la crítica de algunas de sus declaraciones acerca de
la deidad del creyente, Copeland apareció con Paul y Jan Crouch en
el programa nacional de Trinity Broadcasting Network (Red Emisora
Trinidad) "Praise the Lord" (Alabado sea el Señor) para defender y
explicar su enseñanza. Allí se produjo la siguiente conversación:

> PC. —(Dios) ni siquiera trazó una distinción entre él mismo y noso-
>      tros.
> KC. —¡Nunca, nunca! Uno nunca puede hacer eso en una relación
>      de pacto.
> PC. —¿Sabes qué más ha quedado establecido, entonces, esta
>      noche? Este vocerío y controversia que han sido esparcidos

        por el diablo para irritar y traer disensión dentro del cuerpo
        de Cristo de que somos dioses. ¡Yo *soy* un pequeño dios!
KC. —¡Sí! ¡Sí!
JC. —¡Absolutamente! (Riéndose) El nos dio su nombre.
KC.— La *razón* por la que somos.
PC. —Yo tengo su nombre. Yo soy uno con él. Estoy en una
        relación de pacto, yo *soy* un pequeño dios. ¡Críticos, a un
        lado!
KC: —Uno es todo lo que él es.
PC: —Sí.[25]

Paul Crouch, director y conductor de programas de Trinity
Broadcasting Network, y por tanto una de las personas más
poderosas e influyentes en la radioemisión y televisión hoy en día,
repetidamente ha reafirmado su compromiso con la doctrina de "los
pequeños dioses" de la Palabra de Fe:

> Esa nueva creación que viene a un nuevo nacimiento es creada a su
> imagen... Se une, entonces, con Jesucristo. ¿Es eso correcto? Y
> así en ese sentido, yo ví esto hace muchos años, lo que sea esa
> unión que une al Padre, al Hijo y al Espíritu Santo, él dice: "Padre,
> yo quiero que ellos sean uno conmigo de la manera que tú y yo
> somos uno en nosotros." Entonces, aparentemente, lo que él hace
> es abrir esa unión de la deidad misma y traernos a nosotros dentro
> de ella![26]

Otros maestros de Palabra de Fe han reiterado la herejía.
Charles Capps escribe: "Yo he escuchado a gente decir: '¡Los que
confiesan la Palabra de Dios y dicen las promesas de Dios una y otra
vez sólo están tratando de actuar como Dios! ¡Sí! Eso es exactamente
lo que estamos tratando de hacer: *Actuar como Dios lo haría en una
situación similar...* ¿Qué hizo él? *El dijo la cosa deseada.*"[27] Earl
Paulk escribió: "Hasta que comprendamos que somos pequeños
dioses y empecemos a actuar como pequeños dioses, no podremos
manifestar el reino de Dios."[28] Robert Tilton también llama al
creyente "un Dios especie de criatura... diseñado para ser un dios en
este mundo... diseñado o creado por Dios para ser el dios de este
mundo."[29] Y Morris Cerullo tuvo esta conversación televisada con
Dwight Thompson:

> MC. —Cuando Dios nos creó a su imagen, él no nos puso
>      cuerdas, ¿verdad? El no nos hizo títeres.
> DT. —No, de ninguna manera.
> MC. —El no dijo: Morris, levanta la mano. Levanta tu...tú sabes, y
>      entonces aquí estamos, no tenemos... control absoluto
>      sobre nosotros, de modo que...

DT. —No. No. No.

MC. —El hizo a Dwight Thompson, él hizo a Morris Cerullo un *pequeño dios en miniatura.* ¡Por supuesto! La Biblia dice que fuimos creados a la imagen de Dios. A su semejanza. ¿Dónde está esa semejanza de divinidad? El nos dio poder... El nos dio autoridad. El nos dio dominio. ¡El no nos dijo que actuáramos como hombres! ¡El nos dijo que actuáramos como un *dios*![30]

Benny Hinn añade: "La nueva creación fue creada a la imagen de Dios en justicia y verdadera santidad. El nuevo hombre es a la imagen de Dios, como Dios, completo en Cristo Jesús. La nueva creación es tal como Dios. ¿Puedo decirlo así: 'Tú eres un pequeño Dios en la tierra corriendo en derredor'?"[31] Hinn respondió a la crítica de tal enseñanza de esta manera:

> ¿Están listos ahora para algún *verdadero* conocimiento de revelación? Muy bien. Ahora fíjense en esto: El dejó a un lado su forma divina... para que un día yo pudiera vestirme en la tierra con la forma divina.
> Kenneth Hagin tiene una enseñanza. Mucha gente tiene problemas con ella. Sin embargo es verdad absoluta. Kenneth Copeland tiene una enseñanza. Muchos cristianos le han puesto reparos, pero es verdad divina. Hagin y Copeland dicen: Tú eres dios. Vosotros sois dioses.
> "¡Oh!, yo no puedo ser dios." Un momento. Equilibremos esta enseñanza. El equilibrio lo enseña Hagin, quien es mi amigo querido, pero los que lo repiten son los que lo embrollan.
> ¿Se fijan, hermanos? Cuando Jesús estuvo en la tierra, la Biblia dice que primero él se desvistió de la forma divina. El, el Dios sin límites, se hizo hombre para que nosotros los hombres pudiéramos llegar a ser como él es.[32]

Hagin, al que los principales maestros de la Palabra de Fe reconocen como la mayor influencia para darle forma a su teología, ha dicho: "Si llegamos a despertar y comprendemos quiénes somos, empezaremos a hacer la obra que se supone que hagamos. Porque la iglesia no ha comprendido que ellos son Cristo. Eso es lo que ellos son. Ellos son Cristo."[33]

De esta manera los maestros de Palabra de Fe han depuesto a Dios y colocado a los creyentes en su lugar. De ese error básico fluyen casi todas sus otras falacias. ¿Por qué enseñan que la salud y la prosperidad son el derecho divino de cada cristiano? Porque en su sistema los cristianos son dioses que merecen esas cosas. ¿Por qué enseñan que las palabras de un creyente tienen fuerza creativa y determinativa? Porque en su sistema, el soberano es el creyente, no Dios.

Ellos han creído la mentira original de Satanás: "Entonces la serpiente dijo a la mujer: 'Ciertamente no moriréis. Es que Dios sabe que el día que comáis de él, vuestros ojos serán abiertos, y seréis como Dios, conociendo el bien y el mal'" (Gén. 3:4, 5, énfasis añadido). La idea de que cualquier ser creado puede ser como Dios es y siempre ha sido una mentira satánica. De hecho, fue la misma mentira por la que el diablo fuera derribado (comp. Isa. 14:14).

Dos textos de prueba son usados a menudo por los maestros de Palabra de Fe como apoyo para su enseñanza. En el Salmo 82:6, Dios dice a los gobernantes de la tierra: "Vosotros sois dioses; todos vosotros sois hijos del Altísimo." Una simple lectura del salmo, sin embargo, revela que esas palabras fueron dirigidas a gobernantes injustos a punto de ser juzgados. Dios estaba ridiculizándolos por su arrogancia. Eran *ellos* los que pensaban que eran dioses. Lea los versículos 6 y 7 juntos: "Vosotros sois dioses... Sin embargo, como un hombre moriréis." Había una clara nota de ironía en la condenación de ellos por Dios. ¡Lejos de afirmar su divinidad, él estaba condenándolos por pensar tan altamente de ellos mismos!

Los maestros de Palabra de Fe inmediatamente se volverán a sus otros textos de prueba favoritos, donde Jesús mismo citó el Salmo 82 en defensa de su deidad: "Los judíos le respondieron: 'No te apedreamos por obra buena, sino por blasfemia y porque tú, siendo hombre, te haces Dios.' Jesús les respondió: '¡No está escrito en vuestra ley, Yo dije: Sois dioses'?" (Juan 10:33, 34). Pero no dejemos de darnos cuenta del propósito de Jesús para escoger ese versículo. Sería familiar para los escribas y fariseos, que entendían su significado como una condenación de los malos gobernantes. Jesús estaba haciendo eco de la ironía del Salmo original. Walter Martin escribió:

> Jesús se mofa de la gente como si dijera: "Todos ustedes piensan que son dioses. ¿Qué más da otro dios entre ustedes?" Él usa la ironía para provocarnos, no para informarnos. No es base para construir teología..
>
> También es pertinente para un entendimiento de Juan 10 que recordemos que Satanás es llamado "el príncipe de este mundo", nada menos que por la autoridad del Señor Jesucristo (Juan 14:30). Y Pablo refuerza esto llamándolo "el dios de esta edad presente" (2 Cor. 4:4). Podemos hacer un "dios" de cualquier cosa: dinero, poder, posición, sexo, patriotismo, familia, o, como en el caso de Lucifer, de un ángel. Podemos ser nuestro propio "dios". Pero llamar deidad a algo, o adorarlo o tratarlo como divino  no significa que sea deidad por esencia o por naturaleza.[34]

Dios dijo a los israelitas rebeldes: "¡Cómo trastornáis las cosas! ¿Acaso el alfarero será considerado como el barro?" (Isa. 29:16). Según el movimiento Palabra de Fe, la respuesta es sí. Sin embargo, según la Escritura, sólo hay un Dios, y aparte de él no hay otro (Deut. 5:35, 39; 32:39; 2 Sam. 7:22; Isa. 43:10; 44:6; 45:5, 6,21, 22; 1 Cor. 8:4).

## El Jesús erróneo

No debe ser una sorpresa que el Jesús del movimiento Palabra de Fe no es el Jesús del Nuevo Testamento. Los maestros de Palabra de Fe dicen que Jesús dejó su deidad y hasta asumió la naturaleza de Satanás para morir por nuestros pecados. Kenneth Copeland, defendiendo su increíble "profecía" que parecía arrojar duda sobre la deidad de Cristo (ver capítulo 2), escribió: "¿Por qué Jesús no se proclamó abiertamente como Dios durante sus treinta y tres años en la tierra? Por una sola razón. El no había venido a la tierra como Dios. El había venido como hombre."[35]

El Jesús de Palabra de Fe a menudo parece más como un hombre divinamente habilitado:

(La mayoría de los cristianos) creen equivocadamente que Jesús podía obrar prodigios, obrar milagros y vivir por encima del pecado porque él tenía poder divino que nosotros no tenemos. Por eso nunca han aspirado realmente a vivir como él vivió.

No comprenden que cuando Jesús vino a la tierra él voluntariamente dejó esa ventaja, viviendo su vida aquí no como Dios, sin como hombre. No tenía poderes sobrenaturales innatos. El no tuvo capacidad para obrar milagros hasta que fue ungido por el Espíritu Santo como se relata en Lucas 3:22. El ministró como un hombre ungido por el Espíritu Santo.[36]

Evidentemente al sistema de Copeland le importa poco si Jesús era Dios u hombre:

El Espíritu de Dios me habló, y dijo:
—Hijo, comprende esto. Ahora entiéndanme en esto. No dejen que su tradición los haga tropezar). Agregó: Piensa de esta manera: Un hombre nacido dos veces derrotó a Satanás en su propio dominio.
Yo arrojé mi Biblia y me incorporé. Dije:
—¿Qué?
El respondió:
—Un hombre nacido de nuevo derrotó a Satanás. El

primogénito de muchos hermanos lo derrotó. Tú eres la misma copia e imagen de él.
Yo dije:
—¡Válgame Dios! —empecé a ver lo que había sucedido y dije— bueno, no querrás decir... No te atreverías a decir que yo habría hecho lo mismo."
El respondió:
—¡Oh sí! Si tú hubieras sabido eso, si hubieras tenido el conocimiento de la Palabra de Dios que él tuvo, pudieras haber hecho lo mismo. Porque tú eres también un hombre renacido —siguió diciendo— el mismo poder que usé para levantarlo de entre los muertos, lo usé para levantarte de tu muerte de transgresiones y pecados —además dijo— Tuve que tener esa copia y ese patrón para establecer juicio sobre Satanás de modo que pudiera recrear un niño y una familia y toda una nueva raza de género humano también dijo: Tú eres a su semejanza.[37]

Esa declaración es evidentemente blasfema.[38] Para mí es sorprendente que una persona con el más escaso conocimiento de la verdad bíblica pueda aceptarla como revelación verdadera. Pero a juzgar por la respuesta al ministerio de Copeland, centenares de millares lo hacen.

La expiación de Cristo, su muerte sacrificial en la cruz, fue la obra primaria que nuestro Señor vino a cumplir a la tierra. La expiación es un énfasis principal del Nuevo Testamento, y es central a todo lo que creemos y enseñamos como cristianos. Sin embargo, las enseñanzas del movimiento Palabra de Fe acerca de Jesucristo son aberrantes hasta el extremo de la blasfemia.

Copeland dice:

Jesús fue el primer hombre que nació (sic) del pecado a la justicia. Fue el patrón de una nueva raza que vendría. ¡Gloria a Dios! ¿Y ustedes saben lo que hizo? La primera cosa que este hombre renacido hizo: Vean, tienen que comprender que él murió. Tienen que comprender que él fue al pozo del infierno como un hombre mortal hecho pecado. Pero él no se quedó allí, gracias a Dios. El renació en el pozo del infierno.

\*\*\*\*\*\*\*\*\*\*\*\*\*\*\*

La justicia de Dios fue hecha para ser pecado. El aceptó la naturaleza de pecado de Satanás en su propio Espíritu, y en el momento que lo hizo clamó: ¡Dios mío! ¡Dios mío! ¿Por qué me has abandonado?

Ustedes no saben lo que sucedió en la cruz. ¿Por qué creen que Moisés, por instrucción de Dios, levantó una serpiente en un asta en lugar de un cordero? Eso solía causarme dificultad. Yo dije:

—¿Por qué tuviste que poner esa serpiente allí, el símbolo de Satanás? ¿Por qué no pusiste un cordero en esa asta?

El Señor dijo:

—Porque era la señal de que Satanás estaba colgando en la cruz —dijo también—, acepté en mi propio espíritu muerte espiritual, y la luz se apagó.[39]

Más tarde en el mismo mensaje Copeland añade:

El espíritu de Jesús aceptando ese pecado, y haciendo que fuera pecado, él, separado de su Dios, y en ese momento, es un hombre mortal. Capaz de fracasar. Capaz de morir. No sólo eso, él está sujetándose a ser introducido a las mandíbulas del infierno. Y si Satanás es capaz de vencerlo allí, ganará el universo y la raza humana está condenada. No tengan la idea de que Jesús era incapaz de fracasar, porque si lo hubiera sido, hubiera sido ilegal.[40]

¿Ilegal? Coppeland ha aceptado una herejía conocida como la teoría de Rescate de la expiación. Es el criterio de que la muerte de Cristo fue un rescate pagado a Satanás para arreglar el reclamo legal que el diablo tenía sobre la raza humana por causa del pecado de Adán. Ese criterio contradice la clara enseñanza bíblica de que la muerte de Cristo fue un sacrificio ofrecido a Dios, no a Satanás (Ef. 5:2).

Además, Copeland y los maestros de Palabra de Fe se salen de la ortodoxia con su enseñanza de que Cristo realmente murió espiritualmente. Nosotros a veces nos referimos a la separación de Cristo del Padre en la cruz (comp. Mat. 27:46) como muerte espiritual. Es un error, sin embargo, enseñar que el espíritu de Cristo dejó de existir ("la luz se apagó"), o que la Trinidad de alguna manera se rompió ("separado de su Dios, en ese momento, él es un hombre mortal"). Jesús tampoco fue arrastrado al infierno por Satanás y atormentado por tres días y tres noches, como Fred Price escribió en un boletín:

¿Piensan que el castigo por nuestro pecado fue morir en la cruz? Si ese fuera el caso, los dos ladrones hubieran pagado el precio de usted. No, el castigo era ir al mismo infierno y pasar tiempo en el infierno separado de Dios... Satanás y todos los demonios del infierno pensaron que lo tenían sujeto y echaron sobre Jesús una red, y lo arrastraron al mismo pozo del infierno para pagar nuestra sentencia.[41]

¿Podría un trillón de ladrones haber pagado el precio de nuestro pecado? Por supuesto que no. La deidad y la impecabilidad de Jesús lo calificaban a él solamente para ser nuestro Gran Sumo Sacerdote (Heb. 4:14, 15) y sacrificio perfecto ("Tened presente que habéis sido rescatados de vuestra vana manera de vivir, la cual heredasteis de vuestros padres, no con cosas corruptibles como oro o plata, sino con la sangre preciosa de Cristo, como de un cordero sin mancha y sin contaminación. El, a la verdad, fue destinado desde antes de la fundación del mundo, pero ha sido manifestado en los últimos tiempos por causa de vosotros" (1 Ped. 1:18-20). Despreciar la muerte de Cristo es un serio error, ciertamente.

No obstante, Copeland audazmente predica un criterio aberrante similar al de Price:

> Jesús tuvo que pasar por esa misma muerte espiritual para pagar el precio. Ahora que, no fue la muerte física en la cruz la que pagó el precio por los pecados, porque si hubiera sido, cualquier profeta de Dios que ha muerto en los ultimos dos mil años antes de eso podía haber pagado ese precio. No fue la muerte física. Cualquiera pudo hacer eso.[42]

Peor aun, Copeland enseña que Jesús se hizo "obediente a Satanás... (y tomó) su naturaleza."[43] Copeland continúa: "El le permitió al diablo arrastrarlo a las profundidades del infierno como si fuera el más perverso pecador que ha vivido. Se sometió a la muerte. Se permitió ponerse bajo el control de Satanás... Por tres días en las entrañas de la tierra, sufrió como si hubiera pecado todo pecado que existe."[44]

Una vez más la influencia de Kenneth Hagin está detrás de todas esas enseñanzas. Hagin dice:

> Jesús probó la muerte —muerte *espiritual*— por todo hombre. Vean ustedes, el pecado es más que un acto físico, es un acto espiritual. Y así, él se convirtió en lo que nosotros éramos, para que pudiéramos convertirnos en lo que él es. Alabado sea Dios. Y así por eso, su espíritu fue separado de Dios.

***************

> ¿Por qué necesitaba él ser engendrado o nacido? Porque llegó a ser como nosotros éramos: separados de Dios. Porque probó la muerte espiritual por cada hombre. Y su hombre espiritual e interno fue al infierno. En mi lugar. ¿No pueden ver eso? La muerte física no quitaría sus pecados. "El probó la muerte por todo hombre", él está hablando de probar la muerte espiritual.
>     Jesús es la primera persona que nació de nuevo. ¿Por qué su espíritu necesitaba nacer de nuevo? Porque estaba alejado de Dios.[45]

Y así el movimiento Palabra de Fe ha combinado una teología que hace dioses a los pecadores y requiere que el impecable Hijo de Dios nazca de nuevo. Más aun, ve a Satanás como el juez justo que exige de Cristo pago por el pecado. Tal enseñanza está totalmente fuera de la Biblia. Degrada a nuestro Señor y su obra. Jesús no *tiene* meramente vida eterna, ni la *compró* para nosotros pagándole al diablo. El *es* vida eterna. Como él dijo en Juan 14:6: "Yo soy el camino, la verdad y la vida" (comp. Juan 1:4; 5:26; 11:25). Aunque Jesús asumió naturaleza humana en la encarnación, y aunque llevó nuestros pecados en la cruz, nunca dejó de ser Dios.

Además, la expiación no tuvo lugar en el infierno. Fue completada en la cruz cuando Jesús clamó: "¡Consumado es!" (Juan 19:30). 1 Pedro 2:24 dice que Cristo "llevó nuestros pecados en su cuerpo *sobre el madero*", no en el infierno. Colosenses 2:13, 14 dice que: "El anuló el acta que había contra nosotros... y la ha quitado de en medio al clavarla en su cruz." Efesios 1:7 dice: "En él tenemos redención por medio de su sangre ('sangre' aquí se refiere a su muerte física, el verdadero derramamiento de su sangre en la cruz), el perdón de nuestras transgresiones" (comp. Mat. 26:28; Hech. 20:28; Rom. 3:25; 5:9; Ef. 2:13; Col. 1:20; Heb. 9:22; 13:12; 1 Ped. 1:19; 1 Jn. 1:7; Apo. 1:5; 5:9). Jesús prometió al ladrón arrepentido en la cruz: "Hoy estarás conmigo en el paraíso" (Luc. 23:43). Claramente se ve que él no estaba preparándose para cumplir una sentencia en el infierno. En vez de eso, él anunció al infierno que los poderes del diablo habían sido derrotados (comp. 1 Ped. 3:19). La Biblia no sabe nada de la clase de expiación que el movimiento de Palabra de Fe describe. Esto se debe a que el Jesús de la Biblia no es el Jesús del que hablan los maestros de dicho movimiento.

## La fe errónea

La enseñanza de Palabra de Fe ve la fe como una ley inmutable e impersonal que, como la gravedad o las leyes de la termodinámica, gobierna el universo: un principio que obra sin consideración de quien lo está usando o para qué. Cuando le preguntaron a Pat Robertson si las leyes del reino de Dios obran hasta para los no cristianos, contestó: "Sí. No son principios cristianos o judíos como tampoco la ley de gravedad es cristiana o judía... Las leyes de Dios obran para cualquiera que las sigue. Los principios del reino se aplican a toda la creación."[46] Aplicado a la "ley" de la fe, ese razonamiento significa que todos los que reclaman una bendición sin dudar, pueden tener lo que quieran, sean cristianos o no.

La fe, según la doctrina de Palabra de Fe, no es una confianza sometida a Dios; la fe es una fórmula con la que se manipulan las leyes espirituales que los maestros de Palabra de Fe creen que gobiernan el universo. "Palabras gobernadas por ley espiritual se vuelven fuerzas espirituales obrando para usted. Las palabras ociosas obran contra usted. El mundo espiritual es controlado por la palabra de Dios. El mundo natural debe ser controlado por el hombre que habla las palabras de Dios."[47]

Como el nombre "Palabra de Fe" implica, el movimiento enseña que la fe es más un asunto de lo que *decimos* que de en quién confiamos o de cuáles verdades aceptamos y afirmamos en nuestro corazón. Un término favorito en el movimiento Palabra de Fe es "confesión positiva". Se refiere a la enseñanza de Palabra de Fe de que las palabras tienen poder creativo. Lo que usted dice, alegan los maestros de Palabra de Fe, determina todo lo que le sucede a usted. Sus "confesiones", es decir, las cosas que usted dice, especialmente los favores que usted demanda de Dios, todos deben ser declarados positivamente y sin vacilación. Entonces Dios está obligado a contestar.

Kenneth Hagin escribe: "Usted puede tener lo que dice. *Usted puede escribir su propio boleto con Dios.* Y el primer paso al escribir su propio boleto con Dios es: *Dígalo*.[48] El añade después: "Si usted habla de sus pruebas, de sus dificultades, de su falta de fe, de su falta de dinero, su fe se marchitará y se secará. Pero, bendito sea Dios, si usted habla de la Palabra de Dios, su amoroso Padre celestial y lo que él puede hacer, su fe crecerá a saltos y brincos."[49]

Esas ideas han engendrado supersticiones enconadas dentro del movimiento. Los discípulos de Palabra de Fe creen, en efecto, que todas sus palabras son conjuros mágicos que determinan su destino. Charles Capps advierte contra los peligros de decir una confesión negativa, aunque sea sin intención:

> Hemos programado nuestro vocabulario con el lenguaje del diablo. Hemos traído enfermedad y mal a nuestro vocabulario, y hasta muerte. La palabra principal que tanta gente usa para expresarse es muerte, la palabra *"muerte"*.
> *"Me muero por hacer eso."* Ellos dicen: *"Me muero si no lo hago."*
> Eso, amigo mío, *es lenguaje perverso*. Eso es contrario a la Palabra de Dios. *La muerte es del diablo...* No debemos *hacernos amigos de la muerte*. Todos los hombres van a morir bastante pronto, de modo que no empiece a *hacerse amigo* de ella ahora.[50]

Eso es superstición, no fe bíblica.

La confesión positiva parecería regir la confesión de pecado.

Ciertamente, a los libros de oración y de crecimiento espiritual de Palabra de Fe les falta completamente alguna enseñanza sobre confesión de pecado. Han socavado la enseñanza crucial de 1 Juan 1:9, que indica que los creyentes deben confesar constantemente su pecado.

De hecho, la enseñanza de la confesión positiva realmente alienta a los creyentes a ignorar y negar la realidad de sus pecados y limitaciones. Ha producido multitudes que perpetuamente sonríen sin emoción por el temor de que una confesión negativa les traiga mala suerte.[51] Hagin admite que él mismo se siente de esa manera:

> No le contaría a nadie si tuviera un pensamiento de duda o de temor. No lo aceptaría. No le contaría a nadie si me viniera el pensamiento, y usted sabe que el diablo puede poner toda clase de pensamientos en la mente de uno.
>
> Somos un producto de PALABRAS. ¿Alguna vez se ha puesto a pensar que la Biblia enseña que hay salud y sanidad en su lengua? ¿Se ha dado cuenta de que él dijo (Prov. 12:18) *"la lengua de los sabios es medicina"*?
>
> Yo nunca hablo enfermedad. No creo en la enfermedad. Hablo salud... Creo en la sanidad. Creo en la salud. Nunca hablo enfermedad. Nunca hablo de dolencia. Hablo de sanidad.
>
> Nunca hablo de fracaso. No creo en el fracaso. Creo en el éxito. Nunca hablo de derrota. No creo en la derrota. Creo en ganar, ¡aleluya a Jesús![52]

Esa perspectiva abunda en problemas obvios. Bruce Barron cuenta de una iglesia de Palabra de Fe en la que:

> el pastor se levantó tímidamente para instruir a su congregación sobre un asunto delicado. Algunos miembros de la iglesia, había oído él, estaban esparciendo enfermedades contagiosas entre los pequeños de la iglesia por traer a sus niños enfermos a la guardería. Contra las protestas de las trabajadoras voluntarias de la guardería, esos padres estaban confesando positivamente que sus niños estaban bien. Puesto que los padres habían profesado su sanidad, no había nada de qué preocuparse. Pueden haber estado descartando esos quejidos y tos persistentes como síntomas mentirosos, pero esos síntomas mentirosos resultaron ser contagiosos, y sólo un anuncio desde el púlpito podía tener éxito para poner fin al problema.[53]

Además, la negación de Palabra de Fe de enfermedades y problemas como "síntomas mentirosos" priva a los creyentes de una oportunidad de ministrar con compasión y comprensión a la gente que sufre. ¿Cómo puede uno ayudar a alguien cuyos síntomas uno cree que son mentiras de Satanás, o peor aun, el resultado de una incredulidad pecaminosa en la vida de la persona enferma? Consecuentemente, muchos devotos de Palabra de Fe tienden a ser insensibles, hasta el punto de ser groseros y ásperos hacia la gente que ellos asumen que no tiene suficiente fe para reclamar sanidad. Barron cuenta de un pastor y su esposa, incapaces de tener hijos, a los que "les dijo un miembro de su iglesia que necesitaban 'confesar' un embarazo y mostrar su fe comprando un cochecito para bebé y caminando por la calle con él."[54] Hace unos cuantos años recibí una carta que partía el corazón de una estimada señora que, engañada por la teología de la "confesión positiva" creía que Dios quería que ella escribiera a toda la gente que conocía con el anuncio de un bebé por el hijo que ella quería concebir. Trágicamente, esa pobre mujer era físicamente incapaz de tener hijos. Meses después tuvo que escribir a todos de nuevo que el esperado "niño de fe" no había llegado. Fue muy pronta para añadir que, sin embargo, todavía estaba reclamando un embarazo. Obviamente estaba temerosa de que alguien pudiera tomar su carta como una "confesión negativa".

Hagin parece encallecido hasta de la muerte de cáncer prolongado de su propia hermana:

Mi hermana bajó hasta 38 kilos. El Señor me decía que ella iba a morir. Yo le preguntaba al Señor por qué yo no podía cambiar el resultado. El me dijo que ella había tenido cinco años en los que pudo haber estudiado la Palabra y edificado su fe (ella era salva), pero no lo había hecho. El me dijo que ella iba a morir, y murió. Este es un ejemplo triste, pero es muy cierto.[55]

La teología de Palabra de Fe convierte al sanador en un héroe cuando se alegan curas milagrosas, pero siempre culpa al enfermo por falta de fe cuando no ocurre la sanidad. Hagin describe un incidente cuando intentaba sanar a una mujer artrítica. Su enfermedad la había lisiado tanto que era incapaz de caminar. Hagin se frustró por la falta de disposición de ella por dejar su silla de ruedas.

La señalé con mi dedo y le dije:
—Hermana, usted no tiene ni pizca de fe, ¿verdad?
(Ella era salva y bautizada con el Espíritu Santo, pero yo quería decir que ella no tenía fe para su sanidad.)
Sin pensarlo, ella dijo abruptamente:
—¡No, hermano Hagin, no tengo! Yo no creo que seré sanada. Me iré a la tumba desde esta silla.
Ella lo dijo y lo hizo.
No nos pueden culpar a nosotros.[56]

Recuerde, la confesión positiva enseña a la gente que sus palabras son determinativas. Dios ya no es el objeto de la fe; los devotos de Palabra de Fe aprenden a poner su fe en sus propias palabras, o como Hagin lo expresa llanamente, "fe en (su) propia fe."[57] Trate de seguir su lógica cuando él intenta explicar el concepto:

> ¿Alguna vez se puso a pensar en tener fe en su propia fe? Evidentemente Dios tuvo fe en su fe, porque él decía las palabras de fe y sucedían. Evidentemente Jesús tuvo fe en su fe, porque le habló a la higuera, y lo que él dijo, sucedió.
> En otras palabras, *tener fe en sus **palabras** es tener fe en su* **fe**.
> Eso es lo que usted tiene que aprender a hacer para conseguir cosas de Dios: Tenga fe en su fe.
> Le ayudará a conseguir fe en su espíritu el decir en voz alta: "Fe en mi fe." Siga diciéndolo hasta que se grabe en su corazón. Yo sé que suena extraño cuando lo dice por primera vez; su mente casi se rebela contra ello. Pero no estamos hablando de su cabeza; estamos hablando de fe en su corazón. Como Jesús dijo, "... *y no dudará en su corazón...*"[58]

Note que una vez más Hagin se las arregla para rebajar al Padre y al Hijo (¿tiene Dios fe? ¿Podemos hablar con exactitud de la *fe* de un Dios omnisciente y soberano?) y deificarse él mismo como un objeto digno de confianza. Además, él convierte la fe en una fórmula mágica y nuestras palabras en una especie de abracadabra por la que uno puede "conseguir cosas de Dios".[59] No hay base bíblica para ninguna de esas ideas. Los únicos objetos apropiados para nuestra fe son Dios y su Palabra infalible, y de ninguna manera nuestras propias palabras.

No obstante, los creyentes de Palabra de Fe consideran sus confesiones positivas como un sortilegio por el cual pueden conjurar *cualquier cosa* que deseen. "Créalo en su corazón; dígalo con su boca. Ese es el principio de fe. *Usted puede tener lo que dice*", alega Kenneth Hagin.[60] Citando Juan 14:14 ("Si me pedís alguna cosa en mi nombre, yo la haré"), al ignorar las claras implicaciones de la frase "en mi nombre", ellos consideran el versículo como una promesa incondicional que pueden usar para obligar a Dios a concederles cualquier cosa que se les ocurra.

Tales enseñanzas han llevado a muchos proponentes de Palabra de Fe a toda clase de materialismo. John Avanzini, uno de los maestros de Palabra de Fe menos conocidos, pasó una tarde en Trinity Broadcasting Network argumentando que Jesús era en realidad muy rico durante su ministerio terrenal.[61] El señaló el papel de Judas como tesorero y dijo: "Se necesitan montones de dinero para que tenga que manejarlos un tesorero."⁶² Más recientemente, como huésped del programa de Kenneth Copeland, Avanzini dijo que él cree que la Escritura enseña que Jesús tenía un casa grande y usaba ropas de diseño exclusivo.⁶³ Todo eso es publicado como justificación para la propia manera de vivir dispendiosa de los maestros de Palabra de Fe, y para las filosofías materialistas.

Robert Tilton va un paso más adelante: "Ser pobre es un pecado, cuando Dios promete prosperidad."⁶⁴ "¡Mi Dios es rico y está tratando de mostrarle a usted cómo retirar de su cuenta celestial lo que Jesús compró y pagó y adquirió para usted en el Calvario!"⁶⁵ Tilton dice: "¿Nueva casa? ¿Nuevo carro? Esas son pequeñeces. Eso es nada comparado con lo que Dios quiere hacer por usted."⁶⁶

¿Cómo se obtiene este cargamento? Tilton sugiere que sus seguidores hagan un "voto de fe" en la forma de un donativo para su ministerio:

Me gustan los votos de mil dólares porque me gusta. No me gusta la gente sin entusiasmo, tibia, que sólo: "Bueno, haré un poquito..." Me gustan los votos de mil dólares de fe... No me estoy dirigiendo a los que lo tienen. Los que lo tienen no me pongan atención. Les estoy hablando a los que no lo tienen, y les estoy mostrando cómo tenerlo. Sí, la obra del Señor recibe una porción de ello, pero usted recibe la porción más grande. Usted recibe la bendición mayor. ¡Estoy tratando de sacarlo del vacío en que está! ¡Estoy tratando de meterlo en un automóvil decente!... ¡Estoy tratando de ayudarlo! ¡Deje de maldecirme! ¡Deje de maldecirme! Dios, ¿qué le quitará esta bendición? Yo soy una bendición. Yo he sido bendecido sobrenaturalmente por Dios. Le traigo a usted una bendición este día, la conozco y es mi responsabilidad dársela a usted.⁶⁷

Tilton alienta a sus oyentes a orar la oración de fe, "no una de esas, 'Señor, si es tu voluntad...' Yo *sé* qué es la voluntad de Dios cuando se trata de sanidad, de prosperidad y de dirección divina... No tengo que orar una oración de duda y de incredulidad."⁶⁸ En otras palabras, Robert Tilton quiere que haga un voto de fe de mil dólares a su ministerio, especialmente su usted *no puede* desprenderse de tanto dinero. El no quiere que usted ore por la voluntad de Dios en este asunto. Después de todo, usted puede demandar lo que quiere y Dios debe dárselo. Ponga su voto de mil y demande que Dios provea el dinero. Eso es engañoso, tontería blasfema, pero literalmente millones son recogidos en esas trampas.

Richard Roberts, repitiendo el concepto de "semilla de fe" de su padre, alentaba a los televidentes a "sembrar una semilla en su tarjeta Master, en su Visa o en su American Express, y cuando lo haga, espere que Dios abra las ventanas de los cielos y lo inunde de bendiciones".[69] Oral Roberts una vez envió por correo bolsas de plástico llenas de "agua santa" de la Fuente del Río de la Vida de la Universidad Oral Roberts. Para demostrar cómo usarlas, él vació una bolsa de agua sobre su propia billetera en su programa de televisión.[70] Si es tan sencillo conseguir el cargamento, ¿por qué tantos creyentes de Palabra de Fe "reclaman" bendiciones materiales que nunca reciben?[71] Fred Price explica:

> Si usted tiene fe de un dólar y pide algo de diez mil dólares, no va a funcionar. No va a funcionar. Jesús dijo: "conforme a tu (fe)", no conforme *a la voluntad de Dios para usted,* en su propio buen tiempo, si es de acuerdo con su voluntad, si él puede obrar en un horario cargado. El dijo: "conforme a *tu* fe, te sea hecho."
> Ahora, puedo querer un Rolls Royce y sólo tengo una fe de bicicleta. ¡Adivine que voy a recibir! Una bicicleta.[72]

De esta manera, la capacidad de Dios para bendecirnos supuestamente depende de nuestra fe.

Note que tanto Price como Tilton rechazan de la oración "Si es tu voluntad". Esa es una característica común de los maestros de Palabra de Fe. Como hemos visto, les encanta citar Juan 14:14: "Si me pedís alguna cosa en mi nombre, yo la haré." Pero 1 Juan 5:14 falta notablemente en su información básica: "Y esta es la confianza que tenemos delante de él: que si pedimos algo *conforme a su voluntad,* él nos oye" (énfasis añadidos). Hagin llega hasta a alegar que esa verdad no se enseña en el Nuevo Testamento.

> Por causa de que no entendimos lo que Jesús dijo, y porque nos han lavado religiosamente el cerebro en vez de enseñarnos el Nuevo Testamento, hemos dejado secarse las promesas de Dios y les hemos clavado algo que Jesús no dijo y añadido algo más: "Bueno, él lo hará si es su voluntad, pero puede ser que no sea su voluntad", ha dicho la gente. Y sin embargo, uno no encuentra esa clase de dicho en el Nuevo Testamento.[73]

Hagin también ha escrito: "No es bíblico orar 'Si es la voluntad de Dios'. Cuando uno pone un 'si' en su oración, está orando con duda."[74]

Sin embargo, 1 Juan 5:14 claramente incluye un "si". Además, Romanos 8:27 nos dice que hasta el Espíritu Santo "intercede por los santos conforme a la voluntad de Dios" (énfasis añadido).

¿Y que hará el movimiento con Santiago 4:13-16? ¿No contradice este pasaje su enseñanza más fundamental?

¡Vamos pues ahora los que decís: "Hoy o mañana iremos a tal ciudad, estaremos allá un año y haremos negocios y ganaremos"! Vosotros, los que no sabéis lo que será mañana, ¿qué es vuestra vida? Porque sois un vapor que aparece por un poco de tiempo y luego se desvanece. Más bien, deberíais decir: "Si el Señor quiere, viviremos y haremos esto o aquello." Pero ahora os jactáis en vuestra soberbia. Toda jactancia de esta clase es mala.

¿Qué del énfasis en la riqueza y la prosperidad material del movimiento Palabra de Fe? ¿De eso trata la verdadera fe? Difícilmente. Lejos de acentuar la importancia de la riqueza, la Biblia advierte contra procurarla. Los creyentes, y especialmente los líderes de la iglesia (1 Tim. 3:3), deben estar libres del amor al dinero (Heb. 13:5). El amor al dinero lleva a todas clases de mal (1 Tim. 6:10). Jesús advertía: "Mirad, guardaos de toda codicia, porque la vida del hombre no consiste en la abundancia de las bienes que posee" (Luc. 12:15). En agudo contraste con el énfasis que el evangelio de Palabra de Fe pone en ganar dinero y posesiones en esta vida, Jesús dijo: "No acumuléis para vosotros tesoros en la tierra, donde la polilla y el óxido corrompen, y donde los ladrones se meten y roban" (Mat. 6:19). La contradicción irreconciliable entre el evangelio de Palabra de Fe y el evangelio de nuestro Señor Jesucristo se resume muy bien en las palabras de Jesús en Mateo 6:24: "No podéis servir a Dios y a las riquezas."

## ¿Sentido cristiano o ciencia cristiana?

El concepto de que el universo (incluyendo a Dios)[75] es gobernado por leyes espirituales impersonales no es bíblico. Es una negación de la soberanía y providencia de Dios. Es nada menos que deísmo. Además, la idea de que podemos usar místicamente las palabras para controlar la realidad está muy lejos de la norma bíblica de fe, especialmente de la manera en que es revelada en Hebreos 11.[76] Ambas ideas tienen más en común con el culto de la Ciencia Cristiana que con la verdad bíblica.

La mayoría de los maestros de Palabra de Fe niegan vehementemente que sus enseñanzas tienen algo que ver con la Ciencia Cristiana o con otras sectas metafísicas. Charles Capps ha escrito:

Algunas veces cuando empiezo a enseñar sobre esto la gente dice que parece *Ciencia Cristiana.* Una dama en un servicio en Texas dio un golpe con el codo a su esposo y dijo (mi esposa los escuchó): *"Eso parece Ciencia Cristiana."*

*No es Ciencia Cristiana.* Me gusta lo que el hermano Kenneth Hagin dice: "*¡ES SENTIDO CRISTIANO!*"[77]

Más tarde añade: "No, no es Ciencia Cristiana. Yo no niego la existencia de la enfermedad. Niego a la enfermedad el derecho de existir en este cuerpo, porque yo soy el cuerpo de Cristo."[78]

No obstante, la distinción es fina. Es un simple asunto de hecho de que muchas de las doctrinas centrales de Palabra de Fe son similares a las de la Ciencia Cristiana. Hay una razón para eso. Una línea de relación directa une al moderno movimiento de Palabra de Fe con los cultos metafísicos que prosperaron a principios de este siglo, incluyendo a la Ciencia Cristiana.

Esa conexión ha sido documentada cuidadosa y concluyentemente en *A Different Gospel* (Un evangelio diferente) por D. R. McConnell, una excelente crítica del movimiento de Palabra de Fe.[79] McConnell relata la crónica del desarrollo del movimiento Palabra de Fe, mostrando que casi todas las figuras principales en el movimiento fueron guiadas por Kenneth Hagin o por uno de sus discípulos cercanos. Cada característica doctrinal del movimiento puede rastrearse hasta Hagin.

Además, McConnell demuestra convincentemente que las enseñanzas de Palabra de Fe no son originales de Hagin. Hagin las recogió de los escritos de un evangelista por fe llamado E. W. Kenyon.[80] Hagin tomó prestadas no solamente las *ideas* de Kenyon; McConnell incluye varias páginas de texto, columna por columna, que prueban sin duda alguna que Hagin ha plagiado repetidamente en grandes secciones de sus escritos, *palabra por palabra* del material de Kenyon.[81]

¿Por qué es significativo eso? Porque McConnell también revela que las raíces de Kenyon estaban en las sectas metafísicas. El era un sanador por fe, no de la tradición pentecostal, sino de la tradición de Mary Baker Eddy y de la Ciencia Cristiana. El asistió a un colegio que se especializaba en entrenar a conferenciantes para las sectas científicas metafísicas. Y él importó y adaptó a su sistema la mayoría de las ideas esenciales que propagaban esas sectas.[82] Hagin las absorbió de allí.[83]

En suma, el libro de McConnell es una denuncia devastadora del movimiento Palabra de Fe. Demuestra irrefutablemente que los maestros de Palabra de Fe deben su ascendencia a grupos como la Ciencia Cristiana, el Swedenborgianismo, la teosofía, la Ciencia de la Mente y el Nuevo Pensamiento, no al pentecostalismo clásico. Revela que en su esencia misma, las enseñanzas de Palabra de Fe son corruptas. Su derivación innegable es cultista, no cristiana.

La triste verdad es que el evangelio proclamado por el movimiento Palabra de Fe no es el evangelio del Nuevo Testamento. La doctrina de Palabra de Fe es un sistema mixto, una mezcla de misticismo, de dualismo y de neognosticismo que toma prestado generosamente de las sectas metafísicas. Sus enseñanzas perversas están causando un daño incalculable a la iglesia en general y a los carismáticos en particular. Palabra de Fe es, en las palabras del apóstol Pedro, "herejías destructivas" (2 Ped. 2:1). No es de extrañar que esté tan lleno de codicia y materialismo, y tan en bancarrota espiritual, como el más grosero culto de cargamento.

El movimiento Palabra de Fe puede ser el sistema falso más peligroso que ha surgido del movimiento carismático hasta ahora. Dado que tantos carismáticos están inseguros de la finalidad de la Escritura, y porque sienten que no pueden descartar historias de gente que alega haber tenido visitaciones de Cristo, son particularmente susceptibles a las mentiras del movimiento, y a menudo sin saber qué hacer para contestarlas.

A pesar de lo que los maestros de Palabra de Fe dicen: nuestro Dios no es meramente una fuente de provisión. Nosotros somos sus siervos; él no es nuestro siervo. El nos ha llamado a vidas de servicio amoroso y de adoración, no de supremacía a la semejanza de Dios. El nos bendice, pero no siempre materialmente. En ninguna manera podemos nosotros "escribir nuestro propio boleto" y esperar que él siga nuestro libreto, ni ningún verdadero creyente debe desear un ambiente así. La vida del cristiano debe usarse en procurar la voluntad de Dios, no en estrategias para conseguir que él se haga a la nuestra. Nadie que rechaza la verdad fundamental puede vivir genuinamente en la gloria de Dios. Y nadie que ha conocido la emancipación del pecado y del egoísmo forjada por la gracia de Dios debe estar dispuesto a cambiar esa libertad por el cargamento barato de las doctrinas de Palabra de Fe.

# Epílogo:
# ¿Cómo responder
# al movimiento
# carismático?

Como dije al principio de este libro, conozco muchos carismáticos que son creyentes honorables, comprometidos, consecuentes y dedicados a la Palabra de Dios. Numerosas iglesias e individuos carismáticos rechazan muchos de los errores que he hecho resaltar en este libro. De ninguna manera pretendo representar a todos los carismáticos igual. Obviamente hay muchos extremos dentro del movimiento y muchos matices de doctrina carismática, que varían desde la ortodoxia evangélica hasta la indudable herejía.

## Confrontar el error

Estoy agradecido por esos carismáticos que tienen el valor de confrontar el error en su movimiento y de llamar a todos los carismáticos a una perspectiva bíblica, y fervientemente deseo que haya más que se unan a sus filas. Ciertamente hay algunas voces importantes y muy eficaces dentro del movimiento carismático que han mostrado más disposición que muchos no carismáticos para confrontar las herejías producidas en su seno. Las críticas más detalladas del movimiento Palabra de Fe, por ejemplo, han venido de un puñado de autores carismáticos.[1] Chuck Smith, pastor de la Capilla El Calvario en Costa Mesa, California, ha escrito una crítica franca del extremismo carismático.[2] John Goodwin, pastor de la Capilla El Calvario, de San José, ha escrito una crítica breve pero excelente del movimiento de la Tercera Ola.[3]

Doy gracias a Dios por esos hombres y su valor. Estoy convencido, no obstante, de que las semillas de los errores que ellos desean combatir son inherentes a las mismas doctrinas que distinguen la posición carismática: la idea de que Dios todavía está revelando verdad más allá de la Escritura; la enseñanza de que el bautismo del Espíritu es subsecuente y separado de la salvación, creando así de esta manera dos clases de creyentes; y el misticismo que es innato en la enseñanza carismática, que alienta a la gente a denigrar la razón, exaltar la emoción y a abrir sus mentes y espíritus a poderes que no pueden entender. Mientras esas ideas estén en el corazón de la creencia carismática, el error y el extremismo continuarán apareciendo en el movimiento.

Este libro es una apelación a mis amigos carismáticos a que reexaminen lo que creen. También es una apelación a los que no son carismáticos que imaginan que las diferencias entre la doctrina carismática y la no carismática son apequeñas y sin consecuencias. Todos los verdaderos creyentes pueden estar de acuerdo en que un entendimiento apropiado de la Escritura es cosa digna de defender agresivamente. Como los nobles de Berea, cada uno examine las Escrituras cuidadosa y diligentemente "para verificar si estas cosas eran así" (Hech. 17:11). Pregúntese a sí mismo con honestidad: *¿Estoy poniendo mi énfasis en la Palabra viva en las Escrituras, o en mis emociones y experiencias?*

## Una palabra final

Muchos que leen un libro como este se preocuparán por su efecto en la unidad del cuerpo de Cristo. Por favor entiendan que no tengo el deseo de poner un abismo entre los creyentes carismáticos y los no carismáticos. Una grieta como esa no puede existir entre creyentes cuando se encuentran en el terreno común de la Palabra de Dios. La división dañina germina solamente cuando alguien se aleja de la Palabra de Dios y deja que el error penetre para amenazar al rebaño. Mi principal interés es llamar a la iglesia a un compromiso firme con la pureza y autoridad de las Escrituras, para así *fortalecer* la unidad de la verdadera iglesia.

Tal vez el daño más serio hecho a la iglesia por el movimiento carismático ha sido precisamente en este asunto de la unidad. ¿Quién sabe cuántos millares de iglesias se han dividido por la enseñanza carismática? El número seguramente nos haría temblar. La misma doctrina carismática es cismática, como hemos visto, porque levanta una cerca entre el creyente común y los que piensan que han alcanzado un nivel más elevado de espiritualidad. En consecuencia, la división entre carismáticos y no carismáticos realmente fue puesta por las ideas intrínsecas del sistema carismático.

Muchos carismáticos, estoy seguro, son muy conscientes de esa dificultad. Pero está combinada con una segunda tendencia, y es la disposición de muchos carismáticos que, en nombre de la unidad, están dispuestos a abrazar a cualquiera y a todos, aunque signifique pasar por alto perspectivas doctrinales burdamente erradas, con tal que la persona haya manifestado alguna evidencia externa de los dones.

Por causa de esta inclinación a la ambigüedad doctrinal, a la inclusividad y al altruismo hacia otros de diferentes trasfondos, el movimiento carismático inadvertidamente ha triunfado en volverse la clase de fuerza ecuménica mundial que muchos liberales imaginaron originalmente que llegaría a ser el Concilio Mundial de Iglesias.[4] Católicos, cristianos ortodoxos orientales, protestantes y muchas sectas están ya uniéndose bajo la bandera carismática. Lejos de ser un corolario positivo al crecimiento del movimiento, esta influencia ecuménica puede resultar ser el efecto más potencialmente desastroso del fenómeno carismático del siglo veinte.

Un escritor señaló la ironía de la unión del movimiento carismático con el ecumenismo:

¿No es inconsecuente que un movimiento que alega estar en contacto directo con el Espíritu Santo, tener todos los dones como profecía, apostolado y la palabra de conocimiento, de comunicarse directamente con Dios por medio de hablar en lenguas y por otros medios, pueda al mismo tiempo incluir a católicos romanos, a protestantes conservadores y liberales, a amilenarios, a premilenarios, a calvinistas, a arminianos, a los que niegan la inspiración verbal de la Biblia y a los que rechazan el sacrificio vicario de Cristo en la cruz?

Aparentemente el Espíritu Santo no está interesado en comunicar información para corregir todas esas diferencias, muchas de las cuales son cruciales y algunas de las cuales son incorrectas. Toda esta comunicación directa con el Espíritu aparentemente no ha hecho nada por corregir ni los errores básicos. No ha producido unidad entre los carismáticos respecto a la naturaleza y propósito de muchos de los dones. El movimiento no ha resuelto ningún asunto teológico, ni producido adelanto en el conocimiento bíblico, ni ha producido cristianos más espirituales. ¿Produciría tan poco tal derramamiento del genuino Espíritu de Dios?[5]

Gordon Clark también ha escrito acerca de los peligros del ecumenismo carismático. El citó un artículo[6] de una revista carismática que celebraba las incursiones que el pentecostalismo estaba haciendo en el catolicismo, y luego dijo:

Varias cosas sacuden inmediatamente a cualquier lector que no está dormido. Primero, la experiencia de las lenguas es tremendamente importante. Si no es cierto decir que nada más importa, no obstante parece cierto decir que nada más importa mucho. Hablar en lenguas es la marca principal de un cristiano dedicado. La implicación clara es que la adoración a la virgen María no es objetable si uno habla en lenguas. No tiene mucho caso la justificación por la fe sola, o si uno puede aceptar méritos del tesoro de los santos, o si la transubstanciación puede ser reconocida, si solamente uno habla en lenguas. Todavía más fundamental, uno puede colocar la tradición al mismo nivel que la Escritura y hasta defender nueva revelación de Dios, si sólo uno habla en lenguas. El ministro pentecostal (mencionado en el artículo en cuestión) dijo, fíjaos bien: "No ha habido intención (por los protestantes carismáticos) de hacer prosélitos (católicos romanos carismáticos)." En otras palabras, el romanismo es aceptable si solamente uno habla en lenguas.[7]

El ecumenismo carismático está minando consistentemente cualquier reclamo de que el movimiento carismático haya tenido alguna vez ortodoxia bíblica. En Asia, nuevas sectas carismáticas espantosas están brotando, mezclando budismo, taoísmo, confucianismo y otras falsas enseñanzas con las enseñanzas de los carismáticos occidentales. El movimiento carismático como un todo no está preparado para defenderse contra tales influencias. ¿Cómo pueden confrontar grupos errados, incluyendo a los que son completamente paganos? Porque en el movimiento carismático la unidad es asunto de experiencia religiosa compartida, no de comunidad de enseñanza. Si la doctrina realmente no importa, ¿por qué no recibir grupos carismáticos budistas? En efecto, eso es precisamente lo que está pasando.

Y así, aunque la doctrina carismática tiende a ser divisiva entre grupos que son ortodoxos, ha tenido el efecto contrario entre grupos que no lo son. Los carismáticos están construyendo puentes con grupos e individuos a los que a los cristianos se les ha ordenado evitar (2 Jn. 9-11). Tristemente, muchos carismáticos, por eso, se han vuelto participantes de las malas obras de los que niegan la enseñanza de nuestro Señor (v. 11).

Yo sospecho que los carismáticos, hasta los que reconocen la seriedad de estos problemas, alegarán que el legado de su movimiento ha sido más positivo que negativo. Como evidencia, ellos señalarán los amplios efectos del llamado avivamiento carismático, y al crecimiento numérico del movimiento en todo el mundo. Dirán que el ministerio carismático está revitalizando las iglesias y alcanzando los perdidos hasta lo último de la tierra. Pero la naturaleza ecuménica de mucho de ese avivamiento y expansión niega el reclamo de que es obra de Dios. La triste verdad es que el legado del movimiento carismático ha sido principalmente de caos y confusión doctrinal. El enfoque carismático a la espiritualidad no es sano, y está lleno de desencanto potencial. En ambos lados de la cerca carismática hay creyentes cristianos que están inseguros, desilusionados, derrotados. Algunos hasta están desesperados. La "buena vida" espiritual de la que oyen en sermones y lecciones de la escuela dominical parece pasarles de lado. ¿Dónde pueden encontrar la clave para vivir su fe cristiana sobre una base cotidiana, realista y práctica?

La única respuesta apropiada es, y siempre ha sido, un regreso a la Palabra de Dios. Porque allí Dios nos ha revelado toda la verdad que necesitamos para servirle y para vivir para su gloria. Desafortunadamente, como hemos visto a menudo, el movimiento carismático tiende a volver a la gente dentro de sí misma, hacia el misticismo y la subjetividad, y lejos de la Palabra de Dios. No preste atención a ese canto de sirena.

Su divino poder nos ha concedido todas las cosas que pertenecen a la vida y a la piedad por medio del conocimiento de aquel que nos llamó por su propia gloria y excelencia. Mediante ellas nos han sido dadas preciosas y grandísimas promesas, para que por ellas seáis hechos participantes de la naturaleza divina, después de haber huido de la corrupción que hay en el mundo debido a las bajas pasiones. Y por esto mismo, poniendo todo empeño, añadid a vuestra fe, virtud; a la virtud, conocimiento; al conocimiento, dominio propio; al dominio propio, perseverancia; a la perseverancia, devoción; a la devoción, afecto fraternal; y al afecto fraternal, amor. Porque cuando estas cosas están en vosotros y abundan, no os dejarán estar ociosos ni estériles en el conocimiento de nuestro Señor Jesucristo (2 Pedro 1:3-8).

# Notas

## Introducción

[1]John F. MacArthur, Jr., *The Charismatics: A Doctrinal Perspective* (Diferencias doctrinales entre los carismáticos y los no carismáticos) (Grand Rapids: Zondervan, 1978).

[2] Parece irónico que los críticos del extremismo carismático sean tan frecuentemente reñidos por ser faltos de amor y divisivos. Examine estos comentarios por Benny Hinn, carismático: "Alguien me está atacando por algo que yo estoy enseñando. Déjame decirte algo, hermano: ¡Mucho cuidado!... Sabes, he buscado un versículo en la Biblia y parece que no puedo encontrarlo. Un versículo que diga: 'Si no te gustan, mátalos.' ¡Ojalá que pudiera encontrarlo!... Tú apestas, francamente, así es como yo pienso de eso... Algunas veces desearía que Dios me diera una ametralladora del Espíritu Santo; ¡te volaría la cabeza! ["Praise-a-thon", transmisión en la Trinity Broadcasting Network, (8 de noviembre, 1990)].

Paul Crouch es apenas más caritativo. El dijo de sus críticos: "Creo que son unos malditos y en camino al infierno y no creo que hay redención para ellos... Yo digo: ¡Váyanse al diablo! ¡Sálganse de mi vida!... Y quiero decirles a todos ustedes, escribas, fariseos, cazadores de herejías, a todos ustedes que van por ahí buscando pedacitos de errores doctrinales fuera de la vista de los demás... ¡Fuera del camino de Dios; dejen de bloquear los puentes de Dios o Dios va a darles un tiro si no lo hacen... fuera de mi vida! ¡No quiero ni hablar con ustedes ni escuchar de ustedes! ¡No quiero ver su fea cara! Quítenseme de enfrente en nombre de Jesús." ["Praise the Lord", transmisión en la Trinity Broadcasting Network, (2 de abril, 1991)].

Hinn y Crouch fueron confrontados por hombres y mujeres piadosos (muchos de ellos hermanos carismáticos) que levantaron preguntas *bíblicas* válidas acerca de algunas de las enseñanzas originales de Palabra de Fe (ver el cap. 12) frecuentemente transmitidas en la red de televisión de Crouch.

No estoy consciente de un solo incidente en ninguna parte —ciertamente no en televisión internacional en vivo— en el que alguien públicamente haya hablado descomedidamente de los carismáticos en la clase de lenguaje usado en estos dos ejemplos. ¿Por qué alguien consideraría falta de amor o desagradable examinar bíblicamente la doctrina, pero aceptable defenderse uno mismo con amenazas tan vulgares?

[3]MacArthur, *The Charismatics*, 58.

[4]Jan Crouch, "Los costarricenses dicen: ¡Gracias por enviarnos la televisión cristiana!'" Boletín "Praise the Lord" (Boletín "Alabado sea el Señor") (septiembre de 1991), 4.

[5]"Escojan sus armas, santos de Dios" (aviso), *Charisma* (Carisma) (Septiembre 1989), 14, 15.

[6]"El profeta de la prosperidad," *Dallas Times Herald* (24 de junio, 1990), A1.

[7]Ver las páginas 290, 291.

[8]En su contexto este versículo prohíbe la violencia física contra los reyes. De ninguna manera condena el escrutinio o crítica cuidadosa de los predicadores o maestros. Una aplicación así violaría el claro mandamiento de 1 Tesalonisenses 5:21: "Examinadlo todo."

[9]Howard M. Ervin, *These Are Not Drunken, As Ye Suppose* (Estos no están

embriagados, como pensáis) (Plainfield, N.J.: Logos, 1968), 3, 4.

[10]J. Rodman Williams, *Renewal Theology* (Teología de la renovación) (Grand Rapids: Zondervan, 1990), 326 (énfasis en el original).

[11]Frederick Dale Brunner, *A Theology of the Holy Spirit* (Una teología del Espíritu Santo) (Grand Rapids: Eerdmans, 1970), 33.

[12]Para este relato vea Dennis Bennett, *Nine O'Clock in the Morning* (A las nueve de la mañana) (Plainfield, N. J.: Logos International, 1970).

[13]John L. Sherrill, *They Speak with Other Tongues* (Hablan en otras lenguas) (Old Tappan, N. J.: Spire, 1964), 51.

[14]Yo no digo que los carismáticos consciente o voluntariamente fomentan la duplicidad o la hipocrecía. En cualquier filosofía que tienda a medir la espiritualidad por normas externas —sea en el legalismo fundamental, en el ascetismo mojigato, en el pietismo público, en el fariseísmo de línea dura, en el misticismo o en el monasticismo rígidos— guardar las apariencias tiende a tomar la prioridad sobre la apertura y la honestidad. En el movimiento carismático, las experiencias espirituales sensacionales son más altamente estimadas que la devoción callada. ¿Es de extrañar que algunas personas se sientan tentadas a exagerar o a fingir?

## Capítulo 1

[1]Gordon L. Anderson, "Pentecostals Believe in More Than Tongues" (Los pentecostales creen más que en lenguas), en Harold B. Smith, ed., *Pentecostals from Inside Out* (Los pentecostales de adentro para afuera), (Wheaton, Ill.: Victor, 1990), 55.

[2]Kenneth Copeland, *Laws of Prosperity* (Leyes de prosperidad) (Fort Worth: Kenneth Copeland Publications, 1974), 65.

[3]Mary Stewart Relfe, "Interview with Dr. Percy Collett" (Entrevista con el doctor Percy Collett), *Relfe's Review* (Informe Núm. 55, agosto de 1984), 3.

[4]Ibíd., 1–8.

[5]Ibíd., 5.

[6]Ibíd.

[7]Ibíd., 5, 6.

[8]Ibíd., 7.

[9]Ibíd.

[10]Ibíd.

[11]Algunos líderes carismáticos reconocen este problema. Kenneth Hagin, un abogado del mensaje carismático de Palabra de Fe (ver el capítulo 12) escribió: "Un ministro que un tiempo era muy firme, dijo: 'Yo no necesito más ese libro. Estoy más allá de eso.' Luego tiró la Biblia en el suelo. 'Tengo el Espíritu Santo. Soy un profeta. Dios me envía mis instrucciones directamente'" *The Gift of Prophecy* (El don de profecía) (Tulsa: Kenneth Hagin Ministries, 1969), 24.

[12]Roberts Liardon, "I Saw Heaven" (Yo vi el cielo), (Tulsa: Harrison House, 1983), 6, 19 (énfasis en el original).

[13]Ibíd., 16-20. Acerca de esto último, escribe Liardon: "Yo pensé: *Cielos, las sobredosis matarán a la gente. Pero luego pensé: Bueno, el Espíritu Santo no lo matará a uno. ¡Sólo lo trasladará!*" El añade: "Cuando Jesús vio que yo miraba la botella, se rió. Y cuando él se ríe es la cosa más alegre que uno haya visto u oído. El se inclina para atrás y ruge de risa. Uno pensaría que va a caerse de risa, de tanto que ríe. Por eso es que él es tan fuerte: Se ríe mucho. Vea, ¡el gozo del Señor es su fortaleza!" (Ibíd., 20).

[14]Ibíd., 16, 17.

[15]., 22.

[16]., 26.

[17]Para no ser superada, Aline Baxley, "una exalcohólica y exdrogadicta", dice que ella ha estado en el infierno, y que "Dios la hizo regresar para contar su historia". Ella

anuncia un folleto gratuito que cuenta su historia. ["Yo entré al infierno y hay vida después de la muerte" *Charisma* (Carisma) (noviembre de 1990), 145].

El testimonio de Aline Baxley puede ser la vanguardia de una nueva práctica carismática. Recientemente vi un programa del Club 700 presentando a una mujer que alegaba haber experimentado el infierno en una experiencia cercana a la muerte durante una operación quirúrgica. La siguiente semana un amigo carismático me envió un libro que pretende ser inspirado divinamente, que detalla las visiones de otra mujer y de experiencias fuera del cuerpo en el infierno. [Mary Kathryn Baxter, *A Divine Revelation of Hell,* (Una revelación divina del infierno) (Washington: National Church of God, s.f)].

[18]Ver Juan 5:28, 29 y 1 Tesalonicenses 4:16, 17.

[19]Para una discusión útil sobre la relación entre la teología católica romana y el pensamiento carismático, vea Gordon Clark, *1 Corinthians: A Contemporary Commentary* (1 Corintios: un comentario contemporáneo) (Philadelphia: Presbyterian and Reformed, 1975), 223-227.

[20]Vinson Synan, "The Touch Felt Around the World" (El toque sentido alrededor del mundo) Charisma (Carisma) (enero de 1991), 80.

[21]Ibíd., 81, 82.

[22]Ibíd., 82.

[23]Ibíd.

[24]Ibíd., 83.

[25]Ibíd.

[26]Ibíd.

[27]Ibíd., Con respecto a la aplicación a las misiones, Synan añade: "El significado principal de este acontecimiento para Parham está en su creencia de que las lenguas eran 'xenoglossolalia' o lenguas conocidas que el Señor daba a misioneros en perspectiva para usar en la evangelización de tierras extranjeras. Esto fue confirmado más tarde en su mente cuando lingüistas, extranjeros e intérpretes del gobierno visitaron la escuela y alegaron que cuando menos 20 idiomas y dialectos se hablaban y entendían perfectamente." (Ibíd.)

Hasta donde yo sé, sin embargo, nada de eso ha sido confirmado independientemente. Si fuera cierto, es difícil explicar el fracaso de la escuela más tarde en el año. Parecería que Bethel se hubiera vuelto una de las escuelas de preparación misionera más grandes del mundo en la historia. Sin embargo, no sé de ningún misionero, de Bethel o de alguna otra organización carismática, que haya usado las lenguas en la manera en que Parham lo imaginó.

[28]Dennis Bennet, *Nine O'Clock in the Morning* (A las nueve de la mañana) (Plainfield, N.J.: Logos, 1970).

[29]Frederick Dale Brunner, *A Theology of the Holy Spirit* (Una teología del Espíritu Santo) (Grand Rapids: Eerdmans, 1970), 21 (énfasis en el original).

[30]Henry Frost, *Miraculous Healing* (Sanidad milagrosa) (New York: Revell, 1939), 109, 110.

[31]Charles Farah, "Toward a Theology of Healing" (Hacia una teología de la sanidad), *Christian Life* 38 (septiembre de 1976), 78.

[32]John R. W. Stott, *Your Mind Matters* (Su mente importa), (Downers Grove, Ill.: InterVarsity, 1972), 7.

[33]Ibíd., 10.

[34]James Orr, *The Christian View of God and the World* (La perspectiva cristiana de Dios y del mundo) (New York: Scribner's, s.f.), 21.

[35]Para una evaluación del existencialismo, vea *Existentialism* (Existencialismo), C. Stephen Evans (Grand Rapids: Zondervan, 1984).

[36]Clark H. Pinnock, *Set Forth Your Case* (Ponga en marcha su caso) (Chicago: Moody, 1967), 69, 70. El mismo Pinnock evidentemente ya no sostiene este criterio. El ciertamente ha abandonado sus implicaciones al abandonar su compromiso con la infalibilidad bíblica y al respaldar el movimiento carismático por su propia experiencia. [Clark H. Pinnock, "A Revolutionary Promise" (Una promesa revolucionaria), *Christianity Today* (8 de agosto, 1986), pág. 19)].

[37]Para una evaluación del humanismo vea Norman L. Geisler, *Is Man the Measure?* (¿Es el hombre la medida?) (Grand Rapids: Baker, 1983).

[38]Para una discusión de la naturaleza absoluta de la verdad vea *Irrational Man* (El hombre irracional) de William Barrett (Garden City, N. Y.: Doubleday, 1962), y *How Should We Then Live?* (¿Cómo debemos vivir entonces?), de Francis A. Schaeffer (Old Tappan, N.J.: Revell, 1976).

[39]S. Angus, *The Mystery-Religions and Christianity* (Las religiones de misterio y el cristianismo) (New York: Dover, 1975), 66, 67.

[40]Eugene H. Peterson, "Baalism y Yahwism Updated" (Baalismo y Jehovaísmo al día), *Theology for Today* (Teología para hoy) (julio de 1972), 139-41.

[41]Pinnock, *Case* (Caso), 73.

[42]Harold Lindsell, *The Battle for the Bible* (La batalla por la Biblia) (Grand Rapids: Zondervan, 1976).

[43]Robert K. Johnson, "Of Tidy Doctrine and Truncated Experience" (De doctrina pulcra y experiencia truncada), *Christianity Today* (18 de febrero, 1977), 11.

[44]Larry Christenson, *Speaking in Tongues* (Hablar en lenguas) (Minneapolis: Dimension Books, 1968), 40.

[45]Michael Harper, *A New Way of Living* (Una nueva manera de vivir) (Plainfield, N.J.: Logos, 1973), 12.

[46]J. Rodman Williams, *The Era of the Spirit* (La era del Espíritu) (Plainfield, N.J.: Logos, 1971), 55.

**Capítulo 2**

[1]Oral Roberts: "Victory Out of Defeat" (Victoria en la derrota), *Charisma* (diciembre de 1989), 88.

[2]"The Tapes That Are Healing the Nations" (Las cintas que están sanando a las naciones) (anuncio) *Charisma* (Carisma) (octubre de 1988), 69.

[3]Ocasionalmente uno de los libros "inspirados" encuentra un publicador. *La Visión,* David Wilkerson (Old Tappan, N.J.: 1974) es un ejemplo así. El libro fue subtitulado: "Una asombrosa profecía de la venida del Armagedón." "En lo profundo de mi corazón estoy convencido de que esta visión es de Dios, que es verdad, y que ocurrirá", escribió Wilkerson (12). No fue así. Wilkerson predijo: "La naturaleza liberará su furia con creciente intensidad en la siguiente década. Habrá cortos períodos de alivio, pero casi cada día la humanidad contemplará la ira de la naturaleza en alguna parte del mundo" (36). Wilkerson predijo un terremoto cataclísmico que empezaría el pánico en alguna parte de Estados Unidos, "el mayor y más desastroso en la historia" (32). El previó muchas catástrofes, incluyendo calamidad financiera mundial. Tal vez lo más irónico de todo es que Wilkerson predijo una declinación de las doctrinas del "pensamiento positivo" (25).

Recientemente recibí por correo otro libro supuestamente inspirado. Un endoso en el reverso del libro, escrito por el doctor T. L. Lowery, pastor principal de la Iglesia Nacional de Dios, en Washington, D. C., dice: "A diferencia de otros libros, yo creo que el Espíritu Santo ha traído éste a la existencia por el tiempo y la eternidad. Las experiencias y el mensaje son de la mayor importancia para el cuerpo de Cristo. Yo creo que la unción de Dios se posará sobre él y ministrará a cada persona que lea su contenido." Claramente el pastor Lowry cree que el libro es igual que la Escritura. Pero yo lo hojeé por la página 171 y encontré que está llena de especulaciones, de fantasía grotesca y mucha enseñanza que es inconsistente con la Escritura. [Mary Kathryn Baxter, *A Divine Revelation of Hell* (Una revelación divina del infierno.) (Washington: Iglesia Nacional de Dios, s.f.).]

[4]"Pentecostals Set Priorities" (Los pentecostales establecen prioridades), *Charisma* (Carisma) (enero de 1991), 44.

[5]"The Strongman of Greed" (El hombre fuerte de la codicia), *Charisma* (Carisma) (Marzo de 1991), 40 (itálicas en el original).-

[6]Kenneth E. Hagin, "The Glory of God" (La gloria de Dios) (Tulsa: Faith Library, 1987), 14, 15 (énfasis añadidos).

[7]Ibíd., 15, 16.

[8]Ibíd., 16.

[9]J. Rodman Williams, *The Era of the Spirit* (La era del Espíritu) (Plainfield, N.J.: Logos, 1971), 16.

[10]Edward N. Gross, *Miracles, Demons & Spiritual Warfare* (Milagros, demonios y guerra espiritual) (Grand Rapids: Baker, 1990), 150-52.

[11]Thomas A. Thomas, *The Doctrine of the Word of God* (La doctrina de la Palabra de Dios) (Filadelfia: Presbyterian and Reformed, 1972), 8, 9.

[12]Dewey Beegle, *The Inspiration of Scripture* (La inspiración de la Escritura) (Filadelfia: Westminster, 1963), 140 (énfasis en el original).

[13]Ibíd., 141.

[14]Dewey Beegle, *Scripture, Tradition, and Infallibility* (Escritura, tradición e infalibilidad) (Grand Rapids: Eerdmans, 1973), 308.

[15]Ibíd.,

[16]Ibíd., 309.

[17]Un reciente artículo de *Charisma* (Carisma) recomendaba esto: "Para meditar en nuestras profecías personales, debemos registrarlas si es posible de alguna manera. Si alguien se aproxima a nosotros diciendo que tiene palabra de Dios, debemos pedir a la persona que espere un momento hasta que podamos conseguir una grabadora de audio, o de otra manera pedirle a una persona que escriba. Si la palabra viene de alguien en la plataforma durante una reunión que no está siendo grabada, debemos tratar de escribir tanto como sea posible, consiguiendo al menos los puntos principales." [Bill Hamon, "How to Receive a Personal Prophecy,"(Cómo recibir una profecía personal), *Charisma*, (Carisma) (abril de 1991), 66.]

[18]Williams, *Era*, 16 (énfasis añadido).

[19]Ibíd., (énfasis en el original).

[20]Ibíd., 27, 28.

[21]Ibíd., 29.

[22]J Rodman Williams, "Opinion", Logos Journal (Diario de Logos) (mayo–junio, de 1977), 35.

[23]Kenneth Copeland, "Take Time to Pray" (Se requiere tiempo para orar), *Voice of Victory* (febrero de 1987), 9.

[24]Ibíd.

[25]Larry Lea, "Are You a Mousekateer?" (¿Es usted un aficionado a Mickey Mouse?) (sic), *Charisma* (agosto de 1988), 9.

[26]Melvin L. Hodges, *Spiritual Gifts* (Dones espirituales) (Springfield, Mo., Gospel Publishing House, 1964), 19, 20.

[27]"Bernard Jordan Presents the Monthly School of the Prophet" (Bernard Jordan presenta la Escuela Mensual del Profeta) (anuncio), *Charisma* (Carisma) (diciembre de 1990), 31.

[28]"Do Only Prophets Hear God's Voice? No!" (¿Sólo los profetas escuchan la voz de Dios? ¡No!) *Charisma* (Carisma) (diciembre de 1990), 112.

[29]René Pache, *The Inspiration and Authority of Scripture* (La inspiración y autoridad de la Escritura) (Chicago: Moody, 1969), 319.

[30]Henry Alford, *Alford's Greek Testament* (Testamento griego de Alford), vol. IV (Grand Rapids: Baker, 1980), 530.

[31]George L. Lawlor, *Translation and Exposition of the Epistle of Jude* (Traducción y esposición de la epístola de Judas) (Filadelfia: Presbyterian and Reformed, 1972), 45.

[32]Para una discusión útil de los Apócrifos, vea *A General Introduction to the Bible* (Una introducción general a la Biblia), de Norman L. Geisler y William E. Nix, (Chicago: Moody, 1986), Caps. 15, 17.

[33]Para un tratamiento más detallado del canon, vea *The Canon of Scripture* (El canon de la Escritura), de Geisler y Nix y F. F. Bruce, (Downers Grove, Ill.: InterVarsity, 1988).

[34]No es correcto usar a Agabo para sostener teorías de revelación contíinua. Agabo solamente registró profecías que fueron dadas cuando el canon todavía estaba abierto.

## Capítulo 3

[1]David Pytches, *Some Said It Thundered* (Algunos dicen que tronó) (Nashville: Oliver Nelson, 1991).

[2]Ibíd., 109.

[3]Bob Jones, "The Sheperd"s Rod" (El callado del pastor), audiocasete (Kansas City, Mo.: Kansas City Fellowship, octubre 1989).

[4]Ibíd.

[5]Ibíd. Bickle ya no defiende a Jones tan firmemente como antes lo hizo. En noviembre de 1991 John Wimber distribuyó una carta a las iglesias de la Viña y a sus constituyentes notificándoles que Jones estaba sometido a un proceso de "restauración" después de haber confesado mala conducta sexual y abusos de su don profético.

[6]Wimber ofreció llevar los profetas de Kansas City a la Viña para corregir sus excesos, discipularlos y mantenerlos responsables. Pero casi inmediatamente él empezó a usarlos para enseñar.

[7]John White, Prólogo a David Pytches, *Some Said It Thundered* (Algunos dijeron que tronó), ix-x.

[8]Ibíd., xix.

[9]Ibíd., xi-xii.

[10]Ibíd., xiii (énfasis en el original).

[11]Ibíd., xvi (énfasis en el original). White busca apoyo para su interpretación en una dudosa interpretación de 1 Reyes 13:7-32. Algunas veces se piensa que el pasaje relata la historia de un verdadero profeta que profetizó falsamente. Pero note que el falso profeta en esta narración nunca es identificado como un "hombre de Dios", mientras que el profeta honesto (pero desobediente) en el pasaje, sí. 2 Reyes 23:17 identifica al falso profeta como "el profeta que vino de Samaria." El bien pudo haber sido un vidente incrédulo cuyos poderes eran demoníacos, de aquí su petición supersticiosa (1 Rey. 13:31). Note también que él no fue castigado inmediatamente por su mentira, aunque "el hombre de Dios" que él engañó murió por su desobediencia.

Hay varios ejemplos en la Escritura donde hombres injustos algunas veces profetizaron correctamente. Pero no hay un ejemplo claro en la Escritura de un verdadero y justo profeta de Dios que alguna vez haya pronunciado falsa profecía mientras pretendía estar hablando por Dios.

[12]Algunos imaginan una distinción entre profecía del Antiguo y del Nuevo Testamentos niega el principio de Deuteronomio 3:1-5; 18:20-22. Ellos alegan que los profetas en la era de la iglesia no deben ser juzgados de acuerdo con la veracidad de sus profecías, porque la profecía del Nuevo Testamento es diferente en carácter a la profecía del Antiguo Testamento. Wayne Grudem [*The Gift of Prophecy in the New Testament and Today* (El don de profecía en el N.T. y hoy) (Wheaton: Crossway, 1988)], por ejemplo, argumenta que hay dos niveles de profecía en el Nuevo Testamento. Una es la profecía apostólica, que es infalible e igual a la profecía del Antiguo Testamento y a la Palabra escrita de Dios. La otra es el don de profecía, que tiene el propósito de edificar, alentar, consolar. Yo estaría de acuerdo, pero a diferencia de Grudem yo no creo que este segundo nivel de profecía sea revelatorio.

Grudem cree que los profetas de hoy en día hablan mensajes revelados a ellos por Dios sobrenaturalmente. Sin embargo él cree que esos mensajes pueden no siempre ser ciento por ciento correctos. Desafortunadamente Grudem nunca contesta el dilema obvio que levanta su posición: ¿Como puede *cualquier* mensaje revelado por Dios contener error? La profecía falsa, por definición, no puede ser de Dios.

Para una discusión de si la profecía inspirada en el Nuevo Testamento era siempre infalible, vea el apéndice 3, "¿Es falible el don de profecía del Nuevo

Testamento?", en *Signs and Wonders* (Señales y prodigios), por Norman Geisler (Wheaton, Ill.: Tyndale, 1988), 157-162.

[13] Bill Hamon, *"How to Receive a Personal Prophecy"* (Cómo recibir una profecía personal), *Charisma* (Carisma) (abril de 1991), 63.

[14] Ibíd., 65.

[15] Ibíd. (énfasis en el original).

[16] El concepto de Hamon pone a Dios a merced de la casualidad. Lo caracteriza como caprichoso, adaptando su Palabra a eventos más allá de su control, como si fuera incapaz de saber o controlar el futuro. Este concepto obviamente es el producto de una teología que rechaza la enseñanza bíblica acerca de la soberanía de Dios.

[17] Ibíd., 66 (itálicas en el original). Vea también el pie de página 17, pág. 54.

[18] Ibíd.

[19] Ibíd., 68.

[20] James Ryle, *"Sons of Thunder"* (Hijos del trueno) (Longmont, Colo.: Boulder Valley Vineyard), predicado el 1 de julio de 1990.

[21] Citado en Henry Bettenson, ed., *Documents of the Christian Church* (Documentos de la iglesia cristiana) (Londres: Oxford, 1963), 77.

[22] Ibíd.

[23] Ibíd.

[24] Ibíd., 78.

[25] Earle E. Cairns, *Christianity Through the Centuries* (El cristianismo a través de los siglos) (Grand Rapids: Zondervan, 1954), 110-11.

[26] Larry Christenson, "Pentecostalism's Forgotten Forerunner" (El precursor olvidado del pentecostalismo), en Vinson Synan, ed., *Aspects of Pentecostal—Charismatic Origins* (Aspectos de los orígenes pentecostales-carismáticos) (Plainfield, N.J.: Logos, 1975), 32-34.

[27] Gabriel Moran, *Scripture and Tradition* (Escritura y tradición) (New York: Herder and Herder, 1963), 20.

[28] George Tavard, *Holy Writ or Holy Church* (Escrito santo o iglesia santa) (New York: Harper, 1959), 8.

[29] Ibíd., 164.

[30] Bettenson, ed., *Documents* (Documentos), 261 (énfasis añadidos).

[31] Richard P. McBrien, *Catholicism* (catolicismo) (Oak Grove, Minn.: Winston, 1981), 880.

[32] Loraine Boettner, *Roman Catholicism* (Catolicismo romano) (Filadelfia: Presbyterian & Reformed, 1962), 162.

[33] Norman L. Geisler y William E. Nix, *A General Introduction to the Bible* (Una introducción general a la Biblia) (Chicago: Moody, 1986), 175.

[34] J. K. S. Reid, *The Inspiration of Scripture* (La inspiración de la Escritura) (London: Methuen, 1957), 278-79 (enfasis en el original).

[35] Citado en "Contemporary Ideas of Revelation" (Ideas contemporáneas de la revelación) de R. A. Finlayson, en *Revelation and the Bible* (Revelación y la Biblia), de Carl F. H. Henry (Grand Rapids: Baker, 1974), 225.

[36] C. H. Dodd, "The Bible as 'the Word of God'" (La Biblia como la Palabra de Dios), en *The Living God: Readings in Christian Theology* (El Dios vivo: Conferencias en teología cristiana) Millard J. Erickson (Grand Rapids: Baker, 1973), 273.

[37] Charles Farah, "Toward a Theology of Healing" (Hacia una teología de la sanidad), *Christian Life 38* (Vida cristiana 38) (septiembre de 1976), 81.

[38] Ibíd.

[39] Bettenson, ed., *Documents* (Documentos), 201.

[40] *Libro de Mormón*, Alma 5:45, 46. Comp. el séptimo artículo de fe de los mormones: "Creemos en el don de lenguas, de profecía, de revelación, de visiones, de sanidad, de interpretación de lenguas, etc." James E. Talmage, *The Articles of Faith* (Los artículos de fe) (Salt Lake City: La Iglesia de Jesucristo de los Santos de los Últimos Días, 1972), 2.

[41] *The Christian Science Journal* (julio de 1975), 362.

302  Diferencias doctrinales entre los carismáticos y los no carismáticos

[42]Ibíd., 361.

[43]Mary Baker Eddy, *The First Church of Christ, Scientist, and Miscellany* (La primera iglesia de Cristo, de la Ciencia Cristiana, y miscelánea) (Boston, First Church of Christ, Scientist, 1941), 115.

[44]*Watchtower* (La Atalaya) (15 de abril, 1943), 127.

[45]Stephen Strang, "A Caution on Personal Prophecy" (Una advertencia en la profecía personal), *Charisma* (Carisma) (septiembre de 1989), 9.

[46]Joseph Dillow, *Speaking in Tongues* (Hablar en lenguas) (Grand Rapids: Zondervan, 1975), 190.

[47]Kenneth E. Hagin, "The Gifts and Calling of God" (Los dones y el llamamiento de Dios) (Tulsa: Faith Library, 986), 12.

[48]Ibíd., 13.

**Capítulo 4**

[1]Gordon D. Fee, "Hermeneutics and Historical Precedent: A Major Problem in Pentecostal Hermeneutics" (Hermenéutica y precedente histórico: un problema principal en la hermenéutica pentecostal), en *Perspectives on the New Pentecostalism* (Perspectivas sobre el nuevo pentecostalismo), por Russell P. Spittler, ed. (Grand Rapids: Baker, 1976), 119-122.

[2]Bernard Ramm, *Protestant Biblical Interpretation* (Interpretación bíblica protestante) (Grand Rapids: Baker, 1970), 17, 18 (énfasis en el original).

[3]Un magnífico manual sobre estudio bíblico inductivo es *How To Interpret the Bible For Yourself* (Cómo interpretar la Biblia por uno mismo), de Richard Mayhue (Chicago: Moody, 1986). Vea también *Independent Bible Study* (Estudio bíblico independiente), de Irving L. Jensen (Chicago: Moody, 1963).

[4]Algunas de las sectas han hecho esto con 1 Corintios 15:29, que habla de bautismo por los muertos. Se admite que este es un versículo difícil de entender, y que cuando menos hay treinta posibles interpretaciones ofrecidas para explicar lo que dice. El versículo no debiera ser usado como plataforma de lanzamiento para una nueva doctrina. Más bien, debiéramos entenderlo a la luz de las Escrituras que son claras.

[5]J. I. Packer, *God Has Spoken* (Dios ha hablado) (Londres: Hodder and Stoughton, 1965), 74.

[6]Clark H. Pinnock, *Biblical Revelation* (Revelación Bíblica) (Chicago: Moody, 1971), 216.

[7]Charles y Frances Hunter, *Why Should "I" Speak in Tongues?* (¿Por qué debería "yo" hablar en lenguas?) (Houston: Hunter Ministries, 1976).

[8]Ibíd., 7-8.

[9]Ibíd., 13.

[10]Oscar Vouga, "Our Gospel Message" (Nuestro mensaje del evangelio) (Hazelwood, Mo.: Pentecostal Publishing House, s.f.), 20.

[11]Hunter and Hunter, *Why Should "I"?* (¿Por qué debería "yo"?), 9, 10.

[12]Ver nota 17, p.308.

[13]Hunter and Hunter, *Why Should "I"?* (¿Por qué debería "yo"?), 10.

[14]Para una discusión más útil de este asunto, vea *The Gospel of Mark* (El Evangelio de Marcos), de William Hendricksen (Grand Rapids: Baker, 1979), 682-687.

[15]Este uso de ninguna manera contradice la interpretación primaria de Mateo 8:17, como lo indicó adecuadamente William Hendricksen:

Sin embargo, puede hacerse la pregunta: "¿En qué sentido es verdad que Jesús llevó las enfermedades y los dolores sobre él y los quitó de sobre los que amparó?" Ciertamente no en el sentido de que cuando, por ejemplo, él sanó a un enfermo, él mismo fue afligido por la misma enfermedad. La respuesta verdadera sólo puede alcanzarse por un examen de lo que la Escritura misma dice sobre esto. Hay dos cosas que resaltan: (a) El lo hizo por medio de su profunda *simpatía o compasión*, metiéndose completa y personalmente en las aflicciones de los que vino a rescatar. Una y otra vez se menciona este hecho. Jesús sanaba porque él sentía compasión. Vea los siguientes pasajes: Mateo 9:36; 14:14; 20:34; Marcos 1:41; 5:19; comp. 6:34; Lucas 7:13. Esta nota de compasión entra hasta en sus parábolas (Mat. 18:27; Luc. 10:33; 15:20-24, 31, 32). Al menos tan importante es que (b) él lo hizo por medio de su *sufrimiento vicario por el pecado*, el cual, y esto también lo sintió él profundamente, era la raíz de todo mal y deshonraba a su Padre. De esta manera, cada vez que él veía enfermedad o angustia él experimentaba el calvario, *su propio* calvario, su propio amargo sufrimiento vicario a través de toda su vida en la tierra, pero especialmente en la cruz. Por eso no *fue fácil* para él sanar (Mar. 2:9; Mat. 9:5). Eso también explica el hecho de que ante la tumba de Lázaro él se conmoviera y agitara profundamente en el espíritu.

Fue en este sentido doble en que el Señor llevó nuestras enfermedades sobre sí y llevó nuestros dolores. Nuestras aflicciones físicas no deben ser separadas nunca de eso, sin lo cual, nunca hubieran ocurrido, a saber, nuestros pecados" Note cuán íntimamente el contexto de Isa. 53:4, 5 los conecta a los dos; porque el versículo 4, "Ciertamente él llevó nuestras enfermedades..." es seguido inmediatamente por: "Pero él fue herido por nuestras transgresiones, molido por nuestros pecados." (William Hendriksen, *The Gospel of Matthew*) (El Evangelio de Mateo) (Grand Rapids: Baker, 1973), 400, 401.

## Capítulo 5

[1]La providencia es el control sobrenatural y soberano de Dios sobre todos los eventos naturales, de manera que su plan y propósitos se cumplan.

[2]Augustus H. Strong, *Systematic Theology* (Teología sistemática) (Filadelfia: Judson, 1907), 118.

[3]Bob Greene, "Jesus on a Tortilla: Making of Miracle?" (Jesús en una tortilla: ¿la hechura de un milagro?) *Chicago Tribune* (La Tribuna de Chicago) (11 de julio, 1978), A3.

[4]Joe Diemer, "Jesus Image Seen in Fire" (La imagen de Jesús vista en el fuego) *The Gloucester County Times* (23 de diciembre, 1980), A1.

[5]Gregory Jaynes, "In Ohio: A Vision West of Town" (En Ohio, una visión al oeste del pueblo), *Time* (29 de septiembre, 1986), 8-14.

[6]"Maybe It's Not the Freezer of Turin, but Arlene Gardner Says She Sees Jesus in Her G.E." (Tal vez no es el congelador de Turín, pero Arlene Gardner dice que ella ve a Jesús en su congeladora General Electric), *People* (29 de junio, 1987), 80.

[7]C. S. Lewis, *Miracles* (Milagros) (New York: Macmillan, 1960), 5.

[8]Kenneth L. Woodward con Frank Gibney, Jr., "Saving Souls—Or a Ministry?" (Salvar almas, ¿o un ministerio?), *Time* (13 de julio, 1987), 52.

[9]C. Peter Wagner, *The Third Wave of the Holy Spirit* (La tercera ola del Espíritu Santo) (Ann Arbor: Vine, 1988), 112.

[10]John Wimber, *Power Healing* (Poder sanador) (San Francisco: Harper & Row, 1987), 38, 62.

[11]Norman Geisler, *Signs and Wonders* (Señales y prodigios) (Wheaton, Ill.: Tyndale, 1988), 119.

[12]Woodward and Gibney, "Saving Souls" (Salvación de almas), 52.

[13]Para una amplia discusión de este asunto, incluyendo un vistazo a todos los pasajes bíblicos que se usan comúnmente para refutar este reclamo, vea el apéndice 2, "¿Son los milagros siempre exitosos, inmediatos y permanentes?, en Geisler, 149-155.

[14]David du Plessis, *The Spirit Bade Me Go* (El Espíritu me empujó a ir) (Oakland: du Plessis, s.f.), 64.

[15]Frederick Dale Bruner, *A Theology of the Holy Spirit* (Teología del Espíritu Santo) (Grand Rapids: Eerdmans, 1970), 27.

[16]du Plessis, *Spirit* (Espíritu), 64.

[17]Un cuarto período de milagros todavía por venir se describe en el libro de

Apocalipsis.

[18]Jack Deere, "God's Power for Today's Church" (El poder de Dios para la iglesia de hoy) (cinta 1) (Nashville: Belmont Church, s.f.).

[19]Deere está tan determinado a encontrar apoyo bíblico para un ministerio en marcha de señales y prodigios que él lee mal Jeremías 32:20: "Has hecho señales y prodigios en la tierra de Egipto, y hasta este día en Israel y entre todos los hombres. Así te has hecho de renombre, como en este día." Deere cree que Jeremías estaba diciendo que las señales y prodigios continuaron en Egipto e Israel después del Exodo y que Jeremías estaba reconociendo su existencia hasta su día. Lo que Jeremías realmente escribió, por supuesto, es que Dios había hecho un nombre para sí mediante las señales y prodigios que había realizado en Egipto, y que su nombre era conocido "hasta este día" tanto en Israel como entre los gentiles. Cualquiera familiarizado con la historia del Antiguo Testamento conoce que los milagros del Exodo fueron únicos, y que los israelitas siempre los recordaban como evidencia de la grandeza de su Dios.

[20]Víctor Budgen, *The Charismatics and the Word of God* (Los carismáticos y la Palabra de Dios) (Durham, Inglaterra: Evangelical Press, 1989), 99 (itálicas en el original).

[21]B. B. Warfield, *Counterfeit Miracles* (Milagros falsificados) (Carlisle, Pa.: Banner of Truth, 1918), 25-27.

[22]Budgen, *The Charismatics* (Los carismáticos), 243, 244.

[23]Robert M. Bowman, Jr., Craig S. Hawkins y Dan Schlesinger, "The Gospel According to Paulk" (El evangelio según Paulk), parte 2, Christian Research Journal (Summer 1988), 16.

[24]Graham Banister, "Spiritual Warfare: The Signs & Wonders Gospel" (Guerra espiritual: el evangelio de señales y prodigios), The Briefing (Abril 24, 1990), 15.

[25]Budgen, The Charismatics (Los carismáticos), 91.

[26]Robert M. Bowman, Jr., Craig S. Hawkins y Dan Schlesinger, "The Gospel According to Paulk" Part 1 (El evangelio según Paulk, parte 1), *Christian Research Journal* (primavera/verano de 1988), 13.

[27]Budgen, *The Charismatics* (Los carismáticos), 94.

[28]Vea, por ejemplo, Charles R. Smith, *Tongues in Biblical Perspective* (Las lenguas en perpectiva bíblica) (Winona Lake, Ind.: BMH, 1972), 60.

[29]Para una defensa del criterio de que los apóstoles de Cristo estaban limitados a los doce (y Pablo), ver J. Norval Geldenhuys, *Supreme Authority* (Autoridad suprema) (Grand Rapids: Eerdmans, 1953).

[30]Alva McClain, *The Greatness of the Kingdom* (La grandeza del reino) (Grand Rapids: Zondervan, 1959), 409.

[31]Samuel Green, *A Handbook of Church History* (Un manual de historia eclesiástica) (Londres: Religious Tract Society, 1913), 22.

[32]Citado en *Why Should "I" Speak in Tongues?* (¿Por qué debo "yo" hablar en lenguas?), de Charles y Frances Hunter (Houston: Hunter Ministries, 1976), 74, 75.

[33]Russell Bixler, *It Can Happen to Anybody* (Puede pasarle a cualquiera) (Monroeville, Pa.: Whitaker, 1970), 59.

### Capítulo 6

[1]Don Williams, *Signs, Wonders, and the Kingdom of God* (Señales, prodigios y el reino de Dios) (Ann Arbor: Vine, 1989), 19.

[2]Ibíd.

[3]Wagner escribe: "La etiqueta 'Tercera Ola' surgió mientras yo era entrevistado sobre el tema por la revista *Pastoral Renewal* (Renovación pastoral). Hasta donde yo sé, no tiene relación con el título de libro "best-seller" La Tercera Ola de Alvin Toffler. Es sencillamente un nombre que yo encontré conveniente en el momento y que otros ahora han escogido para describir esta nueva actividad del Espíritu Santo." [C. Peter Wagner, *The Third Wave of the Holy Spirit* (La tercera ola del Espíritu Santo) (Ann Arbor: Vine, 1988), 15.]

[4]Ibíd., 13.

[5]Ibíd., 18, 19.

[6]Ibíd., 54.

[7]Vea, por ejemplo, *Power Evangelism* (Evangelismo de poder), de John Wimber (San Francisco: Harper & Row, 1986), 136-51.

[8]Hasta Wimber parece estar de acuerdo: "Yo creo que la 'tercera ola' del doctor Wagner no es tanto otra ola como la siguiente etapa de desarrollo de la renovación carismática. Tal vez tanto el movimiento pentecostal como el carismático son parte de un gran movimiento del Espíritu Santo en este siglo. En esta perspectiva las similaridades entre los movimientos sobrepasan sus diferencias."

[9]Es difícil caracterizar la doctrina de la Tercera Ola en una manera que sea justa para todos los que se identifican con el movimiento. No es mi propósito implicar en este capítulo que todos en la Tercera Ola son culpables de todos los errores que he hecho notar. Una característica de la Tercera Ola es el acallamiento de diferencias doctrinales (ver nota al calce 71). Consecuentemente, los criterios que difieren dentro del movimiento a menudo quedan sin expresión. Peter Wagner, por ejemplo, me ha asegurado en privado que él no comparte necesariamente algunos de los criterios propuestos por otros líderes de la Tercera Ola.

[10]*Power Evangelism's* (Evangelismo de poder), apéndice B, "Signs and Wonders in the Twentieth Century" (Señales y prodigios en el siglo veinte), (Ibíd., 175-185), proporciona amplia evidencia de esto.

[11]Citado por Roberto Dean, "Don't Be Caught in the Undertow of the Third Wave" (No sea atrapado en la resaca de la Tercera Ola), *Biblical Perspectives* (Perspectivas bíblicas) (mayo-junio de 1990), 1.

[12]Wimber, *Power Evangelism* (Evangelismo de poder), 39-41.

[13]Ibíd., 46.

[14]Ibíd., 17.

[15]Citado en *The Third Wave* (La Tercera Ola), de Wagner, 35.

[16]Simposio del Instituto CT, "The Holy Spirit: God at Work" (El Espíritu Santo: Dios en acción), *Christianity Today* (Cristianismo Hoy) (Suplemento de 19 de marzo, 1990), 29, 30.

[17]Wagner, *The Third Wave* (La Tercera Ola), 96. Por qué los dientes careados son rellenados en vez de ser restaurados, es una pregunta que Wagner no hace.

[18]Andrew Shead, "Spiritual Warfare: The Critical Moment" (Guerra espiritual: el momento crítico), *The Briefing* (24 de abril, 1990), 7, resume lo que Wagner le dijo a la Conferencia de guerra espiritual de Sydney: "Estamos en un punto crítico en la historia. En la década siguiente el mundo se volverá a Jesús como nunca en época alguna. La neutralidad hacia el evangelio será cosa del pasado. ¿Cómo sucederá esto? A través de una iglesia revitalizada que por su unidad, su fe y su piedad recuperará los poderes apostólicos perdidos y con ellos curará SIDA, liberará a los menesterosos, e impresionará el evangelio sobre centenares de millones de gentes."

[19]Wagner, *The Third Wave* (La Tercera Ola), 123-25. Comp. también el relato de Wimber de su finado amigo David Watson en *Power Healing* (Poder sanador) de John Wimber (San Francisco: Harper & Row, 1987), 147-49. Wimber dedicó *Power Healing* (Poder Sanador) a Watson.

[20]Philip Selden, "Spiritual Warfare: Medical Reflections" (Guerra espiritual: reflexiones médicas), *The Briefing* (24 de abril, 1990), 19.

[21]Ibíd., 20.

[22]Wimber, *Power Healing* (Poder sanador), 152.

[23]Ibíd., 174.

[24]Simposio del Instituto CT, 33.

[25]Vea, por ejemplo, *Power Evangelism* (Evangelismo de poder) de Wimber, 18, 19. Vea también el increíble encuentro "evangelístico" de Wimber con un hombre y su esposa en un aeroplano (Ibíd., 32-34). Wimber dice que él vio la palabra *adulterio* escrita a través de la frente del hombre, de modo que atrevidamente lo confrontó por ese pecado. Supuestamente el hombre se arrepintió y hasta entregó su vida a Cristo, aunque Wimber no dice que él haya compartido siquiera el evangelio con la pareja.

[26]John Wimber, *Power Points* (Puntos de poder) (San Francisco: Harper, 1991), 103-16.

[27]Mark Thompson, "Spiritual Warfare: What Happens When I Contradict Myself" (Guerra espiritual: lo que pasa cuando me contradigo a mí mismo), *The Briefing* (abril 24, 1990), 12 (énfasis añadidos).

[28]Wagner, *The Third Wave* (La Tercera Ola), 99.

[29]Ibíd., 79.

[30]Ibíd., 92 (itálicas en el original).

[31]Wimber, *Power Evangelism* (Evangelismo de poder), 45.

[32]Ibíd., 35.

[33]Wimber, *Power Points* (Puntos de poder), 31-51.

[34]Citado en "Spiritual Warfare" (Guerra espiritual), de Thompson, 11. Deere ha repetido en otra parte que los que rechazan la "revelación nueva del cielo" están engañados satánicamente [Jack Deere, "God's Power for Today's Church" (cinta 1), Nashville: Belmont Church, s.f.].

[35]Para una discusión más completa de la suficiencia de la Escritura, vea *Our Sufficiency in Christ* (Nuestra suficiencia en Cristo), de John F. MacArthur (Dallas: Word, 1991).

[36]John Wimber, "Zip to 3,000 in 5 Years" (Suba a 3.000 en 5 años), *Christian Life* (octubre de 1982), 20.

[37]Tim Stafford, "Testing the Wine from John Wimbers's Vineyard" (Probando el vino de la viña de John Wimber), *Christianity Today* (8 de agosto, 1986), 18.

[38]Wagner, *The Third Wave* (La tercera ola), 87.

[39]Walter Chantry, "Powerfully Misleading" (Descarriando poderosamente), *Eternity* (julio-agosto de 1987), 29.

[40]Wimber, *Power Evangelism* (Evangelismo de poder), 88.

[41]Ibíd, 89 (énfasis en el original).

[42]John Wimber, "Healing Seminar" (Seminario de sanidad) (3 cintas) edición 1981 (sin publicar), cinta 1.

[43]Ibíd, cinta 2.

[44]Ibíd., 24.

[45]Ibíd.

[46]Wimber, *Power Healing* (Sanidad de poder), 215-23.

[47]Ken L. Sarles, "An Appraisal of the Signs and Wonders Movement" (Una evaluación del movimiento de señales y prodigios), *Bibliotheca Sacra* (enero–marzo, 1988), 70 (nota al calce 52).

[48]Mike Flynn, "Come, Holy Spirit" (Ven, Espíritu Santo), Kevin Springer, ed., *Power Encounters* (Encuentros de poder) (San Francisco: Harper & Row, 1988), 139-40.

[49]Ibíd., 140.

[50]Ibíd., 141.

[51]Ibíd., 142-43.

[52]Ibíd., 147-48 (itálicas en el original).

[53]Ibíd., 147.

[54]Wimber, *Power Healing* (Sanidad de poder), 31.

[55]Wagner, *The Third Wave* (La tercera ola), 22 (énfasis añadido).

[56]Ibíd., 73.

[57]Ibíd.

[58]Elliot Miller y Robert M. Bowman, Jr., "The Vineyard" (La viña), *CRI Paper* (Periódico CRI) (febrero de 1985), 1.

[59]Ibíd., 2.

[60]Ibíd. Más de seis años después de que el periódico CRI hizo esa observación, La Viña todavía no tiene una declaración de fe.

[61]Citado en *Power Evangelism* (Evangelismo de poder) de John Wimber, 39.

[62]Wagner, *The Third Wave* (La tercera ola), 18 (énfasis añadido).

[63]Wimber, *Power Points* (Puntos de poder), xiii.

[64]John Goodwin, "Testing the Fruit of the Vineyard" (Probando el fruto de la viña), *Media Spotlight Special Report: Latter Day Prophets* (Informe especial: Profetas de los últimos días) (Redmond, Wash.: Media Spotlight, 1990), 24. Goodwin fue pastor de La Viña por ocho años y viajaba extensamente con John Wimber.

[65]John Wimber, "Church Planting Seminar" (Seminario sobre plantación de iglesias) (5 cintas), edición de 1981 (sin publicar), cinta 2.

[66]Wimber, *Power Evangelism* (Evangelismo de poder), 157-74.

[67]John Wimber, *A Brief Sketch of Signs and Wonders Through the Church Age* (Un breve esbozo de señales y prodigios a través de la era eclesiástica) (Placentia, Calif.: The Vineyard, 1984), 41-46.

[68]Wagner, *The Third Wave* (La tercera ola), 38.

[69]Ibíd., 40. Las raíces ocultistas de la metodología de Cho están documentadas en "Occult Healing Builds the World's Largest Church" (La sanidad ocultista edifica la iglesia más grande del mundo), y en "East Wind Blows West" (El viento de oriente sopla a occidente), *Sword and Trowel* (Espada y allanador) (7 de noviembre, 1987), 13-20.

[70]Wagner, *The Third Wave (La tercera ola)*, 127

[71]Wagner, de hecho, dice que uno de los factores característicos de la tercera ola es "evitar la división a casi cualquier costo" [C. Peter Wagner, Third Wave (Tercera ola), *Dictionary of Pentecostal and Charismatic Movements* (Diccionario de movimientos pentecostales y carismáticos) (Grand Rapids: Zondervan, 1988), 844].

[72]John White, prefacio en *Signs, Wonders* (Señales, prodigios), viii, de Williams.

[73]Ibíd., ix.

[74]Ibíd., 10

[75]John Wimber, prefacio en Springer, ed., *Power Encounters* (Encuentros de poder), xxxii

[76]Wimber, *Power Evangelism* (Evangelismo de poder), 46.

## Capítulo 7

[1]"No hay duda de que la enseñanza carismática resulta en una considerable disminución del discernimiento de credulidad de todos sus adherentes... La práctica de lenguas, la relegación del entendimiento a un lugar menor, la dieta de milagros, y la subjetividad extrema del pensamiento carismático, se combinan para producir rápida e inevitablemente este efecto. Una vez que la gente ha sido condicionada mentalmente por un ambiente carismático, son capaces de tomar en serio ideas tan sorprendentes como la declaración de Oral Roberts de haber tenido una visión de Jesús de 300 metros de altura. Las prácticas carismáticas aflojan la mente de una manera tan insana que la gente cree casi cualquier cosa." [Peter Masters y John C. Whitcomb, *The Charismatic Phenomenon* (El femenómeno carismático) (Londres: The Wakeman Trust, 1988), 67].

[2]Kenneth E. Hagin, *Understanding the Anointing* (Entendiendo la unción) (Tulsa: Faith Library, 1983), 48.

[3]Ibíd., 82.

[4]Ibíd., 82, 83.

[5]Kenneth E. Hagin, "Why Do People Fall Under the Power?" (¿Por qué la gente cae bajo el poder?) (Tulsa: Faith Library, 1983), 4, 5. Aunque Hagin se refiere a informes de periódicos que corroboran la historia, no detalla sus reclamos con citas específicas. No encontré ninguna referencia a este incidente en "Woodworth-Etter, Maria Beulah", de Wayne E. Warner, en el *Dictionary of Pentecostal and Charismatic Movements* (Diccionario de movimientos pentecostales y carismáticos), de Stanley M. Burgess y Gary B. McGee (Grand Rapids: Zondervan, 1988), 900, 901. Warner sí registra, sin embargo, que la señora Woodworth-Etter "a menudo entraba en trances... durante un servicio, quedándose de pie como una estatua por una hora o más con sus manos levantadas mientras el servicio continuaba... Era apodada "la evangelista en trance." Más tarde fue llamada "sacerdotisa de la sanidad divina", y "sacerdotisa vudú". Una acusación frecuente era que ella hipnotizaba a la gente. Dos médicos en San Luis

trataron de que fuera encerrada como loca durante un servicio que ella dirigía allí en 1890." (Ibíd., 901.) El informe de Hagin tiene todas las trazas de una leyenda que ha sido embellecida con el paso del tiempo.

[6]Hagin, "Why Do People Fall?" (¿Por qué cae la gente?), 9, 10.

[7]Ibíd., 10, 11.

[8]Como Masters y Whitcomb han escrito: "Si los cristianos creen los reclamos no verificados de los líderes carismáticos de la actualidad, ¡creerán cualquier cosa! Si creen los cuentos chinos risibles y extravagantes de exhibicionistas extrovertidos y espiritualmente alucinados, ¿cómo se sostendrán contra los prodigios mentirosos que serán desplegados por el enemigo durante la apostasía final?" (Masters y Whitcomb, *The Charismatic Phenomenon*) (El fenómeno carismático), 68.

[9]Carol Wimber, "A Hunger for God" (Hambre de Dios), Kevin Springer, ed., *Power Encounters* (Encuentros de poder) (San Francisco: Harper & Row, 1988), 12.

[10]Ibíd., 13.

[11]Ibíd.

[12]"Cada vez que la palabra *edificar* (que significa construir) se usa en el Nuevo Testamento griego, se usa en un contexto que tiene que ver con aprender alguna verdad tangible, desprovista de todo misterio, superstición o confusión. La edificación puede ser acompañada por palabras de instrucción, de aliento o de testimonio, o hasta del poder del ejemplo, pero en cada caso los que se benefician reciben una lección definida y descriptible, de modo que su entendimiento es construido. Más allá de toda controversia significa construir el entendimiento. (Ver Rom. 14:19; 15:2; 1 Cor. 8:1; 10:23; 14:3, 12; 2 Cor. 10:8; 12:19; 13:10; Ef. 4:12-16; 1 Tes. 5:11; 1 Tim. 1:4, 5)." (Masters y Whitcomb, *The Charismatic Phenomenon* (El fenómeno carismático), 50, 51.

[13]Norvel Hayes, "What to Do for Healing" (Qué hacer para sanar) (Tulsa: Harrison, 1981), 13, 14.

[14]Hagin, *Understanding the Anointing* (Entendiendo la unción), 114, 115.

[15]Ibíd., 116, 117.

[16]"Anciana 'asesinada' por una persona 'matada' en el espíritu que cayó sobre ella", *National & International Religion Report* (Informe nacional e internacional de religión) (21 de septiembre, 1987), 4.

[17]El índice de muertes en las iglesias en las que manipulan serpientes puede ser muy alto, sin embargo. Los manipuladores de serpientes son carismáticos que interpretan las palabras de Marcos 16:17, 18 hasta un extremo literal (ver el capítulo 4). Charles Prince de Canton, Carolina del Norte, era un predicador manipulador de serpientes que desafió las autoridades del estado y tuvo servicios públicos donde manipulaban serpientes mortíferas y bebían su veneno. Prince murió en agosto de 1985 después que una serpiente cascabel lo mordió y él bebió estricnina en un servicio de iglesia en Greenville, Tennessee. Casi cada año los medios de comunicación informan de adoradores que manipulan serpientes que mueren del veneno o por mordedura de serpiente. Es un precio muy alto por entender mal la Escritura.

[18]Kenneth E. Hagin, "Learning to Flow with the Spirit of God" (Aprendiendo a abundar en el Espíritu de Dios) (Tulsa: Faith Library, 1986), 23.

[19]Kenneth Copeland ha escrito: "No se supone que los creyentes sean dirigidos por la lógica. Ni siquiera debemos ser dirigidos por el sentido común... El ministerio de Jesús nunca fue gobernado por la lógica o por la razón." [Kenneth Copeland, "The Force of Faith" (La fuerza de la fe) (Ft. Worth: Kenneth Copeland Ministries, s. f.), 10].

[20]William Barclay, *The Letters to the Corinthians* (Las cartas a los corintios) (Filadelfia: Westminster, 1975), 3.

[21]Vea, por ejemplo, *The Two Babylons* (Las dos Babilonias) de Alexander Hislop (Neptune, N.J.: Loizeaux, reimpresión de 1959).

[22]S. Angus, *The Mistery-Religions and Christianity* (Las religiones de misterios y el cristianismo) (Nueva York: Dover, 1975), 100, 101.

[23]Ibíd., 101.

[24]Ibíd.

[25]Para información adicional sobre hablar en lenguas y los éxtasis en el mundo pagano, vea los artículos "Religiones de misterio", "Misterios", "Religiones de Gente Primitiva", y "Don de lenguas", en la Enciclopedia Británica. También vea "Counterfeit Speaking in Tongues" (Falso hablar en lenguas), de A. R. Hay, en *What is Wrong in the Church?* (¿Qué hay de malo en la iglesia?) Vol. 2 (Audubon, N. J.: New Testament Missionary Union, s. f.), 15-53.

[26]Comp. Melvin L. Hodges, *Spiritual Gifts* (Dones espirituales) (Springfield, Mo.: Gospeel Publishing House, 1964), cap. 4.

[27]El gnosticismo negaba la realidad del Señor Jesucristo como aparece en la Escritura. Para una excelente discusión del gnosticismo, vea "Gnosticism" (Gnosticismo), de A. F. Walls en *The Zondervan Pictorial Encyclopedia of the Bible* (La enciclopdia ilustrada de la Biblia de Zondervan), de Merril C. Tenney, ed. (Grand Rapids: Zondervan, 1975), 736 sigs.

[28]Algunos de esos mismos elementos de la herejía gnóstica se repiten en ciertas falsas enseñanzas carismáticas contemporáneas (vea el capítulo 12).

## Capítulo 8

[1]Gordon D. Fee, "Hermeneutics and Historical Precedent—a Major Problem in Pentecostal Hermeneutics" (La hermenéutica y el precedente histórico: un problema importante en la hermenéutica pentecostal), en *Perspectives on the New Pentecostalism* (Perspectivas del nuevo pentecostalismo), de Russell P. Spittler, ed., (Grand Rapids: Baker, 1976), 123.

[2]Ibíd., 120.

[3]Frederick Dale Bruner, *A Theology of the Holy Spirit* (Una teología del Espíritu Santo) (Grand Rapids: Eerdmans, 1970), 60.

[4]Ibíd., 61.

[5]John R. Stott, *Baptism and Fulness* (Bautismo y plenitud) (Downers Grove, Ill.: InterVarsity, 1976), 28, 29.

[6]Para una presentación de este concepto, vea *These Are Not Drunken, As Ye Suppose* (Estos no están ebrios, como pensáis), de Howard M. Ervin (Plainfield, N.J.: Logos, 1968), 31, 32.

[7]La ascensión estaba en la mente de Jesús cuando él oró en Juan 17 pidiendo al Padre que le devolviera la gloria que había tenido con él antes que el mundo empezar (versículos 1-5). Según Juan 7:39, entonces, el Espíritu no vendría hasta después que Jesús hubiera ascendido a recibir esa gloria.

[8]Bruner, *A Theology* (Una teología), 165.

[9]Merrill F. Unger, *New Testament Teaching on Tongues* (La enseñanza del Nuevo Testamento sobre hablar en lenguas) (Grand Rapids: Kregel, 1971), 17, 18.

[10]Bruner, *A Theology* (Una teología), 175, 176 (énfasis en el original).

[11]Unger, *New Testament Teaching* (Enseñanza del Nuevo Testamento), 36, 37.

[12]Ibíd., 54, 55. Unger continuó diciendo: "Razonar que Cornelio y su casa eran 'salvos' (a pesar de Hechos 11:14) antes de que Pedro viniera a abrirles el don del Espíritu y la común salvación del Nuevo Testamento, y que por eso lo que le sucedió a él y a su casa fue una segunda experiencia después de la salvación que es normativa para los creyentes hoy en día, es un serio error. No solamente viola el orden del tiempo del evento y distorsiona su significado general, sino que interpreta mal el significado de la manifestación de las lenguas en conexión con ella en particular. Tratar a Cornelio y a su casa como 'salvos' antes que Pedro viniera a traerles la salvación del Nuevo Testamento (Hech. 11:14) es dejar de ver lo que es la salvación del Nuevo Testamento o diferenciarla de la salvación del Antiguo Testamento."

[13]Joseph Dillow, *Speaking in Tongues* (Hablar en lenguas) (Grand Rapids: Zondervan, 1975), 66.

[14]Michael Green, *I Believe in the Holy Spirit* (Yo creo en el Espíritu Santo) (Grand Rapids: Eerdmans, 1975), 208, 209.

[15]Comp. Larry Christenson, *Speaking in Tongues* (Hablar en lenguas)

(Minneapolis: Dimension, 1968), 37.

[16]Ibíd.

[17]Ibíd., 38.

[18]Charles Hunter, "Receiving the Baptism with the Holy Spirit" (La recepción del bautismo con el Espíritu Santo), *Charisma* (Carisma) (julio de 1989), 54.

[19]¿Por qué Hunter cree que conoce este detalle de los espíritus de la gente? El escribe: "Yo vi mi espíritu fuera de mi cuerpo en 1968 y era idéntico a mi cuerpo; hasta mi cara era la misma, excepto que yo podía ver a través de mi espíritu como a través de una niebla o nube sutiles." (Ibíd.) Hunter comete el típico error carismático de derivar doctrina de su experiencia.

**Capítulo 9**

[1]Hobart Freeman, *An Introduction to the Old Testament Prophets* (Una introducción a los profetas del Antiguo Testamento) (Chicago: Moody, 1969).

[2]Comp. Chris Lutes, "Leader's Death Gives Rise to Speculation About the Future of His Faith-healing Sect" (La muerte del líder produce especulaciones respecto al futuro de su secta de sanidad por fe), *Christianity Today* (18 de enero, 1985), 48.

[3]Jamie Buckingham, *Daughter of Destiny* (Hija del destino) (Plainfield, N. J.: Logos, 1976), 282 y sigs.

[4]Frances Bixler, "Ruth Carter Stapleton," Stanley M. Burgess y Gary B. McGee, *Dictionary of Pentecostal and Charismatic Movements* (Diccionario de movimientos pentecostales y carismáticos) (Grand Rapids: Zondervan, 1988), 810.

[5]John Wimber, *Power Healing* (Sanidad de poder) (San Francisco: Harper & Row, 1987), xv.

[6]Ibíd., xvii.

[7]Ibíd., xviii.

[8]Annette Capps, *Reverse the Curse in Your Body and Emotions* (Cambie la maldición en su cuerpo y emociones) (Broken Arrow, Okla.: Annette Capps Ministries, 1987), 91, 92.

[9]Kenneth E. Hagin, *Understanding the Anointing* (Entendiendo la unción) (Tulsa: Faith Library, 1983), 114.

[10]B. B. Warfield, *Counterfeit Miracles* (Milagros falsos) (Carlisle, Pa.: Banner of Truth, 1918), 6.

[11]Para una discusión más amplia de la guerra espiritual, vea *Our sufficiency in Christ* (Nuestra suficiencia en Cristo) de John MacArthur (Dallas: Word, 1991), 211-237.

[12]Es interesante que esa es precisamente la clase de ministerio que Paul Cain, profeta de la Tercera Ola ha previsto "proféticamente": "Cain describe su visión de un ejército de niños que desfilarán por las calles, sanando salas completas de hospitales. El prevé noticiarios donde no habrá malas noticias porque todos estarán en los estadios escuchando el evangelio. Más de mil millones serán salvados. Los muertos resucitarán; los cojos serán restaurados; los que tienen impedimentos saltarán de sus sillas de ruedas y sus muletas serán echadas a un lado; y los que estén en los estadios permanecerán por días sin alimento y sin agua y nunca se darán cuenta" [Michael G. Maudlin, "Seers in the Heartland," (Videntes en el corazón del país) *Christianity Today* (14 de enero, 1991), 21.]

[13]Aunque Jamie Buckingham simpatiza con Kathryn Kuhlman, él relata un incidente en su biografía, que revela, entre otras cosas, el grado de control que ella insistía en tener sobre las reuniones:

Una ex cantante de un club, que había sido salvada y sanada en el ministerio de la señorita Kuhlman, estaba en el escenario. Cuando el servicio terminaba, ella se movió a uno de los micrófonos del escenario para poder elevar su voz y empezó a cantar "Aleluya". Kathryn se disgustó. Para detenerlo se acercó a la mujer y la tocó, orando por ella. Ella cayó bajo el poder. Entonces Kathryn se volvió, me tomó del brazo y me empujó hacia el micrófono. Si iba a haber un canto, ella quería que viniera de alguien que le era familiar, no de una extraña.

La gente estaba cantando, pero indiferentemente, y Kathryn se movía atrás y adelante por el escenario, diciendo todas sus frases favoritas. Parecían vacías. La cantante se había puesto de rodillas y Kathryn la tocó de nuevo. Nada sucedió esta vez. En una acción desesperada la escuché decir: "El Espíritu está todo sobre ti, Jamie." Ella se deslizó rápidamente hacia mí, poniendo sus manos en mi mandíbula mientras yo cantaba. Había habido ocasiones en el pasado cuando, con sólo que se acercara a mí, yo caía "bajo el poder". Pero ese día era solamente Kathryn, con sus manos en mi mandíbula. Yo la amaba mucho para desilusionarla. Con un suspiro de resignación caí hacia atrás en los brazos del hombre detrás de mí. Mientras el hombre me ayudaba a ponerme de pie Kathryn se movió de nuevo. "Te doy gloria. Te doy alabanza." Pero esta vez simplemente no pude. Simplemente retrocedí cuando ella me tocó. Ella se dio vuelta y se movió al otro lado de la plataforma. Momentos más tarde desapareció por la puerta del escenario. [Buckingham, *Daughter of Destiny* (Hija del destino), 280, 81].

[14]Raphael Gasson, *The Challenging Counterfeit* (La falsificación desafiante) (Plainfield, N.J.: Logos, 1966), 109.

[15]Kenneth Hagin, "How to Keep Your Healing" (Cómo mantener su sanidad) (Tulsa: Rhema, 1989), 20, 21. Hagin explica por qué él cree que la sanidad no se efectuó: *"Si uno no tiene suficiente fe en sí mismo para asir lo que tiene, el diablo va a robárselo."* (Ibíd., énfasis en el original.)

[16]William Nolen, *Healing: A Doctor in Search of a Miracle* (Sanidad: un doctor en busca de un milagro) (Nueva York: Random House, 1974), 60, 239.

[17]Ibíd., 256, 57.

[18]Ibíd., 259.

[19]William Nolen, "In Search of a Miracle" (En busca de un milagro), *McCall's* (septiembre de 1974), 107.

[20]Nolen, *Healing* (Sanidad), 259, 260.

[21]Nolen, "Search" (Búsqueda), 107.

[22]Ibíd., 106.

[23]Ibíd., 107.

[24]James Randi, *The Faith Healers* (Los sanadores por fe) (Buffalo: Prometheus, 1987).

[25]Recuerde que ni los críticos más vehementes de Jesús pudieron refutar ni negar los milagros que había hecho.

[26]Randi, *The Faith Healers* (Los sanadores por fe), 287.

[27]Ibíd., 25.

[28]Ibíd., 35.

[29]Para una reflexión conmovedora sobre por qué suceden las enfermedades y el sufrimiento, vea *Grace Grows Best in Winter* (La gracia crece mejor en invierno) por Margaret Clarkson (Grand Rapids: Zondervan, 1972).

**Capítulo 10**

[1]Charles Hunter, "Receiving the Baptism with the Holy Spirit" (La recepción del bautismo con el Espíritu Santo), *Charisma* (Carisma)(julio de 1989), 54.

[2]Ibíd.

[3]Ibíd.

⁴Arthur L. Johnson, *Faith Misguided: Exposing the Dangers of Mysticism* (Fe descarriada: exposición de los peligros del misticismo) (Chicago: Moody, 1988), 113.

⁵John L. Sherrill, Hablan en otras lenguas (Old Tappan, N.J.: Spire, 1964), 83.

⁶"Speaking in Tongues — Believers Relish the Experience" (Hablar en lenguas: los creyentes apetecen la experiencia), *Los Angeles Times* (19 de septiembre, 1987), B2.

⁷Ibíd.

⁸George E. Gardiner, *The Corinthian Catastrophe* (La catástrofe corintia) (Grand Rapids: Kregel, 1974), 55.

⁹Wayne Robinson, *I Once Spoke in Tongues* (Yo hablé una vez en lenguas) (Atlanta: Forum House, 1973), 9-10.

¹⁰Ben Byrd, *The Truth About Speaking in Tongues* (La verdad acerca de hablar en lenguas) (Columbus, Ga: Brentwood, 1988), 49 (énfasis en el original).

¹¹Algunos carismáticos señalan Romanos 8:26, 27 como otra referencia del Nuevo Testamento a las lenguas: "Y asimismo, también el Espíritu nos ayuda en nuestras debilidades; porque cómo debiéramos orar, no lo sabemos; pero el Espíritu mismo intercede con gemidos indecibles. Y el que escudriña los corazones sabe cuál es el intento del Espíritu, porque él intercede por los santos conforme a la voluntad de Dios."

Respecto a ese pasaje Kenneth Hagin ha escrito: "P.C. Nelson, un erudito del griego, dijo que el griego literalmente se lee aquí, 'El Espíritu Santo hace intercesión por nosotros en gemidos que no pueden ser pronunciados en habla articulada.' Habla articulada significa nuestra clase de habla regular. Procedió a señalar cómo el griego no solamente hace hincapié en que esto no solamente incluye gemidos que escapan de nuestros labios en la oración, sino también orar en otras lenguas." [Kenneth E. Hagin, "Why Tongues") (El porqué de las lenguas) (Tulsa: Faith Library), 1975, 19].

Esa es una interpretación torcida del pasaje y un manejo no académico del texto griego. Nada en el griego sugiere la idea de orar en lenguas; Nelson y Hagin lo están introduciendo. Aunque en este término pudiera leerse "habla inarticulada", eso no corresponde a la descripción del Nuevo Testamento del don de lenguas. "Gemidos", sin embargo, sí es exacto. La palabra es *stenazo*. Un diccionario del Nuevo Testamento dice: "Pablo usa el término exclusivamente en el sentido de suspiros", [Thomas McComiskey, "*Stenazo*," Colin Brown, ed. *Dictionary of New Testament Theology* (Diccionario de Teología del Nuevo Testamento) (Vol. 2) (Grand Rapids: Zondervan, 1976), 425].

¹²Para una exposición detallada de 1 Corintios 12-14, vea John F. MacArthur, Jr., *The MacArthur New Testament Commentary: 1 Corintios* (El comentario del Nuevo Testamento de MacArthur: 1 Corintios) (Chicago: Moody, 1984).

¹³Paul Van Gorder ofreció esta lista de limitaciones en el uso de lenguas en la iglesia de 1 Corintios 14:

1. Las lenguas eran una señal para los incrédulos.

2. Las lenguas debían ser usadas para la edificación de la iglesia (ver. 26).

3. No más de tres personas en la asamblea debían hablar en lenguas durante un servicio, y eso, por turno (ver. 27).

4. No debía hablarse en lenguas a menos que fueran interpretadas (ver. 28).

5. Cualquier confusión o desorden en la asamblea era indicación de algo que no se originaba en Dios (ver. 33).

6. En la iglesia apostólica, las mujeres debían guardar silencio y no hablar en lenguas (ver. 34).

7. Era imperativo reconocer esos reglamentos como mandamientos del Señor (ver. 37).

8. Aunque no prohibía las lenguas en la asamblea apostólica, el mandamiento predominante era "anhelad profetizar" (ver. 39).

La mayoría de los carismáticos contemporáneos violan cada una de las pautas apostólicas [Paul R. Van Gorder, "Charismatic Confusion" (La confusión carismática) (Grand Rapids: Radio Bible Class, 1972), 33].

[14]Los verbos griegos en 1 Corintios 13:2, 3 están en subjuntivo. El modo subjuntivo se usa para indicar lo imaginario o una situación contraria a la realidad. Una gramática griega explica: "Mientras que el indicativo asume realidad, el subjuntivo asume irrealidad. Es el primer paso aparte de lo que es real en la dirección de lo que solamente es concebible" [H. E. Dana y J. R. Mantey, *A Manual Grammar of the Greek New* Testament (Un manual de gramática del griego del Nuevo Testamento) (Toronto: Macmillan, 1957), 170].

[15]*Glossa* siempre aparece en forma plural de principio a fin de los Hechos, indicando lenguas múltiples. En 1 Corintios 14, sin embargo, Pablo empleó tanto la forma singular como la plural. Una explicación posible es que cuando él usaba "lengua" en singular en los versículos 2, 4, 13, 14 y 19, se estaba refiriendo al balbuceo pagano falsificado que algunos de los creyentes corintios estaban usando evidentemente en vez del verdadero don de lenguas. El habla extática y sin significado era la misma cosa, fundamentalmente, de modo que la forma plural era innecesaria. Cuando Pablo se refería claramente al auténtico don de lenguas, sin embargo, usaba el plural "lenguas". La única excepción es 1 Corintios 13:27, donde Pablo describe a un hombre que hablaba una lengua, de modo que el singular "lengua" era aquí necesario también.

La RVR usa la palabra *extraña* solamente cuando la forma de glossa es singular. Si esta diferenciación entre el singular "lengua" y el plural "lenguas" significa la diferencia entre un idioma verdadero y un mero galimatías, tal vez la versión RVR está en lo correcto al añadir el adjetivo, después de todo. Entendido en esta forma, la "lengua extraña" no es una manifestación del verdadero don espiritual, sino una corrupción pagana.

[16]William J. Samarin, *Tongues of Men and Angels* (Lenguas de hombres y de ángeles) (New York: Macmillan, 1972), xii, 227. Para un desarrollo de ese reclamo, vea las págs. 103-128.

[17]Dada la ausencia del artículo definido en el texto griego, también es posible traducir este versículo como: "Porque el que habla en una lengua no habla a los hombres sino a *un dios*", refiriéndose a una deidad pagana. Como sea, 1 Corintios 14:2 es condenación, no recomendación. El contexto demanda eso.

[18]En 1 Corintios 8:10, por ejemplo, la misma palabra griega se usa para hablar de "estimular" la conciencia de alguien para hacer el mal.

[19]Albert Barnes, *Notes on the New Testament:* 1 Corinthians (Notas sobre el Nuevo Testamento: 1 Corintios) (Grand Rapids: Baker, 1975 reimp.) 240. El comentarista del carismatismo Gordon Fee reconoce la legitimidad del criterio indicativo [Gordon D. Fee, *The First Epistle to the Corinthians* (La primera epístola a los corintios) (Grand Rapids: Eerdmans, 1987), 624]. Fee también da la siguiente lista de eruditos que apoyan ese criterio: Arnold Bittlinger, *Gifts and Graces, A Commentary on I Corinthians 12-14* (Dones y gracias, un comentario sobre 1 Corintios 12-14) (Grand Rapids: Eerdmans, 1967), 73-75; Ralph P. Martin, *The Spirit and the Congregation: Studies in I Corinthians 12-15* (El Espíritu y la congregación: estudios en 1 Corintios 12-15) (Grand Rapids: Eerdmans, 1984), 34, 35: D.L. Baker, "The Interpretation of 1 Corinthians 12-14".

(La interpretación de 1 Corintios 12-14) *Evangelical Quarterly 46)* (Revista Trimestral Evangélica) (1974): 226-27; G. Iber, "Zum Verständnis von I Cor. 12:31," *Zeitschrift für die neutestamentliche Wissenschaft* 54 (1963); 42-52; M.A. Chevallier, *Esprit de Dieu, Paroles D'Hommes* (Neuchâtel, 1963): 158-63.

[20]El pasaje no dice *cuándo* debían cesar las lenguas. Algunos comentaristas creen que el versículo 10 fija el tiempo: "Pero cuando venga lo perfecto, entonces lo que es en parte será abolido." Se han hecho muchas sugestiones en cuanto al significado de "lo perfecto". Algunos creen que es el Nuevo Testamento completo; de esta manera ellos concluyen que las lenguas cesarán cuando el canon se cierre. Otros varios dicen que lo perfecto es la madurez de la iglesia, el rapto o la segunda venida. Pero parece que la cosa perfecta que Pablo tenía en mente debe ser el estado eterno, "cara a cara" en el versículo 12 puede explicarse mejor como estando con Dios en los nuevos cielos y la nueva tierra. Es solamente en gloria que seremos conocidos como somos conocidos (v. 12).

El lenguaje del pasaje pone las lenguas en una categoría aparte de la profecía y el conocimiento. El versículo 8 dice que la profecía y el conocimiento se "acabarán" (Gr. *katargeō*), pero las lenguas "cesarán" (*pauō*, "parar"). *Katargeo* aparece como un verbo pasivo, lo que significa que el sujeto de la oración recibe la acción: Profecía y conocimiento "serán acabados" por "lo perfecto". *Pauō*, sin embargo, aparece en la voz griega media, que aquí parece significar una acción reflexiva: el don de lenguas "se parará a sí mismo". *Cuándo* no se estipula, pero ellos no estarán allí cuando lo perfecto llegue. La historia siguere que las lenguas cesaron poco después de que Pablo escribió esta epístola, como veremos en las siguientes páginas.

Incidentalmente, el conocimiento y la profecía no necesitan ser entendidos en este contexto exclusivamente como dones milagrosos o revelatorios. Los dones no revelatorios de conocimiento (la capacidad para captar el significado de la revelación de Dios) y la profecía (la capacidad para proclamar la verdad poderosamente) continúa hoy y no se acabará hasta que la perfección final del estado eterno las haga "acabarse".

[21]O. Palmer Robertson, "Tongues: Sign of Covenantal Curse and Blessing" (Lenguas: señal de maldición y bendición del pacto), *The Westminster Theological Journal 38* (otoño 1975 — primavera de 1976): 53.

[22]Para una discusión útil de la evidencia histórica del cese de lenguas, vea *The Modern Tongues Movement* (El movimiento moderno de lenguas) Phillipsburg, N.J.: Presbyterian and Reformed, 1967); Victor Budgen, *The Charismatics and the Word of God* (Los carismáticos y la Palabra de Dios) (Durham: Evangelical Press, 1989); Thomas R. Edgar, *Miraculous Gifts: Are They for Today?* (Dones milagrosos: ¿son para nuestro día?) (Neptune, N.J.: Loizeaux Brothers, 1983).

[23]Cleon L. Rogers, "The Gift of Tongues in the Post-Apostolic Church" (El don de lenguas en la iglesia postapostólica), *Bibliotheca Sacra* 122 (abril-junio de 1965): 134.

[24]Crisóstomo, "Homilies in First Corinthians" (Homilías en Primera a los Corintios), Philip Schaff, ed., *The Nicene and Post-Nicene Fathers of the Christian Church* (Los padres nicenos y postnicenos de la iglesia cristiana), Vol. 12 (Grand Rapids: Eerdmans, 1956), 168.

[25]Agustín, "Ten Homilies on the First Epistle of John" (Diez homilías sobre la primera epístola de Juan) Philip Schaff, ed., *The Nicene and Post-Nicene Fathers of the Christian Church* (Los padres nicenos y postnicenos de la iglesia cristiana), Vol. 7 (Grand Rapids: Eerdmans, 1956), 497 (énfasis añadido).

[26]Agustín, "Lectures or Tractates on the Gospel According to St. John" (Conferencias o tratados sobre el Evangelio según San Juan), Ibíd., 195.

[27]Thomas R. Edgar, "The Cessation of the Sign Gifts" (El cese de los dones de señales) *Bibliotheca Sacra* (october —december de 1988), 374.

[28]John Wimber, por ejemplo, toma esta posición. Vea *A Brief Sketch of Signs and Wonders Through the Church Age* (Un boceto breve de señales y prodigios en la era de la iglesia) (Placentia, Calif.: The Vineyard, 1984), 41-46.

[29]George N. H. Peters, *The Theocratic Kingdom* (El reino teocrático) (Grand Rapids: Kregel, 1972), 66 (énfasis en el original).

[30]El significado literal hebreo es "en el primero", tal vez con el significado de que las dos lluvias se derramarán en el primer mes, garantizando una cosecha abundante.

[31]Edgar, "The Cessation of the Sign Gifts" (El cese de los dones de señal), 375.

[32]Sherrill, *They Speak with other Tongues* (Hablan en otras lenguas), 83.

[33]Ibíd.

[34]Algunos carismáticos sí alegan que pueden hablar idiomas humanos (o que conocen a otros que pueden), pero esos reclamos apenas si se basan en algo más que oídas o especulaciones. Pat Boone, por ejemplo, dice que su esposa Shirley habló en latín cuando por primera vez recibió el don [Pat Boone, "Baptized in the Holy Spirit") (Pat Boone, bautizado en el Espíritu Santo, *Charisma* (agosto de 1988), 58]. No se ofrece ninguna cinta ni una corroboración independiente del reclamo presentado; sin embargo, las lenguas más recientes de la señora Boone tampoco han sido en latín. Sería útil si los que hablan en lenguas que creen que sus lenguas son dialectos humanos que pueden traducirse permitieran que esos reclamos sean probados bajo condiciones controladas.

*Notas* right315

[35]Samarin, *Tongues of Men and Angels* (Lenguas de hombres y ángeles), 112, 13.

[36]Edgar, "The Cessation of the Signs Gifts (El cese de los dones de señal), 372.

[37]Ben Byrd, *One Pastor's Journey Into and Out of the Charismatic and Faith Movements* (Jornada de un pastor dentro y fuera de los movimientos carismáticos y de fe) (Columbus, Ga.: Brentwood, 1987), 45 (énfasis en el original).

[38]Samarin, *Tongues of Men and Angels* (lenguas de hombres y ángeles), 254-55. Vea también Joseph Dillow, Speaking in Tongues (Hablar en lenguas) (Grand Rapids: Zondervan, 1975), 172-75.

[39]Hunter, "Receiving the Baptism" (Recibir el bautismo), 54.

[40]John Kildahl, *The Psychology of Speaking in Tongues* (La psicología de hablar en lenguas) (New York: Harper and Row, 1972), 74.

[41]Ibíd.

[42]Nicholas P. Spanos, Wendy P. Cross, Mark Lepage, y Marjorie Coristine, "Glossolalia as Learned Behavior: An Exerimental Demonstration" (Glossolalia como una conducta aprendida: Una demostración experimental), *Journal of Abnormal Psychology 95:1* (Diario de psicología anormal) (1987), 21-23.

[43]Kildahl, *The Psychology of Speaking in Tongues* (La psicología de hablar en lenguas), 55.

[44]Ibíd., 54.

[45]Ibíd., 38-56.

[46]Samarin, *Tongues of Men and Angels* (Lenguas de hombres y ángeles), 228.

[47]E. Mansell Pattison, "Speaking in Tongues and About Tongues" (Hablar en lenguas y acerca de lenguas), *Christian Standard* (15 de febrero, 1964), 2.

[48]Charles R. Smith, *Tongues in Biblical Perspective* (Las lenguas en perspectiva bíblica) (Winona Lake, Ind.: BMH, 1972), cap. 5.

**Capítulo 11**

[1]Linda Fehl, "A Personal Letter fron Linda Fehl" (Una carta personal de Linda Fehl) (Aviso), *Charisma* (Carisma) (diciembre de 1990), 87.

[2]Ibíd. (énfasis en el original).

[3]"Subliminal Deliverance" (Liberación subliminal) (Aviso), *Charisma* (noviembre de 1990), 145.

[4]Ibíd.

[5]Ibíd. (énfasis en el original).

[6]Walter L. Walker, "What About Subliminal Tapes?" (¿Qué acerca de las cintas subliminales?), *Charisma (Carisma)* (octubre de 1990), 128.

[7]Ibíd, 132.

[8]Ibíd.

[9]Norvel Hayes, "From Heaven Come God's Weapons for the Church" (Del cielo vienen las armas de Dios para la iglesia) (Tulsa: Harrison, 1979), 15, 16.

[10]Melvin L. Hodges, *Spiritual Gifts* (Dones espirituales) (Springfield, Mo.: Gospel Publishing House, 1964), 16.

[11]En Romanos 8, Pablo hace una clara diferencia: ser natural (carnal) es ser irregenerado, perdido, no conocer a Dios. Ser espiritual significa poseer el Espíritu Santo a través de la creencia en Jesucristo como Señor y Salvador.

[12]Charles R. Smith señala que "Las doctrinas del amor libre y de 'matrimonios espirituales' han aparecido muy a menudo asociadas con lenguas. La perversión de la enseñanza bíblica en relación con el sexo y el matrimonio puede verse en los mormones y en los "tembladores". Aimee Semple McPherson no fue la lúnica líder que recibió una 'revelación' de que su matrimonio no era 'en el Señor' y que debía entrar en otra unión. Uno de los problemas serios del movimiento pentecostal ha sido el hecho de que muchos de sus líderes han caído en inmoralidad. Una predicadora pentecostal bien conocida, una mujer viuda por tres años declaró estar esperando'un hijo del

Espíritu Santo'. Parham, 'padre del movimiento pentecostal moderno', fue arrestado por la más grosera de las inmoralidades." [Charles R. Smith, *Tongues in Biblical Perspective* (Lenguas en perpectiva bíblica) (Winona Lake, Ind.: BMH, 1972), 23].

[13]Walter J. Chantry, *Signs of the Apostles* (Señales de los apóstoles) (Edinburgh: Banner of Truth, 1973), 99-101.

[14]Ibíd., 100.

## Capítulo 12

[1]Kenneth E. Hagin, "How to Write Your Own Ticket with God" (Cómo escribir su propio boleto con Dios) (Tulsa: Faith Library, 1979).

[2]Kenneth E. Hagin, "Godliness Is Profitable" (La santidad es gananciosa) (Tulsa: Faith Library, 1982).

[3]Kenneth Copeland, *The Laws of Prosperity* (Las leyes de la prosperidad) (Fort Worth: Kenneth Copeland, 1974).

[4]Charles Capps, "God's Creative Power Will Work for You" (El poder creativo de Dios obrará para usted) (Tulsa: Harrison, 1976).

[5]Charles Capps, *Releasing the Ability of God Through Prayer* (La liberación de la capacidad de Dios por medio de la oración) (Tulsa: Harrison, 1978).

[6]Oral Roberts, *God's Formula for Success and Prosperity* (La fórmula de Dios para el éxito y la prosperidad) (Tulsa: Healing Waters, 1955).

[7]Gordon Lindsay, *God's Master Key to Prosperity* (La llave maestra de Dios para la prosperidad (Dallas: Christ for the Nations, 1960).

[8]Jerry Savelle, *Living in Divine Prosperity* (Vivir en prosperidad divina) (Tulsa: Harrison, 1982).

[9]La mayoría de los defensores de Palabra de Fe afirmarían la personalidad del Espíritu Santo. En efecto, sin embargo, sus enseñanzas lo despersonalizan por hablar consistentemente de él como de un poder del que podemos sacar, en lugar de entender la verdad bíblica de que somos *nosotros* los que debemos ser *sus* instrumentos.

[10]Comp. Hagin, "How to Write Your Own Ticket" (Cómo escribir su propio boleto), 3, donde Hagin ve una visión de Jesús, y le dice: "Querido Señor, tengo dos sermones para predicar en relación con la mujer que tocó tu ropa y fue sanada cuando tú estabas en la tierra. *Yo recibí los dos sermones por inspiración*" (énfasis añadido). Más tarde, Hagin cita que Jesús le dijo en respuesta: "Tienes razón. Mi Espíritu, el Espíritu Santo, ha procurado formar  otro sermón en tu espíritu, pero tú has fallado en recogerlo. Mientras estoy aquí, haré lo que pidas. Te daré el bosquejo de ese sermón. Ahora, consigue papel y lápiz y escribe." (Ibíd., 4). Hagin declara haber recibido numerosas visiones y también ocho visitaciones personales de Jesús. Hagin ha escrito: "El Señor mismo me enseñó acerca de la prosperidad. Yo nunca leí sobre eso en un libro. Lo recibí directamente del cielo." [Kenneth E. Hagin, "How God Taught Me About Prosperity (Cómo Dios me enseñó acerca de la prosperidad) (Tulsa: Faith Library, 1985), 1.] Ese reclamo, como veremos, es una mentira (ver la nota al calce 81 de este capítulo).

[11]Kenneth E. Hagin desarrolla este punto en su libro *The Authority of the Believer* (La autoridad del creyente) (Tulsa: Faith Library, 1979), del cual largas secciones fueron tomadas al pie de la letra de otros escritos (ver nota al calce 81 de este capítulo).

[12]Robert Tilton, *God's Miracle Plan for Man* (Plan de milagros de Dios para el hombre) (Dallas: Robert Tilton, 1987), 36.

[13]Charles Capps, *The Tongue: A Creative Force* (La lengua: una fuerza creativa) (Tulsa: Harrison, 1976), 78.

[14]Ibíd., 79.

[15]Ibíd., 79, 80 (énfasis en el original).

[16]Ibíd., 136, 137 (énfasis en el original).

[17]Norvel Hayes, "Prostitute Faith" (Fe prostituida) (Tulsa: Harrison, 1988), 22, 23.

[18]Norvel Hayes, *Putting Your Angels to Work* (Poner a trabajar sus ángeles)

(Tulsa: Harrison, 1989), 8.

[19]Ibíd.

[20]Kenneth Copeland, "The Force of Love" (La fuerza del amor) (Fort Worth: Kenneth Copeland Ministries, s.f.), casete #02-0028.

[21]Ibíd.

[22]Ibíd.

[23]Kenneth Copeland, "The Believer's Voice of Victory" (Voz de victoria del creyente), trasmisión del 9 de julio de 1987.

[24]Ibíd.

[25]"Praise the Lord" (Alabado sea el Señor), trasmisión en la Trinity Broadcasting Network (7 de julio, 1986).

[26]"Praise the Lord" (Alabado sea el Señor), trasmisión en la Trinity Broadcasting Network (15 de noviembre, 1990).

[27]Charles Capps, "Seedtime and Harvest" (Siembra y cosecha) (Tulsa: Harrison, 1986), 7 (énfasis en el original).

[28]Earl Paulk, *Satan Unmasked* (Satanás desenmascarado) (Atlanta: Kingdom, 1985), 97.

[29]Robert Tilton, *God's Laws of Success* (Las leyes de Dios para el éxito) (Dallas: Word of Faith, 1983), 170.

[30]"Praise the Lord" (Alabado sea el Señor), trasmisión en la Trinity Broadcasting Network (6 de enero de 1988).

[31]"Praise-a-thon", trasmisión en la Trinity Broadcasting Network (12 de noviembre, 1990).

[32]Benny Hinn, "Our Position in Christ" (Nuestra posición en Cristo) (Orlando: Orlando Christian Center, 1990), casete #A031190.

[33]Kenneth E. Hagin, "As Christ Is—So are We" (Como Cristo es, así somos nosotros) (Tulsa: Rhema), casete #44H06.

[34]Walter Martin, "Ye Shall Be As Gods" (Seréis como dioses), Michael A. Horton, ed., *The Agony of Deceit* (La agonía del engaño) (Chicago: Moody, 1990), 97.

[35]Kenneth Copeland, *Believer's Voice of Victory* (La voz de victoria del creyente) (8 de agosto, 1988), 8.

[36]Ibíd. La idea de que Jesús se vació a sí mismo de su deidad durante su encarnación (conocida como la doctrina kenótica) es una enseñanza herética promovida por la teología liberal del siglo diecinueve. La teología conservadora siempre ha mantenido que el auto-vaciamiento de Cristo (comp. Fil. 2:7) significa que puso a un lado el uso independiente de sus atributos divinos, no que él dejó de ser Dios. Su inmutabilidad hace eso imposible: ¡Jesucristo es el mismo ayer, hoy y por los siglos!" (Heb. 13:8; comp. Mal. 3:6; Stg. 1:17).

[37]Kenneth Copeland, "Substitution and Identification" (Substitución e identificación) (Forth Worth: Kenneth Copeland Ministries, s. f.), casete #00-0202.

[38]Sólo Cristo pudo hacer expiación por nuestros pecados (1 Ped. 1:18, 19). El es el *unigénito* Hijo de Dios (Juan 1:14; 3:16). Uno de los mensajes clave de la carta a los Hebreos es la completa supremacía de Cristo y la singularidad de su sacerdocio (7:22-28; 9:11-15, 26-28; 12:2).

[39]Kenneth Copeland, "What Happened from the Cross to the Throne?" (¿Qué pasó de la cruz al trono?) (Fort Worth: Kenneth Copeland Ministries,s.f.), casete #02-0017.

[40]Ibíd.

[41]Frederick K. C. Price, *The Ever Increasing Faith Messenger* (El mensajero de la fe siempre creciente) (junio de 1980), 7.

[42]Kenneth Copeland, "What Satan Saw on the Day of Pentecost" (Lo que Satanás vio el día de Pentecostés) (Fort Worth: Kenneth Copeland Ministries, s.f.), casete # 02-0022.

[43]Kenneth Copeland, *Voice of Victory* (Voz de victoria) (septiembre de 1991), 3.

[44]Ibíd.

[45]Kenneth E. Hagin, "How Jesus Obtained His Name" (Cómo Jesús obtuvo su

nombre) (Tulsa: Rhema), casete #44H01.

[46]Pat Robertson, *Answers to 200 of Life's Most Probing Questions* (Respuestas a las 200 preguntas más profundas de la vida) (Nashville: Nelson, 1984), 271.

[47]Capps, *The Tongue* (La lengua), 8, 9.

[48]Hagin, "How to Write Your Own Ticket" (Cómo escribir su propio boleto) 8 (énfasis en el original). El sermón de cuatro puntos de Hagin, supuestamente inspirado es: Dígalo, hágalo, recíbalo, y cuéntelo. Hagin declara que Jesús le dijo: "Si cualquier persona, en cualquier lugar, da esos cuatro pasos o pone en acción esos cuatro principios, siempre tendrá lo que quiere de mí o de Dios el Padre." (Ibíd., 5.)

[49]Ibíd., 10. Hagin evidentemente pasa por alto un pasaje clave en Marcos 9, donde Jesús sanó a un muchacho cuyo padre había orado. "¡Creo! ¡Ayuda mi incredulidad!" (v. 24). Hagin y otros maestros de Palabra de Fe no dudarían en clasificar tal oración como "confesión negativa". Sin embargo, Jesús la honró como una expresión sincera del corazón de ese hombre.

[50]Capps, *The Tongue* (La lengua), 91 (énfasis en el original).

[51]Este es claramente un temor supersticioso, muy afín a la idea hindú del "karma" o del criterio pagano de "mala suerte".

[52]Kenneth E. Hagin, "Words" (Palabras) (Tulsa: Faith Library, 1979), 20, 21 (énfasis añadido).

[53]Bruce Barron, *The Health and Wealth Gospel* (El evangelio de la salud y la prosperidad) (Downers Grove: InterVarsity, 1987), 128.

[54]Ibíd., 131.

[55]Kenneth E. Hagin, "Praying to Get Results" (Orar para conseguir resultados) (Tulsa: Faith Library, 1983), 5, 6.

[56]Ibíd., 5. Hagin alega que la mujer había empezado a levantarse sobrenaturalmente de la silla de ruedas y en el aire. Temerosa, ella retrocedió a la silla. Entonces fue cuando Hagin la castigó.

[57]Kenneth E. Hagin, "Having Faith in Your Faith" (Tener fe en su fe) (Tulsa: Faith Library, 1980), 4.

[58]Ibíd., 4, 5 (énfasis añadido).

[59]En un capítulo titulado "Pleading the Blood" (Implorar la sangre), Hagin relata cómo él una vez escuchó a un misionero reprender la picadura de un escorpión con las palabras: "En el nombre de Jesús yo imploro la sangre de Jesús contra esto. El escribe: "De modo que recogí esa frase: 'en el nombre de Jesús yo imploro la sangre'... y a través de todos estos años siempre he implorado la sangre en el nombre de Jesús. *Hay poder en la sangre*, ¡gloria a Dios! Ha obrado por mí y obrará por usted también." [Kenneth E. Hagin, "The Precious Blood of Jesus" (La preciosa sangre de Jesús) (Tulsa: Faith Library, 1984), 30, 31]. La idea de que repetir una frase puede obrar milagros es pura superstición (comp. Mat. 6:7).

[60]Kenneth E. Hagin, "You Can Have What You Say" (Usted puede tener lo que diga) (Tulsa: Faith Library, 1979), 14 (énfasis en el original).

[61]"Praise the Lord" (Alabado sea el Señor), trasmisión por la Trinity Broadcasting Network (15 de septiembre, 1988).

[62]Ibíd.

[63]"Believer's Voice of Victory" (Voz de victoria del creyente), trasmisión por la Trinity Broadcasting Network (20 de enero, 1991).

[64]"Success in Life" (Exito en la vida) trasmisión por la Trinity Broadcasting Network (2 de diciembre, 1990).

[65]"Success in Life" (Exito en la vida), trasmisión por la Trinity Broadcasting Network (5 de diciembre, 1990).

[66]Ibíd.

[67]Ibíd.,

[68]"Success in Life" (Exito en la vida) trasmisión por la Trinity Broadcasting Network (14 de febrero, 1991).

[69]Kenneth L. Woodward y Frank Gibney, Jr., "Saving Souls—Or a Ministry?" (Salvar almas, ¿o un ministerio?), *Newsweek* (13 de julio, 1987), 53.

[70]Ibíd.

[71]Tilton riñe a los oyentes que no pagan sus votos a su ministerio. Uno de los problemas más grandes que enfrenta su ministerio es cómo tratar con la gente que hace votos, y luego no pueden pagar cuando los resultados prometidos no se materializan. (Comp. "Success in Life" 5 de abril, 1991.)

[72]"Praise the Lord" (Alabado sea el Señor), transmisión por Trinity Broadcasting Network (21 de septiembre, 1990).

[73]Kenneth E. Hagin, "How Jesus Obtained His Name" (Cómo Jesús obtuvo su nombre) (Tulsa: Rhema), casete #44H01.

[74]Kenneth E. Hagin, *Exceedingly Growing Faith* (Fe excesivamente creciente) (Tulsa: Faith Library, 1983), 10.

[75]Supuestamente Dios le dijo una vez a Charles Capps que "tú estás bajo un ataque del maligno y yo no puedo hacer nada. Me has atado por las palabras de tu propia boca (Capps, *The Tongue*) (La lengua), 67.

[76]Parecería que muchos de los héroes de fe nombrados en Hebreos 11 no tenían una fe fuerte, después de todo, si la definición de fe de Palabra de Fe es válida. Ciertamente los que experimentaron azotes, cadenas y prisiones (v. 36); los que anduvieron de un lado para otro cubiertos de pieles de animales, destituidos, afligidos y maltratados (v. 37); los que vivieron en el desierto, en las montañas, en cuevas y cavernas de la tierra (v. 38) no eran muy adeptos a crear su propia realidad (v. 39). Por eso Hebreos 11 enseña que la verdadera fe tiene que ver con obedecer a Dios, no con darnos cosas materiales.

[77]Capps, *The Tongue* (La lengua), 27 (énfasis en el original).

[78]Ibíd., 43.

[79]D.R. McConnell, *A Different Gospel* (Un evangelio diferente) (Peabody, Mass.: Hendrickson, 1988).

[80]Ibíd., 3-14.

[81]Ibíd., 8-12. McConnell también declara que Hagin plagió los escritos de un misionero de la Alianza Cristiana y Misionera llamado John A. MacMillan. W. R. Scott presenta sólida evidencia de que esas acusaciones son verdaderas también. Específicamente, parece indiscutible que Hagin recogió cuando menos tres cuartas partes de su libro *The Authority of the Believer* (La autoridad del creyente), palabra por palabra, del artículo de la revista de MacMillan del mismo título[W. R. Scott, "What's Wrong with the Faith Movement?" (¿Qué pasa con el movimiento de fe?) (Papel no publicado, s.f.), Apéndice B, 2-10]. Scott también documenta el plagio de Hagin de *God's Plan for Man* (Plan de Dios para el hombra) de Finis Jennings Dake (Lawrenceville, Ga.: Dake Bible Sales, 1949). (Ibíd., Apéndice A, 1-2.) Dake era un pastor de las Asambleas de Dios bien conocido y autor de un estudio bíblico pentecostal.

La norma de Hagin de plagiar parecería arrojar dudas sobre su credibilidad. Ciertamente invalida sus reclamos de que él recibió esas enseñanzas por inspiración divina.

[82]McConnell, *A Different Gospel* (Un evangelio diferente), 15-56.

[83]Ibíd., 57-76.

## Notas del Epílogo

[1]Estos incluyen *A Different Gospel* (Un evangelio diferente) del D. R. McConnell (Peabody, Mass.: Hendrickson, 1988), que yo recomiendo en el capítulo 12; *The Health and Wealth Gospel* (El evangelio de la salud y la prosperidad), de Bruce Barron (Downers Grove: InterVarsity, 1987); y "The Disease of the Health and Wealth Gospels" (La enfermedad de los evangelios de la salud y la prosperidad), de Gordon Fee (Costa Mesa: Word for Today, 1979). La revista del ministerio carismático de Raul Rie también ha publicado un excelente y concienzudo artículo que expone los errores del movimiento Palabra de Fe (Tom Fontanes, "Positive Confessions", *Passport*) (enero-

febrero, 1988), 11-17.  "Media Spotlight", boletín de Albert James Dager a menudo contiene excelentes análisis de pensamientos carismáticos, aunque Dager simpatiza con la enseñanza carismática básica.  La información acerca de muchas de las cintas que cité en el capítulo 12 fue provista por el Instituto de Investigación Cristiana (CRI en inglés), San Juan Capistrano, una organización que también es predominantemente carismática.  CRI ha producido cualquier cantidad de material y numerosas cintas que denuncian el movimiento Palabra de Fe.  Su discernimiento bíblico y su erudición cuidadosa han sido excelentes.

[2]Chuck Smith, Charisma vs. Charismania (Carisma contra carismanía) (Eugene, Ore.; Harvest House, 1983).

[3]John Goodwin, "Testing the Fruit of the Vineyard" (La prueba del fruto de la viña), Media Spotlight, Special Report Latter-Day Prophets (Redmond, Wash.: Media Spotlight, 1990), 24-30.  Goodwin y su equipo fueron extremadamente útiles al localizar importantes fuentes para algunas de las cintas que cité en el capítulo 6.

[4]En algunos casos, sin embargo, la tendencia hacia el ecumenismo no es inconsciente, sino cuidadosamente calculada.  David du Plessis, por ejemplo, era muy cándido en cuanto a su entusiasmo por el movimiento ecuménico.  Muchos otros líderes carismáticos, incluyendo a John Wimber, han tomado el manto de la defensa del ecumenismo.  Yo estoy de acuerdo con la declaración de Masters y Whitcomb:

> La abrumadora mayoría de líderes carismáticos todavía encuentran esperanza para una iglesia ecuménica mundial bajo el liderato del papa.  El movimiento carismático ciertamente se ha extendido extensamente dentro de la iglesia católica romana.  Sin embargo, aunque un vasto número de sacerdotes ahora emplean el lenguaje y los métodos de adoración carismáticos, sus doctrinas católicas permanecen totalmente sin cambio.  [Peter Masters y John C. Whitcomb, The Charismatic Phenomenon (El fenómeno carismático) (Londres: The Wakeman Trust, 1988), 9, 10].

[5]Thomas R. Edgar, "The Cessation of the Sign Gifts" (El cese de los dones de señal), Bibliotheca Sacra (octubre-diciembre de 1988), 385.

[6]Edward D. O'Connor,  "Gentle Revolution: The Catholic Pentecostal Movement in Retrospect" (Revolución apacible: El movimiento católico pentecostal en retrospectiva), Voice (Voz) (septiembre de 1971).

[7]Gordon H. Clark, First Corinthians: A Contemporary Commentary (Primera a los Corintios: un comentario contemporáneo) (Nutley, N.J.: Presbyterian & Reformed, 1975), 225.

[8]Un grupo carismático extremo en Taiwán, La Iglesia del Nuevo Testamento, encabezado por Elijah Hong, un profeta autoproclamado, ha limpiado una zona de selva en la montaña Shuang Lien en el centro de Taiwan, le puso el nuevo nombre de monte Sion, y está esperando que el Señor reaparezca allí pronto.  Los adherentes del grupo, que suman millares, hacen prosélitos por toda Asia, y la influencia de la secta está creciendo. ["Aleluya", Asiaweek (6 de octubre 6, 1989), 46-51].